农业现代化示范区创建方案编制方法与案例

NONG YE XIAN DAI HUA SHI FAN QU CHUANG JIAN FANG AN BIAN ZHI FANG FA YU AN LI

朱绪荣　高　峰　张凤平　李纪岳　等 ◎ 编著

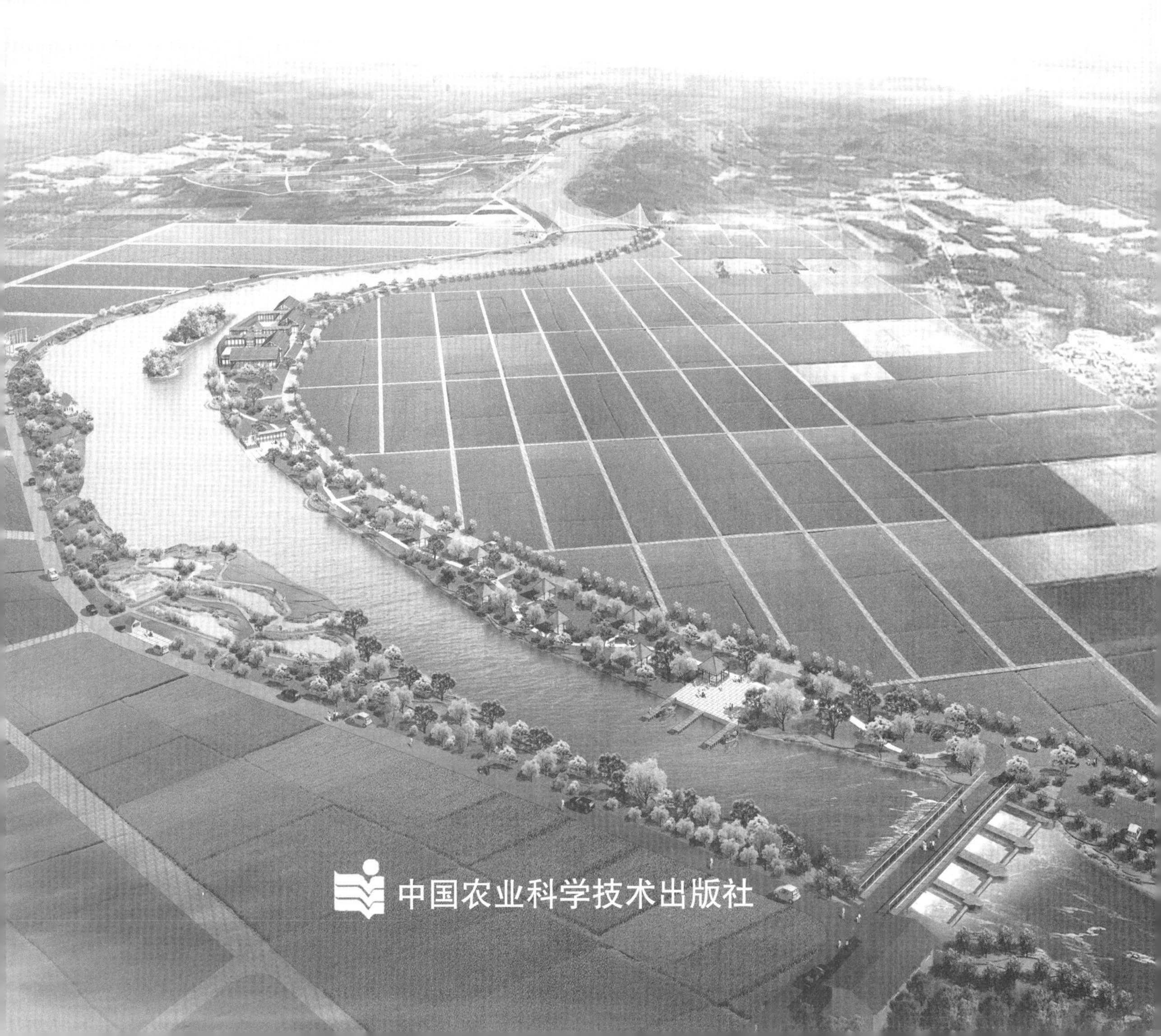

中国农业科学技术出版社

图书在版编目（CIP）数据

农业现代化示范区创建方案编制方法与案例/朱绪荣等编著.--北京：中国农业科学技术出版社，2023.11
ISBN 978-7-5116-6546-1

Ⅰ.①农… Ⅱ.①朱… Ⅲ.①农业现代化－示范区－研究－中国 Ⅳ.①F320.1

中国国家版本馆CIP数据核字（2023）第215585号

责任编辑	崔改泵
责任校对	李向荣
责任印制	姜义伟　王思文

出 版 者	中国农业科学技术出版社
	北京市中关村南大街12号　邮编：100081
电　　话	（010）82109194（编辑室）　（010）82109702（发行部）
	（010）82109709（读者服务部）
网　　址	https://castp.caas.cn
经 销 者	各地新华书店
印 刷 者	北京地大彩印有限公司
开　　本	185 mm×260 mm　1/16
印　　张	22.5
字　　数	478千字
版　　次	2023年11月第1版　2023年11月第1次印刷
定　　价	98.00元

◆◆◆版权所有·侵权必究◆◆◆

《农业现代化示范区创建方案编制方法与案例》
编著者名单

主 编 著: 朱绪荣　高　峰　张凤平　李纪岳

编著人员: 张忠明　毛翔飞　朱晓禧　吴政文

　　　　　　谭利伟　李　英　王能波　严昌宇

　　　　　　宋立秋　邓宛竹　曹立聪　魏蔷郦

　　　　　　张攀华　符　莉　龚　倡　李　旖

前 言

"十四五"时期,是乘势而上开启全面建设社会主义现代化国家新征程、向第二个百年奋斗目标进军的关键时刻。党的二十大对全面推进乡村振兴、加快建设农业强国和推进农业农村现代化作出了总体部署和具体安排,为做好新时期"三农"工作指明了前进方向。习近平总书记多次强调,没有农业现代化,就没有农村的繁荣富强,没有农民的安居乐业,国家现代化是不完整的、不全面的、不牢固的。2021年,中共中央、国务院出台了中央一号文件《关于全面推进乡村振兴加快农业农村现代化的意见》,同年国务院印发了《"十四五"推进农业农村现代化规划》,都提出把创建农业现代化示范区作为推进农业现代化的重要抓手,计划到2025年创建500个左右农业现代化示范区(以下简称示范区),推动有条件的地区率先实现农业现代化。在此背景下,各地按照农业农村部、财政部、国家发改委(以下简称国家三部门)联合印发的《关于开展农业现代化示范区创建工作的预通知》(农规发〔2021〕9号)、《关于开展2022年农业现代化示范区创建工作的通知》(农规发〔2022〕17号)、《关于开展2023年农业现代化示范区创建工作的通知》(农规发〔2023〕15号)和当年印发的最新文件相关要求,扎实开展示范区创建工作。

截至2023年底,按照决策部署,国家三部门根据农业产业基础好、发展潜力大、地方政府支持保障有力、建设路径模式清晰、示范带动能力较强等遴选条件,先后批准创建了300个国家农业现代化示范区,一些省份也认定了一批省级农业现代化示范区。示范区作为资金、技术、人才等现代要素聚集的平台,坚持以粮食产业、优势特色产业、都市农业、智慧农业和旱作农业等为创建类型,以推进农业设施化、融合化、园区化、绿色化和数字化发展为重点任务,先行先试,率先突破,成为区域农业现代化建设的先行者、排头兵。实践证明,农业现代化示范区是推进农业农村现代化建设的重要抓手和有效载体,各级政府在有序、有效推进的过程中,实现了良好的开端,初步探索出各具特色的发展模式、实现路径和工作机制。但是,必须清醒地认识到,示范区建设工作才刚刚起步,部分示范区还存在主导产业不明、基础设施较弱、产业融合度不高、发展模式代表性不强等问题,加快推动农业现代化的任务依然艰巨。为进一步发挥创建方案编制顶层设计的作用,加快探索差异化、特色化的农业现代化发展模式,编委会在收集总结近三年示范区方案编制实践经验的基础上，结合当前"三农"工作的新要求和新任务，特编纂《农业现代化示范区创建方案编制方法与案例》一书。本书共分五个部分17章。

第一部分：前期研究篇，共5章。该篇在收集整理相关文献资料的基础上，重点阐述了农业农村现代化和农业现代化的涵义与特征、示范区发展概况以及国内外农业现代化发展经验与借鉴，梳理并集成了与方案编制相关的基础理论与方法，提出了示范区创建方案编制的研究框架。

第二部分：方案编制篇，共2章。该篇首先介绍了方案编制的一般内容，按创建通知的编制模板要求，主要包括发展现状、创建条件、思路目标、规划布局、创建任务、工程项目、支持政策和保障措施8个方面，并对各章节编制要点进行了大致介绍。在此基础上，分区分类提出了平原地区粮食产业类、南方丘陵地区优势特色产业类、大中城市郊区都市农业类、发达地区智慧农业类、生态脆弱区旱作农业类和脱贫地区"小而精"特色产业类等方案编制的侧重点。

第三部分：专题研究篇，共5章。该篇主要从问题导向和目标导向出发，从示范区创建棘手问题入手，通过开展目标指标体系构建、主导产业选择、农业结构调整、空间布局优化、"五化"路径推进和工程项目谋划等方面的重点研究，形成了各项专题的研究报告，并将成果应用到方案编制的各章节中，收效甚大。

第四部分：案例分析篇，共5章。主要收集了不同地区不同类别的20多个案例，并从中挑选出7个具有代表性的案例，以此践行前面提到的相关理论与方法。

第五部分：附录篇。该篇主要收集了5类多个信息表单，为方案编制提供基础参考。

对照我国2035年基本实现农业现代化的目标要求，示范区创建是一项长期而艰巨的工作任务，编制好示范区创建方案也需要长期的探索与积累。因此，本书编写时，按照"理论指引—方法应用—实践检验"的逻辑主线，力求理论与实践相结合，方法与实操相统一，通过系统梳理与案例总结，以期起到抛砖引玉、启迪思维的作用，为从业者编制示范区建设方案提供借鉴，并与农业现代化研究者交流探讨，为主管部门提供决策参考。然而，各地农业发展水平千差万别，示范区创建工作才刚刚起步，且涉及内容包罗万象，加之编者专业知识水平有限，编辑时间仓促，虽力求完美但难免存在诸多不足，衷心希望广大读者不吝赐教，多提宝贵意见。

在此，特别感谢农业农村部规划设计研究院各级领导的大力支持，尤其是张辉院长、齐飞总工程师的指导，感谢各类案例的提供方，并向全体参编、审稿、绘图等人员致以诚挚的谢意！

编著者
2023年9月于北京

目 录

第一部分 前期研究篇

第1章 研究背景 2

  1.1 相关研究基础 2

  1.2 相关政策指引 17

  1.3 相关规划指引 19

第2章 农业现代化示范区发展概述 23

  2.1 相关通知 23

  2.2 内涵要义与基本特征 24

  2.3 创建意义 25

  2.4 创建管理 26

第3章 国内外农业现代化发展经验与借鉴 35

  3.1 国外主要国家农业现代化发展经验与借鉴 35

  3.2 国内主要发达地区农业现代化发展实践与经验启示 38

第4章 相关基础理论与编制方法集成应用 49

  4.1 相关基础理论集成 50

  4.2 相关编制方法应用 68

第5章 编制流程与要求 75

  5.1 编制流程 75

  5.2 工作流程 76

  5.3 编制大纲 79

第二部分 方案编制篇

第6章 方案编制一般内容 ·· 82
- 6.1 发展现状 ··· 82
- 6.2 创建条件 ··· 83
- 6.3 思路目标 ··· 86
- 6.4 规划布局 ··· 89
- 6.5 创建任务 ··· 90
- 6.6 工程项目 ··· 92
- 6.7 支持政策 ··· 92
- 6.8 保障措施 ··· 93

第7章 各类示范区编制侧重点 ·· 95
- 7.1 平原地区——粮食产业类示范区 ···································· 95
- 7.2 南方丘陵山区——优势特色产业类示范区 ···························· 97
- 7.3 大中城市郊区——都市农业类示范区 ································ 100
- 7.4 发达地区——智慧农业类示范区 ···································· 102
- 7.5 生态脆弱地区——旱作农业类示范区 ································ 104
- 7.6 其他类示范区 ··· 106

第三部分 专项研究篇

第8章 创建目标指标体系构建专项研究 ·································· 110
- 8.1 示范区创建目标指标预测 ··· 110
- 8.2 农业现代化发展水平预判 ··· 121
- 8.3 研究结论 ··· 129

第9章 农业产业结构调整专项研究 ······································ 130
- 9.1 主导产业选择 ··· 130
- 9.2 农业产业结构调整 ··· 143

第10章 空间布局优化方法专项研究 ····································· 158
- 10.1 现状分析 ·· 158

10.2	空间结构分析	160
10.3	空间布局	162
10.4	规划布局技术要点	164
10.5	研究结论	167

第11章 农业"五化"推进路径专项研究 … 168

11.1	推进农业设施化	168
11.2	推进农业融合化	179
11.3	推进农业园区化	188
11.4	推进农业绿色化	200
11.5	推进农业数字化	211
11.6	研究结论	221

第12章 重点工程项目谋划专项研究 … 222

12.1	重点项目筛选原则与思路	222
12.2	对接相关规划与政策	223
12.3	重点项目落实	233
12.4	项目资金筹措方案	239
12.5	研究结论	251

第四部分 案例分析篇

第13章 平原地区的粮食产业类案例 … 254

13.1	东北平原——以黑龙江省某市农业现代化示范区为例	254
13.2	黄淮海平原——以河南省某县农业现代化示范区为例	267
13.3	长江中下游平原——以江苏省某市农业现代化示范区为例	278

第14章 南方丘陵地区的优势特色产业类案例 … 288

14.1	编制背景	288
14.2	编制特点	288
14.3	精选章节	290

第15章 大中城市郊区的都市农业类案例 ····· 296

- 15.1 编制背景 ····· 296
- 15.2 编制特点 ····· 296
- 15.3 精选章节 ····· 298

第16章 发达地区的智慧农业类案例 ····· 306

- 16.1 编制背景 ····· 306
- 16.2 编制特点 ····· 306
- 16.3 精选章节 ····· 307

第17章 生态脆弱地区的旱作农业类案例 ····· 320

- 17.1 编制背景 ····· 320
- 17.2 编制特点 ····· 320
- 17.3 精选章节 ····· 322

第五部分 附录篇

- 附录A 编制依据 ····· 336
- 附录B 基础资料调查 ····· 338
- 附录C 创建方案成果表 ····· 344
- 附录D 创建方案附图 ····· 347
- 附录E 申报材料附件 ····· 348

第一部分　前期研究篇

农业现代化是实现国家现代化的基础与支撑，是农村现代化的先行引领者。在工业化、城镇化、信息化进程中同步推进农业现代化，是一项十分紧迫而艰巨的任务。为了科学编制农业现代化示范区创建方案，首先应了解相关内涵要义与基本特征、涉农政策与相关大规划等要求，借鉴国内外农业现代化发展的成功经验，系统梳理与总结示范区建设典型案例，集成与应用相关基础理论与编制方法，以期为科学编制示范区创建方案提供指导。此部分包括5章内容。其中，第1章对农业农村现代化的涵义和特征、涉农政策及相关规划等进行了系统梳理与分析；第2章对农业现代化示范区创建通知、发展状况等进行了简单概述；第3章对国内外农业现代化发展实践与经验进行了搜集、整理与分析；第4章尝试提出相关基础理论与编制方法的集成与应用；第5章简述示范区创建方案编制流程与相关要求。上述涉及的章节都是与示范区创建密切相关的背景资料，其内容可作为创建方案编制方法研究的前期导入部分。

第1章 研究背景

1.1 相关研究基础

推进农业农村现代化是建设农业强国的应有之义，是推动农业农村高质量发展的必然选择，是促进农民农村共同富裕的内在要求。农业现代化是农村现代化的基础推力，是国家现代化的重要支撑。建设农业强国，基本要求是实现农业现代化。本节在粗略了解农业农村现代化的基础上，对其中的农业现代化开展深入研究。

1.1.1 农业农村现代化

习近平总书记指出，没有农业强国就没有整个现代化强国；没有农业农村现代化，社会主义现代化就是不全面的。探索一条适合中国特色的农业农村现代化道路、最终建成社会主义现代化强国，是新时期的重要目标任务之一。本书从分析农业农村现代化生成逻辑入手，通过解析其内涵要义与基本特征，研判提出具体推进方略和实现路径。

1.1.1.1 内涵要义

我国农业农村现代化内涵丰富，并具有鲜明的时代特征。在不同时期不同阶段，由于任务要求侧重不同，需求在不断升级，特征在不断深化，其内涵外延也在不断扩充。涉农规划要顺应时代要求，聚焦发展重点和短板弱项，准确理解农业农村现代化的时代内涵特征，这是加快推进农业农村现代化、实现乡村全面振兴的前置条件。

（1）政策层面解读

党的十九大首次提出的乡村振兴战略，具有划时代里程碑的意义。习近平总书记在十九大报告中明确了乡村振兴战略的总目标、总方针和总要求，指明了乡村振兴的目标任务和实现路径，即统筹推进"五位一体"总体布局，协调推进"四个全面"的战略任务。其中总目标是实现农业农村现代化，总方针是坚持农业农村优先发展，总要求是"产业兴旺、生态宜居、乡风文明、治理有效、生活富裕"。这些重要论述形成了一系列新思想、新理念和新论断，是实施乡村振兴战略、做好"三农"工作的行动指南。

为了贯彻落实中共中央、国务院相关精神要求，坚持农业农村优先发展，全面推进乡村振兴，加快推进农业农村现代化，国务院印发了全国《"十四五"推进农业农村现代化规划》，明确了实现农业现代化要与农村现代化一体设计、一并推进的思路目标和重点任务。在颁布规划的政策例行吹风会上，农业农村部总农艺师在回答记者提问时谈到，过去一直提的是农业现代化，现在在新起点上接续提出农业农村现代化，内涵外延都有拓展，内容更加丰富。习近平总书记在2020年召开的中央农村工作会议上指出，举全党全社会之力推动乡村振兴，促进农业高质高效、乡村宜居宜业、农民富裕富足。这一重要论断，深刻阐释了新时代中国特色农业农村现代化的核心要义，鲜明提出了农业农村发展的方向目标，既体现了"三农"发展规律又符合农业农村实际，既准确科学又形象生动，是农业农村现代化重大的理论创新。学习领会习近平总书记重要指示精神，农业农村现代化的内涵主要体现在以下三点：第一，促进农业高质高效。主要是指围绕保供给、提质量、增效益，不断夯实农业基础，强化科技支撑，创新经营方式，这是实现农业现代化的根本要求。第二，促进乡村宜居宜业。主要是指围绕强设施、优服务、美环境，加快补齐农村基础设施和公共服务设施短板，改善农村生态环境，提高乡村治理效能，这是农村现代化的重要标志。第三，促进农民富裕富足。主要是指多渠道增加农民收入，提高农民综合素质，加强农村精神文明建设，让广大农民平等参与现代化进程。

（2）相关专家学者观点

关于农业农村现代化，一些专家学者提出了许多独到见解，尤其是对中国特色农业农村现代化内涵的理解和认识逐步深化，从不同角度提出了自己的表述与论点。

杜志雄[①]认为，农业农村现代化并不是农业现代化与农村现代化内容的简单叠加，而是由二者有机耦合而成的互有联系、彼此促进、相互交融的有机整体。就二者之间的关系来看，农业现代化是实现农村现代化的物质基础，只有农业实现生产经营管理现代化，才能为农村现代化提供丰富的物质资料；农村现代化是农业现代化的保障，为农业现代化发展所必需的人口、土地等要素提供空间载体。建设具有中国特色的农业农村现代化，必须立足我国基本国情和农情，按照乡村振兴战略的"五大要求"统筹推进农业现代化和农村现代化，才能实现农业农村政治、经济、文化、社会和生态文明水平的全面提升，并逐步将传统落后的农业农村改造为世界先进水平的现代农业农村。

蓝红星等[②]认为，中国农业农村现代化是指在农业农村优先发展的政策指向下，乡村全面振兴、农业强国建设、农民共同富裕等多目标兼容并举，农业现代化、农村现代化、农民现代化、"三化"融合的现代，但它并非农业现代化、农村现代化、农民现代化的简单加总，而是由三者有机融合而成的相互联系、相互交织、融为一体的现代化。总体来看，其观点是从农业、农村、农民三个角度，分别论述了农业、农村、农民的现代化。

李明星等[③]认为，中国特色农业农村现代化是一个比较性和动态性相结合的概念，是从中国国情出发，在发展生产力和优化生产关系的过程中，基于对农业农村及其关系认识

---

① 杜志雄.农业农村现代化：内涵辨析、问题挑战与实现路径[J].南京农业大学学报，2022（5）.
② 蓝红星，王婷昱，施帝ဌ.中国农业农村现代化生成逻辑、内涵特征与推进方略[J].改革，2023（网发）.
③ 李明星，覃玥.农业农村现代化：历史回溯、时代内涵、目标定位与实现路径[J].当代经济研究，2022（11）.

的深化而形成的一种战略方向。生产技术、经营模式等都只是这一战略的外在表现，其根本内涵则被分别赋予到政治、经济、文化、社会和生态的"五位一体"架构之中。总体来看，其观点比较注重从政治、经济、文化、社会和生态等方面来诠释。

（3）本书观点

本书认为：就现阶段而言，农业农村现代化是指以锚定建设农业强国为目标，以全面推进乡村发展、乡村建设和乡村治理为路径，以巩固粮食等重要农产品安全保供为基础，以实施乡村建设为推力，以制度创新和政策创设为保障，围绕农业现代化与农村现代化一体设计、一并推进的思路，加快城乡融合发展步伐，不断推进农业高质高效、乡村宜居宜业、农民富裕富足的实现过程，为全面实现乡村振兴提供有力支撑。

1.1.1.2　基本特征

根据上述内涵要义，农业农村现代化主要体现如下8个方面的特征，其中前"三化"是农业现代化的关键支撑，中间"三化"是农村现代化的集中体现，最后"两化"主要反映农民能力素质和精神面貌。这"八化"相辅相成、融为一体，共同构成农业农村现代化的基本特征。

生产设施化。在农业生产方面，重点体现农田设施和配套水利设施建设，以及机械装备、实用技术装备和信息化设施等物质条件不断夯实。

社会服务化。在农业经营方面，重点体现农业全产业链社会化服务体系不断健全。

产业融合化。在产业融合方面，重点体现农村一二三产业融合发展成为重要形态。

生活便利化。在农村方面，重点体现农村生活设施配套完善，基本公共服务逐步实现均等化。

环境绿色化。在农村方面，重点体现山水林田湖草沙系统治理，农村人居环境明显改善，绿色低碳生产生活方式广泛推行。

治理高效化。在农村方面，突出体现组织引领、社会服务和民主参与，促进自治法治德治相结合的乡村治理体系不断健全，充满活力、和谐有序的善治乡村加快建成。

农民技能化。在农民方面，重点体现农民教育培训体系健全，高素质农民队伍不断加强，农民科技文化素质不断提升。

乡风文明化。在农民方面，重点体现农村思想道德建设不断加强，乡村优秀文化更加繁荣，农村传统美德、移风易俗向着健康的方向发展。

农业农村部总农艺师还谈到，过去一提到现代化就是"楼上楼下、电灯电话"，进入新阶段新时期后，农业农村现代化的内容更加丰富，也可通俗地概括为"旱涝保收、生活无忧、山清水秀、尊老爱幼"这四句，这充分体现了农业"生产"、农民"生活"和乡村

"生态"的现代化。

1.1.1.3 实施路径

以习近平新时代中国特色社会主义思想为指导，全面贯彻党的二十大精神，认真落实习近平总书记关于"三农"工作的重要论述，完整、准确、全面贯彻新发展理念，加快构建新发展格局，对标全面建成社会主义现代化强国，立足国情农情，坚持农业农村农民一体设计、一并推进，以保障国家粮食安全为底线，以科技和改革为动力，以农民富裕富足为目的，全面推进乡村振兴，加快农业农村现代化，建设宜居宜业和美乡村，为全面推进乡村振兴筑牢坚实根基。

（1）夯实农业生产基础，提升粮食等重要农产品供给保障水平

一是保障国家粮食安全。压实粮食安全政治责任，深入实施国家粮食安全战略，落实最严格的耕地保护制度，加强耕地用途管制，落实藏粮于地、藏粮于技，加强高标准农田建设，不断提升耕地质量水平，实施粮食增产攻关行动，推进粮食全链条节约减损，实现节本增效；完善粮食生产扶持政策，健全种粮农民收益保障机制，激发种粮农民积极性。二是实施重要农产品安全保障战略。加强重要农产品生产保护区建设，深入推进大豆油料产能提升，抓好生猪和"菜篮子"工程，牢固树立大食物观，构建多元化食物供给体系，加强标准化规模化设施建设，发展农产品精深加工，完善农产品流通体系，不断提高农业抗风险能力，构建科学合理、安全高效的重要农产品供给保障体系，不断夯实农业农村现代化物质基础。

（2）推进创新驱动发展，提升农业质量效益和竞争力

一是强化现代农业科技支撑。加强与科研院所合作，培育农业科技创新团队，开展农业关键核心技术攻关，研发创新一批关键核心技术及产品，促进科技与产业深度融合，建设完善现代农业产业科技创新中心，构建产学研紧密结合的协同创新格局。二是深入实施种业振兴行动。推动农业种质资源保护、开发和再利用，聚焦重点品种有序推进生物育种产业化应用，培育一批种业领军企业，实现种业科技自立自强、种源自主可控。三是推进先进农机创制应用。加强农机装备薄弱环节研发，以破解"一大一小"农机装备卡点、难点为重点，优化农机购置与应用补贴政策，不断提升农机装备水平和竞争力。

（3）构建现代乡村产业体系，提升产业链供应链现代化水平

以拓展农业多种功能、发掘乡村多元价值为方向，融合农文旅、贯通产加销，实现全环节提升、全链条增值、全产业融合。一是发展乡村特色产业。立足"土特产"要求，开发具有鲜明地域特点、民族特色、乡土特征的产品产业，发掘传统工艺，提升乡村特色产品价值和产业附加值，创响"土字号"乡村特色品牌，挖掘培养一批乡村工匠。二是壮大农产品加工流通业。鼓励和支持农产品产地初加工，减少产后损失，提高质量效益，引导企业向产地下沉，发展农产品精深加工，完善农产品流通体系，加强设施条件建设，支持建设产地冷链集配中心。三是加快产业融合发展。发掘生态涵养产品，推动农业与旅游、教育、康养等产业结合，培育壮大新产业新业态，促进农业与农产品加工、文化旅游、电商物流等二三产业的深度融合，不断催生新产业新业态。

（4）实施乡村建设行动，建设宜居宜业和美乡村

一是加强农村基础设施建设。完善农村资源路、产业路、旅游路和村内主干道建设，加强中小型水库等水源工程建设，加大农村电网建设力度，推动信息通信基础设施建设，推动乡村基础设施往村覆盖、往户延伸。二是强化公共服务能力建设。主要是教育、医疗、养老等方面的公共服务设施建设，不断提高乡村公共服务便利度，让农民就地过上现代文明生活。三是整治提升农村人居环境。合理规划农村公共厕所，加强中西部地区农村户用厕所改造，因地制宜推进农村厕所革命；以县域为基本单元，以乡镇政府驻地和中心村为重点，梯次推进农村生活污水治理，加快消除农村黑臭水体；推进农村生活垃圾源头分类减量，完善农村生活垃圾收运处置体系，解决农村垃圾到处飞扬的问题；深入开展村庄清洁和绿化行动，推进村庄周边、公共场所、庭院房屋干净整洁，整体提升村容村貌。

（5）加强生态文明建设，推动农业农村绿色低碳发展

按照人与自然和谐共生的内在要求，坚持绿色低碳发展方向，加快推进农业绿色发展和乡村生态振兴，构建人与自然和谐共生的农业农村发展新格局。一是保护修复农业生态系统。深入实施化肥农药减量行动，做好退化耕地治理，建立量水而行、以水定产的农业用水制度，强化外来入侵物种防控，坚持山水林田湖草沙一体化保护和系统治理，推动农业农村减排固碳。二是构建农业绿色低碳循环产业体系。深入推进农业品种培优、品质提升、品牌打造和标准化生产，建设一批现代农业全产业链标准集成应用基地，完善农产品质量安全全程监管体系，健全质量追溯体系和农业绿色发展支撑体系，打造一批产地绿色、产品优质、产出高效的生态农场样板。三是因地制宜推进"三个革命"。有序开展经济欠发达地区以及高海拔、寒冷、缺水地区的农村改厕，梯次推进农村生活污水治理，完善农村生活垃圾收运处置体系，深入开展村庄清洁和绿化行动，建立健全农村人居环境建设与管护长效机制。

（6）加强乡村治理，建设文明善治乡村

突出组织引领、社会服务和民主参与，构建自治法治德治相结合的乡村治理体系，建设充满活力、善治有序的文明乡村。一是加强农村基层组织建设。建强农村基层党组织，选优配强村"两委"班子，实施党组织带头人提升行动，深入开展抓党建促乡村振兴，不断提升凝聚力和战斗力。二是加强乡村精神文明建设。加强社会主义核心价值观教育，大力开展"讲文明树新风"宣传活动，集中力量开展移风易俗专项治理，有效遏制高额彩礼、人情攀比和铺张浪费等陈规陋习，焕发乡村文明新气象。三是建设平安法治乡村。深化实施"雪亮工程"，建立农村扫黑除恶常态化机制，加强纠纷调解仲裁队伍和体系建设，不断提高农民群众法治素养。四是丰富乡村文化生活。传承发展农耕文明，繁荣乡村特色文化，保护民间非物质文化遗产，举办乡村传统节庆活动，增加高品质乡村文化产品供给。

1.1.2 农业现代化

1.1.2.1 农业现代化的基础研究

（1）国外学者的相关研究

国外对农业现代化的研究始于20世纪70年代，从强调机械化、工业化的石油农业，发展到强调传统技术的自然农业、有机农业，再到生态农业，直到当前可持续农业占据主流地位[①]。

基础研究方面。美国经济学家舒尔茨在《改造传统农业》一书中提到，传统农业是一种完全以农民世代使用的各种生产要素为基础的农业，对经济增长的贡献度极低，甚至没有；而现代农业更多的是引进新的农业生产要素，提高了农业生产效率，对拉动经济增长产生重大意义。美国学者G. Enyedi和I. Volgyes认为，现代农业的特点是资本密集度高、技术水平高、机器使用率高，是利润导向型的产业[②]。

影响因素方面。G. Enyedi和I. Volgyes指出，发展农村基础设施、基本教育和扩大就业是农业现代化的重要目标。农业现代化发展既要考虑经济效益又要重视生态效益。印度学者Siddiqui在分析印度中部地区农业现代化发展时提到，地形变化、灌溉方式和技术设备等都是影响农业现代化发展的重要因素[③]。此外，也有把食品质量安全及环境可持续性作为农业现代化的新目标。

发展阶段方面。美国农业经济学家约翰·梅尔把农业发展分为传统农业、低资本技术农业和高资本技术农业3个阶段。美国学者钱纳里认为"发展就是经济结构的成功转变"。托达罗则将发展中国家的农业现代化进程分为维持生存的发展阶段、多种经营的转变阶段及专业化农业3个阶段[④]。

---

① 刘志强. 我国未来农业发展模式的选择[J]. 科学新闻，2003（14）.
② Enyedi G，Volgyes I. The effect of modern agriculture on rural development[M]. New York：Pergamon Press，1982.
③ Siddiqui N K. Impact of Modernization on Agriculture In Bilaspur District A Spatio Temporal Analysis[R]. India，Raipur city，2017：56.
④ M.P. 托达罗（美）. 第三世界的经济发展[M]. 北京：中国人民大学出版社，1988.

技术进步方面。速水佑次郎和弗农·拉坦将农业技术进步分为劳动替代型的机械技术和土地替代型的生物化学技术[1]。巴西学者De Souza从现代技术、传统技术使用及减少劳动力投入出发，运用主成分分析法测算130多个城市的农业现代化指标，发现各州的农业技术存在差异，只有小部分城市采用了根据耕作强度或单位劳动力资本确定的现代技术，而大多数城市的生产者使用的是传统技术[2]。

发展道路方面。1982年，G. Enyedi和I. Volgyes在《现代农业对农村发展的影响：比较农村转型系列》文中指出，北美式的现代化只有在社会结构和生产目标相似的情况下才能很好地适应其他大陆，比如在以色列或南非。但是，它进入发展中国家往往会产生矛盾甚至会出现破坏性的结果；每一个基本类型的农村社会都需要有自己的一种农业现代化来表达。因而，农业现代化发展道路选择往往是一个国家经过长期探索而来的，因制度、发展阶段而不同[3]。

（2）国内学者的相关研究

国内关于农业现代化的研究随着我国农业发展而不断丰富，多年来专家学者从不同角度做了大量研究探讨。

农业现代化含义研究。众多学者从不同角度和维度，对农业现代化的含义提出了动态论、系统论、过程论和多维论等有代表性的论断。例如，2017年中央一号文件在政策层面采用"六用三化三率三提高"对现代农业进行了界定，为现代农业发展指明了方向。

农业现代化重要标志研究。不同发展阶段的农业现代化的重要标志各异。建国初期，机械化、水利化、化学化和电气化是实现农业现代化的重要标志，陶鼎来提出机械化是农业现代化的发展方向[4]。改革开放后，有学者提出农业市场化和组织化是农业现代化重要标志，如山东潍坊开展探索的农业产业化经营，有力推动了农业向市场经济的发展；朱道华认为，随着农业生产技术与条件的现代化，组织管理越发重要，将组织管理现代化列入农业现代化的基本内容[5]。2007年中央一号文件提出的"六用三化三率三提高"就代表现代农业的重要标志；《"十四五"推进农业农村现代化规划》提出了生产设施化、社会服务化和产业融合化，就是新发展阶段农业现代化的关键支撑和重要标志。

农业现代化实施路径研究。依据中国国情和农情，不同学者对中国特色农业现代化道

---

[1] 亓鑫. 我国生态循环农业发展模式探究[J]. 南方农业，2021（32）.
[2] De Souza R F, Khan A S. Agricultural Modernizationand The Technology Ranking of Municipalities in the State of Maranhao[J]. Revistade Economiae SociologiaRural, 2019, 39（2）：207-226.
[3] Enyedi G, Volgyes I. The effect of modern agriculture on rural development[M]. New York：Pergamon Press, 1982.
[4] 陶鼎来. 我国农业机械化道路的几个问题[N]. 天津日报.（1963-1-23）.
[5] 朱道华. 农业现代化讲座（五）——我国农业现代化的基本内容[J]. 辽宁农业科学，1982（1）：49-52.

路有不同观点。张仲威认为，要走一条既重视机械化和水利化，又重视科学技术应用的农业现代化道路；杜青林认为，应走生物技术与机械技术相结合、传统技术与现代技术相结合的道路；梁荣认为，农业产业化正好适合我国广大农村的实际，是我国传统农业向现代农业转变的桥梁和纽带；苏春华认为，走可持续的生态农业之路，是我国农业发展的途径和方式；卢良恕认为，应走现代集约持续农业的道路，即通过资源节约化、经营集约化、产品商品化来建设现代农业等。

农业现代化水平测度研究。为了准确评价农业现代化发展水平，应事先构建一套指标体系，既符合国际标准又反映本国和本地区特色的农业现代化评价指标体系。因此对采用什么指标、指标数目多少、指标数值的确定以及评价方法等在认识上表现出三类观点。第一类，柯炳生提出应带有宏观指导性质的指标体系，能指导各地农业现代化建设，如农业农村部农村经济研究中心把农业现代化指标体系分为农业外部与内部条件指标和农业生产效果指标，制定了一套指导全国基本实现农业现代化的指标体系；第二类，各级政府根据当地实际情况，制定了指导当地农业现代化建设的指标体系；第三类，国内专家学者依据自己对农业现代化的理解，提出了相应的指标体系，如傅晨提出的珠江三角洲农业现代化指标体系，赵景阳建立的以小康型农业现代化为目标的广义农业现代化评价指标体系等。

综上所述，在推进农业现代化研究方向上，国外学者更偏向于基础研究、影响因素、技术进步和发展阶段等方面的研究；国内学者着重农业现代化特征标志、实施路径和水平测度等方面的研究。国内外学者一致认为生产率水平高、技术进步、机械使用、农民素质、基础设施完善等是农业现代化的重要标志，而资源条件、发展阶段和政治制度的差异导致各国农业现代化实践的各不相同。发达国家农业现代化起步早，因此在模式和现代化技术方面有着系统丰富的研究，对我国农业现代化发展具有很好的借鉴意义。

1.1.2.2 农业现代化的内涵要义

"农业现代化"在"十二五""十三五"时期各类涉农政策文件中成为较高频率出现的词汇，那么到底什么是"农业现代化"？它需具备哪些要素？这是本节研究的重点。

首先关于我国农业现代化的内涵，相关政策文件根据不同时期的工作重点进行了不同的阐述，专家学者也从不同角度做了大量的研究探讨。随着农业现代化建设的加快推进，农业现代化的内涵也在不断深化。如建国初期，大多数学者认为农业现代化就是工业技术在农业中的运用，只要在农业中实现了机械化、水利化和电气化，就实现了农业现代化。但是随着时间的推移，针对农业现代化的涵义界定，一些学者、相关政策文件又提出了不同的观点，具体如下。

（1）学术界的不同观点

农业现代化的动态论。梅方权、顾焕章和牛若峰等专家认为，农业现代化是一个动态、渐进和阶段性的发展过程，在不同的时空条件下，随着人类认识程度的加深而不断被赋予新的内容。

农业现代化的系统论。李果仁、何传启和张术环等学者认为，农业现代化是一个包括自然、社会、经济、技术、管理和信息等要素在内的、规模宏大、结构复杂的系统工程，可从不同角度对农业现代化体系进行归类研究，主要包括农业生产力、农村生产关系、上层建筑的现代化以及不同层面之间的现代化相互协调，并延伸到经济、管理、体制及民生等领域的内容。

农业现代化的过程论。郑有贵、黄祖辉和尹成杰等学者认为，农业现代化就是用现代科学技术、现代工业提供的物质装备和现代管理方法全面改造传统农业，使之成为不断提高劳动者技术素质和环境质量的现代农业的过程。

农业现代化的多维论。王延生、韩士元和黄国桢等学者认为，农业现代化不仅局限于农业本身，它有更为宽泛的内容，即广义的农业现代化，不仅包括农业部门生产关系的运动，还包括制约农业、支撑农业部门发展的社会经济内容，具有技术、结构和制度三重含义。

现代农业的场景论。石元春认为，现代农业是以生物技术和信息技术为先导的、现代技术高度密集的科技型产业，是面向全球经济和农工贸一体化经营的商品农业，是正在拓展中的多元化和综合性的新型产业，是资源节约和可持续发展的绿色产业。卢良恕认为，现代农业是持续地、广泛地应用现代科学技术、现代管理方法和现代工业装备的专业化、社会化、集约化产业；是把生产、加工和销售相结合，把产前、产后和产中相结合，把生产、生活和生态相结合的一体化高效率与高效益的综合性产业。

农业现代化的可持续发展论。黄国桢、康芸和李晓鸣等学者认为，生态农业或可持续发展农业才是真正意义上的农业现代化，区别于以往农业现代化等同于"石油农业"的倾向。

（2）政策层面的解读

首先，从2007年中央一号文件上解读

2007年2月，中共中央、国务院印发《关于积极发展现代农业扎实推进社会主义新农村建设的若干意见》，这是首次以发展现代农业命名的政策性文件，对现代农业的涵义进行了界定，即"用现代物质条件装备农业，用现代科学技术改造农业，用现代产业体系提升农业，用现代经营形式推进农业，用现代发展理念引领农业，用培养新型农民发展农业，提高农业水利化、机械化和信息化水平，提高土地产出率、资源利用率和劳动生产率、提高农业素质、效益和竞争力"。这一表述涵盖了我国现代农业发展的目标和要求，是对中国式现代农业内涵的具体定义。这种提法比较符合上述学者提到的过程论观点，如文件中提到建设现代农业的过程，就是改造传统农业、不断发展生产力的过程，就是转变农业增长方式、促进农业又好又快发展的过程。但当时仅局限于现代农业的界定，还没有涉及农业现代化方面的任何表述。

其次，从《全国农业现代化规划（2016—2020年）》发布会上的讲话解读

2016年10月，原农业部部长韩长赋在《全国农业现代化规划（2016—2020年）》发布会上答记者问时谈到，该规划在"十三五"部署的开篇专列了"战略要求"章节，提出了"十三五"农业现代化的发展定位、发展主线和战略重点。在发展定位上，提出了"农业的根本出路在于现代化，农业现代化是国家现代化的基础和支撑；没有农业现代化，国家现代化是不完整、不全面、不牢固的"等战略判断。在发展主线上，强调"新形势下农业的主要矛盾已由总量不足转变为结构性矛盾，推进农业供给侧结构性改革，提高农业综合效益和竞争力，是当前和今后一个时期我国农业政策改革和完善的主要方向"。在战略上，强调实施"坚持以我为主、立足国内、确保产能、适度进口、科技支撑的国家粮食安全战略""突出抓好建设现代农业产业体系、生产体系、经营体系三个重点，并提出"十三五"时期必须牢固树立"创新、协调、绿色、开放、共享"发展理念，这"五大任务"是农业现代化的主基调，集中体现了农业现代化的重点和难点。在会上韩部长引用了一个通俗的说法，农业现代化就是"为全国人搞饭，为农村人搞钱，为城里人搞绿"，其中，"搞饭"就是保供给，"搞钱"就是保收入，"搞绿"就是保生态，最终实现产能稳固、产品安全、方式绿色、设施先进和规模适度的农业现代化发展目标。

再次，从2020年中央农村工作会议精神上解读

习近平总书记在2020年中央农村工作会议上指出，要"举全党全社会之力推动乡村振兴，促进农业高质高效、乡村宜居宜业、农民富裕富足"；这一重要论断深刻阐释了新时代中国特色农业农村现代化的核心要义，鲜明提出了农业农村发展的方向目标，既体现了"三农"发展规律又符合农业农村实际，既准确科学又形象生动，是农业农村现代化重大的理论创新。深入学习领会习近平总书记这一重要指示精神，可以进一步理解农业现代化的内涵要义。

最后，从《"十四五"推进农业农村现代化规划》发布会上的讲话解读

在2021年11月的政策例行吹风会上，国务院发布了《"十四五"推进农业农村现代化规划》。会上农业农村部副部长邓小刚在接受采访时谈到，该规划提出了未来五年农业农村现代化建设的思路目标和重点任务，这是首部将农业现代化和农村现代化一体设计、一并推进的规划。该规划还提出"三个提升、三个建设、一个衔接"重点任务，其中"三个提升"包括提升粮食等重要农产品供给保障水平、农业质量效益与竞争力、产业链供应链现代化水平。该规划还强调"保供给、提质量、增效益"是实现农业现代化的根本要求，并重点提出了实现农业现代化的路径——大体概括为"三化"，即生产设施化（包括农田设施和水利设施）、社会服务化（重点覆盖农业全产业链的社会化服务体系）和产业融合化，这"三化"是农业现代化的关键支撑。

（3）编者观点

综上所述，过去谈及现代农业比较多，大家对其有了一定的认知。但进入新时期后，我国"三农"工作重心已历史性转向了全面推进乡村振兴，加快推进农业农村现代化。站在新的历史方位，应不断拓展其内涵与外延。编者认为，**农业现代化是我国农业发展的目标与期盼，也是一种动态实现过程，其涵义随着社会发展、技术进步和经济水平提高而不断变化，不同时期有着不同的内涵。就现阶段而言，农业现代化是指以现代科学技术、信息化技术和物质条件装备农业，以现代产业体系提升农业，以先进的绿色发展理念和现代经营形式管理农业，不断推动农业产业体系现代化、生产体系现代化和经营体系现代化的实现过程。**

1.1.2.3 农业现代化的基本特征

农业现代化的基本特征主要体现在以下几方面。

产能稳固。农业不一定要追求粮食连年增产，但一定要巩固提升粮食产能，实现藏粮于地、藏粮于技，只要市场有需要，就能产得出、供得上，粮食综合生产能力应保持在6.5亿吨以上，力争做到谷物基本自给、口粮绝对安全。

设施先进。完善的设施装备、先进的技术是农业现代化的标志，也是一个国家农业实力的体现。力争将永久基本农田逐步建成旱涝保收高标准农田，主要农作物综合机械化水平、农业科技进步贡献率不断提高，建成配套完善、标准高效的农业生产、加工、流通、储运等基础设施。

产品安全。现代农业一定是农产品质量安全水平高的农业。要实现农业标准化生产和可追溯基本全覆盖，老百姓吃到的都是质量安全、品质优良、营养丰富的农产品。农产品质量安全例行监测总体合格率达到99%以上，标准化规模化种养基地基本实现生产过程标准化、规范化，努力实现农产品质量可追溯。

方式绿色。绿色发展是农业现代化的重要标志。要实现生产过程更加绿色，体现资源节约、环境友好、生态保育型农业，农业生产应杜绝大水大肥大药，逐步推动农业面源污染综合治理和废弃物资源化利用，明显改变农业生态环境。

规模适度。适度规模经营是农业现代化的必然选择。目前，种养大户、家庭农场、农民合作社等新型经营主体已成为农业现代化的主力军，多种形式土地适度规模经营占比、养殖规模化率逐步提升，农业生产的组织化、专业化、社会化程度显著提升。

市场导向。农业现代化要充分发挥市场在资源配置中的决定性作用。并坚持市场、政府两手发力，更好地发挥政府在政策引导、宏观调控、支持保护、公共服务等方面的作用。

1.1.2.4　农业现代化的实施路径

围绕"保供给、提质量、增效益"三个主题，聚焦"三个提升"，是推进农业农村现代化的首要任务，也是经济社会发展的主题，更是对产业链供应链现代化作出的战略部署。在此基础上，研究提出农业现代化的实施路径。概括起来，主要是"五化"。

生产设施化。主要以市场需求为导向，不断优化农业内部结构，加强农业基础设施建设，推动农田设施和水利设施配套完善，促进单产水平不断提高。

产业融合化。重点打造农业产业全产业链，促进农产品精深加工，加强产地仓储保鲜与冷链物流设施建设，拓展农业多种功能，发展休闲观光农业与乡村旅游，促进农村一二三产业融合发展。

方式绿色化。保护好耕地、草场和渔业资源，加强退化污染耕地改造，推进农业面源污染综合治理，不断提高农药化肥利用率和农业废弃物资源化利用水平，绿色发展取得重大进展，农业环境明显改善。

管理信息化。坚持以数字技术引领农业发展，加强信息基础设施建设，打造一批农机农艺融合应用基地，促进信息技术与农机农艺融合，推进生产管理过程信息化发展。

社会服务化。大力培育发展新型农业经营主体，促进小农户与现代农业有机衔接，推动农业全产业链的社会化服务体系建设，不断提升农业综合效益和竞争力。

1.1.2.5　农业现代化的演进历程

中国农业现代化，不仅具有世界现代化农业的普遍特征，更具有中国社会的本质特征。农业现代化是一个不断前行、动态变化的过程，同时也是在发展过程中不断寻求平衡的现代化状态。深刻把握中国特色农业现代化的内涵和历史演进，有助于厘清农业现代化发展脉络，为尽快实现农业现代化目标、建成社会主义现代化强国奠定基础。随着农业的不断发展进步，我国农业现代化经历了从起步探索、初步发展、转型发展、快速发展和全面发展的历史演进过程。

起步探索阶段（新中国成立到1978年以前）。新中国成立初期，面对农业基础设施长期落后、生产力水平低下和粮食供应紧张等局面，党和国家的首要任务是对不合理的封建土地制度进行变革，恢复农业生产和农村经济，解决人民的吃饭问题。1952年底，土地改革基本完成，全国无地或少地的农民得到了大批耕地和生产资料，农民实现了"耕者有其田"。1954年召开的全国第一届人民代表大会明确提出了农业、工业、国防和科学技术四个现代化的建设任务。1955年，毛泽东主席在《关于农业合作化问题》的报告中提出"必须先有合作化，然后才能使用大机器"的观点，强调要建立农村集体经济制度。1961年，周恩来总理在中央农村工作会议上指出，必须从各方面支援农业，有步骤地实现农业的机械化、水利化、化肥化、电气化，并指出机械化是农业现代化建设的根本出路，水利化是农业现代化建设的命脉。1964年，周总理在第三届全国人民代表大会的政府工作报告中提到，进一步把农业现代化作为"四化"建设的内容之一，从改进生产手段和生产条件出发，确立该阶段现代农业建设的重点与路径。1966—1977年，国家对农林水系统的基本建设投资比例逐步增加，为农业生产打下了较好的基础。这一时期农业现代化主要体现在农业生产条件的改善上。

初步发展阶段（1978—2001年）。1978年以来，随着我国的改革开放，农业现代化迎来了新的发展时期。1982年家庭联产承包责任制的确立，为中国理顺农村生产关系打开了新路子，拉开了农村改革的大幕。中央连续几年下发多个一号文件，反复强调推动农业经营制度由单一的集体经营制度转变为以家庭联产承包经营为基础的统分结合双层经营体制，极大地解放了农业生产力。1993年，家庭承包责任制被正式列入宪法，成为一项国家基本经济制度。同时在实践中逐步改革了与农业现代化建设不相适应的体制和制度，提出取消了农产品统购统销制度，建立健全市场化农产品流通体制，并把农业的出路从单一依靠机械化，发展到更加注重科学技术。党的十五届五中全会提出，要把农业产业化经营作为推进农业现代化的重要途径，鼓励支持农产品加工与销售等企业带动农户进入市场。在这一阶段我国农业完成了由计划经济向市场经济的过渡。

转型发展阶段（2002—2007年）。2022年11月，随着党的十六大的胜利召开，我国进入了全面建设小康社会的新阶段，党和政府确立了把解决"三农"问题作为全党工作重中之重的总方针，制定了"工业反哺农业、城市支持农村"和"多予少取放活"的具体指导方针，明确了在工业化城镇化发展中同步推进农业现代化，加快形成城乡经济社会一体化发展新格局，走中国特色农业现代化道路的基本方向，部署了加快发展现代农业、建设社会主义新农村的战略任务。2004年我国开始对种粮农民进行直接补贴，2006年全面取消农业税，针对重点品种实施最低收购价政策。2007年，党的十七大胜利召开，同年的中央一号文件提出大力发展现代农业，推动我国由传统农业向现代农业转型发展。

快速发展阶段（2008—2016年）。2010年10月，党的十七届五中全会审议通过了《中共中央关于制定国民经济和社会发展第十二个五年规划的建议》，明确提出在工业化、城镇化深入发展中同步推进农业现代化，是"十二五"时期的一项重大任务。2012年2月，国务院印发了《全国现代农业发展规划（2011—2015年）》，提出了要以转变农业方式为主线，以保障主要农产品供给为目标，以构建农业产业体系为重点，不断提高农业现代化水平。2015年10月，党的十八届五中全会审议通过了《中共中央关于制定国民经济和社会发展第十三个五年规划的建议》，明确提出要大力推进农业现代化，加快转变农业发展方式，走产出高效、产品安全、资源节约、环境友好的农业现代化道路。2016年10月，国务院印发了《全国农业现代化规划（2016—2020年）》，提出推动农业现代化与新型工业化、信息化、城镇化同步发展，加快转变农业发展方式，构建现代农业产业体系、生产体系、经营体系，推动东部沿海发达地区、大城市郊区和国有垦区基本实现农业现代化。这一阶段，中国特色的农业现代化处于快速发展阶段。

全面发展阶段（2017—2021年）。2017年10月，党的十九大首次提出乡村振兴战略，并于2018年9月中共中央、国务院印发了《乡村振兴战略规划（2018—2022年）》，这是乡村振兴第一个五年规划，是落实党中央关于实施乡村振兴战略的重要部署，描绘加快推进农业农村现代化、走中国特色乡村振兴道路的宏伟蓝图。2021年11月，国务院印发了《全国"十四五"推进农业农村现代化规划》，明确提出了坚持农业农村优先发展的思路目标和重点任务，既包括农业现代化，也包括农村现代化，还涉及农民现代化，坚持农业现代化与农村现代化一体设计、一并推进。"十四五"时期，我国"三农"工作重心历史性地转向全面推进乡村振兴战略，加快发展农业农村现代化。

不断提升阶段（2022年至今）。党的二十大首次提出建设农业强国，农业农村部正在抓紧编制并即将印发建设农业强国相关规划，这将是二十大召开后第一个全国涉农规划，是落实党中央关于建设农业强国的重要部署，相关规划将提出举全党全社会之力全面推进乡村振兴，加快农业农村现代化，建设供给保障强、科技装备强、经营体系强、产业韧性强、竞争能力强的农业强国。并要求扎实推进乡村发展、乡村建设、乡村治理等重点工作，加快建设宜居宜业和美乡村，为全面建设社会主义现代化国家打下坚实的基础。

1.1.2.6 农业现代化发展现状

粮食产能稳固有保障。习近平总书记反复强调，中国人的饭碗任何时候都要牢牢端在自己手中，饭碗主要装中国粮。为了坚持不懈抓好粮食生产，我国粮食产量已连续多年稳定在6.5亿吨以上，巩固提升了粮食产能，只要市场有需要，就能产得出、供得上。我国是人口大国、农产品消费大国，在粮食安全问题上不能有半点大意，保障粮食安全是关乎经济社会稳定的全局性、战略性问题。实际上，多年来我国始终绷紧粮食安全这根弦，把确保粮食安全作为永恒主题，大力推行"藏粮于地、藏粮于技"战略，建成了粮食生产功能区和重要农产品生产保护区，大规模实施高标准农田建设，巩固提高了农业综合生产能力，体现了落实"谷物基本自给、口粮绝对安全"国家粮食安全战略的政策导向，为经济发展、社会稳定和国家安全提供了重要基础支撑。

农业供给侧结构性改革成效显著。以市场需求为导向，以深化改革为动力，以绿色发展、提质增效为重点，强化科技支撑，加快农业结构调整，在棉花、油料、糖料等优势产区建设一批规模化、标准化生产基地，不断提高农业发展的质量效益和竞争力；推进畜牧业结构调整，以生猪发展为重点，加快草食畜牧业发展，扩大优质肉牛肉羊生产，加强奶源基地建设，提高品牌影响力。大力发展水产健康养殖，积极推进生态健康养殖场示范创建，促进水产养殖业绿色发展。

产业融合发展水平明显提升。近年来，随着《关于推进农村一二三产业融合发展的指导意见》《关于进一步促进农产品加工业发展的意见》《关于拓展农业多种功能　促进乡村产业高质量发展的指导意见》等一系列政策文件的陆续印发，产业融合成为深化农业供给侧结构性改革、推动乡村产业振兴的重要抓手。通过聚焦重点产业，聚集资源要素，实施农产品加工业提升行动，挖掘乡村多种功能与价值，农产品加工业提档升级步伐不断加快，"农业+旅游""农业+文化""农业+健康"等"农业+"新产业新业态加快涌现，成为提高农业质量效益和增强农业竞争力的重要途径，有效拓宽了农民增收的渠道。

经营主体培育成效初步显现。近年来，随着《新型农业经营主体和服务主体高质量发展规划》《关于支持农业产业化龙头企业发展的意见》等国家文件的颁布，各级政府也制定了相关支持政策，各类新型农业经营主体大量涌现和发展壮大，与小农户形成了紧密的利益联结机制，陆续构建起了以农户家庭经营为基础、合作与联合为纽带、社会化服务为支撑的现代农业经营体系，成为推动农业现代化的重要力量。

农业绿色发展全面转型。结合中办、国办印发的《关于创新体制机制推进农业绿色发展的意见》，深入推进农业绿色发展五大行动，实施东北黑土地保护性耕作计划，强化南方重金属污染区耕地土壤污染修复，加快推广高效节水灌溉技术，促进畜禽粪污、农作物秸秆资源化利用，不断提高农药化肥利用率，有效控制"白色污染"，农产品质量安全追溯体系逐步健全，促进了投入品减量化、生产清洁化、废弃物资源化、产业模式生态化，成功创建一批国家农业绿色发展先行区。

农村发展改革稳步推进。随着《关于完善农村土地所有权承包权经营权分置办法的实施意见》《保持土地承包关系稳定并长久不变的意见》《关于稳步推进农村集体产权制度改革的意见》等文件的颁布，农村土地制度改革稳步推进，建立起了农村土地"三权"分置制度，确立了土地承包关系长久不变，赋予了农村集体资产相关权益，让农民吃上了长效"定心丸"，顺应了当前农业农村发展形势，为推进农业现代化提供了支撑。

1.2 相关政策指引

党的十九大以来，围绕实施乡村振兴战略、推进农业农村现代化等方面，国家出台了一系列政策举措，推动了传统农业向现代农业的加快转变，农业现代化建设取得显著成效。本节通过梳理相关政策，为各地编制示范区创建方案提供借鉴和参考。

1.2.1 党的十九大及五中全会精神

2017年10月，习近平总书记在党的十九大报告中首次提出实施乡村振兴战略，并作为七大战略之一写入党章，具有划时代里程碑意义。2018年9月，中共中央、国务院印发的《乡村振兴战略规划（2018—2022年）》按照产业兴旺、生态宜居、乡风文明、治理有效、生活富裕的总要求，提出建立健全城乡融合发展体制机制和政策体系，加快推进农业农村现代化。2020年10月，党的十九届五中全会审议通过了《中共中央关于制定国民经济和社会发展第十四个五年规划和二〇三五年远景目标的建议》，提出坚持农业农村优先发展，全面推进乡村振兴，加快农业农村现代化。同时明晰了"强化绿色导向、标准引领和质量安全监管，建设农业现代化示范区"的要求，这是顺应加快推进农业农村现代化、促进农业提质增效的重大举措，对示范引领新阶段农业农村现代化具有重大意义。

1.2.2 党的二十大精神

2022年10月，党的二十大胜利召开，习近平总书记在报告中的第四部分提出，加快构建新发展格局，着力推动高质量发展。并强调坚持农业农村优先发展，畅通城乡要素流动。加快建设农业强国，扎实推动乡村产业、人才、文化、生态、组织振兴。全方位夯实粮食安全根基，逐步把永久基本农田全部建成高标准农田，深入实施种业振兴行动，强化农业科技和装备支撑，确保中国人的饭碗牢牢端在自己手中。树立大食物观，发展设施农业，构建多元化食物供给体系。发展乡村特色产业，拓宽农民增收致富渠道。发展新型农业经营主体和社会化服务，促进农业适度规模经营。我们要深入领会其精髓，全面贯彻推进乡村振兴、加快农业农村现代化和建设农业强国等精神实质，科学编制创建方案。

1.2.3 2020年中央农村工作会议精神

2020年12月，习近平总书记在出席中央农村工作会议发表重要讲话时指出，要巩固和拓展脱贫攻坚成果，全面推进乡村振兴，加快农业农村现代化。扎实推进乡村发展、乡村建设、乡村治理，促进农业高质高效、乡村宜居宜业、农民富裕富足。时任国务院总理的李克强同志也在会议上强调，习近平总书记的重要讲话深刻阐释了全面推进乡村振兴、加快农业农村现代化的重大意义和总体要求，科学回答了在新时期做好"三农"工作的一系列重大理论和实践问题。要认真学习领会相关精神，在实践中把党中央决策部署贯彻落实好。

1.2.4　2021年中央一号文件精神

2021年2月，中共中央、国务院以中央一号文件印发了《关于全面推进乡村振兴加快农业农村现代化的意见》，强调要坚持农业农村优先发展，坚持农业现代化与农村现代化一体设计、一并推进，走中国特色社会主义乡村振兴道路，形成工农互促、城乡互补、协调发展、共同繁荣的新型工农城乡关系，促进农业高质高效、乡村宜居宜业、农民富裕富足。该文件首次提出创建"农业现代化示范区"的具体工作安排，指出要把农业现代化示范区作为推进农业现代化的重要抓手，围绕提高农业产业体系、生产体系、经营体系的现代化水平，加强资源整合、政策集成，以县（市、区）为单位开展创建，到2025年创建500个左右示范区，形成梯次推进农业现代化的格局。这为创建农业现代化示范区提供了政策保障。

1.2.5　2022年中央一号文件精神

2022年1月，中共中央、国务院以中央一号文件发布了《关于做好2022年全面推进乡村振兴重点工作的意见》，强调要立足新发展阶段、贯彻新发展理念、构建新发展格局、推动高质量发展，牢牢守住保障国家粮食安全和不发生规模性返贫两条底线，扎实有序做好乡村发展、乡村建设、乡村治理重点工作，并重点提出开展"百县千乡万村"乡村振兴示范创建，继续推进农业现代化示范区创建，为促进乡村振兴取得新进展、农业农村现代化迈出新步伐奠定了有力的基础。

1.2.6　2022年中央农村工作会议精神

习近平总书记在中央农村工作会议上指出，强国必先强农，农强方能国强。没有农业强国就没有整个现代化强国；没有农业农村现代化，社会主义现代化就是不全面的。还系统阐释了建设农业强国、加快推进农业农村现代化、全面推进乡村振兴的一系列重大理论和实践问题，明确了当前和今后一个时期"三农"工作的目标任务、战略重点和主攻方向，充分彰显了以习近平同志为核心的党中央对"三农"工作的高度重视，我们要切实把思想和行动统一到总书记重要讲话和党中央决策部署上来。

1.2.7　2023年中央一号文件精神

2023年1月，中共中央、国务院以中央一号文件印发了《关于做好2023年全面推进乡村振兴重点工作的意见》，提出举全党全社会之力全面推进乡村振兴，加快农业农村现代化。该文件强调强国必先强农，农强方能国强。要立足国情农情，体现中国特色，建设供给保障强、科技装备强、经营体系强、产业韧性强、竞争能力强的农业强国。继续支持创建农业产业强镇、现代农业产业园、优势特色产业集群，深入推进农业现代化示范区建设。扎实推进乡村发展、乡村建设、乡村治理等重点工作，建设宜居宜业和美乡村，为全面建设社会主义现代化国家打下坚实的基础。

1.2.8 小结

从十九大报告首次提出乡村振兴战略，坚持农业农村优先发展，到党的十九届五中全会提出坚持农业现代化与农村现代化一体设计、一并推进，到党的二十大提出加快建设农业强国，再到2021年中央一号文件、《"十四五"推进农业农村现代化规划》等提出在"十四五"期间创建500个农业现代化示范区；2022年中央一号文件提出要抓点带面推进乡村振兴全面展开，继续推进农业现代化示范区创建；2023年中央一号文件提出要扎实加快建设农业强国，继续推进乡村发展、乡村建设、乡村治理等重点工作，建设宜居宜业和美乡村，深入推进农业现代化示范区建设等。这一系列饱含"顶层设计"思想的会议精神和政策文件，既为农业现代化研究指明了方向，也对示范区创建提出了具体要求。

1.3 相关规划指引

按照原农业部对涉农规划体系的分类，主要包括总体规划、专项规划、区域规划和重大工程建设规划等。"十四五"期间，农业农村部编制完成并形成了以全国《"十四五"推进农业农村现代化规划》等为总纲，以种植业、畜牧业和渔业等行业专项规划为指导，以高标准农田建设、现代设施农业建设和现代种业提升等建设规划为重点的总体规划、专项规划、建设规划于一体的农业规划体系（表1-1）。

表1-1 "十四五"农业规划体系一览表

类别	序号	规划名称
总体规划	1	"十四五"推进农业农村现代化规划
	2	乡村振兴战略规划（2018—2022年）
	3	中华人民共和国国民经济与社会发展第十四个五年规划和2035年远景目标纲要
		……
专项规划	1	"十四五"全国种植业发展规划
	2	"十四五"全国畜牧兽医行业发展规划
	3	"十四五"全国渔业发展规划
	4	全国乡村产业发展规划（2020—2025年）
	5	"十四五"冷链物流发展规划
	6	"十四五"全国现代种业发展规划
	7	"十四五"全国农业农村科技发展规划
	8	"十四五"全国农业绿色发展规划
	9	"十四五"全国农业机械化发展规划
	10	"十四五"全国农业农村信息化发展规划
		……

（续表）

类别	序号	规划名称
建设规划	1	"十四五"农业农村现代化重大工程建设总体规划
	2	全国高标准农田建设规划（2021—2030年）
	3	全国现代设施农业建设规划（2023—2030年）
	4	"十四五"现代种业提升工程建设规划
	5	"十四五"全国农业科技创新能力条件建设规划
	6	"十四五"全国农产品仓储保鲜冷链物流设施建设规划
	……	

上述各类规划都与推进农业现代化密切相关，受篇幅所限，本节选择每类规划的典型代表进行重点解读，以期为示范区创建提供依据和参考。

1.3.1 "十四五"推进农业农村现代化规划

2021年11月，国务院印发了《"十四五"推进农业农村现代化规划》，明确了坚持农业农村优先发展、农业现代化与农村现代化一体设计一并推进的思路目标和重点任务，提出加快构建现代乡村产业体系、现代农业生产体系和现代农业经营体系，走产出高效、产品安全、资源节约、环境友好的农业现代化道路。到"十四五"时期末，实现农业基础更加稳固、乡村振兴战略全面推进和农业农村现代化取得重要进展，梯次推进有条件的地区率先基本实现农业农村现代化，脱贫地区实现巩固拓展脱贫攻坚成果同乡村振兴有效衔接。在产业体系构建专栏中提出建设农业现代化示范区，通过资源整合、政策集成、设施装备条件改善等，创建500个左右农业现代化示范区，探索差异化、特色化的农业现代化发展模式。

1.3.2 全国高标准农田建设规划（2021—2030年）

2021年9月，农业农村部印发了《全国高标准农田建设规划（2021—2030年）》。该规划以推动高质量发展为主题，以提升粮食产能为目标，坚持新增建设和改造提升并重、建设数量和建成质量并重、工程建设和建后管护并重等为原则，不断提升建设标准、耕地质量和产能，到2025年累计建成10.75亿亩、改造提升1.05亿亩高标准农田，不断增强农田抗灾减灾能力，为保障国家粮食等重要农产品有效供给提供坚实基础。该规划为推动示范区农业设施化提供了参考，为促进农业农村现代化提供了物质支撑。

1.3.3 全国乡村产业发展规划（2020—2025年）

乡村产业振兴是乡村全面振兴的重要根基，也是推进农业农村现代化的重要引擎。2020年7月，农业农村部印发了《全国乡村产业发展规划（2020—2025年）》，为推动乡村产业发展提供了顶层设计和系统指引，还重点提出了提升农产品加工、拓展乡村特色产业、优化乡村休闲旅游业、发展乡村新型服务业、推进农村一二三产业融合发展等方面的重大举措，为推动示范区的融合化水平提供了基本遵循，为促进乡村全面振兴奠定了坚实的物质基础。

1.3.4 全国现代设施农业建设规划（2023—2030年）

2023年6月，农业农村部、国家发改委、财政部、自然资源部联合印发了《全国现代设施农业建设规划（2023—2030年）》，这是我国出台的第一部现代设施农业建设规划，包括1个总体规划和4个专项实施方案。规划以稳产保供和满足市场多样化、优质化需求为目标，以强化设施装备和现代科技支撑为关键，以节能宜机为主的现代设施种植业、以高效集约为主的现代设施畜牧业、以生态健康养殖为主的现代设施渔业、以仓储保鲜为主的现代物流设施等为重点，加快构建布局科学、用地节约、智慧高效、绿色安全、保障有力的现代设施农业发展格局，不断提升现代设施农业集约化、标准化、机械化、绿色化、数字化水平，为保障粮食等重要农产品稳定安全提供了有力支撑。

1.3.5 "十四五"全国农业机械化发展规划

2022年1月，农业农村部印发了《"十四五"全国农业机械化发展规划》，明确了"十四五"时期我国农业机械化发展的总体思路、目标任务和政策举措。在新的发展阶段，要准确把握农业机械化发展的历史方位，推进农业机械化供给侧结构性改革，着力补短板、强弱项、促协调，推进机械化与农艺制度、信息技术、经营方式、农田建设相融合相适应，引领农机装备创新发展，做大做强农业机械化产业群产业链，推进农业机械化向全程全面高质高效发展，为推进示范区农业机械高质高效发展提供了有力支撑。

1.3.6 "十四五"全国农业绿色发展规划

为了贯彻落实习近平总书记生态文明思想，推动农业高质量发展，2021年9月，农业农村部等6部门联合印发了《"十四五"全国农业绿色发展规划》，这是我国首部农业绿色发展专项规划，对"十四五"时期农业绿色发展工作作出了系统部署和具体安排。该规划以推动绿色低碳循环发展为重点，聚焦绿色发展关键领域和薄弱环节，重点提出加强农业资源保护利用、农业面源污染防治、农业生态保护等方面的具体任务，对实现农业资源利用水平明显提高、产地环境质量明显好转、农业生态系统明显改善、减排固碳能力明显增强等具有重要意义，有利于加快推进示范区农业发展全面绿色转型。

1.3.7 "十四五"全国农业农村信息化发展规划

2022年3月，农业农村部印发了《"十四五"全国农业农村信息化发展规划》，对"十四五"时期农业农村信息化发展作出了总体部署。规划以推动全产业链数字化改造升级为重点，围绕加工、仓储物流、电商、追溯等环节，重点从乡村信息基础设施、智慧农田（牧场、渔场）应用场景方面加以突破，促进现代信息技术与农机农艺深度融合，以利于大力推动示范区农业数字化发展，为增强农业农村现代化能力提供有力支撑。

1.3.8 小结

示范区创建与发展不能盲目跟进，应有规可循、突出重点。建议参照已颁布的"十四五"推进农业农村现代化规划、高标准农田建设规划、乡村产业发展规划和现代设施农业建设规划等相关要求，结合各地发展实际与产业基础，探索差异化、特色化的发展模式，引领区域农业农村现代化发展。

第2章 农业现代化示范区发展概述

我国幅员广阔,各地情况千差万别,资源禀赋不同,经济基础参差不齐,推进农业现代化不可能齐步走、一蹴而就,而应该先行先试、梯次推进,以寻求点上突破,进而带动面上农业现代化发展。本章主要介绍农业现代化示范区创建的相关通知、内涵特征、意义与管理等相关内容。

2.1 相关通知

2.1.1 关于开展2021年农业现代化示范区创建工作的预通知

为贯彻落实党的十九届五中全会精神和2021年中央一号文件的要求,探索差异化、特色化农业现代化发展模式,梯次推进农业现代化,2021年7月,农业农村部、财政部、国家发改委联合印发了《关于开展农业现代化示范区创建工作的预通知》(农规发〔2021〕9号),指出农业现代化是国家现代化的基础和支撑,建设农业现代化示范区是推进农业现代化的重要抓手,并提出了示范区创建意义、指导思想、基本原则、建设布局与遴选条件等,明确了建设重点,着重提出了示范引领农业设施化、园区化、融合化、绿色化、数字化的"五化"实施路径,且文中7处提及探索差异化、特色化农业现代化发展模式,要求各地认真组织落实。当年组织创建成功100个农业现代化示范区。

2.1.2 关于开展2022年农业现代化示范区创建工作的通知

为贯彻落实2022年中央一号文件的要求,推进农业现代化示范区创建,带动全面推进乡村振兴、加快农业农村现代化,2022年4月,农业农村部、财政部、国家发改委又联合印发了《关于开展2022年农业现代化示范区创建工作的通知》(农规发〔2022〕17号),要求各地以习近平新时代中国特色社会主义思想为指导,贯彻党的十九大和十九届历次全会精神,立足新发展阶段、贯彻新发展理念、构建新发展格局、推动高质量发展,按照粮食生产稳面积提产能、产业发展稳基础提效益、乡村建设稳步伐提质量、农民增收提后劲的工作布局,重点围绕"五个聚焦"的工作任务,探索建立农业现代化工作体系、政策体系和制度体系,为全面推进乡村振兴、加快农业农村现代化提供有力支撑。当年又组织创建成功100个农业现代化示范区。

2.1.3 关于开展2023年农业现代化示范区创建工作的通知

为全面贯彻党的二十大精神,认真落实2023年中央一号文件的要求,深入推进农业现代化示范区建设,带动全面推进乡村振兴,加快建设农业强国,2023年5月,农业农村部、财政部、国家发改委接续联合印发了《关于开展2023年农业现代化示范区创建工作的通知》（农规发〔2023〕15号），要求各地以习近平新时代中国特色社会主义思想为指导，锚定建设农业强国目标，聚焦农业设施化、园区化、融合化、绿色化、数字化发展，完善设施夯基础、集成科技增动能、绿色发展促转型、全链开发提效益、数字赋能强优势，分类分区探索差异化、特色化农业现代化发展模式，整体提升农业现代化示范区建设水平，带动有条件的地区率先建设一批农业强县，为全面推进乡村振兴、加快农业农村现代化提供有力支撑。该年又组织创建成功100个农业现代化示范区。

2.1.4 小结

未来几年，新的创建通知可能会陆续印发，但每年的通知文件各有侧重，主要是围绕当年的中央一号文件的重点要求作相应调整，但一般创建通知附件的编写模板不会改变，推进农业"五化"的实施任务一直没变。在编制方案时，应深入学习领会每年的中央一号文件相关精神，科学编制好各区各类示范区创建方案。

2.2 内涵要义与基本特征

2.2.1 内涵要义

农业现代化示范区与国家现代农业产业园是两种不同的表现形式，都是推进农业现代化发展的重要抓手。首先应了解各自的定义，以免混为一谈。

（1）国家现代农业产业园

国家现代农业产业园是指围绕当地农业主导产业或优势特色产业，以规模化种养基地为基础，以"生产+加工+科技+营销"全产业链开发为重点，聚集现代生产要素，促进一二三产业深度融合，建立紧密的农民利益联结机制，建成地理界线明确、区域范围合理、主导产业清晰、体制机制创新、建设水平领先的现代农业发展区，是推动落实乡村振兴战略的重要抓手、促进供给侧结构性改革的战略途径、促进农业发展提质增效与农民持续增收的关键举措。要求边界范围内至少2个乡镇以上。

（2）农业现代化示范区

农业现代化示范区是农业农村部、财政部、国家发改委对农业现代化示范区建设的一种国家级别认定。通过对相关创建农业现代化示范区的文件资料的整理与分析，其涵义可大致归纳为：一般以县（市、区）为基本单位，特指发展基础好、潜力足、空间大的区域，并要求具备产业发展优势特色明显、技术装备区域领先、经营体系健全完备、绿色发展成效显著、发展模式区域特征明显、"五化"推进路径清晰、示范带动能力较强等条件，并按"五区五类"分类实施，且需通过创建申请、评估认定等过程的特定区域。要求全县域推进。

在创建农业现代化示范区过程中，应正确处理好"国家现代农业产业园"与"农业现代化示范区"之间的关系，两者相辅相成、相得益彰，共同推进区域农业现代化发展。

2.2.2 基本特征

根据示范区创建宗旨和目前已认定的示范区实施效果来看，总体表现出如下特征。

国家粮食安全前提下的现代化。我国人口众多，粮食需求量较大，这个基本现实决定了不能依靠别人来保障粮食安全。要坚持立足国内解决中国人的吃饭问题，做到既保数量，又保质量、保多样，示范区建设要牢牢守住国家粮食安全这个底线，坚决落实好习近平总书记强调的"中国人的饭碗任何时候都要牢牢端在自己手上，我们的饭碗应该主要装中国粮"的要求。

农业产业体系现代化。在确保国家粮食安全的基础上，综合考虑现代种植业、畜牧业、渔业的发展现状，示范区建设应充分体现比较优势突出、主导产业鲜明、聚集效应明显、产业链条长和一二三产业深度融合等特点。

农业生产体系现代化。在严格保护耕地的基础上，结合生产体系方面的相关内容，示范区建设应充分体现设施装备水平高、科技成果集成应用水平高、经营管理智能化水平高、现代种业不断提升、生产过程绿色低碳等特点。

农业经营体系现代化。在着力促进小农户与现代农业有机衔接的基础上，示范区建设应充分体现新型经营主体不断涌现、农业规模化水平不断提高、社会化服务程度较高等特点。

城乡融合发展的现代化。在处理好工农关系、城乡关系的基础上，遵循城乡发展规律，把县域作为城乡融合发展的重要切入点，促进基础设施和公共服务共建共享、互联互通，实现城乡协调发展与共同繁荣。

2.3 创建意义

创建示范区，是顺应现代农业发展趋势，对规范农业示范区发展，示范和引领农业现代化建设具有重大意义。

第一，有利于探索农业现代化发展模式。我国地域广阔，各地情况千差万别，推进农业现代化不可能一刀切、齐步走。像东北地区地势平坦，有条件发展大机械、大水利、大科技农业；而西南地区山地多、平地少，重点在特色化、小规模上寻求突破；沿海地区则发展外向型农业比较有优势，等等。因此，在新发展阶段，分区分类培育一批典型样板，探索差异化、特色化农业现代化发展模式，力争形成一套具有代表性的模式路径、政策框架和推进机制，通过典型引路，带动区域农业现代化全面发展。

第二，有利于促进粮食等重要农产品有效供给。 创建示范区，立足区域资源优势和特色产业，按照创建通知要求，高起点、高标准地建设一批设施化、融合化、园区化、绿色化和数字化程度较高的农业现代化样板区，通过典型引路、以点带面，形成引领区域农业现代化发展的强大力量，为加快传统农业向现代农业转变，提高优势农产品综合生产能力，保障国家粮食等主要农产品有效供给发挥重要的作用。

第三，有利于探索农业现代化有效推进机制。 与脱贫攻坚、乡村振兴一样，农业现代化也离不开上下共同努力、社会广泛参与。在脱贫攻坚过程中，探索形成了一整套行之有效的政策体系、制度体系和工作体系，为打赢脱贫攻坚战提供了有力支撑。全面推进乡村振兴，需要尽快建立一套完备的工作推进机制，以强化考核督导、激励约束，并压实责任、落实落细。农业现代化与乡村振兴是一体的，要求各地将农业现代化工作纳入乡村振兴中统筹考虑，抓紧建立健全政府推动、上下联动、社会支持的农业现代化工作体系，聚焦重点领域、关键环节，紧抓不放、常抓不懈。

第四，有利于探索农业现代化带动农村现代化的实现路径。 长期以来，我国推进农业现代化取得了长足进步，相比较而言，乡村建设方面还比较滞后，城乡发展不平衡、农村发展不充分的问题依然存在。农业是最传统的，也是最基础的，农业现代化离不开农村现代化。各地要以建设示范区为抓手，把农业现代化与农村现代化一体设计、一并推进。在这个过程中，农业现代化将起到引领性作用，也会带动农村现代化、农民现代化，达到相互促进、有效联动的效果。

2.4 创建管理

2.4.1 申报条件

主要结合创建通知中《农业现代化示范区创建方案》的建设布局和条件要求，选择农业现代化发展基础好、潜力足、空间大，地方政府积极性高、支持保障有力、模式路径比较清晰、示范带动能力较强的县（市、区）先行创建。具体从农业生产基础、设施装备水平、全产业链建设、农业经营体系、农业环境、政策支持保障和平台载体等方面进行分析并筛选。

生产基础较好。 要求示范区农业生产结构优化，主导产业优势明显，基本形成粮经饲统筹、种养加一体、农牧渔结合的生产结构。

装备水平较高。 要求示范区旱涝保收高标准农田比例较高，农田水利、田间道路、农业用电等基础设施较为完善，农业科技创新和推广应用机制初步建立，农业机械化水平较高，数字化技术应用普遍。

产业链基本健全。 要求示范区已建成一批规模化标准化农产品生产基地，农产品加工能力较强，物流设施初具规模，产业链条较为完整，产业集中度和融合水平较高。

经营体系较为完备。 要求示范区社会化服务体系比较健全，家庭农场和农民合作社等新型经营主体发展质量较高，集约化、专业化、组织化水平较高，小农户与现代农业衔接较好。

农业环境较为友好。 要求示范区绿色发展理念贯穿于农业现代化建设全过程，农业生产清洁，废弃物资源化利用水平较高，资源节约、环境友好型技术广泛应用，基本实现绿色化发展。

政策支持保障有力。 要求示范区地方政府积极性高、支持力度大，在用地保障、金融服务、科技创新应用、人才支撑、县域城乡融合等方面制定了创新性强、实用管用的政策措施。

平台载体势头强劲。 要求示范区所处县域成功创建了现代农业产业园、优势特色产业集群、农业产业强镇、国家农村产业融合示范园和农村改革试验区等平台载体，并助推了农业由单纯的种养业向现代种业、加工流通、休闲旅游等多产业、全链条转变，而且农业高质高效发展势头强劲。

2.4.2　示范区创建

创建程序。 按照"县级政府申请、省级部门择优遴选、省级政府同意、农业农村部联合财政部和国家发改委批准创建"的程序，开展创建申报工作。

评审方式。 对申报基础性和政策性指标的示范区，国家三部门采取书面评审的方式，组织专家进行严格材料审核，符合条件的纳入批准创建名单；审核不通过的直接取消资格，不再递补。对申报竞争性指标的示范区，国家三部门采取竞争遴选的方式，择优纳入批准创建名单。

创建认定。 按照"先创后认、严格评审、动态管理"的方式，国家三部门依据创建条件，对申报创建单位每两年组织一次评审认定，评审通过的认定为"农业现代化示范区创建单位"。创建单位经过努力，达到基本实现农业现代化标准的，经验收合格后认定为"农业现代化示范区"。

考核机制。 国家三部门将定期开展示范区建设绩效评价，每年发布评价报告，对绩效评价成绩突出的，予以表扬激励，不合格的予以退出。

近三年来，国家三部门分三批共批准创建了300个示范区，其中2021年8月批准创建了第一批100个，2022年6月批准创建第二批100个，2023年5月批准创建第三批100个，见表2-1、表2-2和表2-3。

表2-1　第一批批准创建的100个农业现代化示范区名单

序号	名称	序号	名称
1	北京市平谷区农业现代化示范区	51	湖北省潜江市农业现代化示范区
2	天津市蓟州区农业现代化示范区	52	湖北省监利市农业现代化示范区
3	河北省平泉市农业现代化示范区	53	湖南省澧县农业现代化示范区
4	河北省藁城区农业现代化示范区	54	湖南省衡阳县农业现代化示范区
5	河北省玉田县农业现代化示范区	55	湖南省浏阳市农业现代化示范区
6	河北省馆陶县农业现代化示范区	56	湖南省花垣县农业现代化示范区
7	山西省清徐县农业现代化示范区	57	广东省东源县农业现代化示范区
8	山西省太谷县农业现代化示范区	58	广东省广州市增城区农业现代化示范区
9	山西省临猗县农业现代化示范区	59	广东省梅州市梅县区农业现代化示范区
10	内蒙古扎赉特旗农业现代化示范区	60	广东省高州市农业现代化示范区
11	内蒙古右翼前旗农业现代化示范区	61	广西浦北县农业现代化示范区
12	内蒙古科尔沁区农业现代化示范区	62	广西富川县农业现代化示范区
13	内蒙古鄂托克旗农业现代化示范区	63	广西宾阳县农业现代化示范区
14	辽宁省铁岭县农业现代化示范区	64	海南省三亚市崖州区农业现代化示范区
15	辽宁省盘山县农业现代化示范区	65	重庆市荣昌区农业现代化示范区
16	辽宁省海城市农业现代化示范区	66	重庆市梁平区农业现代化示范区
17	吉林省梨树县农业现代化示范区	67	重庆市南川区农业现代化示范区
18	吉林省榆树市农业现代化示范区	68	四川省米易县农业现代化示范区
19	吉林省东辽县农业现代化示范区	69	四川省中江县农业现代化示范区
20	吉林省永吉县农业现代化示范区	70	四川省蒲江县农业现代化示范区
21	黑龙江省龙江县农业现代化示范区	71	四川省宣汉县农业现代化示范区
22	黑龙江省海伦市农业现代化示范区	72	四川省南充市高坪区农业现代化示范区
23	黑龙江省富锦市农业现代化示范区	73	贵州省湄潭县农业现代化示范区
24	黑龙江省庆安县农业现代化示范区	74	贵州省修文县农业现代化示范区
25	上海市崇明区农业现代化示范区	75	贵州省贵定县农业现代化示范区
26	江苏省睢宁县农业现代化示范区	76	云南省建水县农业现代化示范区
27	江苏省东台市农业现代化示范区	77	云南省元谋县农业现代化示范区
28	江苏省宜兴市农业现代化示范区	78	云南省新平县农业现代化示范区
29	江苏省宿城区农业现代化示范区	79	西藏自治区桑日县农业现代化示范区
30	浙江省嘉善县农业现代化示范区	80	西藏自治区波密县农业现代化示范区
31	浙江省长兴县农业现代化示范区	81	西藏自治区白朗县农业现代化示范区
32	安徽省繁昌区农业现代化示范区	82	陕西省大荔县农业现代化示范区
33	安徽省阜南县农业现代化示范区	83	陕西省咸阳市杨陵区农业现代化示范区
34	安徽省天长市农业现代化示范区	84	陕西省洛川县农业现代化示范区
35	福建省福鼎市农业现代化示范区	85	甘肃省环县农业现代化示范区
36	福建省安溪县农业现代化示范区	86	甘肃省张掖市甘州区农业现代化示范区
37	福建省古田县农业现代化示范区	87	甘肃省定西市安定区农业现代化示范区
38	江西省修水县农业现代化示范区	88	青海省互助县农业现代化示范区
39	江西省丰城市农业现代化示范区	89	青海省河南县农业现代化示范区
40	江西省吉水县农业现代化示范区	90	宁夏平罗县农业现代化示范区
41	山东省肥城市农业现代化示范区	91	宁夏青铜峡市农业现代化示范区
42	山东省乳山市农业现代化示范区	92	新疆玛纳斯县农业现代化示范区
43	山东省齐河县农业现代化示范区	93	新疆巴楚县农业现代化示范区

（续表）

序号	名称	序号	名称
44	山东省寿光市农业现代化示范区	94	新疆福海县农业现代化示范区
45	山东省金乡县农业现代化示范区	95	大连市金普新区农业现代化示范区
46	河南省正阳县农业现代化示范区	96	宁波市慈溪市农业现代化示范区
47	河南省温县农业现代化示范区	97	青岛市平度市农业现代化示范区
48	河南省兰考县农业现代化示范区	98	新疆兵团第八师石河子农业现代化示范区
49	河南省内乡县农业现代化示范区	99	北大荒农垦集团红星农场农业现代化示范区
50	湖北省东西湖区农业现代化示范区	100	广东湛江垦区农业现代化示范区

表2-2　第二批批准创建的100个农业现代化示范区名单

序号	名称	序号	名称
1	北京市密云区农业现代化示范区	51	湖北省云梦县农业现代化示范区
2	天津市西青区农业现代化示范区	52	湖北省襄阳市襄州区农业现代化示范区
3	河北省安新县农业现代化示范区	53	湖北省麻城市农业现代化示范区
4	河北省隆尧县农业现代化示范区	54	湖北省天门市农业现代化示范区
5	河北省安国市农业现代化示范区	55	湖南省祁阳市农业现代化示范区
6	河北省安平县农业现代化示范区	56	湖南省益阳市赫山区农业现代化示范区
7	河北省怀来县农业现代化示范区	57	湖南省靖州县农业现代化示范区
8	山西省大同市云州区农业现代化示范区	58	湖南省岳阳市屈原管理区农业现代化示范区
9	山西省高平市农业现代化示范区	59	广东省海丰县农业现代化示范区
10	山西省万荣县农业现代化示范区	60	广东省阳西县农业现代化示范区
11	内蒙古突泉县农业现代化示范区	61	广西横州市农业现代化示范区
12	内蒙古宁城县农业现代化示范区	62	广西合浦县农业现代化示范区
13	内蒙古锡林浩特市农业现代化示范区	63	广西东兴市农业现代化示范区
14	辽宁省开原市农业现代化示范区	64	海南省海口市琼山区农业现代化示范区
15	辽宁省彰武县农业现代化示范区	65	海南省琼海市农业现代化示范区
16	辽宁省新民市农业现代化示范区	66	重庆市秀山县农业现代化示范区
17	辽宁省凌源市农业现代化示范区	67	重庆市垫江县农业现代化示范区
18	吉林省公主岭市农业现代化示范区	68	重庆市江津区农业现代化示范区
19	吉林省梅河口市农业现代化示范区	69	重庆市潼南区农业现代化示范区
20	吉林省伊通县农业现代化示范区	70	四川省雅安市名山区农业现代化示范区
21	吉林省扶余市农业现代化示范区	71	四川省三台县农业现代化示范区
22	黑龙江省嫩江市农业现代化示范区	72	四川省射洪市农业现代化示范区
23	黑龙江省讷河市农业现代化示范区	73	四川省成都市郫都区农业现代化示范区
24	黑龙江省桦南县农业现代化示范区	74	四川省苍溪县农业现代化示范区
25	黑龙江省虎林市农业现代化示范区	75	贵州省从江县农业现代化示范区
26	上海市松江区农业现代化示范区	76	贵州省关岭县农业现代化示范区
27	江苏省兴化市农业现代化示范区	77	贵州省安龙县农业现代化示范区
28	江苏省东海县农业现代化示范区	78	云南省保山市隆阳区农业现代化示范区
29	江苏省昆山市农业现代化示范区	79	云南省兰坪县农业现代化示范区
30	江苏省高邮市农业现代化示范区	80	云南省弥渡县农业现代化示范区
31	浙江省杭州市余杭区农业现代化示范区	81	西藏曲水县农业现代化示范区
32	浙江省三门县农业现代化示范区	82	西藏墨竹工卡县农业现代化示范区
33	浙江省常山县农业现代化示范区	83	陕西省紫阳县农业现代化示范区
34	安徽省当涂县农业现代化示范区	84	陕西省宜君县农业现代化示范区

(续表)

序号	名称	序号	名称
35	安徽省黄山市黄山区农业现代化示范区	85	陕西省留坝县农业现代化示范区
36	安徽省肥西县农业现代化示范区	86	甘肃省临泽县农业现代化示范区
37	福建省浦城县农业现代化示范区	87	甘肃省天水市秦区农业现代化示范区
38	福建省平和县农业现代化示范区	88	甘肃省永昌县农业现代化示范区
39	江西省于都农业现代化示范区	89	青海省海晏县农业现代化示范区
40	江西省泰和农业现代化示范区	90	青海省西宁市湟中区农业现代化示范区
41	江西省鄱阳县农业现代化示范区	91	宁夏贺兰县农业现代化示范区
42	江西省浮梁县农业现代化示范区	92	宁夏吴忠市利通区农业现代化示范区
43	山东省滨州市滨城区农业现代化示范区	93	新疆尉犁县农业现代化示范区
44	山东省滕州市农业现代化示范区	94	新疆博乐市农业现代化示范区
45	山东省东营市东营区农业现代化示范区	95	大连市长海县农业现代化示范区
46	山东省莘县农业现代化示范区	96	宁波市江北区农业现代化示范区
47	河南省新乡市平原城乡一体化示范区	97	青岛市莱西市农业现代化示范区
48	河南省临颍县农业现代化示范区	98	新疆兵团第十三师新星市红星一场示范区
49	河南省济源市农业现代化示范区	99	北大荒集团黑龙江友谊农场有限公司示范区
50	河南省信阳市浉河区农业现代化示范区	100	广东省农垦总局茂名垦区农业现代化示范区

表2-3 第三批批准创建的100个农业现代化示范区名单

序号	名称	序号	名称
1	北京市大兴区农业现代化示范区	51	河南省清丰县农业现代化示范区
2	天津市宝坻区农业现代化示范区	52	河南省永城市农业现代化示范区
3	河北省青县农业现代化示范区	53	湖北省仙桃市农业现代化示范区
4	河北邢台市南和区农业现代化示范区	54	湖北省钟祥市农业现代化示范区
5	河北省固安县农业现代化示范区	55	湖北省鄂州市鄂城区农业现代化示范区
6	河北省鸡泽县农业现代化示范区	56	湖南省新宁县农业现代化示范区
7	山西省曲沃县农业现代化示范区	57	湖南张家界市永定区农业现代化示范区
8	山西省怀仁市农业现代化示范区	58	湖南娄底市娄星区农业现代化示范区
9	山西省寿阳县农业现代化示范区	59	湖南省资兴市农业现代化示范区
10	山西省长子县农业现代化示范区	60	湖南省湘潭市雨湖区农业现代化示范区
11	内蒙古五原县农业现代化示范区	61	广东省陆丰市农业现代化示范区
12	内蒙古林西县农业现代化示范区	62	广东省南雄市农业现代化示范区
13	内蒙古达拉特旗农业现代化示范区	63	广东省新兴县农业现代化示范区
14	内蒙古和林格尔县农业现代化示范区	64	广西象州县农业现代化示范区
15	内蒙古科尔沁右翼前旗农业现代化示范区	65	广西永福县农业现代化示范区
16	辽宁省北票市农业现代化示范区	66	广西兴业县农业现代化示范区
17	辽宁省台安县农业现代化示范区	67	海南省万宁市农业现代化示范区
18	辽宁省灯塔市农业现代化示范区	68	海南省儋州市农业现代化示范区
19	辽宁省阜蒙县农业现代化示范区	69	重庆市开州区农业现代化示范区
20	吉林省双辽市农业现代化示范区	70	重庆市万州区农业现代化示范区
21	吉林省德惠市农业现代化示范区	71	重庆市合川区农业现代化示范区
22	吉林省磐石市农业现代化示范区	72	四川省青神县农业现代化示范区
23	黑龙江省密山市农业现代化示范区	73	四川省井研县农业现代化示范区
24	黑龙江省青冈县农业现代化示范区	74	四川成都市新津区农业现代化示范区
25	黑龙江省肇源县农业现代化示范区	75	四川省渠县农业现代化示范区

(续表)

序号	名称	序号	名称
26	黑龙江省方正县农业现代化示范区	76	四川省江油市农业现代化示范区
27	上海市奉贤区农业现代化示范区	77	贵州省织金县农业现代化示范区
28	江苏省盱眙县农业现代化示范区	78	贵州省长顺县农业现代化示范区
29	江苏省南京市浦口区农业现代化示范区	79	贵州省余庆县农业现代化示范区
30	江苏省溧阳市农业现代化示范区	80	云南省陆良县农业现代化示范区
31	浙江省桐庐县农业现代化示范区	81	云南省双江县农业现代化示范区
32	浙江省绍兴市上虞区农业现代化示范区	82	云南省姚安县农业现代化示范区
33	浙江省余姚市农业现代化示范区	83	西藏米林县农业现代化示范区
34	安徽省怀宁县农业现代化示范区	84	西藏扎囊县农业现代化示范区
35	安徽省霍山县农业现代化示范区	85	陕西省柞水县农业现代化示范区
36	安徽省铜陵市义安区农业现代化示范区	86	陕西省延安市安塞区农业现代化示范区
37	安徽省灵璧县农业现代化示范区	87	陕西省宝鸡市陈仓区农业现代化示范区
38	福建省漳平市农业现代化示范区	88	甘肃省静宁县农业现代化示范区
39	福建省福安市农业现代化示范区	89	甘肃省白银市平川区农业现代化示范区
40	江西省会昌县农业现代化示范区	90	甘肃省徽县农业现代化示范区
41	江西省武宁县农业现代化示范区	91	青海省贵南县农业现代化示范区
42	江西省信丰县农业现代化示范区	92	青海省都兰县农业现代化示范区
43	山东省高青县农业现代化示范区	93	宁夏隆德县农业现代化示范区
44	山东省巨野县农业现代化示范区	94	宁夏灵武市农业现代化示范区
45	山东省兰陵县农业现代化示范区	95	新疆伽师县农业现代化示范区
46	山东省烟台市蓬莱区农业现代化示范区	96	新疆伊宁县农业现代化示范区
47	山东省莒县农业现代化示范区	97	新疆沙雅县农业现代化示范区
48	河南省郸城县农业现代化示范区	98	新疆兵团第一师阿拉尔市13团农业现代化示范区
49	河南省淇县农业现代化示范区	99	北大荒农垦黑龙江七星农场农业现代化示范区
50	河南省潢川县农业现代化示范区	100	广东农垦湛江垦区农业现代化示范区

2.4.3 示范区创建状况

2.4.3.1 取得的成效

在国家三部门的大力支持下,在农业农村部相关司局的有力配合下,在各级政府的大力推动下,示范区创建工作开展顺利,在发展粮食产业、优势特色产业,以及促进农民增收等方面发挥了积极作用,示范区建设工作实现了良好开局。主要表现在以下几个方面。

(1)分布广泛,区域特色明显

从前两批创建成功的示范区来看,其总面积超过我国国土面积的2%,涉及耕地面积3亿多亩,分布于全国粮食主产区、优势农产品保护区、特色农产品优势区和脱贫地区等。在创建成功的200个示范区中,东部地区59个,约占示范区总数的29.5%;东北地区25个,约占12.5%;中部地区42个,约占21%;西部地区74个,约占37%。由上述分布可以看出,东部、西部较为密集,东北、中部略为偏少。示范区选点兼顾了不同地形地貌、气候条件、土壤类型、资源条件和作物生长的多样性等，有利于探索不同区域农业现代化的发展模式，成为不同区域不同类型的典型样板。

（2）优势特色产业突出，各类示范区发展迅速

前两批创建成功的示范区充分发挥当地资源优势，突出主导产业发展，其中以粮食产业为重点的示范区为51个，约占示范区总数的25.50%；以优势特色产业为重点的示范区101个，约占50.50%；以都市农业为重点的示范区27个，约占13.50%；以旱作农业为重点的示范区3个，约占1.5%；以智慧农业为重点的示范区4个，约占2%；其他类示范区为14个，约占7%。针对粮食类示范区，方案在农田建设、促进单产提高、调动种粮积极性等方面提出了相关措施，有利于提高人均粮食占有量和粮食综合生产能力；占总量一半以上的优势特色类示范区，立足当地自身特色资源，其主导产业涉及畜牧养殖、花卉水果、茶叶药材、水产养殖等方面，带动了区域经济的快速发展。

（3）设施装备稳步发展，农业综合生产能力逐步提高

各地通过建设示范区，农业基础设施与物质装备日趋完善，高标准农田建设逐步全面覆盖，有效灌溉面积与旱涝保收面积不断增大，主要农作物耕种收综合机械化水平超过全国平均水平，农业抗灾抗风险能力不断加强，为提高农业综合生产能力和确保粮食等重要农产品有效供给，打下了坚实的物质基础。

（4）成果转化与推广应用速度不断加快，科技支撑能力稳步提升

农业现代化离不开科学技术现代化，各地示范区广泛开展与高等院校、科研院所合作，搭建产学研创新和合作平台，增强技术创新动能，着力提高科技成果的转化效力，农业科技贡献率得到大幅度提高。不断强化人才支撑，强化科技队伍建设，开展组织多类型培训活动，农民科技素质不断提升。此外，加快推进农业信息化建设，促进农业全产业链智能化改造，农业科技支撑能力和信息化水平进一步提升。

（5）探索多种发展模式，引领区域农业现代化发展

各示范区立足资源禀赋和区位优势，找准创建定位和主攻方向，努力探索符合自身特点的创建模式。比如，粮食主产区探索通过全产业链升级引领农业现代化发展；大中城市周边充分发挥集聚要素优势，探索走内涵式发展的路子；生态脆弱区探索推动农业高质量发展与生态高水平保护相协调的发展模式；脱贫地区积极发展特色农业，探索把资源优势转化为产业优势的路径，等等。差异化、特色化的现代农业建设路径越来越清晰。

（6）工作机制不断完善，各项举措落实到位

在落实中央统筹、省负总责、市县抓落实的乡村振兴工作机制基础上，各省级农业农村和财政、发改等部门成立推进指导组，统筹推动示范区创建。示范区所在县成立党委或政府主要负责同志任组长的协调指导组，细化实施方案，明确创建任务，强化责任分工，确保各项措施落实落地落到位。农业农村部会同财政部、发展改革委制定监测评估意见，细化42项监测指标，对各地创建工作开展季度监测、年度评估。同时，印发数字化建设指南、绿色转型实施方案强化分区服务、分类指导。

2.4.3.2 存在的问题

由于示范区建设目前尚处于初级阶段，在发展过程中还存在一些不足，主要表现在以下几方面。

（1）区域分布不均，特色不明显

由于受地理位置、交通区位和发展水平等因素限制，导致示范区建设东西部偏多，中部、东北部偏少；以优势特色类偏多，智慧农业、旱作农业类偏少。如有些区域，相距不远却分布多个同类型的示范区，且主导产业选择雷同，建设模式代表性不强。而在西南或亚热带地区，特色作物品种分布较多，示范区布置却相对较少，从而导致生态区域代表性不强、现代农业发展水平不均衡。

（2）种类数量过多，主导产业发展不突出

有些示范区没有明确的主导产业，胡子眉毛一把抓，把目前发展的所有产业都列为未来发展的主导产业，如西南某示范区发展的农业产业达10多个，把不到100亩的葡萄作为主导产业来发展；西部某示范区把不到300头的犏牛也作为主导产业等。种类过多，重点不突出，导致示范区主导产业发展不清晰，产业集中度不高，优势特色地位得不到应有发挥。

（3）目标指标量化少，现代化水平预判待提高

由于部分县市对创建示范区的目的和意义领会不深，导致提交的申报材料内容过于简单，有些示范区创建目标大多是定性描述，缺少相关的具体数量指标，更谈不上指标体系构建，无法对未来发展水平进行预判；有些示范区对发展水平仅作简单描述，缺少与本省、全国水平的量化比较，无法衡量该示范区所处的发展阶段。

（4）模式路径代表性不强，特色体现不充分

2021年的创建通知中有七处提到要探索特色化、差异化发展模式，但从提交的方案材料来看，体现相关方面的内容较少。第二次反馈意见修改后，仍将创建思路与实施路径混为一谈，没有反映出发展模式的特色性和差异性；更有甚者，提出好几个模式，但最终没提炼出适合本区域发展的特色模式，仅限于宏观层面的简单概述，对不同区域同类示范区的指导意义不大。

（5）工程项目谋划较随意，导致方案可操作性不强

有些示范区方案编制结合国家、地方产业政策不够，工程项目完全靠甲方提供，难免出现项目数量多且分散，或投资规模偏大等现象，导致示范区在建设过程中没法落实；有些报告凭主观想象随便凑几个项目应付了事，不考虑项目资金出处，在方案编制中，认真谋划工程项目尤为重要。

（6）现场考察与交流沟通不够，方案设计与实际结合不够

由于编制单位对示范区了解不多，到现场考察调研不深入，加上受编制时间和专业人员水平限制，其认知程度达不到创建通知相关要求，导致方案成果与落地实施两张皮现象。另外，示范区申报单位一般是当地政府相关部门，而产业发展与工程项目实施是各经营主体，由于各自所站的角度、目的、立场不同，导致示范区很难按照预期设想的方案实施。

第3章 国内外农业现代化发展经验与借鉴

3.1 国外主要国家农业现代化发展经验与借鉴

3.1.1 发展实践

在推进农业现代化过程中,受资源禀赋、产业基础和制度因素等方面影响,不同国家的发展模式不尽相同。分析研究国外的成功经验,对我国农业现代化建设具有积极而重要的意义。本研究将国外农业现代化大致分为规模化农业现代化、精致化农业现代化、集约化农业现代化和节约型农业现代化4种发展模式。

3.1.1.1 以美国、加拿大为代表的规模化农业现代化发展类型

美国、加拿大都是当今世界农业现代化程度较高的国家,土地规模化经营是农业现代化最显著的特征。两国具有北美得天独厚的农业资源优势,加之地广人稀、耕地充足、科技领先、工业发达等因素,探索出一条较好的农业现代化发展模式,其主要做法为如下。

家庭农场是推动农业现代化的重要主体。为突破劳动力、机械等方面因素的限制,两国均采取以各种农场构成的农场制农地规模化经营模式,如美国农场总数200多万个,家庭农场占95%以上,户均经营耕地100~200公顷,在所有收入达100万美元以上的农场中,家庭农场占80%以上。

机械化是农业现代化的重要表现。由于两国农业人少地多,劳动力短缺,凭借发达的现代工业和低价能源优势,大大促进了农业机械化的发展。两国广泛运用农业机械,以机械取代人力和畜力,不仅弥补了劳动力短缺,还极大地提高了农业劳动生产率。

制定相关政策保护农业现代化发展。两国制定的农业政策主要有农业资源保护政策、农产品价格补贴政策、农业信贷政策等,其目的是稳定农业,保护农民正常收益,保证消费者得到可靠的农产品供应,维护市场秩序。这些政策极大地推动了当地农业现代化的发展。

重视科技创新在农业领域的应用。美国高度重视科技创新,通过农业科学技术推广,促进农业集约化生产和专业化管理,逐步提高该国的农业生产效率。加拿大政府比较注重农业科技成果转化与应用,鼓励科研单位申请专利,尽快投入市场进行生产,并对科研机构进行改革,不断调整研究方向与布局,以加强农业科技研发与推广应用。

3.1.1.2 以荷兰、法国为代表的精致化农业现代化类型

荷兰、法国各自都拥有世界闻名的特色产业,如荷兰的花卉园艺产业和法国的葡萄酒

产业，成就了产业链精致化的农业现代化类型。其主要做法如下。

克服限制因素探索现代化发展之路。荷兰是世界著名的低海拔国家，全国有1/4国土面积位于海平面以下；法国以山地丘陵为主，平原偏少，耕地分散，农民人均耕地面积仅1亩多。为突破相对较差的农业限制因素，促使两国在农业发展方面不断创新，如荷兰大力发展温室设施农业，法国大力发展葡萄景观农业，在有限的土地资源条件下产生了可观的经济效益，从而走上精致化农业现代化发展之路，成为世界农业领先大国。

产业集群发展推动农业现代化进程。荷兰维斯兰的花卉产业集聚了大量花卉企业、科研和服务机构，组成"产学研合作战略联盟"以及"花卉产业群落"，从而形成了从花卉育种、栽培、生产、保鲜、包装到销售和运输等环节为核心的产业集群。法国勃朗第依托当地的葡萄产业园，集聚了众多的科技研发、品种培育、葡萄种植、酿造加工、技术培训等企业，形成了完整的葡萄产业集群，保证了法国葡萄酿造技术处于领先地位。这些良好的做法，推动了两国农业现代化的进程。

制定相关政策为农业现代化提供支持。法国针对农业发展中存在的问题采取了一系列措施：一是由政府回购农民土地进行再分配，避免土地继续分散；二是成立土地整治公司，开展土地标准化规模化整治，方便农业机械化作业；三是鼓励农户联合，成立各种合作社，通过与上下游公司联系，不断提高农民组织化程度。荷兰政府为解决农民在发展设施农业中遇到的问题，建立了"农民合作银行"、农业担保基金和农业安全基金等服务，为破解融资难问题提供资金支持。

3.1.1.3 以日本、韩国为代表的土地集约化农业现代化类型

日本、韩国人多地少，土地资源贫乏，耕地分散，经营面积小（户均耕地1～3公顷），不太适宜机械化耕作。因此，集约化经营是两国农业现代化的必然选择，其主要做法有。

发展生物科技为农业现代化提供契机。两国把科技进步放在首要位置，通过发展生物技术改良农作物品种，以及发展农业生物农用工业，不断提高单产水平和化肥农药利用率，突破土地资源稀缺束缚，推动土地生产率大幅度提高，促使农业现代化得以实现。

广泛推行不同类型的农用机械。由于受地形、土地资源限制，两国广泛推行不同类型的农用机械生产。如针对山地丘陵多，开展适合当地小型机械的研发与设计；针对水田多，开展从水田整地、育苗、插秧、收割到烘干等全程机械化设计；针对耕地小而散状况，开展小家小户独自耕作的小农机设计等。通过使用小型机械进行小规模精耕细作，以此弥补劳动力不足，为资源禀赋不足的国家树立了农业现代化建设典范。

以小规模家庭农场经营为主。为适应人多地少的资源条件，两国农业经营模式以小规

模家庭农场经营为主,只有极少数大规模农场和专业化畜牧场。在政府主导下,组建了著名的农业协同组织(农协),通过其将农户紧密地联系在一起,不断提升家庭农场的抗风险能力和市场竞争力。

3.1.1.4 以以色列为代表的资源节约型农业现代化类型

以色列沙漠、半沙漠面积占国土面积2/3以上,耕地面积不足国土总面积的20%,人均耕地仅0.05公顷。该国气候干旱,降水极少,水资源极其匮乏,人均水资源(约300米^3/人)不到全世界最低标准的1/10,水资源问题一直困扰该国农业的发展。长期以来,该国在积极开发水资源的同时,不断研究推广多种节水技术,并将工艺与工程措施相结合,着力推动农业现代化发展。其主要做法有:

高度重视农业科技创新。在缺水少地等资源约束下,该国政府大力支持农业科技研发,尤其在现代种业方面,为了不断优化农作物结构,加强抗旱农作物品种改良培育,生产高附加值种子种苗。在此基础上,高度重视农业机械研发突破,在大农机和特种农机制造方面均处于世界领先水平,每年都出口大量的各种农机设备和优良种子。

促进水资源集约利用。在境内水资源极其匮乏、降水量极少的情况下,该国高度重视,并将水资源循环利用、污水净化再利用、海水咸水淡化利用等技术广泛运用于农业领域,建成和拥有世界上最完备的农业灌溉系统和最先进的灌溉技术,80%的耕地使用水肥灌溉法进行滴灌,最大限度地利用有限的水资源,耕地有效灌溉率高达50%以上。

3.1.2 经验启示

(1)因地制宜,探索适合我国农业现代化的模式

从上述不同国家的农业现代化模式来看,由于资源禀赋存在较大差异,各国根据实际选择了符合本国的农业现代化发展道路,促进了农业现代化的快速发展。我国地域广阔,各地情况千差万别,推进农业现代化不可能一刀切、齐步走。探索中国农业现代化道路,不仅要符合我国特殊的国情农情乡情,同时也要顺应全球现代农业发展的趋势,走出一条具有中国特色的农业现代化道路。创建农业现代化示范区,必须立足当地资源禀赋、产业特色和经济社会发展条件,分区域分类型培育样板,探索差异化、特色化农业现代化发展模式,示范引领同类地区农业现代化的发展。

(2)加大引导,推进各地优势特色产业集群发展

前面谈到的荷兰维斯兰的花卉产业和法国勃朗第的葡萄产业都是从产业发育初期逐步形成产业链,再由单一产业链不断延伸扩展到集聚更多的原料、产能、主体和市场等产业基础,最后才形成产业集群的,这是农业规模化、集约化发展的演进过程,也是农业生产力布局优化的空间表现。农业空间集约高效是新时期国土空间高质量发展的目标,也是乡村振兴赋予产业发展的方向。创建农业现代化示范区，应依托产业发展理论及国外实践经验，推进产业集群发展是建设农业现代化示范区的主攻方向，也是加快农业供给侧结构性改革、构建具有竞争力的现代农业产业体系的重要方面。

（3）多方合作加快科技研发，共同促进农业现代化发展

综上所述，国外发达国家由政府主导建立科研机构与试验基地，与企业共同开展农业科技研发攻关，并在科技成果转化应用上形成了一些较好的推广模式。如美国生物应用技术、荷兰花卉种植技术、法国葡萄酒酿制技术、以色列节水灌溉技术等科研技术均领先全球。因此，科技创新与成果转化为农业现代化做出的贡献不可小觑，值得借鉴。当前，我国新一轮科技革命和产业变革正在推进，大量先进技术加速向农业领域渗透。在此背景下，创建农业现代化示范区应以此为契机，加快推进农业关键核心技术攻关，抢占农业科技战略高地，实现新的跨越式发展。

（4）引导农民加强合作，不断增强服务带动能力

从国外的农业发展进程可以看到，农业合作社在农业现代化发展中具有举足轻重的作用。各国的农户加入各种不同的农业合作社，农户自主经营、自负盈亏，并安心从事农业生产，而农资购买、农产品销售则由合作社统一完成，并帮助农户提高议价能力，维护农户自身权益。这些做法都很值得我国借鉴。目前我国虽然也成立了一批农民合作社，但仍在传统种植的低水平下运行，应鼓励农民合作社渗透到农产品加工、仓储物流、市场营销等关键环节，并延伸产业链条，拓宽服务领域，不断增强合作社的服务带动能力。

（5）制定政策，助力农业现代化发展

为了稳定农业、保护农民收益，欧美等国家都制定了农业资源保护、农产品价格补贴、农业信贷等相关政策，并建立和提供各类合作银行、农业发展基金等金融方面的服务，为农业现代化发展保驾护航。创建农业现代化示范区，应聚焦重点、聚集资源、聚合力量，鼓励各级政府制定农业现代化发展的相关政策，加强涉农财政资金整合，创新各类金融服务，研究相关激励措施，为加快推动示范区建设提供政策支撑。

3.2 国内主要发达地区农业现代化发展实践与经验启示

与工业化、城镇化相比，我国农业现代化建设明显滞后，成为影响现代化建设的主要障碍。为此，大力发展现代农业，构建新型农业经营体系，成为近年来中央和地方各级政府，尤其是欠发达地区地方政府的重要工作议题。从2023年举办的农业现代化示范区创建工作培训班交流材料了解到，目前涌现出一批产业体系健全、技术装备完善、经营主体活跃、产品绿色安全的典型省份，它们已成为引领全国农业现代化的先行区。

3.2.1 发展实践

3.2.1.1 吉林省压实责任，扎实推进农业现代化示范区建设

吉林省高度重视农业现代化示范区创建工作，省委省政府领导多次作出批示，要求把农业现代化示范区建设作为推进农业农村现代化的重要抓手，既坚持统筹谋划、注重面上规划引领，又鼓励先行先试、注重点上率先突破。为贯彻落实习近平总书记"率先实现农业现代化、争当现代农业建设排头兵"的重要指示，吉林省聚焦率先实现农业现代化目标，深入推进农业现代化示范区创建工作，截至2023年底，累计创建农业现代化示范区11个，推动农业现代化建设步入快速提升、整体跨越的新时期。

加强系统谋划高位推动。加强组织领导，形成上下联动、集中合力、高效协同的推进机制。一是健全组织体系。省政府专门成立分管省领导任组长、省直部门为成员的农业现代化示范区建设领导小组，下设建设推进组和服务指导组，建立责任明晰衔接顺畅的工作推进机制。承担创建任务的县（市、区）成立工作专班，确保创建任务高效落实。二是科学布局谋篇。坚持系统谋划，科学绘就发展蓝图，制定《吉林省率先实现农业现代化总体规划》《吉林省新农业产业发展实施方案》等政策文件，以"新农业"为主攻方向，聚焦建强产业链、优化供应链、提升价值链，引导示范区因地制宜发展乡村特色产业，夯实现代农业发展基础。三是强化监测评价。省级每年安排专项资金聘请第三方机构开展农业现代化示范区监测评价，完善监测评价指标体系，对全省所有县（市、区）开展监测评价，分析研判农业现代化发展现状趋势。

实行"五化"方法精准推动。运用"五化"工作法，压实工作责任，将示范区建设纳入年度重点工作加以推进。一是"清单化"落实。各县（市、区）结合创建任务，制定创建计划清单、短板清单、项目清单和责任清单，明确各板块多项重点任务，落实目标责任，进行台账化、清单式管理。坚持省负总责、市级统筹推进、县级狠抓落实，层层传导压力，确保工作实效。二是"图表化"推进。制作示范区创建工作流程图，将创建措施、工程项目、发展路径等内容入图进表，做到照图操作、依图推进、挂图作战、按图督办，确保步步推进、序时有度。三是"手册化"指导。编制创建标准手册，重点围绕乡村产业发展、基础设施建设、农业绿色发展等方面，细化任务标准，作为开展示范区创建工作的参照依据。四是"模板化"实施。制定示范区创建标准化工作模板，适时对示范建设中取得的经验模式、操作方法等，进行总结、归纳和提升，统一规范、对标执行，以模板化方式体现高标准、高质量的创建要求。五是"机制化"保障。建立健全示范区督导机制，将示范区工作纳入省委省政府对市县党政领导班子和领导干部推进乡村振兴实绩考核内容，对示范区创建成效显著的县（市、区）予以加分，在项目、资金分配上予以倾斜。

强化要素聚集合力推动。以效益为导向，优化布局规划，整合要素优势，全方位提升示范区农业现代化水平。一是强化政策支持。省政府出台文件，将示范区建设用地纳入预留城乡建设用地规模的使用范畴，在年度新增建设用地指标中优先保障示范区相关农业项目用地需求、做到应保尽保。支持各地将土地出让收益更多用于示范区建设。二是集聚资源要素。将示范区作为财政资金、产业基金、涉农贷款等安排的重点，促进高端资源向示范区倾斜集聚。推动农业生产、农业基础设施和公共服务类项目向示范区倾斜，优先支持示范区建设。三是撬动社会参与。加强科技服务，强化政企对接，创新人才引进，加快形成政府推动、社会参与的建设局面。支持示范区开展社会化服务机制创新试点，发挥政府投资杠杆撬动作用，吸引和带动社会资本投入示范区建设。

3.2.1.2 江苏省建立"四项清单"，抓点促面推进农业现代化

江苏是传统的"鱼米之乡"，农业资源禀赋优势明显，现代农业发展多项指标全国领先，是全国城乡居民收入差距比较小的地区之一。2014年12月，习近平总书记视察江苏时，明确要求江苏"推动现代农业建设迈上新台阶"。2023年以来，习近平总书记两次对江苏工作作出重要指示，强调江苏在推进农业现代化上走在前。截至目前，全省创建国家农业现代化示范区11个、省级先行区12个，加快构建以国家示范区为龙头、省级先行区为支撑、县域为单位梯次推进农业现代化格局。

以任务清单聚焦创建重点，画好"施工图"。在全面落实"五化"任务基础上，把"六强六化"作为农业现代化示范区建设的主攻方向，明确"基础性任务+特色性任务"。在基础性任务上，突出系统化提升。指导各地针对"质量强、标准化，生态强、绿色化，装备强、设施化，数字强、智慧化，主体强、园区化，链条强、融合化"提出基础性任务清单、具体行动和重点工程。在特色性任务上，突出差异化探索。鼓励示范区在有先行优势和发展基础的点位上创新实践，找准切口强化单向突破，因地制宜排出全产业链智慧化发展、农业生产"三品一标"示范、"园镇村一体化"等特色亮点，试点示范、串珠成链，探索具有时代特征、江苏特色的农业现代化发展模式。

以政策清单整合资源要素，打好"组合拳"。推动省市县协同发力，形成"一区一策"政策清单，多维度多层次多领域强化政策支撑。省级层面强化政策支持，制定财政资金集约支持、平台载体优先安排、奖补经费激励引导和创新金融支持等配套政策，支持各地积极探索和总结宣传建设模式。市县层面开展政策创设，围绕土地、科技、人才等现代要素，各示范区主动谋划针对性和创新性强的政策措施。

以服务清单强化多方联动，建好"智囊团"。聚焦重点难点问题，推动部门、专家、社会力量等联动服务，培育一批一线指导服务团队。一是省级部门靠前服务。会同发改、

财政等部门，常态化开展示范区建设跟踪服务，帮助各地协调解决具体问题。启动开展"四服务四落实"活动，明确专人挂钩联系示范区，密切工作交流，强化指导服务。二是专家团队对接服务。鼓励各地与高等学校、科研院所共建试验基地、创新平台，建立紧密的专家挂钩服务机制，每个示范区对接一批专家团队，为示范区建设提供全程全面技术服务。三是金融机构专项服务。联合金融机构推出"强农兴业贷"等专属产品，在贷款期限、利率和规模等方面给予优惠政策，提供差异化、特色化和便捷化的金融服务。

以监测清单注重跟踪问效，用好"指挥棒"。坚持目标导向，定期跟进调度，加快推动建设。一是建立指标体系。会同统计部门、科研院所开展跨部门跨领域跨界别研究，制定县域农业农村现代化评价指标体系，部分指标委托第三方抽样调查获取。开展监测评估，更好发挥导向作用。二是强化监测调度。按季度调度示范区重点工作推进、财政金融投入、路径模式探索等情况，总结特色做法、查找问题不足。三是注重总结宣传。综合运用传统媒体和新媒体，及时总结亮点，宣传建设成效。通过农民日报、新华日报等主流媒体报道示范区建设工作，开展示范区建设典型案例集中推介，积极营造良好创建氛围。

3.2.1.3 山东省推动农业产业化，打造齐鲁样板

山东是农业大省，是全国首个农业总产值超过万亿的省份，农业现代化水平处于全国第一方阵，涌现出了贸工农一体化、农业产业化经营的"潍坊模式""寿光模式""诸城模式"等，为全国乡村振兴贡献了齐鲁经验，其主要做法有。

突出大型龙头企业带动乡村产业振兴。山东是全国农业产业化发源地，产业融合发展基础较好，农业产业化水平全国领先，全国农业产业化龙头企业百强榜数量位居全国第二，全省百亿规模以上企业10多家，对带动全省优势产业全产业链发展发挥了重大作用。目前，按照园区成片、产业成带、主体成群的发展思路，推动了以大型龙头企业为核心带动农业全产业链发展，以市场为导向不断创新农业组织化、规模化、产业化经营方式，实现了各类主体联动发展。"诸城模式"就是依托得利斯等龙头企业，探索形成了"市场牵龙头、龙头带基地、基地连农户"的发展规模，呈现供销出产、种养加、贸工农一体化经营的新格局。

突出农村改革创新激活要素潜能。围绕"人、地、钱"等生产要素，通过深化改革创新全面激活农村发展活力。吸引工商资本下乡发展壮大优势特色产业，探索推行"共建共赢、利益共享"的合伙方式，造就一批以工商资本、企业家为代表的农业合伙人成功案例。利用城乡建设土地增减挂钩政策，充分挖掘农村建设用地、闲散宅基地等指标，解决了钱、地来源问题，促进了土地流转和适度规模经营。

突出科技创新引领产业转型升级。山东省积极探索农业产学研用推广模式，围绕科研

和生产"两张皮"问题，促进创新链和产业链精准对接。利用产业技术体系创新团队、专家顾问团队和大专院校、科研机构等，重点推动科技联结农业、科研院所联结农村、科技专家联结农民，带动实现农业智慧化、优质化、品牌化。"寿光模式"就是突出了科技与标准引领，建成了全国设施蔬菜输出中心，为打造齐鲁样板注入了新动能。

3.2.1.4　广东省集聚现代要素促进农业高质量发展

广东是我国改革开放的前沿阵地、全国经济发展的重要引擎，是商贸流通地位非常突出的重要省份。近年来，以发展精细农业为主攻方向，以农业产业园建设为重要抓手，推动现代要素加注现代农业，探索出一条具有广东特色的高质量发展新路子，为各地农业现代化发展提供了有益借鉴。其主要做法有：

突出产业园建设加快农业现代化进程。广东省制定出台了20多条政策措施，形成了支持产业园建设"1+N"政策体系。目前，全省累计创建了10多个国家级、160多个省级、多个市级产业园，实现了全省主要农业县园区全覆盖，形成了"跨县集群、一县一园、一镇一业、一村一品"的现代农业发展态势，加快了全省农业现代化发展步伐。

突出建立市场化的科技助农机制。广东省对接大湾区创新驱动国家战略，搭建国家现代农业产业科创中心、岭南现代农业科学实验室等一批国家、省级农业科技创新平台，汇聚全球上万家农业高新技术企业、技术专家等科创资源要素，组建农业科技创新联盟，与农业主产区建立常态化服务对接机制，促进科技成果转化与推广应用。此外该省还扶持温氏集团、华大基因等国际科研领先企业，聚焦生物育种关键核心技术，实施重大科技攻关，为强化农业科技支撑注入了源头活力。

突出商贸助农提升市场化服务水平。该省支持各地建设"12221"农产品市场体系，即围绕主导品种建立"1"个农产品大数据平台，组建主销区采购商和产区经纪人"2"支队伍，拓展销区和产区"2"大市场，鼓励采购商走进大市场策划"2"场活动，实现品牌打造、销量提升、市场引导、品种改良、农民致富等"1"揽子目标，带动全省农业产业做大做强。

3.2.2　经验启示

3.2.2.1　发达地区的经验启示

发达地区省份的实践经验表明，农业现代化必须走绿色发展之路，应加大科技创新，推动企业集聚和规模化经营，不断培育新产业新业态。综合国内各地的先进经验，具体表现为：

科技创新是推进农业现代化的内在要求。科技创新是引领发展的第一动力，是推动农业高质量发展、加快产业振兴的重要支撑。各地应整合科技创新资源、引入科研机构，合力打造以企业为主体、产学研用深度融合、资源高效配置、成果顺畅转化的农业技术创新体系，深度推动创新链与产业链融合集成，形成研究开发、应用推广、产业融合发展的农业技术创新应用新局面。

企业集聚是推进农业现代化的重要举措。产业化龙头企业是农业产业集群发展的关键力量，是市场流通领域的核心竞争力。各地应围绕本地优势特色产业集群，培育一批上规模的大型龙头企业，发挥其重要的、引领性的带动作用，布局一批具有行业引领力的链主企业、总部企业，构筑生态链、拉长产业链、完善利益链，带动产业链上下游中小企业，实现共享多赢的目的。

规模经营是推进农业现代化的必由之路。国内先进省份均将土地适度规模经营作为农业现代化的重要路径，建立完善的土地流转服务体系，培育和引入各类经营主体，促进土地等主体等要素在更大范围优化配置，利用大主体带动农业经营管理现代化，不断提高土地利用率和资源利用率。

3.2.2.2 典型示范区经验启示

通过近三年的示范区创建，从各年示范区创建培训班交流材料了解到，涌现了一批带动作用较强的示范区，形成了不同区域不同类型的典型样板。如东北平原以粮油为重点产业的富锦示范区、北部特色农产品优势区以优势特色产业为重点的察右前旗示范区、丘陵山区以蔬菜产业为重点的元谋示范区、大中城市郊区以智慧农业为重点的长兴示范区、生态脆弱区以旱作农业为重点的互助示范区和脱贫地区以特色产业为重点的定西示范区等。

（1）东北平原——以粮油产业为重点的富锦农业现代化示范区

黑龙江富锦示范区耕地面积占全国总面积的1/200、全省的1/20。富锦市是全国、全省耕地面积最大、粮食商品化率最高的产粮大市，荣获了全国粮食生产先进县和"中国大豆之乡""中国东北大米之乡"。近年来，该示范区坚决扛稳国家粮食安全责任，着力培育玉米、水稻、大豆粮食产业集群，加快探索示范区农业现代化新路子，引领粮食主产区农业现代化发展。

以农业集约化、机械化为支撑，打造高水平粮食保供高地。加强农田水利和高标准农田建设，强化农机装备创制和技术集成创新，大力发展社会化服务。一是以项目为抓手提能稳产。按照"田成方、渠相通、路相连、旱能浇、涝能排"建设标准，全面实施万亩水田、万亩旱田建设，累计建成高标准农田210多万亩，连续多年落实黑土耕地保护利用面积近200万亩，厚植稳产筑牢保供底板。二是以机械为助力提速节本。坚持"小农机、大作为"，普及推广先进农业机械技术，着力培育以农机合作社为主体的新型服务组织，农作物耕种收综合机械化率达99%以上。三是以科技为支撑提质培优。与黑龙江省农业科学院开展科技示范共建工作，与该院水稻研究所合作建立优质专用品种科技创新中心，全市农业科技贡献率达70%以上。

以园区化、集群化为引领，打造高质量产业发展高地。 坚持"粮头食尾""农头工尾"发展思路，围绕玉米、水稻、大豆三大粮食作物，推动农业产业全链条、集群化发展。一是以"龙头"引领玉米产业链发展。引进象屿集团、大连医诺、香港海资等企业，努力把玉米资源在本地"吃干榨净"。二是以"集群"支撑水稻产业链发展。构建上游以糙米及副产品为主，中游包括初加工产品和大米淀粉糖等精深加工产品，下游包括休闲食品、米糠油等终端产品的发展格局。三是以"品质"保障大豆产业链发展。依托大豆蛋白质含量高达40%以上的原料优势，构建上游以毛油与豆粕为主，中游向油用加工、蛋白加工方面发力，下游包括豆制品、食用油等终端产品的发展格局。

以绿色化、品牌化为导向，打造更高层次农产品品牌高地。 坚持发展绿色农业、质量农业、品牌农业，塑造富锦农产品绿色、有机特色品牌优势。一是做强绿色农业。全面落实"田长制"，建成全国绿色食品原料标准化生产基地，开展投入品减量增效行动，从源头上保护绿色资源。二是做优品牌农业。建设三江平原最大的电子商务产业园，搭建"绿谷粮都"电商平台和直播基地，推进"富锦大米"区域品牌打造。三是做大融合农业。以黑龙江省首家稻海田园综合体为依托，全力打造集循环农业、创意农业、农事体验于一体的"农业+旅游"融合新模式，"万亩水稻公园"纳入国家4A景区创建名单，加快形成"以农促旅、以旅强农"的良性循环，带动乡村旅游收入持续增长。

（2）特色农产品优势区——以优势特色产业为重点的察右前旗农业现代化示范区

近年来，察右前旗聚焦"麦菜薯牛羊乳"优势特色产业，以创建农业现代化示范区为引领，推动创新链、供应链、价值链、资金链协同联动、有效衔接，积极探索优势特色产业发展路径模式，引领区域加快农业现代化。

深度融合创新链，激发农牧业发展"新动能"。 依靠农业科技创新力量，推动农业科技从点式创新向链式创新转变。一是注重产地育种创新。依托马铃薯龙头企业，对接国家现代农业马铃薯产业技术体系首席科学家、中国马铃薯航天育种研究院等科研团队，培育多个新品种，有效解决马铃薯单产水平低、专用品种少等问题。二是推进产学研用融合。建成冷凉蔬菜院士工作站、马铃薯首席专家工作站、国家级科技小院、肉牛良种培育基地等创新平台，健全"专家+科研院所+科技特派员+产业指导"的科技创新和推广机制，探索"联合攻关+利益共享+知识产权"产学研合作模式。三是集成推广适用技术。以增施有机肥生物菌肥、增加种植密度，推行脱毒种薯、全程机械化作业、测土配方施肥、全程控水控肥绿色防控，全面推行"两增六推三控"技术模式，实现马铃薯种植提前上市。

完善优化供应链，打通农产品流通"大动脉"。聚焦农产品供应链堵点卡点，加快补齐短板，健全仓储流通网络。一是打通产区"最初一公里"。建成旗级仓储物流配送中心和村级物流服务网点，不断提升马铃薯仓储能力。二是畅通产销"中间环节"。推广订单式、会员制等产销方式，不断提高果蔬销售能力，促进农牧产品就地转化升值。三是优化市场"最后一公里"。依托农副产品网络销售平台和品牌专营店等，建设电商公共服务中心和农特产品展示体验中心，培育电商主体进行农产品线上销售，不断提高线上零售占比。

聚力提升价值链，念好优质农产品"特字经"。发挥示范区政策集成、要素集聚、企业集中、功能集合优势，提升农业产业综合效益。一是做大特色种养业。聚焦"扩大数量、提高质量、增加产量"，深入推进"六大行动"，持续扩大种养规模。二是做强特色产品加工业。聚焦服务"中央厨房"，建成全国单体最大智能温室、亚洲最大马铃薯深加工园区。三是做优特色优质品牌。构建以区域公共品牌、地理标志农产品、农业产业化联合体为主的品牌与产业协同发展格局。

畅通保障资金链，撬动农业多元化投入"金杠杆"。把农业现代化示范区资金保障摆在突出位置，推进创建任务落实落地。一是创新财政投入机制。整合全旗衔接资金用于农牧业产业，撬动社会资本投资。印发深入实施肉牛扩群倍增行动等政策文件，安排奖补资金支持肉牛产业发展。二是创新金融引入机制。依托信用平台，成立产权交易平台和融资担保服务公司，提高涉农主体金融可得性。三是创新农企利益联结机制。引动社会资本通过订单型、股份型、合作型等方式建立利益联结，带动农民发展。

（3）南方丘陵山区——以蔬菜产业为重点的元谋示范区

主导产业优势特色明显。元谋县蔬菜产业优势明显，是云南省起步最早、规模最大的冬早蔬菜主产区，是中国特色农产品（蔬菜）优势区、全国冬早果蔬产业知名品牌创建示范区、全国最大的冬季番茄露天生产基地。蔬菜外销量占云南省冬春蔬菜出省外销总量的1/4。繁育制种产业特色突出，是楚雄国家农业科技园元谋核心区、现代农业科技创新示范基地及南繁基地，已成为以十字花科蔬菜为主的国家冬春种子繁育制种基地和全国重要的南繁制种中心。

产业基础设施建设较好。元谋县蔬菜生产实现了智能化标准化，番茄、黄瓜、洋葱、辣椒等蔬菜品种实现了工厂化育苗，已建成高效节水示范区11.4万亩，节水灌溉比例达83.5%；规模化标准化蔬菜基地197个，种植面积达4.60万亩。冷链物流体系完善，建成元谋县农产品冷链中心，拥有冷库157座，建成10万平方米的农产品批发交易市场，配套建有4座制冰厂、68个冷库、7座速冻保鲜厂，年处理保鲜蔬菜水果15万吨以上。

全产业链建设完备。元谋县建成果蔬农产品加工园区2个，形成了以果蔬包装运销、净菜加工、速冻冷藏保鲜、冷冻脱水等精深加工为主的农产品加工产业链。区域市场交易体系完善，建成云南省最大的冬早蔬菜批发交易市场，被农业农村部认定为定点市场，配套建设铁路专用线一条，成为辐射区域性蔬菜集散地、全国蔬菜客商云集地，是全国电子商务进农村综合示范县。实现农业多种功能拓展，发展了集认养、体验、采摘、观光、餐饮、度假为一体的田园综合体和特色农业庄园，带动乡村旅游蓬勃发展。

科技创新能力持续提升。 打造校地企科技合作平台，组建元谋蔬菜研究所，成立院士工作站、专家科研工作站等。建立高原特色蔬果标准体系，制定了多项绿色有机蔬菜生产技术规程团体标准。

（4）大中城市郊区——以智慧农业为重点的长兴农业现代化示范区

浙江长兴县是传统的农业大县、产粮大县，农业现代化发展水平走在全国前列，是全国综合实力百强县、全国县域经济竞争力百强县、全国县域数字农业农村发展水平评价先进县，重点发展现代牧业、优质茶叶、名优水果、商品蔬菜、特种水产、花卉苗木六大特色产业。以创建智慧农业类农业现代化示范区为抓手，围绕"机械强农、科技强农"目标，推进现代农业以设施化、数字化、智慧化的梯度模式迭代发展，取得良好成效，为全国智慧农业类示范区建设提供"长兴经验"。

"转型+引进"并重，以项目示范加快智慧农业集聚发展。 形成吕山湖羊、洪桥河蟹等现代农业产业集聚区。有序推进设施装备智慧化升级。立项设施化改造、工厂化养殖等智慧农业提升项目。洪桥河蟹省级产业强镇开展标准化池塘改造，合作社推进"六统一"标准化智慧模式，向社员推广应用水质在线监测等物联网设备，建成河蟹智慧监管平台，提供线上农事服务，实现河蟹产业智慧升级。引育壮大多元经营主体。新引进亿元以上乡村产业项目，如凤集黄天鹅项目建成后形成300万羽蛋鸡养殖规模及蛋品精深加工全产业链，是华东规模最大、技术最领先的智慧蛋鸡产业园。

"农艺+农机"融合，以"双强"行动激发智慧农业发展动能。 深入实施机械强农、科技强农"双强"行动，立足粮油及地方特色优势产业，依托浙江大学（长兴）农业科技园等科研院所力量，成立博士专家站、技术指导站、产业合作站、院校工作站"四大平台"，同步加快农技模式创新和农机装备革新，形成适合本地推广的农艺农机融合生产技术模式，提高农业机械化和智慧化水平。

"应用+技术"集成，以路径创新推动智慧农业迭代升级。 探索"产业大脑+未来农场"的创新路径，通过"数字化基地—数字农业工厂—未来农场"的梯度培育，加快数字技术在农场的推广覆盖，集成优势产业全产业链数据，开发"产业大脑"，实现产业发展智慧化决策，系统推动智慧农业迭代升级。"湖羊天下"应用推进湖羊种、产、加、销全产业链数字化，形成"用系统、挂耳标、上平台"的智慧养殖模式，通过"种羊+技术"

让长兴湖羊种羊输出到全国各地，运用"浙农码"赋能区域公用品牌，消费者可一码查询湖羊产品全过程溯源信息，不断提升农产品品牌价值。

"村企+农户"合作，以利益联结引导智慧农业助推共富。 发挥特色产业和重大项目优势，积极推进"小农户"与"大市场"有效衔接，通过"浙农帮扶""'三位一体'农合联在线"等数字化平台、"十百千万"产业帮扶等载体，让农业龙头企业、村集体经济组织、农业主体、农民群众等建立紧密多样的共建、共享、共富利益联结机制，实现主体增效、农民致富、集体增收。

（5）生态脆弱区——以旱作农业为重点的互助示范区

青海互助示范区地处黄土高原向青藏高原过渡地带，适宜发展高原特色现代农业。该县锚定旱作农业高质量发展目标，以特色化、优质化、绿色化、品牌化为方向，以高原"七彩农业"为重点，基本形成油菜、小麦、马铃薯为主的旱作农业发展格局。

旱作农业产业基础扎实。 互助县种业发展能力强劲，成功培育杂交油菜、小麦、马铃薯、蚕豆等农作物新品种30余个、蔬菜新品种20余个，具有全国第一个在国外大面积推广的杂交油菜品牌，被农业农村部认定为"第一批马铃薯和油菜区域性良种繁育基地"。依托自然资源条件，大力发展油菜、马铃薯、青稞等旱作农业，瞄准市场需求发展设施蔬菜、中藏药材等特色农业。

高效节水农业成绩显著。 互助县持续推进大中型灌区节水改造和小型农田水利建设，实施高效节水灌溉工程、节水改造工程、中低产田改造工程等重点工程25项，新增高效节水灌溉面积3万亩，有效提高灌溉水利用系数和灌溉水利用率，被列为全国第一批小型农田水利重点县之一。推广全膜双垄栽培技术、选育抗旱品种、"水肥一体化"等旱作节水新技术，完成全膜覆盖栽培技术27万亩、推广旱作节水农业技术23万亩，实现灌溉、节水、增产、增收共赢。

旱作技术研发取得成效。 互助县进一步深化与中国农业大学、西北农林科技大学、青海大学等科研院所合作，促进产学研结合、新品种引育和新技术示范推广，成功引进和培育适宜旱作农业发展的农作物新品种385个、新技术35项。

旱作农业绿色发展成效突出。 互助县主动融入青海省绿色有机农畜产品输出地建设，以建设绿色有机农畜产品示范省和海东全域绿色有机农产品示范区为抓手，扎实开展化肥农药减量增效行动试点，完成农作物病虫害统防统治与绿色防控示范。加强农业污染综合治理，以残膜、粪污、秸秆等污染治理和源头控制为重点，以畜禽养殖规模化和生态化为抓手，全面深化畜禽养殖污染治理，实现畜禽养殖污染物全收集、全处理、全达标。

（6）脱贫地区——以特色产业为重点的定西示范区

围绕"一条主线"。 定西市安定区紧紧围绕"农业供给侧结构性改革"这条主线，坚持以市场需求为导向，瞄准马铃薯产业发展关键瓶颈，着力推动品种、品质、品牌"三品"提升，延伸产业链条，构建产业集群，提高安定区马铃薯产业质量效益和竞争力。

抓好"两个载体"。安定区抓住国家现代农业产业园和国家级马铃薯批发市场两大国家级平台建设机遇，发挥产业园资金、人才、科技等要素集聚优势，建设以规模化种植基地为依托、龙头企业带动、生产要素聚集的现代农业产业集群，示范引领马铃薯产业全面升级；发挥国家级马铃薯批发市场功能，打造西北马铃薯交易物流中心，提升安定马铃薯产业市场话语权。

瞄准"三个方向"。安定区深刻把握"质量兴农、品牌强农、绿色兴农"。"质量兴农"注重产品质量、产业质量，以市场为导向，发展绿色、高端、优质产品；"品牌强农"立足区域资源优势和马铃薯产业优势，着力打造"定西马铃薯"区域公用品牌，推动资源优势转化为产业优势、品牌优势；"绿色兴农"即推行绿色种植方式，推进农药、化肥减量使用以及农业废弃物资源化利用，促进生产生态协调发展。

把握"五大定位"。安定区重点围绕全国马铃薯产业贸工农一体化示范区、全国优质种薯繁育供应基地、全国马铃薯精深加工产业集聚区、西北地区马铃薯交易物流中心和"一带一路"马铃薯产业合作先行区五方面进行定位，形成了自己的特色。

坚持"七化"路径。安定区重点品种专用化、种植标准化、全程机械化、加工精深化、营销品牌化和环境生态化等"七化"路径进行了探索，取得了一定成效。

第4章 相关基础理论与编制方法集成应用

示范区建设是一项复杂的系统工程，既与宏观环境紧密相关，又与多领域密切联系，呈现出多层面、多学科、多维度相互渗透的发展态势，了解和应用相关基础理论与方法，有助于把握基本规律，减少盲目和失误，尽可能少走弯路。本章以示范区创建为研究对象，以系统框架研究为重点，以文献梳理为手段，根据示范区创建方案编制大纲着重对发展现状、总体要求、空间布局、创建任务等关键环节开展有针对性的研究，借鉴国外城乡规划的经典理论，结合我国产业发展规律与实践，通过系统集成与创新研究，探索示范区创建方案编制相关理论与方法（图4-1），促进示范区方案编制由传统性向科学性转化、由分散性向系统性整合、由低水平向高水平提升。

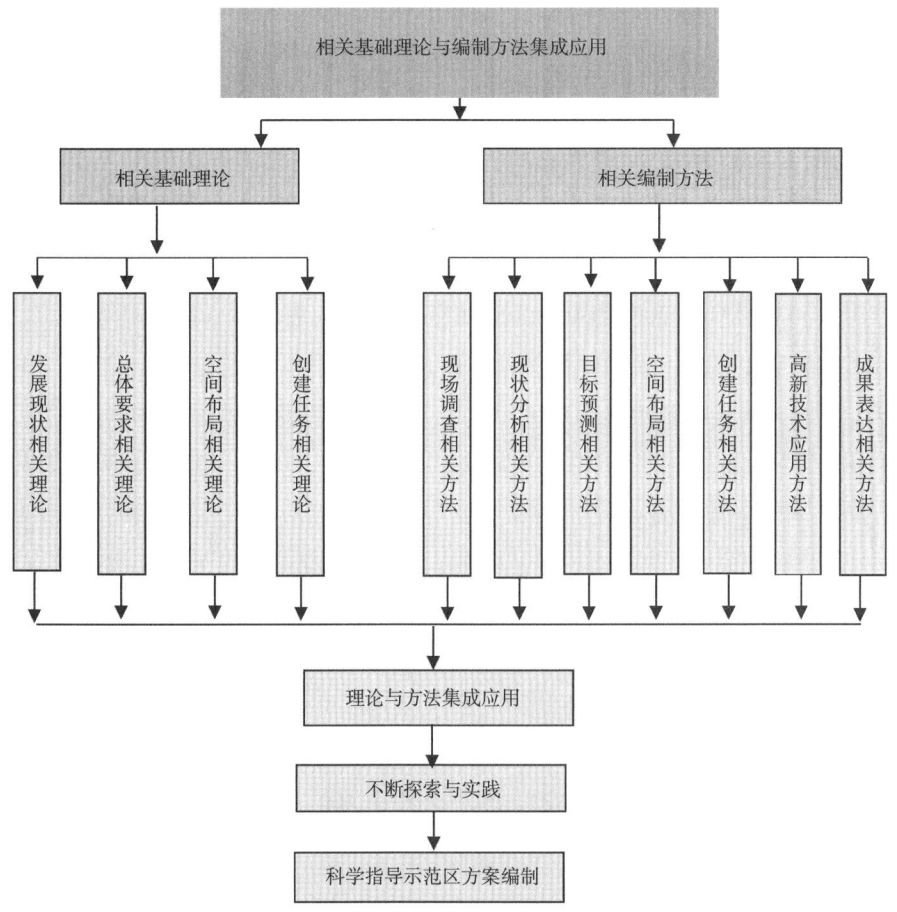

图4-1 示范区创建方案编制相关理论与方法集成应用示意图

4.1 相关基础理论集成

目前,农业现代化示范区创建方案研究是一个新课题,现成的理论基础不多,加上编制内容涉及面广、领域多,需借鉴国内外相关学者和重要学科的成熟理论和思想观念。本节以示范区创建为研究对象,通过收集梳理相关重点环节的理论原理,形成系统的理论指导体系(图4-2),并将其应用于创建方案设计各章节中,有助于厘清思路框架,科学地指导创建方案编制。

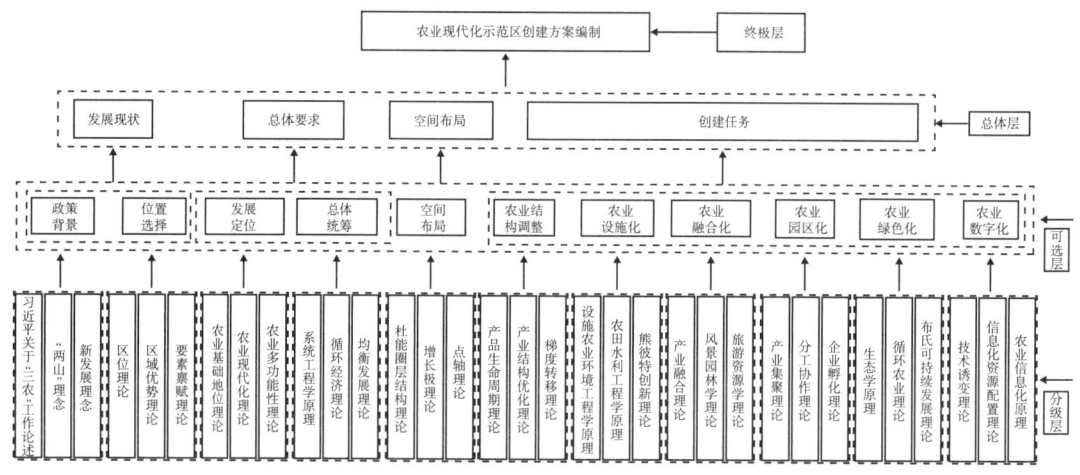

图4-2 示范区创建方案编制相关基础理论集成示意图

图4-2将"示范区创建方案编制"设定为终极层,将编制大纲主要章节(发展现状、总体要求、空间布局、创建任务)作为总体层,再分解成政策背景、位置选择、发展定位、总体统筹、空间布局、农业结构调整,以及农业设施化、融合化、园区化、绿色化和数字化等可选层,然后将各项具体理论设定为分级层。最后形成终极层、总体层、可选层和分级层等四级示范区创建方案编制理论指导体系。

4.1.1 发展现状相关理论

4.1.1.1 政策背景分析的相关思想理念

思想理念是行动的先导,是对辩证法的具体运用,为示范区创建提供科学指引,对破解农业发展难题、增强发展动力具有重大的指导意义。本节推荐的相关思想理念主要包括习近平新时期"三农"工作论述、"两山"理论和新发展理念等。

(1)习近平总书记关于"三农"工作论述

思想概述。习近平总书记关于"三农"工作的重要论述,深刻回答了为什么要振兴乡村、怎样振兴乡村等重大理论和实践问题,是实施乡村振兴的总遵循。他多次提出,坚持农业农村优先发展,实施乡村振兴战略……建立健全城乡融合发展体制机制和政策体系,加快推进农业农村现代化……确保国家粮食安全，把中国人的饭碗牢牢端在自己手中……坚持把解决好"三农"问题作为全党工作重中之重，举全党全社会之力推动乡村振兴。这些都形成了新时期解决我国"三农"问题理论探索与顶层设计，对于推进"三农"发展具有重大指导意义。

思想指导。在编制示范区创建方案时，必须提高政治站位，把贯彻落实习近平总书记"三农"工作重要论述作为行动指南，学懂弄通习近平总书记关于实施乡村振兴战略的新思想、新观点，领悟其深刻内涵，掌握其思想方法和工作方法，切实打牢理论根基。

（2）"两山"理论

理论概述。习近平总书记提出"绿水青山就是金山银山"的科学论断，深刻揭示了经济发展和生态环境保护的辩证统一关系，即保护生态环境就是发展生产力，为了持续发展生产力必须保护生态环境，也只有生产力的持续提高才是保护生态环境的最根本手段；这一科学论断实现了对马克思主义生产力理论的丰富与发展，其重要思想已写入党的十九大报告和新修订的党章，标志着"两山"理论提升到了前所未有的高度。"绿水青山既是自然财富、生态财富，又是社会财富、经济财富"，只有把绿色发展的底色铺好，才会有今后经济发展的快速猛进，让人民群众在绿水青山中共享自然之美、生命之美、生活之美。

理论指导。示范区创建要以习近平生态文明思想作为根本遵循和行动指南，深入领会"绿水青山就是金山银山"这一理论的精神实质，牢固树立绿水青山就是金山银山的理念，坚持人与自然和谐共生，正确认识金山银山的要求和内涵，构建生产和生态的良性循环，把绿水青山建得更美，把金山银山做得更大，走出一条生产发展、生活富裕、生态良好的文明发展道路。

（3）新发展理念

理念概述。新发展理念即创新、协调、绿色、开放、共享的发展理念。2015年10月29日，党的十八届五中全会审议通过了《关于制定国民经济和社会发展第十三个五年规划的建议》，指出"十三五"时期为了实现经济增长、生活水平提高、生态环境改善等发展目标，应牢固树立创新、协调、绿色、开放、共享的发展理念，并明确了五者的相互关系，强调创新是引领发展的第一动力，协调是持续发展的内在要求，绿色是永续发展的必要条件，开放是繁荣发展的必由之路，共享是特色社会主义的根本要求。

理念指导。《全国农业现代化规划（2016—2020年）》将新发展理念贯穿于报告全文，实施效果显著。在示范区创建方案编制过程中，应将新发展理念应用在创建背景、创建优势和创建思路中，有利于提高政治站位，明确"五者"相互之间的辩证关系，推进农业现代化加快实施，辐射带动区域农业可持续发展。

4.1.1.2 示范区位置选择相关理论

示范区位置选择离不开相应的理论指导,本节主要推荐农业区位、区域优势和要素禀赋等方面的理论。

(1)农业区位理论

理论概述。区位理论是指各事物之间的空间位置及其结构关系的理论,最早研究的是人类经济行为的空间区位选择及空间内经济活动的优化组合,后来其范围扩大到各种事物的位置问题。主要是以新古典经济学家阿尔弗雷德·马歇尔及A·韦伯为代表提出的。其中马歇尔的《经济学原理》一书对区位理论中的产业集聚现象有三点贡献:一是劳动力市场共同分享;二是中间产品的投入与分享;三是技术外溢;由于这三方面的理论创新,促进新古典区位理论发展为以新经济地理学为核心的现代区位理论,成为研究产业集聚现象的共同理论基础;A·韦伯的《工业区位论》一书则更进一步对集聚经济现象的形成机理、动力机制、集聚类型、竞争优势等内容进行了梳理与补充,共同形成传统的区位理论体系。

理论指导。区位理论对示范区创建的区位优势分析起着重要的指导作用。综合评价时应根据县域所在位置距离大中城市中心区远近来判定,选择不同的产业和发展定位,如位于近郊区的主要以第三产业为主,位于远郊区的主要以高效集约农业和休闲旅游业为主等。通过发挥不同区域地缘优势,不断提高示范区土地资源利用率。

(2)区域优势理论

理论概述。英国古典政治经济学家亚当·斯密的绝对优势理论、大卫·李嘉图的比较优势理论和美国经济学家迈克尔·波特的竞争优势论等从不同角度提出区位优势的观点。其中,绝对优势理论将不同区域同种产品的生产成本进行比较,认为当在某区域生产该产品所费的成本绝对低于其他区域时,则称之具有绝对优势;比较优势理论认为,一个区域倘若专门生产自己相对优势较大的产品,则可通过贸易换取生产成本相对较高的商品,使各地资源得到最有效的利用,从而获得比较优势;竞争优势论认为,必须通过推行低成本和差异化战略,才能超越竞争对手而获得持久的竞争利润。

理论指导。生产活动的目的不是所有区域都生产同一产品,而是依据各区域不同生产要素的分布与组合,通过发挥区域比较优势,实现区域效益的最大化。示范区创建优势分析时,应针对不同示范区的区位条件和资源禀赋,系统梳理区域的优势与特色所在,为后续区域发展定位、产业选择与生产布局提供依据支撑。

(3)要素禀赋理论

理论概述。该理论是20世纪瑞典经济学家赫克歇尔和俄林为了解释大卫·李嘉图比较优势理论而提出的,用来说明生产者参与贸易交换的商品具有比较优势的原因。其主要观点为:区域是分工和贸易的基本地域单元,由于生产要素分布不均,导致产品相对价格的差异;由于不同区域存在地理位置、气候条件、自然资源等特点,导致不同生产要素的比例影响生产布局与区域分工,包括生产要素资源的"有与无"分工、"多与少"分工和相对比较优势分工等。

理论指导。相对于其他产业来讲,农业对自然环境的依赖性更强,根据要素禀赋理论,在示范区方案编制中进行产业选择与布局时,不仅要考虑一般的土地、劳动力、资本等要素,更要关注土地要素中的气候资源、水资源等方面的资源禀赋;不仅要考虑产业的适宜性,还要与周边地区进行比较;通过综合考虑,选择适合的项目区域,并在区域生产分工中选择相对有利的产业,甚至是具有不可替代的优势产业。

4.1.2 总体要求相关理论

示范区创建中的总体要求主要应从发展定位和总体统筹两方面进行思考。

4.1.2.1 发展定位

示范区发展定位离不开相应的理论指导,本节主要推荐农业基础地位、农业现代化和农业多功能性等方面的理论。

(1)农业基础地位理论

理论概述。马克思在批判地继承资产阶级古典政治经济学农业基础地位理论的基础上,提出的农业(特指粮食生产)是一切人类生存的第一前提,为农业基础地位理论的创立奠定了基础,形成了马克思主义理论宝库的一个重要组成部分。农业基础地位理论自产生以来,就具有举足轻重的作用,它是农业发展以及加强农业基础地位的理论指导和行动指南。该理论在不同的历史阶段与中国的实际情况相结合,解决了中国诸多关于农业发展的实际问题,促进了农业农村的快速发展。

理论指导。农业基础地位理论不仅能为农业发展提供理论指导,而且还能提供实践参考。在示范区创建过程中,应始终坚持农业的基础地位,加强农业基础设施建设,加快农业发展方式转变,确保粮食生产安全和重要农产品有效供给。

(2)农业现代化理论

理论概述。20世纪50年代,经济学家普遍重工轻农,把经济发展等同于工业发展,认为农业对经济增长无所裨益,甚至还拖了工业的后腿。例如,在刘易斯的二元经济结构模型中,农业的作用只是为工业扩张提供无限丰富的劳动力。但舒尔茨坚决反对轻视农业的观点,在他看来,农业也可以成为经济增长的原动力,但同时也强调,对于经济增长,传统农业很难作出大的贡献,唯有现代化的农业,才能推动经济腾飞。传统农业存在结构单

一、生产规模小、生产技术落后、抗灾能力差和商品价值不高等特点,必须引进现代化的生产要素和先进的经营管理制度,才能促进农业产业升级,加快农业增值提效。

理论指导。在传统农业向现代农业转变的过程中,农业发展必须遵循自然规律和经济规律,通过引进农业生物技术、信息技术和设施技术等,促进农业结构优化升级,改变农业增长方式,建立现代农业产业体系,促进乡村生产力发展,才能推动示范区高质量发展。

(3)农业多功能性理论

理论概述。农业多功能理论可以追溯到20世纪80年代末至90年代初日本提出的"稻米文化",1992年联合国环境与发展大会通过的《21世纪议程》正式采用了农业多功能性的提法。其主要观点为:农业在向人类提供日益增多、品质更优的特定产品的同时,还应承担经济、生态、社会和文化等多方面的功能。经济功能是指提供农产品供给和收入功能,是农业的基本功能;生态功能是指土地与其生物所构成的生态系统所具有的调节气候、改善环境和维持生物多样性等方面的功能;社会功能是指包括确保粮食安全、维护社会稳定、提供就业与增收等方面的功能;文化功能是指土地本身构成的自然和人文景观带给人们的休闲、审美和教育方面的功能等。

理论指导。农业多功能理论为示范区创建提供了多个思考维度,在方案编制中需要综合考虑生产、生态、社会、文化等多项功能,进行产业选择和生产布局,促进主导产业延链补链,在发展产业的基础上拓展多种功能,开展休闲、观光和科普等活动,丰富产业内涵,拓宽增收渠道,推动一二三产业融合发展。

4.1.2.2 总体统筹

示范区总体方案设计离不开相应的理论指导,本节主要推荐系统工程学、循环经济学、均衡发展和帕累托最优配置等方面的理论。

(1)系统工程学原理

原理概述。系统是由时间、空间、对象之间有机联系、相互依存、相互制约的多个部分组成一个有机整体。系统论是研究系统的本质、特点和运动规律的学说,是系统科学在哲学上的概括和总结;美国学者贝塔朗菲在1968年出版的《一般系统论的基础、发展和应用》被称作是系统论的代表作。系统工程学是由霍尔首先创立的,是实现系统最优化的科学,通过把握系统的层次、结构和演化规律,进而协调系统内各要素之间的关系,使之达到最佳优化的目的,实现系统的物流、能流与信息流动态平衡的过程,具有整体性、关联性、有序性和最优性等特点。其中整体性要求系统是一个统一的整体,任何方面都应从整体出发,以求整体最优化;关联性要求系统内各部分相互依存,上下游各部门间具有关联性；有序性要求系统内各部分在时间和空间上都是有序的，如植物生长需要发育过程、有季节先后顺序等。

原理指导。农业现代化示范区是一个庞大的系统工程，具有规模庞大、结构复杂、功能综合、因素众多等特点，必须以系统科学理论作为指导，对示范区创建目标、建设模式、功能定位、建设任务、综合效益等进行深入研究和科学研判，从诸多方案中筛选出最优设计、最优管理及最优控制的方案。

（2）循环经济学理论

理论概述。循环经济学最早由美国经济学家波尔丁在20世纪60年代提出，主要结合人、自然和科技大系统，在投入、生产、消费及废弃的全过程中，把传统的依赖资源消耗转变为依靠资源循环来发展经济。通过不断地研究与实践，逐渐发展为生态经济理论，其实质是以生态学原理为基础，以经济学原理为导向，以人类经济活动为中心，运用系统工程方法，将生态与经济有机结合，不断揭示自然和社会之间的本质联系与发展规律。

理论指导。在指导示范区创建方案编制时，应结合系统工程学和生态经济学理论，在促进农业生产、居民消费和废弃物处理过程中，正确处理好经济、社会和生态各系统之间的关系，加强各部门的循环利用，实现区域农业可持续发展。

（3）均衡发展理论

理论概述。均衡发展理论是以哈罗德—多马新古典经济增长模型为理论基础发展起来的。其主要观点为：落后地区一般存在供给不足和需求不足之间的循环，解决这种现象的关键，就是实施均衡发展战略，即在各产业、各地区进行扶持，促进其协调发展、相互支持，改善供给状况，不断扩大需求。因此，均衡发展理论强调产业间和地区间的关联互补性，主张在各产业、各地区之间均衡部署生产力，实现产业和区域经济的协调发展。

理论指导。在指导示范区创建方案编制时，应从宏观调控和均衡发展的角度出发，为缩小地区间的发展差异，建议当地政府采取必要手段，对区域经济进行适当干预与调节，有针对性地确定发展路径和重点任务，提出相应的指标体系和适宜的增长速度，制定配套措施和相关优惠政策，促进区域合作与产业分工，不断缩小地区之间的差距。

（4）帕累托最优配置理论

理论概述。分析比较资源配置的经济效率时，一个基本标准就是"帕累托最优"或"帕累托有效"。在给定的资源条件下，如果没有替代的资源配置方案使一部分人比在原有配置下获得更多的福利，而又不减少其他人的利益，这种资源配置即为帕累托有效配置，通过把生产和消费结合起来，用最优的可能性进行生产，生产出满足消费者需要的最好产品。如果一种资源配置方案不是帕累托最优，就会存在通过某种方式来改进现有的资源配置，使部分人获得更多福利。

理论指导。在编制示范区创建方案中，应以帕累托有效配置理论为指导，通过建立线性规划预测模型，确立目标函数，选择多个约束条件和决策变量，从诸多方案中选出最优方案，并按照最佳方案确立目标指标和建设任务，最后实现最佳综合效益。

4.1.3 空间布局相关理论

当前，在国家大力推行"多规合一"的背景下，随着国土空间规划的逐级完成，示范区空间格局优化离不开相应的理论指导，本节主要推荐杜能圈层结构、增长极、点—轴和生态位等方面的理论。

（1）杜能圈层结构理论

理论概述。该理论最早由德国农业经济学家冯·杜能于1826年在其出版的《孤立国对于农业及国民经济之关系》一书中首次提出。他采用抽象分析法研究最优农业布局可以使单位土地利润最大化的问题，对城市外围地区农业生产的合理分布进行了详细的论述。其主要观点为：城市在区域经济发展中起主导作用，其促进作用与空间距离成反比，以圈层状的空间分布逐步向外发展。一般由内到外分为内圈层、中圈层和外圈层。其中，内圈层（城市中心区）是完全城市化的地区，以第三产业为主；中圈层（城市边缘区），既有城市某些特征，又保留乡村的某些元素，以第二产业为主，并利用乡村资源发展城郊型农业；外圈层（城市影响区），以农业为主，是城市原料供应、节假日休闲旅游和水资源保护之地。

理论指导。针对以都市农业为重点的示范区，圈层理论对农业生产空间布局有着至关重要的作用，布局时应结合示范区所处的地理方位、产业基础、自然条件与土地分布状况等，以及距离城市中心的远近，布置不同类型的产业和品种，不断发挥农业区位优势的引导作用。

（2）增长极理论

理论概述。该理论最初是由法国经济学家弗郎索瓦·佩鲁于20世纪50年代提出来的。他将发生支配效应的经济空间比作力场，那些促使经济增长的推动单位就是这个力场中的增长极，可能是一个工厂或一组工厂，增长极并非固定，而是随着环境和时间的变化而变化。其后，经该国的布代维尔、美国的盖尔等经济学家进一步研究，使增长极理论不断得以补充与完善，发展成为区域经济中非均衡发展论的一个重要分支。该理论认为，区域增长不是各地同时发生的，而是先在某点上出现，在一定条件下这些点就形成了未来的增长中心，空间出现极化，形成不同层次的中心与腹地。在区域发展中，增长极对周围区域具有极化与扩散作用，其极化作用主要源于产业的规模和聚集效应，扩散作用体现在增长极的带动和促进效应。

理论指导。在创建方案编制中需要识别区域中是否存在增长极，如果处于极化阶段，则会吸引大量资源要素，如劳动力、资金、原材料等，可以带动农业产业发展。通过对县域经济发展现状分析，如果存在增长极，将以发展轴或示范带的形式在布局图上展现出来，并采取配套相关措施，完善和打通增长极对周边区域的作用通道，发挥增长极对区域经济的拉动作用，不断推动区域协调发展。

（3）点—轴理论

理论概述。点—轴理论最早是由波兰经济学家萨伦巴和马利士提出来的，是增长极理论的延伸。其认为任何区域间的经济增长总是由不平衡增长到最终实现区域经济一体化的过程。经济发展的不平衡性，表现在有限的资源首先配置在区位较好、经济梯度较高的区域，形成一些"点"，然后"点"与"点"相连，通过某条线路串联起来，形成新的经济增长轴，通过这些"点"和"轴"的带动，实现资源的更优配置。其中"点"是有限资源的首要集聚地，"轴"是联系各"点"的纽带，有效促进资源、人口、产业等要素的自由流动和合理配置，以使之从发达区域的中心（点）沿轴线向不发达区域纵深推移。

理论指导。各地示范区也存在中心点和扩散轴，扩散轴往往沿着主要交通干线、水系岸线等线路分布。在创建方案编制中，要基于对县城、乡镇和各类园区的评估，优化布局，识别一些中心点，完善主要线路的基础设施，形成畅通的发展轴线，使中心点与其他点之间形成良好的互动格局，推动区域共同发展。

（4）生态位理论

理论概述。生态位是指在自然生态系统中一个种群在时间和空间上的位置关系及其与相关种群之间的功能关系。1917年，格林尼尔（Grinell）最早提出了生态位的概念，用来划分环境的空间单位和一个物种在环境中的地位。生态位包括"生态位宽度"和"原始"生态位，其中"生态位宽度"是指被一个生物所利用的各种不同资源的总和；"原始"生态位是指在没有任何竞争或其他敌害的情况下，被利用的整组资源的总称。1957年，英国生态学家哈钦森（Hutchinson）进一步完善了生态位的概念和内涵，并提出了多维生态位概念，之后该定义被广泛接受，沿用至今。

理论指导。根据生态位理论，在优化示范区空间布局时，首先应调查示范区的生态环境条件，根据生态环境因子选择适当的生物种类，使各种群在群落中拥有自己的生态位，避免或者减少种群间的竞争，实现物种间的共存，维持生态系统的长期稳定。另外，在农业生产中，还应从水平、垂直、时间及物种、数量等多方位进行系统合理组配，充分利用和拓展生态位，不断提高生态系统的综合生产力。

4.1.4 创建任务相关理论

4.1.4.1 农业结构调整相关理论

农业结构调整离不开相应的理论指导,本节主要介绍产品生命周期、产业结构优化和梯度转移等方面的理论。

(1)产品生命周期理论

理论概述。产品生命周期是指产品的市场寿命,即一种新产品从开始进入市场到被市场淘汰的整个过程。1966年,哈佛大学教授雷蒙德·弗农在《产品周期中的国际投资与国际贸易》一文中首次提出了这一理论。他将产品生命周期划分为引入期、成长期、成熟期和衰退期4个不同阶段。其中,引入期是指产品从设计投产到投入市场测试的阶段,该阶段产品生产批量小、制造成本高、获利较少;成长期是指当产品销售获取一定成功后,需求量和销售额迅速上升的阶段;成熟期是指产品步入大批量生产的阶段;衰退期是指产品生命周期即将结束的阶段。

理论指导。编制示范区创建方案时,要以动态发展理念为指导,选择产业不能一支独大,也不能有短视行为,要科学地选择带动区域发展的主导产业,要考虑主导产业发展所处的阶段同时培育和发展新兴产业,做到各产业不同发展阶段的合理搭配,以推进区域产业结构不断优化和动态协调发展。

(2)产业结构优化理论

理论概述。产业结构主要是指在社会再生产过程中,一个地区产业组成表现为资源在产业间配置状态或各产业所占的比重,以及产业间相互依存、相互作用的方式,其包括两方面内容:一是区域内部各产业经济活动之间的相互联系与比例关系;二是区域农业与有关的工业和服务业的相互联系和比例关系。在区域发展过程中,区域经济发展水平与产业结构密切相关,而产业结构在一定程度上决定了区域经济的发展速度。所谓产业结构优化就是在产业结构形成的基础上,通过政府有关政策的调整,影响产业结构变化中的供给与需求结构,实现资源优化配置与再配置,推进产业结构的合理化和高度化发展。

理论指导。示范区方案编制创建任务章节,首先就是农业结构调整与优化,通过深入分析示范区农林牧渔各业的结构,以该理论为指导,不断调整优化农业产业结构,在此基础上构建现代农业产业体系,辐射带动整个区域农业现代化发展。

(3)梯度转移理论

理论基础。该理论最早源于美国哈佛大学教授拉坦·弗农提出的工业生产生命周期理论,此后威尔斯和赫希哲等对该理论进行了验证和发展,之后区域经济学家将这一理论引入到区域经济学中,便产生了梯度转移理论。该理论认为,区域经济的发展取决于其产业结构的状况，而产业结构的状况又取决于地区经济部门，特别是主导产业在生命周期中所处的阶段。如果主导产业处于创新阶段，说明在该区域具有发展潜力，因此应将该区域列入高梯度区域，但随着时间推移及生命周期变化，生产活动逐渐从高梯度地区向低梯度地区转移，而这种梯度转移主要是通过多层次的城乡系统扩展开来。

理论指导。梯度转移理论主张发达地区应首先加快发展，然后通过产业和要素向较发达地区、欠发达地区和乡村转移，以此推动整个区域经济发展。现实中，由于受人口增长、建设用地限制和环境保护等因素影响，加工物流产业、休闲旅游业有向乡村转移的趋势。方案编制时，应深入调查研究，了解不同梯度地区产业发展状况，为未来产业转移提供参考，对缩小城乡差别发挥积极的推动作用。

4.1.4.2 推进农业设施化相关理论

推进农业设施化离不开相应的理论指导，本节主要推荐设施农业环境工程学、农田水利工程学、马克思扩大再生产和熊彼特创新等方面的原理或理论。

（1）设施农业环境工程学原理

原理概述。设施农业环境工程学是在充分掌握农业生物生长发育与各环境因素（包括光、热、水、土、气等）相互作用的基础上，研究如何采用经济和有效的环境调控工程技术与设备，创造优于自然界的、更加适于农业生物生长发育和产品转化的环境条件，提高农业产品生产效率的一门学科。可破解种植与养殖生产过程中受季节、条件等方面限制的弱点，通过发展设施农业来提高农业生产效率和土地资源利用率。

原理指导。设施农业是农业现代化的重要标志。在编制示范区方案时，应针对不同设施农业类型和功能用途，梳理影响设施农业发展的环境因素与基本特征，协调其与动植物生长间关系，研发推广设施环境控制技术，配置完善环境自动监控设备，打破季节与条件限制，实现动植物周年生产，完善工厂化生产技术体系，推动农业高效、优质和安全发展。

（2）农田水利工程学原理

原理概述。农田水利工程学是一门研究农田水分状况和地区水情变化规律及其调节措施的学科，以工程或非工程措施来调控和利用水资源，并达到相对平衡的工程学科。灌溉与排水是世界上对本学科的一般命名，我国习惯称为"农田水利学"，并时常与信息技术、工程管理等学科产生交叉与融合。其中，水利重点研究水文、水资源、水环境和流体力学等方向，水利工程主要涉及水工结构、水电工程、水利水电枢纽及其建筑物等。农田水利工程是一项惠农利农的重点工程，是农业农村经济发展的重要基础，是农业可持续发展的关键部分，在提高农业综合生产能力、维护农业生态平衡和建设安定和谐社会等方面，扮演着重要角色，发挥着重要作用。

原理指导。水是人类赖以生存的基本要素，水利是农业生产的命脉。在编制示范区方案时，涉及农田水利工程策划内容的，应结合各地产业发展与农田建设实际，研究农田水资源供给与作物生长的关系，分析不同地区灌溉工程形式及现有设计方法，采取调节地区农田水情的相关措施，寻找农田水利工程与现代农业发展的契合点，采取有效措施解决农田水利工程存在的问题，稳步推进农田水利工程建设管理工作。

（3）马克思扩大再生产理论

理论概述。马克思扩大再生产，就是生产规模比原来扩大的再生产。具体来讲，就是社会生产的新产品除了用于补偿已消耗的生产资料和消费外，还有多余的部分用于扩大生产的规模。马克思把扩大再生产分为外延的扩大再生产和内涵的扩大再生产两类。外延式扩大再生产是在生产技术、劳动效率和生产要素等质量不变的情况下，依靠增加生产要素数量以及扩大生产场所来扩大生产规模；内涵式扩大再生产主要通过提高生产要素的使用效率而实现的扩大再生产，主要是通过技术进步、加强管理、提高生产要素质量等方法，使生产规模不断扩大的再生产。

理论指导。马克思的内涵式扩大再生产理论的提出，有利于增强动植物的自然生产率和土地生产率，主要从加强道路、农田水利工程以及有关生产的流通场所等基础设施的建设着手，不断提高生产要素的质量，实现农业再生产的内涵式扩大再生产。为了提升示范区农业设施化水平，应结合马克思扩大再生产理论，重点围绕加快改善设施条件、全面推进机械化和健全流通体系等方面的建设，实现示范区农业产出水平和生产效率的提升。

（4）熊彼特创新理论

理论概述。熊彼特创新理论把创新定义为一种生产函数，认为其动机是获取潜在利润，过程便是生产要素与生产条件的重新组合，即把一种从来没有的关于生产要素和生产条件的"新组合"引进生产体系中去，以实现对生产要素或生产条件的"新组合"。根据生产要素组合的差异化，新函数分为5种情况，即表现为生产一种新型产品的产品创新、一种新型生产方法的工艺创新或技术创新、开辟一片新市场的市场创新、获得一种新的生产资源供给的资源创新和实行一种新型组织形式的组织管理创新。熊彼特创新理论从各个视角对创新类型进行了阐述，涵盖了创新的诸多方面。他认为创新不仅是一种技术行为，而且是把技术要素引入经济使之相结合的一种经济行为。

理论指导。从农业现代化的角度出发，现代农业创新路径也遵循熊彼特创新理论的基本思路，示范区开展农业科技创新应从产品创新、技术创新、市场创新、资源配置创新和组织管理创新等多方面入手，围绕当地资源禀赋与产业特色，形成示范性、引领性较强的创新成果，打造区域农业科技创新高地，实现农业高质量发展，助力农业现代化发展。

4.1.4.3 推进农业融合化相关理论

推进农业融合化离不开相应的理论指导，全产业链、产业融合、风景园林学、旅游资源学和原乡规划等方面的理论具有指导作用。

（1）全产业链理论

理论概述。产业链是指以市场前景较好、科技含量高、产业关联性强的优势产品与企业为链核，以高新技术为联系，以资本为纽带，经上下连结、前后联系而形成的链条。这样，一个企业的单体优势可以因此得到加强，从而转化为一个区域和产业的整体优势，形成一个区域和产业的核心竞争力。从产业链的组成看，它是"链""体""链主"三者的统一体："链"是以若干企业和产品为节点，以企业之间的物流、信息流、资金流为纽带构成的一条空间链；"体"是指产业链这条"链"并不是松散的，而是有很多紧密相连的新型经济实体；"链主"是在链条上居支配地位的龙头企业。在产业链拓展和延伸的过程中，一方面使整条产业链产生原来不具备的利益共享、风险共担方面的整体功能；另一方面衍生出一系列新兴的产业链环，进而增加产业链附加价值。

理论指导。长期以来，我国传统农业存在产业链短、产品附加值低等问题。在编制示范区方案时，应全方位构建主导产业链条。一是延伸产业链的长度，尽可能提高农产品精深加工、仓储物流、市场营销、休闲观光等环节的比重，实现整个产业的增值；二是增加产业链宽度，尽可能提高综合利用水平，使链条上各个环节和产品功能得到扩充；三是扩大产业链的厚度，壮大农业产业链的规模，增强市场核心竞争力。

（2）产业融合理论

理论概述。产业融合是伴随技术变革与扩散过程而出现的一种现代产业发展的新特征和新趋势，受到学术界的高度关注。对产业融合的讨论，最早源于"电脑和通信"融合图景的描绘。早在1978年，麻省理工学院媒体实验室的尼葛洛庞帝用三个重叠的圆圈来描述计算、印刷和广播业三者的技术边界，认为三个圆圈的交叉处将成为成长最快、创新最多的地方。在此后一段时间里，学术界对产业融合的研究成果也只是零星的出现，直到20世纪90年代中后期，美国新电信法案通过后，通信领域里跨媒体、跨产业、跨地域的企业并购风起云涌，才出现了产业融合研究的高潮。产业融合就是通过技术革新和放宽限制来降低行业间的壁垒，促使各产业的企业群处于相互竞争的状态，原有产业的激烈竞争必然造成企业合并或倒闭，最终直至产业合并，导致产业界限的模糊化。

理论指导。示范区建设路径主要表现为"两维"特征，即纵向上表现出种养加销旅产业；横向上表现为产业交叉融合发展。因此，产业融合理论在指导方案编制时，应用工业化的思维、三产的视角来确定产业发展思路，不断拓展农业的生产、加工、服务、科技、文化传承和休闲旅游等多种功能，实现"接二连三"、农文旅深度融合发展。

（3）风景园林学理论

理论概述。园林美源于自然，而又高于自然，是大自然造化的典型赐予。风景园林学是一门古老而年轻的学科，是应用指导规划设计、实施建设和经营管理的综合理论，其核心内容是户外空间营造，根本使命是协调人和自然之间的关系，总体上包括空间与形态营造、景观生态和风景园林美学三大理论，其中空间与形态营造理论是关于规划和设计不同尺度户外环境的理论，是风景园林学的核心基础理论；景观生态学理论是以景观结构、功能和动态特征为主要研究对象，解决人与自然的协调关系问题；风景园林美学理论是关于风景园林学价值观的基础理论，反映的是风景园林科学与艺术、精神与物质的有机结合。

理论指导。在创建方案编制中，从总体布局、空间构造、景观节点和节奏控制等方面的系统设计，都离不开风景园林学理论的指导。其借鉴主要有：一是充分考虑示范区风景园林发展基础和周边环境条件，实现不同产业间的合理布局；二是最大化发挥田园场景特色景观的优势，巧妙穿插观光休闲互动项目，打造符合地域特色的田园游赏场地；三是充分发挥多元文化要素，塑造形式和内容相得益彰的观光主题；四是通过合理化处理，营造出不同空间尺度的景物组合模式；五是有效整合农业产业、地域文化与田园景观等，推动示范区休闲观光业快速发展。

（4）旅游资源学理论

理论概述。旅游资源是发展旅游业的前提和基础，是在现实条件下能够吸引人们产生旅游动机并进行旅游活动的各种因素的总和，亦指一切可以利用发展旅游业的自然资源和人文资源的总称，是吸引游客和满足其精神享受及进行旅游活动的载体，一般可分为观赏型、知识型、体验型和康乐型等。旅游资源的吸引力主要由时间、时空和环境等要素构成，时间差异表现为古代与现今；空间差异表现为发达与落后地区、城市与乡村；环境差异表现为居住地与旅游地。一般来说，差异越大，旅游资源的吸引力越强，其经济辐射力也越强。

理论指导。该理论在指导示范区休闲旅游章节编制时，可借鉴如下：一是依托示范区产业资源、景观资源以及人文资源，实现休闲产品与产业资源的协调发展；二是充分发掘区内旅游资源、景观资源以及人文资源的潜能，结合农业产业发展，深度开发休闲、观光、体验、科普等旅游产品，促进示范区休闲旅游快速发展。

（5）原乡规划理论

理论概述。"原乡"是早年台湾客家人对于大陆故乡的称呼，原意是指一个宗系之本乡，现演化为祖先未迁移前所居住的地方，即"原色本乡"，意味着传承祖先的历史记忆和原味生态环境。原乡规划借鉴庄子关于顺应"无为自化"的思想，认为事物的发展是自然而然演进和发展的,强调要遵循客观规律,以"道法自然""天人合一"为规划的最高境界,尊重自然、尊重乡村、尊重景观本色,实现自然境域下人们生活与生产的原真性。

理论指导。在编制示范区创建方案时,应进行实地踏勘,深入挖掘乡村历史文化,尊重其历史与特色,遵循乡村原有空间格局,并对原有历史景观、非遗文化等提出相应的保护措施,不断弘扬传承乡村传统优秀文化,实现"人—景—地"和谐发展。

4.1.4.4 推进农业园区化相关理论

推进农业园区化离不开相应的理论指导,本节主要推荐产业集聚、产业空间结构、分工协作和企业孵化器等方面的理论。

(1)产业集聚理论

理论概述。产业集聚是指各产业在特定区域内高度集中,资本要素在空间范围内不断汇集的过程。具体表现在同一类型区域产业结构现状及发展趋势相似,形成分工完善、优势互补的经济综合体,促进具有相同关系结构的企业相对集中,以实现企业资源共享,从而达到区域改善经营状况、降低生产与交易成本、实现规模经济的目的。其观点表现为,区域经济活动的空间集聚现象发生,是集聚经济产生巨大效益的结果。一方面,产业集群以其规模经济效应、网络创新效应和机制强化效应形成强大的磁吸力,日益成为产业组织、产业发展等占主导地位的空间布局形态;另一方面,集群效应以其强大的自主创新能力和良好的环境适应性不断成为决定区域比较优势的关键要素。

理论指导。示范区功能分区应依据产业集聚理论,将功能相近的产业向重点区域进行引导和布局,使产业链上各环节间能够紧密联结、相关主体在地理上进行集聚,并为其创造相互交流的场所,最终实现空间布局合理、资源得到有效配置的目的。

(2)产业空间结构理论

理论概述。产业空间结构理论是由我国学者最初提出来的,是指在地域范围内,各种经济活动在空间上的相互关系、分布状态、组合形式和演进规律等(张金锁和康凯,2003)。这里的空间结构不是简单的几何空间,而是结构维、空间维和时间维等多维度的综合集成,其中结构维侧重研究区域一二三产业的结构演进规律;空间维重点分析经济活动在空间的分布规律和相互作用形式;时间维则强调产业和空间结构在时间轴上的动态过程。产业空间结构理论就是从三个维度出发研究并揭示区域产业分布格局的演变规律(樊杰等,2002)。

理论指导。各类农业园区是示范区创建的重要抓手,在这个空间内集聚了各产业、企业和要素等,结合产业空间结构理论,根据不同的功能定位划分功能板块,不断调整优化示范区空间结构,促进各要素在示范区内相互影响和协调作用,实现产业空间落地,最终实现示范区整体最优发展。

（3）分工协作理论

理论概述。 古希腊哲学家柏拉图早在《理想国》中就提到，分工取决于人的先天禀赋，它会对社会福利的增进有益处；亚当·斯密在《国家财富的性质和原因的研究》中指出，人与人之间存在交换的需求导致分工的出现，并论述了分工可提高劳动生产力，进而促进社会的普遍富裕；马克思对亚当·斯密的分工理论作了补充和发展，认为分工不仅提高生产力，还创造生产力，并强调除分工之外，最重要的是协作，协作能节约非生产费用。研究表明，分工曾是社会财富迅速积累的根本来源，但受经济、市场和交易成本等因素影响，使分工存在一定的局限，而相互协作可以打破这一障碍。

理论指导。 该理论在指导创建方案编制时，首先要明确示范区发展的主导产业和各产业链上的重点环节，在示范区内创造各种条件促进各产业在空间上、技术上、时间上的分工与协作，尽量减少中间环节，促进示范区农工一体、绿色生态、产业融合发展。

（4）企业孵化器理论

理论概述。 孵化器理论又称为苗圃理论，是关于新建企业在建立和发展的最初阶段所需的地理人文环境条件的假说。该理论认为，鉴于新创办的中小企业往往存在水土不服、资金短缺、经营管理缺乏和市场开拓能力有限等问题，其存活率普遍不高，企业处于待"孵"状态。但通过有组织地、及时地供给其"孵化期"所需的"营养"条件，使其得以顺利孵化成生命力较强的"小鸡"，从而提高其存活率。一般认为，一个成功的孵化器离不开三个要素：一是提供综合性配套服务设施，或以低廉的价格提供用地、生产设施和办公场所等；二是提供良好的创业环境和优惠政策，为科技成果转化提供便利条件；三是为资金短缺的企业提供资金方面的帮助，或协助其进行融资活动等。

理论指导。 孵化器理论是现代组织管理机制在示范区应用的重要体现，在示范区搭建企业孵化平台，并建立企业创业发展基金，培育和引进各类企业发展壮大，建立与完善基础设施和配套服务体系，提供创业咨询、教育、培训和管理支持，创造优越的工作、生活和文化环境，简化企业创办程序，制定相关减免税负政策，逐渐增强企业经济实力，让其成长壮大，从而推进示范区快速健康发展。

4.1.4.5 推进农业绿色化相关理论

推进农业绿色化离不开相应的理论指导，本节主要介绍生态学、循环农业、布氏可持续发展和马克思主义生态等方面的原理或理论。

（1）生态学原理

原理概述。 生态学是德国生物学家恩斯特·海克尔于1869年提出来的，是研究生物与周围环境之间相互关系的科学。达尔文提出了生物进化论学说，因此成为世界上最有影响的生态学家。生态学主要研究自然界中生物在分布、多度和动态等方面所表现出来的现象，以及在时间和空间上发生变化的状况。通常个体生态、种群生态和群落生态构成一个整体的生态系统，其种群和群落的结构、功能、时空、动态等为主要影响因素，健康的生态系统能够维持其复杂性和均衡性，同时满足人类的需求。生态学原理在农业生产、物种保护等方面得到广泛应用。

原理指导。 生态学原理在指导示范区方案编制时，首先要了解分析示范区所处的生态系统，以及生态功能区的发展方向及其定位，以此选择适合示范区发展方向的主导产业，构筑生态产业链，保护与修复生态系统的多样性，在提高综合效益的同时，维持好区域生态系统的稳定性，促进示范区农业可持续发展。

（2）循环农业理论

理论概述。 1966年，美国经济学家博尔丁认识到只有不断重复利用有限资源，人类才能生存下去，主张建立一种循环的经济模式，以资源循环利用和减少对环境污染为目标，代替传统以消耗大量资源为主的经济模式，这就是循环经济理论的首次提出。后来随着我国学者的不断研究，并将循环经济理论应用到农业中，其效果表明能很大程度地提高资源利用率，因而大力主张经济活动应遵循"3R"原则，即"减量化、再利用、资源化"，提出在农业生产过程中实现废弃物无害化、资源化利用。伴随着畜牧业的迅猛发展、农作物秸秆的大量产生、土壤重金属含量不断超标等环境污染等问题的日益突出，循环农业理论应运而生，它强调在农业生产过程中尽量减少投入量，提高循环再生利用与多级利用能力。

理论指导。 为保持可持续的生产环境和良好的生态条件，在创建方案编制中要充分利用循环农业理论，探索各种循环农业发展模式，将其对农业的负面影响降到最低。同时在生态环境治理方面，要结合当地自然、经济和社会条件，充分结合考虑自然资源净化功能，通过循环利用降低成本，变废为宝，达到清洁生产、废弃物零排放，不断提高循环利用水平。

（3）布氏可持续发展理论

理论概述。 可持续发展理论有多种流派，均从不同角度阐述其观点：一是从自然角度，强调可持续发展的自然属性，是寻求一种最佳的生态系统，支持生态的完整性，使人类生存环境得以持续；二是从社会角度，强调可持续发展的社会属性，认为在生态环境承载能力平衡的条件下，不断提高人类的生活质量；三是从经济角度，认为可持续发展的核心是经济发展，强调不以牺牲资源和环境为代价，而不是降低或破坏资源环境的经济发展。目前国际上普遍接受的是布伦特兰夫人（简称布氏）可持续发展理论，主张"可持续发展既要满足当代人需要，又不损害后代人满足需求能力的发展"。这一理论已经写入联合国环境署的《关于可持续发展的声明》报告中，也正式引入联合国发展业务领域。

理论指导。布氏可持续发展理论在指导示范区创建方案编制时，要明确为了有效解决区内资源供给的有限性和经济发展的持续性之间的矛盾，应遵循生态的物质循环和能量转换规律，以共同性、持续性、协调性为原则，不断促进经济发展与生态环境承载能力相适应，给后代人留出赖以生存的优良生态空间。

（4）马克思主义生态理论

理论基础。马克思主义生态理论具有"生态启蒙"意义，主要阐述三种关系：一是阐述了人与自然的关系，主张人与自然是辩证统一的，指出人类只有认识自然规律，并通过劳动，使自然界为人类所用；二是阐述社会与自然的关系，指出不同社会形态对自然界影响是不一样的，都是在社会统一整合的基础上按需进行；三是阐述人与自身的关系，强调以人的全面发展为最终归宿，而人处在自然与社会共同大环境中，若要实现全面发展，离不开良好的自然环境和社会环境的支撑[①]。

理论指导。习近平总书记关于人与自然是生命共同体、统筹山水林田湖草系统治理等重要论述，鲜明地体现了马克思主义人与自然和谐共生的辩证自然观。编制示范区创建方案时，要全面贯彻农业绿色发展这一主线，加快形成节约资源和保护环境的空间格局、产业结构、生产方式等，给自然生态留下休养生息的时间与空间。

4.1.4.6 推进农业数字化相关理论

推进农业数字化离不开相应的理论指导，本节主要介绍技术诱变、信息资源配置和农业信息化等方面的理论或原理。

（1）技术诱变理论

理论概述。技术诱变理论是由美国学者费农·拉坦和日本学者速水雄次郎在1985年在各自分析世界农业发展的研究中提出来的。该理论认为，农业技术结构的形成及变革完全具有诱导性和非自发性。资源供给、社会需求结构及其变化，决定着农业投入要素的相对价格水平及其变动，投入要素相对价格的变动又诱导生产者不断调整各要素的投入比例，使之以相对廉价的要素来代替相对昂贵的要素，并选择最优技术或引进生产要素与生产条件的"新组合"，如通过产品创新、市场创新、方式创新、配置创新和制度创新等来突破资源供给对社会需求的限制，从而协调生产者与需求者的平衡关系。

理论指导。示范区创建必须以当地产业发展为依托，通过搭建科技诱导和信息化管理

---

① 张秀芬. 马克思《资本论》生态思想研究[D]. 呼和浩特：内蒙古大学，2016.

平台，建设完善的信息化基础设施，积极引进和创新农业高新技术和现代信息化技术，加快农业全产业链数字化改造，促进信息技术与农机农艺融合，推动以数字技术引领示范区农业快速发展。

（2）信息资源配置理论

理论概述。信息资源有效配置是信息产业健康发展的关键性一环，也是信息经济学和信息资源管理的一个重要研究课题。美国经济学家肯尼斯·约瑟夫·阿罗明确指出，"信息是具有经济成本的"[①]。尽管早期的资源配置理论对"资源"的理解通常是指劳动、土地、资本等物质资源，但当代经济学理论已经赋予资源更加宽泛的内涵，将知识、信息作为内在变量，与有形资源共同构成生产要素。"广义"的信息资源并非仅指信息内容本身，还包括信息活动中的信息设备、信息人员、信息网络、信息系统等各要素，以及各种形式的信息产品和信息服务。而信息资源配置所考虑的应当是信息产业的投入（包括投入的数量、方式与结构）和产出（包括产出的数量、质量、形式与品种），并考虑信息行业、信息生产和信息市场等，在整个社会资源有效配置条件下，对信息业投入与产出的安排，最终实现"帕累托最优"。

理论指导。产业基础较好的示范区，应深入探讨影响信息资源配置效率的条件和途径，系统地分析信息生产、信息市场的有效性，引进和培育相关信息企业，制定扶持信息产业发展的相关政策，不断调整信息产业发展的目标与结构，通过农业数字化赋能乡村产业发展，促进乡村产业信息化和信息产业化，不断提高示范区农业生产的智能化水平。

（3）农业信息化原理

原理概述。信息化的概念是1967年由日本科学技术和经济研究团体提出的。该团体认为，今后的人类社会将是一个以信息产业为主体的信息化社会。在工业社会，有形的物质生产占主导地位，而信息社会的主要特征是无形的信息生产创造价值，并占据主导地位。农业信息化是指利用现代信息技术，准确、快速地实现农业信息的采集、处理、传播、贮存、分析及决策等，为农业供产销及相关管理服务提供有效的信息支持，并提高农业综合生产能力和经营管理效率，以及促进农民生活方式转变的过程。从农业产业内部看，农业信息化表现为种植业、林业、畜牧业和水产业等各业信息化的综合；从经济活动来看，是指农业宏观决策、生产管理、市场和科技管理等信息化的综合。

原理指导。随着新时期农业技术革命的兴起，农业信息化必将成为农业发展的主潮流。示范区信息化发展需要以农业产业化作为支撑，利用互联网将农业推向市场，以工业化的思维发展农业，将分散的农户小生产转变为社会化大生产，不断改善农业生产规模

---

① 肯尼斯·阿罗.信息经济学.[M].何宝玉，等，译.北京：北京经济出版社，1989.

小、高度分散、时空变异大和可控程度低等弱点，通过信息技术将农、工、贸诸行业结合起来，促进生产要素优化组合和产业结构合理调整，实现优势互补和利益共享，以此提高生产和经营管理的智能化水平，促进农业现代化向高层次发展。

4.2 相关编制方法应用

编制方法是为达到某一目的、实现某一目标而采取的路径、办法和手段等。好的编制方法可以达到事半功倍的效果。示范区创建方案编制所涉及的方法很多，本节根据编制框架的重要节点，主要从现场调查、现状分析、目标预测、空间布局、创建任务和成果表达等方面介绍几种常用方法，形成示范区创建方案编制的方法指导体系。如图4-3所示。

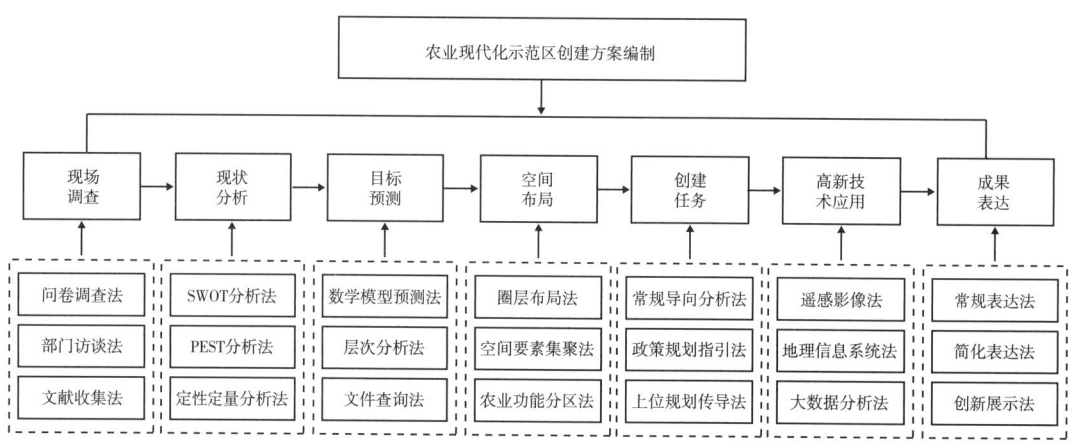

图4-3 示范区创建方案编制方法应用示意图

4.2.1 现场调查的相关方法

现场调查是方案编制最直接、最重要的前提之一。获取大量的、翔实的第一手资料，对于创建方案编制至关重要。充分、细致、全面的现场调查，为后续方案设计提供重要的依据参考。下面介绍与现场调查密切相关的几种方法。

（1）问卷调查法

问卷调查法是最常用的调查方法，具有标准化、推断性和抽样性等特点。主要包括问卷设计、问卷发放和回收处理等环节。一是问卷设计，主要包括被调查者基本属性调查和研究问题调查，而基本属性主要调查年龄、性别、学历、职业、收入、就业等方面信息；研究问题调查是问卷设计的核心内容，可把问题分成几个方面，每一方面涉及若干小问题，每一问题后给出若干答案以供被调查者选择。问卷一经确定最好不要改变，且篇幅不宜过长。二是问卷发放，包括现场发放填号、邮寄函询、电话调查、Email和微信调查等多种方式。为了使问卷更具代表性，发放时应注意样本的抽样问题。三是问卷回收处理。

首先应对回收的问卷进行编号，其次是剔除无效问卷后计算问卷的回收率和有效率，再次是把带有编号的有效问卷输入计算机，建立数据库，供计算时使用。

（2）部门访谈法

到现场去调研，部门访谈尤显重要。由于访谈形式多种多样，可以有组织的、有计划的会议座谈、分专业小组的谈、到典型示范点访谈或者临时随机沟通等形式。访谈部门一般包括市县级的发改、农业农村、自然资源、统计、环保、交通和水利等部门，具体去哪个部门可根据研究任务的需要而定。会议座谈程序一般由委托方指定人主持会议，首先项目主持人说明来意，各位发言者大致介绍其分管部门的现状情况、存在问题与今后打算，访谈者应做好访谈记录，并收集项目所需资料。访谈结束后应迅速对获取的信息进行整理、分析和判断，筛选出相对客观、准确的第一手资料。

（3）文献收集法

文献收集法主要通过互联网、信息机构、统计部门和涉农部门等渠道，获取示范区的地理位置、道路交通、自然条件、产业发展和经济社会等方面的文字资料与相关图件，以及当地政府先前制定的政策文件、领导讲话、工作总结和有关规划等，为现场调研做好前期资料储备。

4.2.2　现状分析的相关方法

现状分析一般是方案设计的逻辑起点，只有通过现状梳理与分析，才能认清发展态势，确定发展方位。下面介绍与现状分析密切相关的几种方法。

（1）SWOT分析法

SWOT分析法是1971年哈佛大学商学院教授安德鲁斯在《公司战略概念》中提出的。且SWOT是Strengths（优势）、Weaknesses（弱势）、Opportunities（机遇）和Threats（威胁）的英文缩写。SWOT分析是对区域内部条件存在的优势与劣势以及外部环境面临的机遇和威胁的一种分析方法。目前该方法已得到广泛应用，也同样适用示范区创建方案的编制。优劣势分析主要针对区域内产业发展状况，机遇与威胁分析则主要针对区域外部环境对示范区农业发展的影响。外部环境包括政策环境、市场环境等，是示范区难以控制的因素。有利的外部因素即为机遇，不利的外部条件即为威胁。在实践中需要仔细分析示范区自身的优势与劣势，结合对外部威胁与机会的分析，抓住机遇、应对威胁，扬长避短，以明确示范区的未来发展方向与目标任务。

（2）PEST分析法

"PEST"为宏观环境分析方法，其分别代表Political（政治）、Economics（经济）、Social（社会）、Cultural（文化）和Technological（技术）。政治即示范区发展的政治环境，包括体制机制、政策制度等，对示范区建设具有直接的影响；经济即经济环境，包括宏观经济政策、经济发展水平、社会购买力、经济增长率和就业水平等因素，其决定市场需求、基础设施、劳动力供给等状况；社会和文化环境包括区域人口状况、历史文化和乡土风情等，其决定示范区的乡村风貌和文化底蕴等；技术环境包括科技发展水平、科技人才和科技政策等要素，对农业生产效率、农民就业增收等都具有一定的影响和作用。

（3）定性定量结合分析法

定性分析法主要是根据专业知识和长期积累的经验对某个事物做出的判断和推理，如类推预测法、专家会议法和头脑风暴法等；定量分析法是在收集大量历史数据的基础上，通过建立数学模型，利用相关软件对未来某事件进行的预测与预判。实践证明，定性与定量相结合的分析方法才是示范区现状分析最有效的方法，如果只注重定性分析，其分析结论显得苍白无力、依据不足；倘若只建立大量的数学模型，又显得理论性太强，与实际结合不够。因此通常将定性分析与定量分析有机结合起来，以定性分析为基础、定量分析为补充，通过定性指导定量、定量完善定性等，使两者相得益彰，共同为示范区创建提供分析依据。

4.2.3 目标预测的相关方法

目标指标是对示范区创建各环节分阶段的量化描述，通过建模预测，可以研判未来发展水平。下面推荐与目标预测密切相关的几种方法：

（1）数学模型预测法

实践中大多采用线性规划模型，它由两部分构成，即目标函数与约束条件。其中，目标函数为：$\max(\min) S=CX$，目标函数向量在矩阵中用C表示，$C=(c_1, c_2, \cdots, c_n)$，而决策变量用向量$X$表示，$X=(x_1, x_2, \cdots, x_n)$；约束条件为：$AX \leq B$，$X \geq 0$，约束条件受资源约束和技术约束，其中$B=(b_1, b_2, \cdots, b_n)$为资源向量，而技术约束系数就是各要素为生产单位产品而消耗某种资源的数量。该模型可用于最佳方案决策、生产力布局和交通运输线路选择等，具有较大的灵活性和便捷性。

（2）层次分析法

简称AHP方法，这是美国运筹学家萨蒂在20世纪70年代提出的，是将复杂系统的决策思维模型化、数量化的过程。一般将决策元素分解成总目标、可选目标、影响因素等层次，在进行比较、量化、排序后，逐级进行汇总，最后得出综合值，作为决策的依据。层次分析法是一种很好解决定性问题的量化指标分析的方法。在方案设计中，可以用于主导产业选择、发展水平预测、环境评估等方面，在对现状基础、影响因素及其内在关系进行深入分析后，利用较少的定量信息使决策思维过程数学化，是较为简便易行的方法。

（3）文件查询法

文件查询法是指通过查询已发布的相关规划、政策文件获取目标指标值的一种方法。由于相关规划和政策文件已明确了一些相关约束性指标，可直接采用其数值，如耕地保有量、永久基本农田面积等指标；对于一些预期性指标，也可作为重要参考。例如《"十四五"推进农业农村现代化规划》（国发〔2021〕25号）中明确提出"到2025年，农业科技进步贡献率为64%、农作物耕种收综合机械化率为75%"，如果示范区创建期末为2025年，就可以参考上述相关指标值。

4.2.4 空间布局的相关方法

空间布局是示范区未来经济发展特征在空间上的具体反映，是土地利用类型再组合和重新配置的过程。下面介绍与空间布局密切相关的几种方法。

（1）圈层布局法

它是以聚集点为辐射源、带动聚集区发展的"点—区"空间组合形式。在圈层布局模式中，聚集点一般为区域的核心区，聚集区围绕核心区展开布局，呈现"一核多区"的空间结构。如国家农业科技园区要求总体布局呈现"核心区—示范区—辐射区"梯度扩散态势。其中，核心区处于内圆区域，圆心向外依次为示范区、辐射区。核心区（聚集点）是具体以科技研发、管理服务和加工物流等为支撑的集中区，示范区主要是试验展示示范的聚集区，辐射区则是以生产功能为主的聚集区。圈层布局法充分发挥核心区的技术集成和核心作用，以核心区为基础带动示范区，以示范区拉动辐射区，要求相互之间衔接顺畅。

（2）空间要素集聚法

它是空间结构组成要素主要形成聚集点、发展轴线和聚集区的连接网络。其中，聚集点是指区内某一要素或多个要素在特定位置集聚形成，一般抽象为面上的一个点，即为聚集点；发展轴线是指某一产业或经济活动在地理空间上依托水陆交通干线呈线状分布的空间形态，具有一定的方向性和时序性，形成特定产业发展轴线；聚集区是指区内某些经济活动在地理空间上所表现出的面状分布状态，主要包括标准化种养基地、农产品加工物流基地，以及农业休闲观光基地等。

（3）农业功能分区法

农业功能分区一般由主导产业、核心功能或发展主题等多方面进行确定，主要以体现"功能差异互补"为布局思路，其布局方法一般采用分区模式，在农业产业发展规划、示范区方案设计中得到普遍应用。按照农业区域分异规律，传统农业经过多年的历史沉淀一般会形成固定的区域，常会形成大田作物种植区、设施农业生产区、林果种植区、畜牧养殖区、水产养殖区、农产品加工区和仓储物流配套区等功能板块。实践中，可根据示范区实际情况、功能的类似性等进行适当归并与调整，使农业生产更具可操作性和效率性。

4.2.5 创建任务的相关方法

创建任务是示范区未来发展的实施路径和具体任务，是以农业现代化带动全面推进乡村振兴的工作措施。下面介绍与创建任务密切相关的几种方法[①]。

（1）常规导向分析法

导向是行动的导引与方向。导向分析法包括问题导向、目标导向和需求导向等。其中，问题导向法以解决问题为指引，以分析某个对象存在的问题为切入点，找到发展制约因素，按照解决问题促发展的思路确定主要创建任务；目标导向法以实现创建目标为分析切入点，找到影响实现目标的重点领域、关键环节，按照瞄准目标定措施的思路确定主要创建任务；需求导向法以满足区内广大群众的需求为切入点，找到发展方向、培育新兴产业等，按照多元化需求调整结构的思路确定主要创建任务。

（2）重大政策规划指引法

重大政策规划指引法是指以党和国家"三农"政策为指引，以重大规划为顶层设计，从而谋划示范区主要创建任务的方法。在重大政策指引方面，例如近两年的中央一号文件都提出：抓紧抓好粮食和重要农产品稳产保供、加强耕地保护与高标准农田建设、巩固和拓展脱贫攻坚成果、推动乡村产业高质量发展和乡村建设与治理等方面，这些都是国家的重要政策。在重大规划指引方面，如《"十四五"推进农业农村现代化规划》围绕乡村发展提出了主要任务，一是夯实农业生产基础，提升粮食等重要农产品供给保障水平；二是推进创新驱动发展，提升农业质量效益和竞争力；三是构建现代乡村产业体系，提升产业链供应链现代化水平。在创建方案编制时，也要将上述内容列为创建任务的主要内容。

（3）上位规划传导法

按照下位规划服从上位规划的要求，上位规划确定的相关任务需要传导到下位规划中进行细化落实。因此，部分规划的主要任务来源于上位规划的约束性或引导性要求。按照下位规划落实上位规划相关任务的方式不同，可分为两类：一是间接传导法，即通过对上位规划的指导思想、主要目标、发展理念、主要任务等相关内容深入理解、融会贯通，创新性地、准确地落实上位规划提出的相关任务；二是直接传导法，即将上位规划提出的相关任务直接作为下位规划的主要任务，如各级编制的乡村振兴战略规划都是按照五大振兴的要求进行任务上下传导的。

---

① 张辉.乡村规划理论与实践探索[M].北京：中国农业出版社，2021.

4.2.6 高新技术应用方法

目前我们处于信息化时代,下面介绍与信息化技术密切相关的几种方法。

(1)遥感影像分析法

高分辨率的遥感影像和现代处理技术,可采集到空间地物的三维空间坐标,获得表面纹理相关数据,完成对实际地物的模拟,具有较高的可视化水平。遥感影像分析法可以获取示范区地形地貌、河流水系、绿化植被、道路交通、居民点分布和土地利用类型等地形要素,在此基础上进行工作底图的制作,具有时效性强、分辨率高等优点,在规划图制作方面应用广泛。例如,示范区工作底图基础信息大多通过卫星遥感数据来获取。

(2)地理信息系统分析法

地理信息系统简称GIS,一般以数字地图的形式输入、输出、查询和分析为主要功能。利用GIS技术可以为示范区布局提供科学准确的分析结果,从而形成直观和有说服力的布局调整方案。例如,通过对示范区的海拔高程、地表坡面倾斜程度与气候特征差异化等方面的分析,了解区域内地形地势、土壤分布、地表径流、植被指数、土地利用强度等信息。在此基础上,采用GIS技术手段,通过整理规范数据成果,建立大数据规划管理平台,实现"多规合一"背景下的"一张图"管理。

(3)大数据分析法

大数据为农业规划带来了新的分析手段和思维变革,其应用能大大提高方案编制的便捷性和实效性。通过统筹协调各类规划,对接多方数据、分类标准和用地边界等,建立科学的信息管理系统。同时,借助遥感监测手段和大数据平台建设,系统分析区域经济、环境、产业和人口等现况,疏理示范区创建的优势与不足,预测示范区未来发展趋势,研判适合示范区发展的方向与策略等。该方法不仅为示范区创建方案编制提供科技支撑,还有利于提高运行管理效率。

4.2.7 成果表达的相关方法

主要包括常规表达法和简化表达法两种方法。

(1)常规表达法

常规表达法主要包括文本、附表、附图和附件等部分。其中,文本是对编制内容的集成表达,是方案设计的基础性成果;附表是文本报告的重要补充材料,一般以列表的形式进行直观表达;附图是文本的配套材料,与文本报告具有同等效力;附件主要包括申报函、创建领导小组成立文件、相关规划发布文件和相关荣誉证明材料等。

(2)简化表达法

在实践中,为增加成果的易懂性和直观性,通常会表现出一些简化的成果表达方式。

一图一表一说明。"一图"为项目区空间规划总图,"一表"就是重点工程建设项目一览表,"一说明"为规划要点说明。通过"一图一表一说明"实现"多规"信息的集成和运用,提高规划的可操作性和易懂性。

PPT演示稿。主要用于汇报和交流。一般利用办公演示软件,将其转化为由简要文字、图表、图片、动画及声音构成的演示场景,进行可视化表达的一种方式。

实体沙盘模型。主要指利用实物材料将规划对象按照一定比例微缩成供人们观看的模型,能体现山体、水系、道路、建筑等实物,可从微观的角度了解宏观的事物。

第5章 编制流程与要求

5.1 编制流程

本书选题名称为"农业现代化示范区创建方案编制方法与案例研究",首先收集与选题相关的文献资料,如第1章研究背景、第2章示范区发展概况、第3章国内外农业现代化发展经验与借鉴、第4章相关基础理论与编制方法集成应用,在借鉴前人相关研究成果的基础上,提出项目研究的技术流程与路线,如图5-1所示。

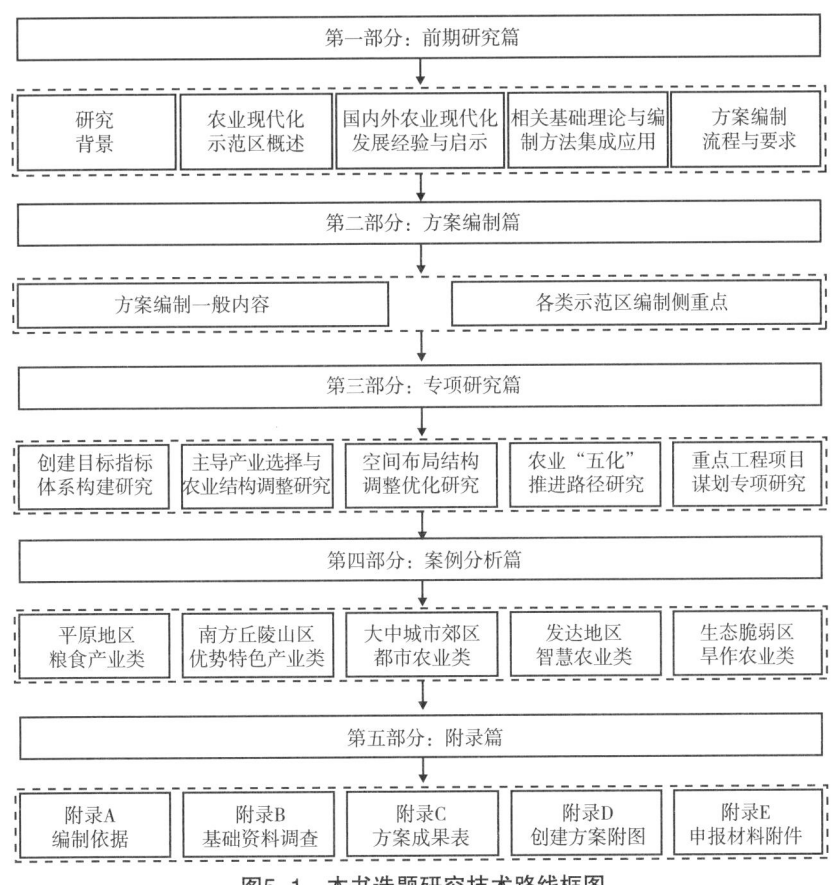

图5-1 本书选题研究技术路线框图

第一部分　前期研究篇。该篇首先收集整理与选题有关的文献资料,在此基础上简单介绍农业农村现代化的内涵要义与基本特征、相关政策与规划指引、示范区发展概况和国内外农业现代化发展经验与借鉴,梳理与集成示范区创建方案编制的相关基础理论与方法,提出示范区创建方案编制的基本框架。

第二部分　方案编制篇。该篇首先介绍方案编制的一般内容,提出构成示范区创建方案编制框架的相关章节，主要包括发展现状、创建条件、思路目标、规划布局、创建任务、工程项目、支持政策和保障措施8个方面，形成示范区方案的编制大纲，并对每章节编制要点进行大致介绍，以期达到专家评审的深度要求。在此基础上，还分区分类提出了平原地区粮食产业类、南方丘陵地区优势特色产业类、大中城市郊区都市农业类、发达地区智慧农业类和生态脆弱区旱作农业类等不同类型创建方案编制的侧重点。

第三部分　专题研究篇。该篇主要从问题导向和目标导向出发，从示范区创建的棘手问题入手，通过构建创建目标指标体系、完善主导产业选择方法、探索农业产业结构调整、尝试空间布局优化方法、提出农业"五化"推进路径和明晰工程项目谋划思路6个方面内容的研究，分别形成专题研究报告，其研究成果可作为第7章各章节编制的基础参考。

第四部分　案例分析篇。该部分主要收集了不同地区、不同类别20多个典型案例，通过整理分析，推选出7个比较有代表性的案例，以此对前面提到的基础理论与方法进行实践验证。

第五部分　附录篇。该篇主要收集了附录A、附录B、附录C、附录D、附录E5类多个信息表单，为创建方案编制提供基础参考。

5.2　工作流程

创建方案编制工作一般包括前期准备、现场调查、方案编制、征求意见和评审报批等阶段。编制工作流程如图5-2所示。

5.2.1　前期准备阶段

这一阶段主要包括组织准备和技术准备两个环节。

组织准备。任务确定后，应尽快成立编制工作团队，选定项目负责人，配备农业经济管理、土地利用规划、农艺、畜牧、农产品加工流通、园林设计和生态环保等专业人员，也可根据产业类型和各单位实际按需配置；项目负责人要求具有一定的实践经验，能在规定时间带领团队保质保量完成任务，专业人员应有足够的能力、精力和时间完成所担负的工作任务。

技术准备。主要包括文字资料收集、底图收集、技术培训和为现场座谈交流进行问题准备等。一是文字资料收集。多渠道开展文字资料收集，通过整理汇总后，供参编人员使用。可先通过网络查询、购买书籍等方式收集政策文件、相关规划、市场信息、相关技术等资料，也可提出资料清单，在委托方的协助下收集相关资料。二是工作底图收集。主要收集国土空间规划成果图件或土地利用规划图件，也可在网络上下载影像图，通过整理后作为工作底图。三是进行技术培训。聘请相关专家进行相关领域的技术讲解，或传授该类项目编制的思路与方法。四是为现场座谈交流提前做好问题准备。围绕创建通知的相关要求，事先准备好几个关键性问题，便于座谈会召开时有针对性地进行讨论，以此提高座谈工作效率。

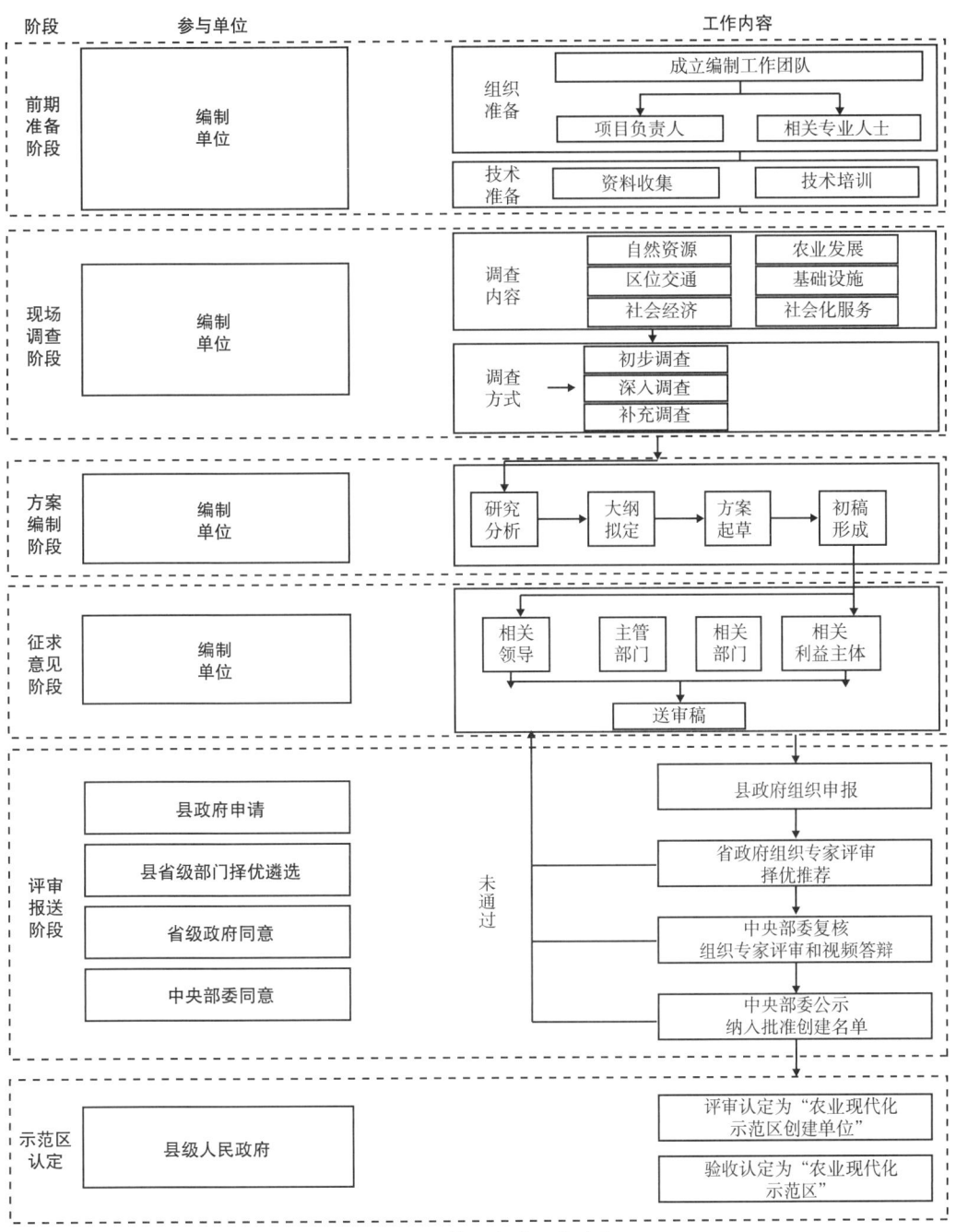

图5-2 示范区创建工作流程

5.2.2 现场调查阶段

赴现场进行实地调研，主要包括调查内容和调查阶段两方面。

调查内容。主要开展区位交通条件、自然资源条件、经济社会状况、农业发展情况和社会化服务等方面调查。为了更深入了解经营主体和小农户的实际情况，建议事先准备好调查问卷。

调查阶段。主要包括初步调查、深入调查和补充调查等阶段。初步调查阶段，即通过召开座谈会、典型考察、对利益相关方访谈等方式，了解示范区发展概况、存在问题及今后打算；深入调查阶段，即针对编制工作中的重点难点问题，深入基层进行深度访谈；补充调查阶段，即围绕各部门反馈意见、专家审核意见，对于现有资料无法回答或解决的问题，可再次到实地进行调查核实。

5.2.3 方案编制阶段

合同签订完成后，开始着手研究分析，并拟定编写大纲，开展方案编制。

研究分析。首先重点对编制对象的现状基础、存在问题进行深入解剖与分析，有针对性地研究解决问题的思路与举措等。

大纲拟定。在研究的基础上，结合创建文件要求，拟定编写大纲，经双方商定后作为创建方案编制的依据。

方案起草。按照编制大纲，各专业负责人根据任务分工在研究分析的基础上开始创建方案起草工作，形成相应章节的文字内容与图表。

初稿形成。项目负责人就各专业提交的编制内容进行初步整合，并与编制团队进行充分讨论和修改完善，按约定时间形成前后连贯、逻辑严谨的创建方案初稿。

5.2.4 征求意见阶段

创建方案初稿形成后，可广泛征求委托方相关领导、主管部门、相关利益主体及相应领域专家的意见，在收集、汇总、消化各方意见的基础上，对初稿进行修改完善，按约定时间形成送审稿。

5.2.5 评审报批阶段

成果报送。按照"县级政府申请、省级部门择优遴选、省级政府同意、国家三部门批准"的程序，开展创建材料报送工作。在省级层面，送审稿经主管部门审核后，应抓紧按专家意见和约定时间修改完善形成报送稿，经省级政府同意后，报国家三部门审批。

成果审核。针对申报基础性和政策性指标的创建方案，国家三部门组织专家采取书面评审方式进行严格审核，符合条件的纳入创建名单；对申报竞争性指标的创建方案，一般采取答辩、竞争遴选的方式，择优纳入创建名单。对于参与竞争的项目，有时还需根据甲方需求，完成PPT汇报稿和答辩稿等编写工作，建议按照创建文件和评审通知的相关要求，明确编写要点和注意事项，要求篇幅不宜过长、文字应简明扼要，回答问题要直截了当、切中要害等。

5.3 编制大纲

目录大纲是示范区创建方案编制的骨架,需按逻辑思维推理步骤,一步一步拟定,既要做到前后呼应,还需要反复推敲。一个好的编制大纲是对示范区未来发展的整体构思及条理脉络的勾画,对下一步方案编制具有重要的引路作用。考虑到示范区通知附带有编写模板,建议按照"命题作文"的形式进行拟定。其编制大纲主要包括8个方面的内容,如图5-3所示。

发展现状。介绍示范区所在县(市、区)经济社会发展总体情况。主要概述县域农业发展情况,包括耕地面积、农林牧渔业总产值、粮食产量、农民人均可支配收入等指标值。

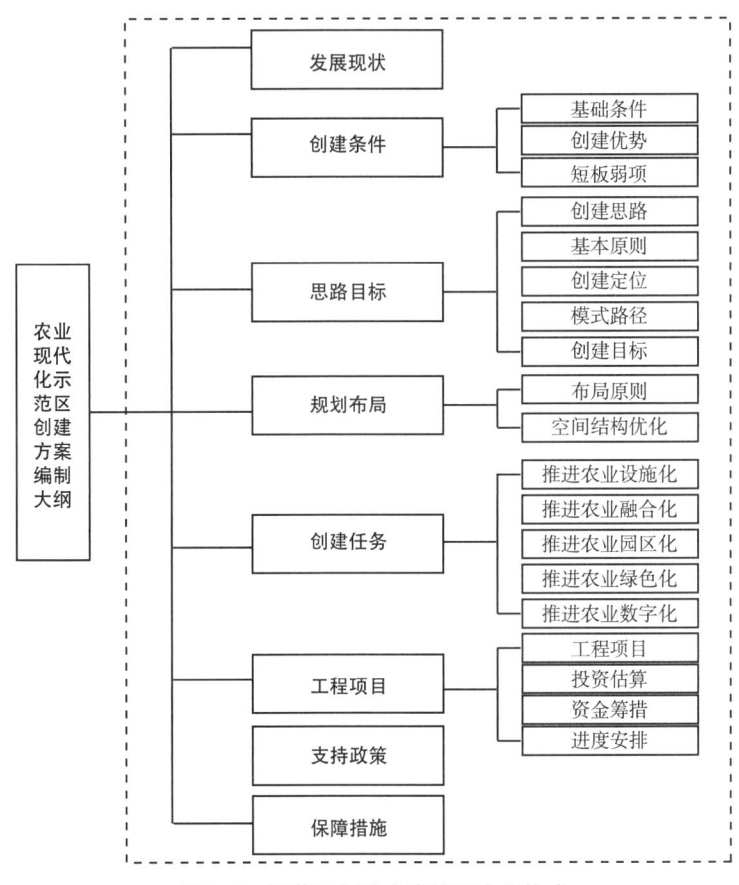

图5-3 示范区创建方案编制大纲构成

创建条件。突出代表性、引领性,分析示范区在农业生产结构、设施装备水平、全产业链建设、农业经营体系、农业绿色发展、政策支持保障、县域城乡融合等方面的基础条件，研判创建优势和短板弱项。主要概述建设国家现代农业示范区、现代农业产业园、优势特色产业集群、农业产业强镇、农村改革试验区、乡村治理示范村镇等情况。

思路目标。提出示范区创建思路、功能定位、发展目标等。其中，创建思路要立足资源条件和发展优势，因地制宜地提出符合实际、示范引领农业农村现代化和县域经济发展的路径；功能定位要能够反映本区域农业发展特点，总结出可学习可借鉴、可复制可推广的农业农村现代化模式；创建目标要对标2035年基本实现农业农村现代化，科学设置创建指标和目标值。

规划布局。围绕粮经饲、农牧渔、产加销、农文旅等方面，研究提出示范区总体布局和功能分区，明确每个功能分区的定位目标和发展方向，并附示范区总体规划布局示意图。

创建任务。立足资源禀赋和区位条件，系统提出推进农业设施化、园区化、融合化、绿色化、数字化发展的具体任务和实施路径，统筹安排以农业现代化带动全面乡村振兴、加快农业农村现代化的工作措施。

工程项目。系统提出创建期示范区重点工程建设项目，明确建设内容、资金规模和来源、实施主体、建设地点等，并按年度细化任务。定性定量分析创建示范区对县域经济发展带来的经济效益、社会效益和生态效益。

支持政策。在符合国家统一政策规定的前提下，明确加强整合资源和集成政策的具体措施，提出已实施和创建期拟支持示范区建设的财政、用地、金融、科技、人才等政策。

保障措施。提出组织领导、机制创新、考核激励、宣传推广等方面的保障措施。

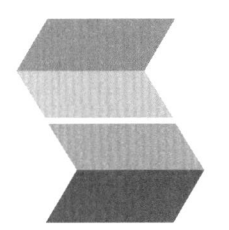

第二部分 方案编制篇

本篇是全书的主体部分,也是方案编制的重点内容,主要涉及一般内容的编制(第6章)和各类示范区编制的侧重点(第7章)。其中,一般内容按照国家三部门创建通知模板要求,围绕发展现状、创建条件、思路目标、规划布局、创建任务、工程项目、支持政策和保障措施8个方面进行展开叙述。各类示范区编制的侧重点则结合《关于开展2021年农业现代化示范区创建工作的预通知》中建设布局的相关要求,分区分类提出在平原地区发展粮食产业类、在南方丘陵山区发展优势特色产业类、在大中城市郊区发展都市农业类、在东部沿海发达地区发展智慧农业类、在生态脆弱区发展高效旱作农业类等各类示范区方案编制的侧重点,为示范区方案编制提供有针对性的参考。

第6章 方案编制一般内容

按照国家三部门《关于开展2021年农业现代化示范区创建工作的预通知》（农规发〔2021〕9号）、《关于开展2022年农业现代化示范区创建工作的通知》（农规发〔2022〕17号）、《关于开展2023年农业现代化示范区创建工作的通知》（农规发〔2023〕15号）及当年最新印发的创建通知，其文件后面均附有编写框架模板，主要包括发展现状、创建条件、思路目标、规划布局、创建任务、工程项目、支持政策和保障措施8个方面的内容。

6.1 发展现状

主要概述示范区区位交通条件、自然资源条件、经济社会与农业发展等方面情况。

6.1.1 区位交通条件

主要概述示范区所处的地理区位、交通区位和经济区位等方面的情况，可配置区位分析图直观表示。地理区位包括区域方位、四至情况和地理坐标等；交通区位包括县域内外铁路、公路、航空、海运位置及所到达时间等；经济区位包括所处的经济圈基本情况，对照其发展定位，分析承接产业与功能转移的可能性。

6.1.2 自然资源条件

主要概述示范区气候条件、地形地貌、土壤状况、土地资源、水资源及生物资源等方面的情况。气候条件包括年平均气温、年均降水量、日照时数和主要风向等；地形地貌包括地貌特征、海拔高度和地形分布等；土壤状况包括土种类别、土壤质量和侵蚀污染程度等；土地资源包括耕地、园地、林地、草地、湿地和农业设施用地等利用情况；水资源包括区域内地表水与地下水资源蕴藏量和可开发量等；生物资源包括动植物种类、种质资源等情况。

6.1.3 经济社会总体情况

主要概述示范区经济状况、社会状况、历史文化资源和获得的荣誉称号等方面的情况。经济状况包括地区生产总值与人均生产总值、各产业增加值与三次产业结构比例、地方财政收入与支出、城镇与农村居民人均可支配收入及城乡居民收入之比等，研判其经济实力在区域所处的位置；社会状况包括区域内行政界线范围内国土面积、总人口、农业人口及农村劳动力、各乡镇（街道）名称与数量、美丽乡村与示范村镇建设情况等；历史文化资源包括当地名胜古迹、历史文化、风土人情和农业特色景观等资源以及休闲旅游发展情况等。荣誉称号如近年来获得的农村改革示范区、国家农产品质量安全县、全国乡村振兴示范县和乡村治理示范村镇等。

6.1.4 农业发展情况

主要概述示范区耕地与永久基本农田、粮食生产功能区与重要农产品保护区、种植业与养殖业发展、一二三产业融合发展，以及农林牧渔业总产值、各业产值与农林牧渔服务业产值等情况，农业基础设施建设、科技支撑与信息化服务、绿色发展、农产品质量安全监管和经营主体培育等情况，并指明示范区未来发展的重点产业或主导产业。

6.2 创建条件

创建条件包括基础条件、创建优势和短板弱项等，这是符合评审要求纳入创建名单的重要依据。首先是对照遴选条件，系统梳理，简要概述基础条件；其次是站在省级和国家层面，计算相关指标，比较其排位突出特色性、典型性和代表性，提炼创建优势；最后通过客观评判，指出存在的短板弱项。描述要做到前后呼应，避免重复矛盾。

6.2.1 基础条件

主要阐述示范区在农业生产基础、技术装备、产业链建设、经营体系、绿色发展、政策支持、城乡融合和平台载体等方面的基础条件。

生产基础方面。主要分析农业生产结构、主导产业发展优势等方面的状况，计算粮食等重要农产品产量、主导产业产值等现状指标，研判示范区是否达到了生产基础较好、基本形成了粮经饲统筹、种养加一体化、农牧渔结合的生产结构，并比较其在全省或全国的水平。

技术装备方面。主要分析农业基础设施、农业科技支撑与信息化技术应用等方面的状况，计算高标准农田面积比例、良种化率、农业机械化率、农产品网络零售额占农产品总交易额的比重等现状指标，研判示范区是否达到了农业基础设施水平高、农业科技水平高、信息化技术与农业生产深度融合的要求，并比较其在全省或全国的水平。

产业链建设方面。主要分析主导产业全产业链各环节的发展状况，可画出主导产业链条示意图。计算农产品加工业产值与农业总产值的比值、主导产业加工转化率、休闲农业与乡村旅游年接待人数、农林牧渔服务业产值占农林牧渔总产值的比值等现状指标，研判示范区是否达到了农业产业集中度高、产业融合发展水平高的要求，并比较其在全省或全国的水平。

经营体系方面。主要分析社会化服务组织、经营主体培育和利益联结机制等方面的状况，计算新型经营主体培育数量、农户参加合作社的比重、土地流转面积占比、服务规模经营比重等现状指标，研判示范区是否达到了经营主体发展质量较高、经营体系较为健全，基本实现了较高的集约化、专业化和组织化水平的目标，并比较其在全省或全国的水平。

绿色发展方面。主要分析农业清洁化生产、农业废弃物资源化利用和资源节约等方面的状况，计算绿色有机地理标志产品认证数量、节水灌溉面积比重、亩施农药化肥强度、农业废弃物资源化利用率和农产品质量安全监测合格率等现状指标，研判示范区是否达到了农业环境较为友好、基本实现了绿色化转型的目标，并比较其在全省或全国的水平。

政策支持方面。主要从用地保障、金融服务、科技创新、人才支撑等方面制定的政策措施加以分析，研判当地各项政策措施是否保障有力、创新性强、实用管用等，以此说明当地政府积极性高、支持力度大，并取得了一定的实施效果。

城乡融合方面。主要从城乡融合发展、人居环境整治和资源要素流动等方面加以分析，研判示范区是否达到了城乡融合程度高、一体化发展领先、产镇（村）融合效果好等的境地，能否让群众真正拥有更多的获得感、幸福感。

平台载体方面。主要介绍县域内已获得的现代农业示范区、现代农业产业园、优势特色产业集群、农业产业强镇、农业绿色发展先行区、农村产业融合发展示范园和"一村一品"示范村镇等省级或国家级示范创建项目各项荣誉称号，并从类别、数量、层级等方面阐述其在区域水平方面的状况。

6.2.2 创建优势

我国农业区域广阔，资源禀赋差异大，产业发展类型各异，但创建优势不能包罗万象、面面俱到，应各有侧重、突出亮点。为体现各地的特色性和差异性，应主要从资源禀赋、产业发展、科技装备、经营管理和政策创设等方面，凝炼出几条比较突出的优势。

资源禀赋优势。资源禀赋是农业生产的先决条件，有利于发挥不同地区的比较优势，进而带动当地经济的发展。可从土地资源、生态环境和产品品质等方面加以阐述。例如，位于以黑土地为主的东北示范区，拥有面积广阔、土壤肥沃、地势平坦等资源，是我国重要的粮食主产区、最大的商品粮生产基地和可持续发展的粮食稳定增产区等，是发展粮食产业的天然宝地；又如，位于"八山一水一分地"的南方丘陵山区示范区，拥有地势地貌多元、林地面积大、负氧离子丰富等资源，生态环境较好，有利于发展绿色优质农产品，还可探索建立"绿色银行"，实现碳汇交易，有利于将生态资源优势转化为生态产品优势等。这些均可作为示范区的创建优势之一。

产业发展优势。产业发展是乡村振兴的重要基础和首要任务，是做好"三农"工作的物质保障，可从产业链的完整性、产业融合深度和品牌效应等方面加以阐述。例如，位于粮食主产区的示范区，粮食是主导产业，通过纵向延伸产业链、横向扩大产业集群，不断拓展农业的多元功能，发展农产品精深加工与冷链物流，以及休闲农业与乡村旅游，促进一二三产业深度融合发展，不断提高市场竞争优势；又如，有些示范区的产业发展较好，通过制定产业扶持政策调动经营主体积极性，连续获得多项省级以上荣誉或知名商标，能够辐射带动区域同类产业的快速发展等。这些均可凝炼为示范区的创建优势。

科技装备优势。 习近平总书记在2022年农村工作会议上提出农业强国的"五强"之一就包括科技装备强，这也是创建示范区的重点任务，可在此方面大做文章。宜从科技水平高、种业提升明显、设施装备现代和数字化改造快等方面阐述其优势。例如，有些示范区地理区位优越，经济条件较好，基础设施、物质装备配套完善，在解决关键核心技术问题方面不断攻坚克难，科技研发成果不断涌现，种业发展取得成效，全产业链数字化改造不断加快。通过用高水平的农业科技、现代化物质装备破解资源禀赋约束，以此提高土地利用率和劳动生产率。

经营管理优势。 为顺利推动示范区快速发展，提升农业经营管理水平是关键。可从社会化服务组织完善、经营主体培育数量多和利益联结机制模式代表性强等方面阐述其优势。例如，有些示范区把完善社会化服务组织、培育新型农业经营主体作为重要抓手，探索出了农村"三变"改革、"党支部+经营主体+农户""龙头企业+合作社+农户"土地托管等多种经营模式，只要带动农民增收致富效果明显，就可作为示范区创建的优势之一。

政策创设优势。 当地政府陆续出台的系列产业扶持政策和激励奖励政策，能够极大地调动经营主体生产积极性，带动示范区农业增效和农民增收的优势。可从高标准农田建设补贴、产粮大县补贴、制种大县补贴、农机购置补贴、招商引资优惠政策和经营主体培育奖励办法等方面阐述其政策创设的优势。

6.2.3 短板弱项

对照农业现代化发展目标、创建任务等要求，抓住要害领域和薄弱环节，系统梳理与查找问题，既要突出重点，又切忌前后矛盾。结合示范区具体情况，可从创建任务的"五化"推进方面查找不足。

在农业设施化方面。 可从高标准农田建设、标准化养殖水平、农业机械化水平、现代种业提升、仓储物流设施等方面查找不足。

在农业融合化方面。 可从农产品加工、全产业链条建设、农业功能拓展、电子商务网点建设和联农带农机制等方面查找不足。

在农业园区化方面。可从产业布局、园区级别、科技研发能力、农技推广和产村融合等方面查找不足。

在农业绿色化方面。可从农业资源环境保护、农业生产"三品一标"推进、农产品质量安全监管和废弃物资源化利用等方面查找不足。

在农业数字化方面。可从网络基础设施完善、信息技术与农机农艺融合、农业信息化人才应用和数字应用场景拓展等方面查找不足。

6.3 思路目标

分析提出示范区创建思路、基本原则、创建定位、模式路径和创建目标等方面的内容。

6.3.1 创建思路

主要概述编制创建思路的逻辑主线,包括编制依据、发展方向、重点任务、实现状态和作用效果等。应符合下列要求:一是从贯彻落实党的十九大、二十大精神和习近平总书记关于"三农"工作的重要论述、中央农村工作会议、地方政府有关工作安排等方面的要求,明确方案编制的重要依据;二是从现状分析与农业"五强"特征入手,围绕补短板、强弱项等方面的要求,明确示范区建设方向;三是从耕地保护、种业提升等方面,阐述示范区建设所要抓住的关键要害;四是从推行农业设施化、融合化、园区化、绿色化和数字化发展,提出示范区建设的重点任务;五是从体现特色化、差异化特征等方面,探索示范区农业现代化发展模式;六是从保障粮食等重要农产品有效供给和农民增收致富等方面,阐述达到农业高质高效、乡村宜居宜业、农民富裕富足的预期状态;七是从全面推进乡村振兴、促进区域农业现代化、加快建设农业强县等方面,概述示范区建设目标实现的效果。

各地还可根据当地实际情况和特色,参照创建文件中指导思想的相关内容自行阐述创建思路的具体相关内容。

6.3.2 基本原则

主要从因地制宜与分类指导、政府引导与市场主导、绿色发展与创新驱动、全链构建与融合发展等方面重点阐述所应遵循的原则。

一是坚持因地制宜、分类指导。结合各地资源、特色和产业等基础,因地制宜地提出各类示范区建设重点,探索各具特色的发展模式。

二是坚持政府引导、市场主导。发挥政府引导作用,制定扶持政策,优化营商环境;发挥市场对资源配置的决定性作用,引导资源要素更多地向示范区集聚。

三是坚持绿色发展、创新驱动。践行"两山"理论，促进"三生"协调发展；开展科技创新，解决关键核心技术问题，努力实现更大突破。

四是坚持全链构建、融合发展。推进产业"三链"同构，拓展农业多种功能，促进农业产业融合发展，让农民分享更多增值收益。

各地还可根据当地实际，自行选择原则项数，如有的示范区还提出遵循"分步实施、有序建设"或"补短板、强弱项"等方面的原则。

6.3.3 创建定位

主要立足服务区域协调发展重大战略，锚定率先基本实现农业现代化的目标，提出代表本区域农业现代化发展方向的中长期定位，充分体现总体定位的宏观视野与战略眼光，表述宜高度概括、简洁明快，给人留下深刻印象。

为进一步打造示范区特色名片、树立典型标杆和扩大社会影响力，还可从产业发展、示范尺度和重点环节等方面提出其分项定位，可单项定位也可多项组合定位，但应符合下列要求：一是综合考虑某产业的生产品种、发展规模、知名度和影响力等方面因素，从打造区域发展的引领区、样板区和先行区的角度，提出产业发展的分项定位；二是从带动影响和辐射范围的角度，站在区域、全国甚至全球等不同角度，描述其影响程度的大小，提出不同示范尺度的分项定位；三是从农产品加工物流、绿色发展和数字农业等不同环节入手，分述其在各自领域所发挥的重要作用，提出多环节视角的分项定位。

6.3.4 模式路径

模式路径是示范创建重点阐述的内容之一，也是挖掘典型、总结规律和树立样板的探究过程。可先提出示范区发展模式，然后围绕发展模式的核心要义将主要成功做法汇集整理，以此形成农业现代化的实施路径。鼓励各地百花齐放、百家争鸣，探索出各具特色、区域代表性较强的发展模式。

发展模式。综合考虑资源禀赋、区域特点、产业基础和经济条件等因素，系统总结凝练出县域农业现代化的建设模式，主要包括模式名称、内涵外延、主要特征、典型做法等，字数要求1 000字左右。可从当地已经成熟并推广的生产技术模式、产业发展模式、经营管理模式、经济发展模式和其他模式中提炼产生，可单项提出也可多项组合。例如，生产技术方面主要有虾—稻种养结合、猪—沼—果循环发展和林下经济等模式；产业发展方面主要有农业科技创新、全产业链打造和数字赋能产业振兴等模式；经营管理方面主要有联农带农、体制机制创新等模式；经济发展方面主要有外向型、内源式、工厂化等模式，以及其他方面如党建引领、红色精神传承等模式。发展模式要有区域代表性、引领性，并具有可看可学可借鉴的推广价值，避免千篇一律、泛泛而谈，要能示范引领同类地区的农业现代化建设。例如，河南某示范区提出的单一产业发展模式为"小麦辣椒全产业链高效发展'2335'"雁阵模式，江苏某示范区提出的组合式发展模式为"科技创新内外源双轮驱动"发展模式等。

实施路径。主要围绕发展模式的核心要义，重点突出地方特色和针对性，讲清讲透带有方向性的主要推进措施和成套打法路数。宜按思维逻辑先后顺序分步介绍，可用文字叙述，也可通过结构框图进行直观表述。例如，位于粮食主产区的可考虑走粮食产业"三链"同构、"三大体系"健全、利益联结机制完善的路子；位于丘陵山区的可考虑走改善农田设施设备、农机农艺融合发展的路子，也可考虑走小规模、绿色化、高效益的路子，还可考虑走科技驱动、数字赋能的路子等等。

6.3.5 创建目标

创建目标是示范区未来三年发展要实现的状态，是方案实施和监测评估的重要依据，应突出层次性、创新性和可操作性。一般包括宏观层面的总体目标和落实到各环节的具体目标。

（1）总体目标

总体目标是对基本实现农业现代化的概括性描述，以定性分析为主，可在综合分析示范区现状条件和发展趋势的基础上，坚持问题导向和需求导向相结合，描述示范区未来发展方向和应有的模样。

（2）具体目标

主要从不同层级、不同阶段说明预期要达到的状态，以定量分析为主，并明确目标指标属性。参照创建通知和监测评估等文件提到的指标，并结合各省提出的个性化指标，整合形成一级指标，并在一级指标下细分若干二级指标。本书主要推荐从质量效益、产业结构、技术装备、绿色发展、经营管理和支持保护等方面筛选出相应指标。

质量效益方面。可从县域国内生产总值、县域农林牧渔业总产值、农业劳动生产率、农产品质量安全监测合格率、粮食生产稳定度和农民人均可支配收入等方面筛选二级指标。

产业结构方面。可从耕地面积、粮食等农作物播种面积与产量、肉蛋奶水产品等养殖规模与产量、农产品加工业产值与农业总产值的比值、主导产业加工转化率、农产品网络零售额占农产品交易总额的比重、休闲农业与乡村旅游年接待人次和农林渔服务业产值等方面筛选二级指标。

技术装备方面。可从良种覆盖率、高标准农田面积比重、农作物耕种收综合机械化率、新品种新技术新模式试验示范经费、农业生产信息化率、产地低温处理率和园区种养基地面积占全县种养基地面积的比重等方面筛选二级指标。

绿色发展方面。可从高效节水灌溉面积比重、亩均施用农药化肥强度、畜禽粪污资源化利用率和农产品质量安全追溯体系覆盖率等方面筛选二级指标。

经营管理方面。可从土地流转面积占比、服务规模经营比重、畜禽养殖规模化率、水产标准化健康养殖比重、新型经营主体培育数量和农户参与合作社比重等方面筛选二级指标。

支持保护方面。可从财政投入、金融机构对示范区的贷款余额、社会资本和农业保险深度等方面筛选二级指标。

在选取相关指标和收集基期年相关数据的基础上，采用经济计量模型预测法、政策文件参考法和专家经验预判法等测算方法，对创建目标指标进行预测，并测算出创建期各年目标指标值。

上述指标仅供参考，各地可根据示范区具体实际进行适当增减，详细部分可参考第8章相关内容。

6.4 规划布局

可在有效对接当地"三区三线"的基础上，重点围绕粮经饲、农牧渔、产加销、农文旅等方面，研究提出示范区总体布局和功能分区，明确各功能区的定位目标和发展方向。

6.4.1 布局原则

主要立足示范区空间发展现状，围绕示范区发展定位，可从"统筹协调、衔接传导、集中连片、节约集约"等方面阐述布局原则。

坚持统筹协调。结合示范区产业发展、土地利用和生态保护等空间要求，落实"三区三线"，推动"多规合一"，促进空间协调发展。

坚持衔接传导。加强与国土空间、乡村振兴和农业农村发展等各类规划在空间上的有效衔接，并在空间布局和建设指标分解方面体现上下传导功能，有效实现空间布局的最佳配置。

坚持集中连片。结合当地土地综合治理，推动土地集中连片建设，促进区域规模化发展。

坚持节约集约。切实保护好耕地和永久基本农田，利用建设空间弹性用地布置乡村产业发展项目，选用荒地、闲置地或一般耕地安排设施农业用地，不断提高集约化用地水平。

6.4.2 规划布局

在收集当地国土"三调"基础数据的基础上，立足"三区三线"划定边界，结合产业分布及空间演变特征，遵循国土空间规划的定位与指导，依据点—轴理论、农业多功能理论和产业集聚理论等，落实粮食生产功能区和重要农产品生产保护区，以及畜牧业适养、限养、禁养区域的划定范围，完成农业空间的布局优化和有效配置等相关内容。规划布局形式要多种多样，一般包括点轴式、片区式和圈层式等。在实际工作中，空间结构优化大多采用点轴式、功能分区为片区式等。空间总体布局大多按照"向点（核）集聚、沿轴（带）展开、带动各片（区）发展"的思路，推动形成"心（核）—轴（带）—片（区）—多园多点"的空间发展格局，详细部分可参考第10章相关内容。

6.5 创建任务

创建示范区应对标农业现代化的目标任务，聚焦重点、突出特色，着力探索不同类型、不同经济条件地区建设农业现代化的模式和路径，示范引领同类地区农业农村现代化加快发展，带动县域经济整体提升，详细部分可参考第11章相关内容。

6.5.1 加强设施装备建设，示范引领农业设施化

围绕提高农业产出水平和生产效率，加快用现代设施装备弥补水土资源禀赋的先天不足。改善设施条件，建设集中连片、旱涝保收、节水高效、稳产高产、生态友好的高标准农田，统筹发展高效节水灌溉，推广标准化温室、新型畜禽养殖、环境控制智能化、节水节肥一体化等设施。全面推进农业生产和农产品加工机械化，加快推广使用具有自主知识产权的智能高端复式机械，更多应用北斗终端设备，促进农机农艺融合、设施装备与养殖工艺融合，推动品种、种养方式与装备设施相适应，主要农作物生产实现全程机械化，设施农业、畜牧养殖、水产养殖和农产品初加工机械化水平明显提升。健全流通体系，加强建设田头贮藏、预冷保鲜、分级包装、冷链物流、城乡配送等设施，发展农村电子商务，促进产销对接。

6.5.2 推进产业集聚发展，示范引领农业园区化

立足壮大优势特色产业，聚力建设以规模化种养基地为依托、产业化龙头企业带动、现代生产要素集聚的现代农业产业园区。优化产业布局，合理规划生产、加工、物流、研发、服务等功能板块，建设原料生产大基地，构建"一县一业、一特一园、多园成群"的发展格局。推进要素集聚，引导资金、人才、科技、土地等要素集约配置，解决好现代要素下乡难、入农难、进园难等问题。推进主体集中，吸引各类企业入园投资兴业，形成龙头企业、农民合作社、家庭农场、社会化服务组织、小农户相互依托、集群发展的态势。推进产村融合，将园区建设与休闲观光产业发展结合起来，培育兼具田园风光、农家情趣和生活便利的宜居乡村。

6.5.3 着力打造产业链,示范引领农业融合化

构建种养结合、产加销一体的农业全产业链,拓展农业增值增效空间。培育多元融合主体,发展专业化家庭农场,规范农民合作社运营,扶持龙头企业牵引、家庭农场和农民合作社跟进、小农户广泛参与的农业产业化联合体,实现抱团发展。发展多类型融合业态,引导各类经营主体以加工流通带动业态融合,发展中央厨房等业态。以功能拓展带动业态融合,推进农业与文化旅游、科学素质教育、康养等产业融合,发展创意农业、功能农业等。创新利益融合方式,引导新型农业经营主体与小农户建立多种类型的合作方式,推广"订单收购+分红""农民入股+保底收益+按股分红"等模式,完善利益分配机制,让农民更多分享二三产业增值收益。

6.5.4 发展生态循环农业,示范引领农业绿色化

强化绿色导向、标准引领和质量安全监管,普遍推行绿色生产方武,促进示范区产业绿色转型。强化资源环境保护,实施耕地质量保护与提升行动,健全耕地轮作休耕制度,加强退化污染耕地治理。探索建立量水而行、以水定种的节水制度,提高用水效率。加强农业面源污染防治,深入实施化肥农药减量行动,推进病虫害统防统治、绿色防控,持续开展测土配方施肥,加快有机肥替代化肥。推进畜禽粪污、农作物秸秆、废弃农膜资源化利用,推进低碳循环发展,集成推广节肥节药节水等绿色技术模式,发展稻鱼共生、粮饲—猪—沼—肥等生态循环种养。加强绿色加工物流、清洁能源供应等基础设施建设,打造绿色产业链供应链。加强质量安全监管,实施农业生产"三品一标"提升行动,推动品种培优、品质提升、品牌打造和标准化生产。广泛推行绿色、有机、地理标志农产品认证,尽快实现食用农产品达标合格证制度全覆盖。

6.5.5 加快发展智慧农业,示范引领农业数字化

推动物联网、大数据等信息技术与农业深度融合,全面提升农业生产智能化、经营网络化、管理高效化、服务便捷化水平。完善乡村基础设施,推动5G网络和移动互联网与城市同步规划布局,建设满足农民生产生活需要的信息基础设施。加快生产经营数字化改造,加强农业耕地、劳动力、自然资源、集体资产、经营主体等基础数据采集整理,建设数字田园、智能畜牧业、智慧渔业、数字种业。发展农产品电子商务,实施"互联网+农产品出村进城"工程,强化益农信息社服务功能。推进大数据应用,深度开发利用农业生产、市场交易、农业投入品等数据资源,探索基于大数据的授信、保险和供应链金融等业务模式。

6.6 工程项目

工程项目是推动农业现代化示范区建设的重要抓手，是实现目标任务的具体体现。应围绕创建任务提出重点工程建设项目，明确项目名称与建设内容、投资规模和资金来源、责任主体与实施主体以及建设地点等，并按年度细化任务，谋划资金筹措方案。同时，定性定量分析项目实施对县域发展带来的综合效益。

6.6.1 工程项目谋划

可从创建任务提出的"五化"发展重点入手，初步形成农业设施化工程、农业融合化工程、农业园区化工程、农业绿色化工程、农业数字化工程等"五大工程"，结合考虑各地实际，加上其他示范工程，形成"六大工程"。在此基础上，进一步筛选各工程方面的重点建设项目，详细部分可参考第12章相关内容。

6.6.2 投资估算

估算示范区创建总投资，先估算单个项目投资，再汇集成各工程投资，最后加总成示范区总投资，并计算各大工程的投资比例，以及分年度投资计划等。借鉴示范创建类项目实践经验，根据各地资金筹措能力，建议投资规模不宜估算过大，经济条件较好的示范区可适当增大。在此基础上，按照三年创建期限分年度安排投资和资金来源。

资金筹措是在已知投资估算的基础上，结合项目的实施内容和进度安排，明确资金来源渠道，形成政府财政资金引导、金融机构大力支持、社会资本广泛参与的多元融资方案，确保项目实施。

在此基础上，采用定性与定量相结合的方法，研判示范区创建对县域发展带来的经济效益、社会效益和生态效益。

6.7 支持政策

各省（自治区、直辖市）和示范区创建申报县（市、区）要聚焦重点，聚集资源，聚合力量，将示范区打造成农业现代化先行区。

6.7.1 强化政策扶持

鼓励符合条件的地方先行创建。优先支持优势特色产业集群、国家现代农业产业园、国家农村产业融合发展示范园等项目所在地创建示范区。推动示范区率先落实中共中央、国务院推进农业现代化发展的各项政策措施。对建设成效明显的地区，视情况研究出台相关激励措施。

6.7.2 创新金融服务

引导县域金融机构将吸收的存款主要用于当地，建立"银税互动""银信互动"贷款机制，支持示范区建设。发挥融资担保体系作用，强化担保融资增信功能。积极推行农户小额信用贷款、保单质押贷款、农机具和大棚设施抵押贷款业务。鼓励开发专属金融产品支持新型农业经营主体和新产业新业态，增加首贷、信用贷。加大对示范区基础设施投融资的中长期信贷支持。

6.7.3　强化用地保障

拓展集体建设用地使用途径，单位或者个人可通过集体经营性建设用地入市的渠道，以出让或出租等方式使用集体建设用地。盘活农村存量建设用地，支持以乡镇或村为单位开展全域土地综合整治，腾挪空间用于支持乡村产业发展。鼓励对依法登记的宅基地等农村建设用地进行复合使用，发展乡村民宿、农产品初加工、农村电商等乡村产业，保障设施农业发展用地。

6.7.4　强化科技支撑

支持示范区所在县（市、区）与科研院校建立协作机制，培育农业科技服务公司，加快科研成果转化应用。引导产业技术体系、科技创新联盟、高新技术企业在示范区设立试验站、中试基地，推动新品种新技术新装备示范应用。

6.7.5　引导社会资本投入

充分发挥政府投资基金的作用，引导孵化型、成长型、创新型社会资本投资项目，支持示范区建设。在畜禽粪污资源化利用、农村生活污水垃圾处理等方面实施一批PPP项目，积极支持农村产业融合发展公司信用类债券和涉农中小企业集合债、小微企业增信集合债的发行，鼓励示范区承接项目、开展建设。

6.8　保障措施

为了尽量减少示范区创建工作涉及部门主体多、任务繁重复杂等矛盾，应加强创新改革，建立健全工作体系和工作机制，确保各项工作按时保质实施，有序高效推进示范区建设。

6.8.1　加强组织保障

坚持党总揽全局、协调各方，强化党组织的领导核心作用。首先成立示范区创建工作领导小组，一般由县委书记担任组长、县长任副组长，农业农村、发改、财政、自然资源、交通、住建、环保等部门和有关乡镇主要领导担任小组成员，主要负责制定示范区发展的大政方针，综合协调示范区总体发展建设工作。有关部门和乡镇围绕创建目标任务，明确职责分工，加强沟通协调，完善工作机制，确保示范区建设的各项任务落到实处。建立规划、科技、经济等方面专家组成的咨询委员会，定期开展政策、技术等决策支持服务。

6.8.2 强化机制创新

健全政府推动、上下联动、社会支持的工作体系和工作机制。一是加强示范区创建与乡村振兴的有效衔接。把示范区创建与乡村振兴目标任务相对接、相融合，做到领导机制、推进机制和考核机制相衔接。二是加强示范区创建与农村改革有效衔接。以示范区建设为载体，将农业现代化和农村现代化整体谋划、一体设计、一并推进，落实农村土地"三权"分置制度，加快土地流转，促进小农户与现代农业的有机衔接。

6.8.3 建立考核机制

一是建立监督评估机制。完善监测评估指标体系，加强目标考核，有序推进示范区创建认定。二是强化绩效考核管理。制定年度考核指标和绩效评价工作安排，明确任务，落实责任，确保创建工作落地落实。三是完善干部奖惩机制。将示范区建设工作与乡村振兴战略实施成效一并纳入年度干部绩效考评内容，考核结果将作为各级党政干部年度考核、选拔任用的重要参考。

6.8.4 加强宣传推广

加大宣传推广的力度，扩大示范区建设社会影响力。一是加强经验总结。及时整理示范区建设的典型案例和成功经验，凝炼出"可看、可学、可推广"的发展模式。二是加大宣传推广。利用广播电视、网络新闻、微信小程序、电商直播等平台，坚持线下线上相结合，广泛宣传示范区创建的重大意义和发展模式，大力推广先进典型和成功经验，营造全社会共同关注、协力支持示范区发展的良好氛围。

第7章 各类示范区编制侧重点

按照示范区创建通知的相关要求,各地应统筹考虑区域差异、发展水平等因素,分区分类建设示范区。在东北平原、黄淮海平原、长江中下游平原等粮食主产区,支持创建一批以粮食产业为重点的示范区;在南方丘陵山区、特色农产品优势地区,支持创建一批以优势特色产业为重点的示范区;在大中城市郊区和东部沿海发达地区,支持创建一批以都市农业和智慧农业为重点的示范区;在西北及长城沿线区、青藏高原等生态脆弱地区,支持创建一批以高效旱作农业为重点的示范区;在脱贫地区,支持创建一批以"小而精"特色产业为重点的示范区。上述不同类型示范区可简称为粮食产业类示范区、优势特色产业类示范区、都市农业类示范区、智慧农业类示范区、旱作农业类示范区和其他类示范区。

7.1 平原地区——粮食产业类示范区

粮食产业类示范区是目前申报数最多、覆盖面最广的示范类型,在前三批申报总量中处于统领地位,对其他示范区起着示范带动作用。

7.1.1 类型特点

粮食产业类示范区除具有示范区一般特点外,还彰显较强的政治性、地域性、生产性和政策性等特点。

一是政治站位高。 习近平总书记强调,中国人要把饭碗牢牢端在自己手里,而且要装自己的粮食。粮食安全事关国家安全。因此,此类示范区的主要职责是要扛起国家这个历史重任,把保障粮食安全摆在最突出的位置,把提升粮食产能任务贯穿于示范区建设的始终。

二是地域差异大。 我国地域辽阔,水热条件不同,资源禀赋各异,区域差异显著,形成了东北平原、黄淮海平原、长江中下游平原等不同区域的粮食主产区,这些都属于我国重要的商品粮基地,在建设国家重要粮仓、保障国家粮食安全等方面具有重要作用。

三是生产条件好。 粮食主产区一般具有耕地集中连片、地形平坦、土壤肥沃、水资源富足和种植历史悠久等特点,有利于规模化生产、机械化作业和专业化种植,粮食增产潜力大,有利于促进农业结构调整、提高粮食综合生产能力。

四是政策性强。 该类示范区承担着保供给、保民生的重要功能,基于劳动强度大、抗风险能力低、农民收益低等特点,决定了发展粮食产业需要政策扶持,要充分体现政府施政的方向和着力点,必须加大对粮食的补贴力度及财政投入,帮助农民提高种粮效益及抵抗风险的能力，不断提高种粮政策的保障性。

7.1.2 编制侧重点

此类示范区方案编制与第6章一般内容基本相同，为体现该类示范区方案编制的特点和作用，需侧重以下5个方面。

（1）以稳定提升粮食产能为要务，开展耕地保护与建设

保障粮食安全、稳定与提升粮食产能是该类示范区的首要目标，也是示范的核心内容。创建方案编制时，应重点围绕：一是在建立严格的耕地保护制度，防止耕地"非农化"、严禁永久基本农田"非粮化"等环节展开，建立健全符合本地实际的耕地保护制度，提出耕地用途管制、永久基本农田特殊保护的具体措施；二是对接当地大型农田基础设施工程，明确高标准农田建设、高效节水灌溉、大中型灌区配套等工程建设规模；三是制定落实相关保护改良措施，如东北地区应落实黑土地保护工程实施方案，北方盐碱化严重地区应制定耕地改良治理方案等，南方部分地区应明确耕地酸化、重金属污染改良治理方案等。在此基础上，围绕新增耕地数量、土壤改良数量、有效灌溉面积、粮食种植面积等方面，提出粮食综合产能提升目标。

（2）立足粮食安全大格局，优化粮食生产结构

该类示范区应立足自身粮食品种和生产结构，承担本地区在全国粮食安全大格局中的责任。例如，东北地区应重点发展优质粳稻，南方地区应提高双季稻生产能力；西北和中原地区大力发展强筋、弱筋优质专用小麦，适当恢复春小麦播种面积；其他地区应因地制宜、有选择性地从以下几方面调整粮食产业结构，包括但不限于：适当扩大优势区玉米种植面积、鼓励发展青贮玉米等优质饲草饲料，实施大豆振兴计划、增加高油高蛋白大豆供给，稳定马铃薯种植面积、因地制宜发展杂粮杂豆等。对于承担国家级、省级粮食育制种基地任务的示范区，还应以"四圃制"为核心内容，建设核心种源繁殖基地，配套建设检验检测、展示示范、加工烘干、抗灾减灾等设施。

（3）立足大食物观，推进粮食全产业链发展

统筹发展粮食初加工、精深加工和综合利用加工，推进粮食产品多元化开发、多层次利用、多环节增值。一是在粮食初加工方面，重点支持农民合作社、家庭农场和中小微企业等发展烘干、储藏、脱壳、去杂、磨制等初加工，实现保值增值；二是在粮食精深加工方面，重点鼓励大型农业企业加快生物、工程、信息等技术的集成应用，发展精细加工，研制专用配方，开发类别多样、营养健康、方便快捷的系列化主食产品，距离大中城市郊区的还可建设主食厨房，开展配餐直送服务等；三是在综合利用加工方面，重点鼓励大型农业企业和农产品加工园区推进粮食加工副产物循环利用、全值利用、梯次利用，采取先进的提取、分离与制备技术，推进稻壳米糠、麦麸、油料饼粕等副产物综合利用，开发新能源、新材料等新产品，提升增值空间；四是交通区位优势明显、粮食集散功能显著的示范区，还可发展建设现代物流园、现代商务园和粮食仓储物流与交易平台，甚至期货交割仓库，打造区域性粮食交易中心和价格形成中心，不断提高粮食现代化物流水平；五是通过粮食产业链的拓展，引导带动相关农资生产、装备制造、休闲观光等关联产业发展，培育多种形式的新产业新业态，以拓展农业的多种功能。

（4）以社会化生产服务为抓手，提高粮食生产规模效益

由于种粮比较效益偏低，推动适度规模发展是方向。该类示范区应重点示范农业生产托管服务等社会化服务模式，探索粮食产业向规模要效益的新途径。要重点健全面向小农户的社会化服务体系，以建设村集体经济组织参与农业生产托管服务为主体，大力培育多元农业生产服务主体，重点推广农业生产托管服务，引领小农户与现代农业发展的有机对接。粮食种植规模化和全程机械化水平较高的地区，可尝试创建全程托管示范镇、示范村，制定全程托管面积标准，在重点工程和资金安排上予以倾斜。

（5）以政策措施为保障，不断提高农民种粮积极性

由于粮食生产是事关国计民生的基础产业，如何调动农民种粮的积极性，发挥政策指挥棒的作用是关键，以此促进其持续健康发展。这就要求该类示范区必须把支持政策作为重要编制内容，聚集粮食产业关键部位、薄弱环节和迫切需求，引导资源要素集中投向示范区，重点围绕财政支持、种粮补贴、金融保险、用地保障、营商环境等方面，制定出台有针对性的政策建议，形成上下联动、相互衔接的政策体系。在此基础上，按照功能区划分，针对粮食主产区强化政府统筹责任，本着区际公平、权责对等、试点先行的原则，支持各地建立完善粮食成本分担补偿机制，充分调动重农抓粮的积极性，切实保障农民种粮的收益。

7.2　南方丘陵山区——优势特色产业类示范区

7.2.1　类型特点

优势特色产业类示范区也是目前申报数较多、业态较为丰富的类型，对其他类示范区有着一定的辐射作用。

一是区域特征明显。这类示范区特指南方丘陵山区，地处热带或亚热带地区，分布在川、滇、黔、湘、鄂、赣、皖等多个省份，具有涉及范围广、地貌类型多样、气候差异大、交通运输不便等特点。复杂的地形地貌、气候条件等使当地呈现出立体性、多宜性和多样性等。

二是地区经济欠发达。南方丘陵山区大多属于脱贫地区，温饱问题刚刚解决，目前正处于特色产业需要继续扶持和农民增收的爬坡阶段，进一步拓展巩固脱贫攻坚成果与乡村振兴的有效衔接、促进小农户与现代农业发展的有机衔接是该类示范区目前的工作重点。

三是产品类型多元。 特色农产品优势区大多分布在该区域，复杂的自然条件适合发展多层次、反季节、多元化的农林牧渔经营，有些地区生产的茶叶、水果、中药材、反季节蔬菜等已成为当地的支柱产业，有利于满足社会多元化需求和其他地区淡季蔬菜的有效供给，为促进当地经济发展奠定了良好基础。

四是生态环境良好。 该区域地处我国第三级阶梯，低山丘陵广布、河流众多、水系发达、林地资源丰富等，具有良好的生态环境和丰富的富氧离子，为生产优质农产品打下了良好的基础。各地结合现状产业和农产品优势区相关要求，发挥资源禀赋和比较优势，生产出品质优良、特色鲜明的农产品，带动当地农民增收致富。

7.2.2 编制侧重点

此类示范区也涉及第6章全部内容，在此基础上，还应结合当地的区域特点、发展条件和生态环境等，充分挖掘当地的资源禀赋和比较优势，明确重点建设任务，促进当地经济发展。创建方案编制时，需侧重以下几方面。

（1）统筹协调优势特色产业发展与粮食生产

保障国家粮食安全，主产区、主销区、产销平衡区都有责任保面积、保产量，饭碗要一起端、责任要一起扛。该类示范区创建方案编制时，在突出抓好优势特色产业发展的同时，必须将粮食产业发展纳入方案，将粮食产业与优势特色产业发展统筹谋划。在布局方面，必须严守永久基本农田红线，确保基本农田数量不减少、质量不下降。必须坚持良田粮用的大原则，良田好土要优先保障粮食生产，坚决遏制"非农化"、有效防止"非粮化"，果树苗木尽量上山上坡，蔬菜园艺更多靠设施农业和工厂化种植，不能为了扩大特色产业规模，将非粮产业在基本农田上布局安排。

（2）注重发挥区域特色差异化发展

该类示范区首先要注重主导产业选择，不断调整优化农业产业结构。在优势特色产业和产品选择上，必须突出区域特色，做好"土特产"文章。要跳出本地看本地，打开视野用好当地资源，分析新的市场环境、新的技术条件，基于一方水土，选择在本区域乃至全国具有比较优势、发展基础较好的产业，打造为广大消费者所认可、能形成竞争优势的特色。选择的主导产业应是发展潜力较大、相对稳定的长效产业，在较长时间内具有较强的潜在市场竞争力，并且具有较强的产业关联性，能够对其他产业有带动能力。在突出特色产业的基础上，还要注重产品差异化发展，结合当地光、热、水土等资源禀赋，选择适宜本地生产、产品质量优良、市场需求较大的主导品种。

（3）将产业链延伸作为产业发展重点

由于该类区域存在一些脱贫县市，在脱贫攻坚过程中引进发展了诸多优势特色产业，但大多存在有基地、缺链条的问题。因此，在编制该类示范区创建方案过程中，必须将建链、补链、延链、升链作为重点内容。一是发展农产品产地初加工，鼓励和支持农民合作社、家庭农场和中小微企业等发展服务当地主导产业的烘干、分选、储藏等初加工，减少产后损失，延长供应时间，提高质量效益；二是提档升级农产品精深加工，以农产品加工园区等为载体，引进培育龙头企业，顺应消费升级新趋势，发展农产品精细加工，推进农产品深度开发，实现农产品多级加工、多次增值；三是完善冷链物流体系，尤其是果蔬、畜禽及水产品等鲜活农产品优势区域，重点发展预冷、保鲜、冷冻、清洗、分级、分割、包装等仓储设施和商品化处理，实现减损增效。

（4）注重农业多种功能开发、多元价值挖掘

优势特色产业集中区域往往具有良好的生态环境，许多地区还有丰富的历史文化、民族特色、乡土风情等旅游资源，具备发展休闲农业与乡村旅游的良好条件。因此，在编制该类区域创建方案中，需要深度挖掘区域乡村休闲旅游资源，分区分类施策，拓展农业多种功能、挖掘乡村多元价值。对自然景观较好的区域，可在严格保护生态环境的前提下，统筹山水林田湖草系统，发展以农业生态游、农业景观游、特色农（牧、渔）业游为主的休闲农（牧、渔）园和农（牧、渔）家乐等，以及森林人家、健康氧吧、生态体验等业态。对民俗民族风情丰富的区域，发掘深厚的民族文化底蕴、欢乐的民俗节日活动、多样的民族特色美食和绚丽的民族服饰，发展民族风情游、民俗体验游、村落风光游等业态，开发民族民俗特色产品。

（5）增强对农民增收致富的带动作用

农民增收是"三农"工作的中心任务，也是农业现代化示范区建设的出发点和立足点。位于丘陵山区，由于交通不便，农产品商品价值不高，农民增收致富仍是棘手问题。在编制该类示范区创建方案时，需要将带动农民增收致富作为重点内容加以考虑。一是拓宽农民增收致富渠道，要发展比较优势明显、带动能力强、就业容量大的县域富民产业，尤其要注重推广以工代赈等方式，多措并举促进农民工稳岗就业，挖掘经营增收和务工增收潜力；二是要完善联农带农机制，因地制宜地推广订单农业、股份合作、反租倒包、社会化服务等利益联结机制，把产业增值收益更多地留给农民，让农民挑上"金扁担"；三是要注重以改革激发增收潜力，以扩大财产性收入为突破口，稳慎推进农村宅基地改革、抓好农村集体经营性建设用地入市改革试点、深化农村集体产权制度改革、放活农村承包地经营权，将乡村闲置资产转化为农民的现实收入。

7.3 大中城市郊区——都市农业类示范区

都市农业类示范区主要分布在大中城市郊区和东部沿海发达地区。其依托地理区位和资源优势等，具有保障农产品生产、科技示范、休闲观光、生态涵养等功能，为城市居民提供多层次、多样化、个性化的农产品与服务，在全面推进乡村振兴、推动农业现代化方面走在前列，并具有良好的示范作用。

7.3.1 类型特点

都市农业示范区是目前申报数量不多、但业态较为丰富的类型，与其他类型的示范区相比，具有如下几方面的特点。

一是地理区位优越。此类示范区按时间计算，大都地处半小时、一小时活动圈内，位于大中城市近郊、远郊及其延伸地带，有的建成了城市居民生活的后花园，为当地生产生活提供了便利条件。

二是发展要素集聚。由于此类示范区大都集中在大中城市郊区，农业基础较好，而且区位、资源、环境条件优越，现代要素集聚，大多居民以城市生活方式为主，能够分享现代科技、人才、资金、信息等要素，共享城镇发达的基础设施和公共设施，引导都市农业进一步持续、多元、高效发展。

三是农业科技创新。随着工业化和信息化的深度发展，都市农业充分发挥科技创新在提升农业效益、促进农民增收中的引领支撑作用，大力发展高科技农业和数字化农业，不断探索研究新品种、新技术、新装备和新模式等，着力提升农业科技创新能力和示范引领能力。

四是功能拓展多元。都市农业是城市化快速发展的产物，随着城市及其居民需求的多样性变化，都市农业不仅利用城市提供的现代科技成果和基础设施从事农业生产，还在保障"菜篮子"生产供应的基础上，不断拓展农业生态功能和生活功能，满足人们休闲观光、科普教育和农耕体验等多种需求，实现供应链、价值链的快速提升。

五是生产集约高效。都市农业类示范区一般土地资源有限，生产成本较高，而生产方式又表现为高度设施化、工厂化、专业化和市场化，以为大中城市提供新鲜、安全、健康的高质量农产品和服务。这就要求示范区走集约节约发展的路子，发展高效农业产业，从而不断提高农产品的附加值。

7.3.2 编制侧重点

此类示范区创建方案编制要重点突出城乡一体规划、资源要素集聚、定位目标高端、功能拓展复合、推进路径多元等方面的内容。

（1）注重城乡一体规划创设

一是在产业延伸上，要突破产加销脱节、城乡界限凸显等局限性，推进农业与工业、商业、金融、科技等不同领域的相互融合，促进城乡经济协调发展、农业链条不断延伸、农产品市场不断拓展，逐步形成农业专业化生产、主体化经营、社会化服务、一体化发展的新格局；二是在布局建设上，要严守"三区三线"管控，科学优化农村一二三产业融合发展空间布局，把城镇与农村、农田串联起来，实现城镇与山水一体，田园与村庄融合的良好的生态格局，并加快城乡对接，统筹农村公共基础设施的城乡一体化规划与建设；三是在政策推动上，要树立全局观念，坚持发挥市场在资源配置中的决定性作用和更好地发挥政府作用相结合，加快形成工业反哺农业、城市支持农村的技术、土地、资本等生产要素支持政策和创新机制，增强产业发展动力，切实维护和保障农民权益。

（2）注重资源要素集聚发展

示范区创建通知提出，要选择农业现代化发展基础好、潜力足、空间大，示范带动能力较强的县（市、区）先行创建。因此，基础条件分析是创建方案的首要内容，也是能否成功创建的基础。都市农业型农业现代化示范区的创建方案要在全面分析常规自然资源禀赋、经济社会发展等情况之外，要重点突出区域三产融合发展、农业全产业链构建、农业科技创新应用、农业设施装备配套、数字化智慧化管理等内容，全面评价区域都市农业发展现状和农业现代化发展水平，精准提炼农业现代化示范区的创建优势及存在的短板弱项。

（3）注重发展定位和发展目标

示范区创建通知提出，要找准创建定位和思路，明确创建目标和主攻方向，立足当地实际，编制可量化、可考核、可实施的示范区创建指标体系，做好示范区创建监测评估工作。都市农业示范区的创建方案要以推动农业高质量发展为目标，以健全都市农业产业体系、生产体系、经营体系为重点，通过搭平台、强科技、探模式、创政策，抓牢重要农产品稳产保供，着力发展优势特色产业，促进一二三产业融合发展，培育高端、高效、高科技都市农业产业，创建农业全产业链示范区、农业多业态融合发展示范区和农业科技创新示范区，为加快农业现代化提供有力支撑。

（4）注重农业多种功能拓展

充分挖掘当地资源禀赋和比较优势，拓展农业多元复合功能，推动农业产业融合发展，为城市居民提供休闲、观光和养生的好去处。一是发掘生态涵养产品。要坚持生态优先、绿色发展，保护好当地自然资源，注重人与自然和谐共生，发展生态观光、户外拓展、自驾旅居、健康养生等业态，形成以资源可持续利用为基础的乡村休闲旅游发展模式。二是开发乡村文化产品。将乡村民俗文化、人文精神与现代要素、时尚元素和美学艺术结合起来,并依托当地风土民情,形成文创产品,传承非遗文化,促进当地特色乡村文化旅游发展。三是打造休闲体验产品。依托乡村资源,围绕农业的多功能拓展、多业态聚集、多场景应用,开发"看乡景""品乡味""享乡俗""忆乡愁"等综合体验项目,发展乡村民宿经济,创响乡村特色品牌。

(5)注重多元化路径推进

结合区域都市农业发展优势及短板,明确创建期的主要任务及重点项目,综合施策、多措并举推进示范区建设。在设施化提升方面,都市农业示范区要着重提升园艺设施建设水平和农业机械化水平;在园区化发展方面,应综合考虑推进产业集聚发展,统筹布局产业生产、加工物流、科技研发、农旅融合、生态保护等功能区,推动一二三产业深度融合;在推进融合化方面,应以市场需求为导向,聚焦农业多种功能和乡村多元价值,重点发展农产品加工、乡村休闲旅游、农村电商等产业,并突出形成旅游观光、农耕体验、民宿康养、研学科普等新业态;在绿色化发展方面,要聚焦农业生产"三品一标",推进全域农业绿色标准化生产,探索生态、有机等农业发展模式;在数字化方面,要加快发展智慧农业,全面提升农业生产智能化、经营网络化、管理高效化、服务便捷化水平,示范引领都市农业的数字化发展。

7.4 发达地区——智慧农业类示范区

7.4.1 类型特点

智慧农业是信息技术、数据科学和现代农业汇聚融合的创新产物,是新一代信息技术与农业生产、经营、物流、管理和服务环节深度融合衍生出的新业态。示范区创建通知没有具体明确所对应的区域,但提到其与都市农业统归为大中城市郊区和东部沿海地区发展的类型。由于要与农业生产相结合,所以单独以智慧农业为主申报的数量不多,而与粮食产业、优势特色产业相结合申报的较多。

一是经济实力强。由于发展智慧农业需要建立完善的信息化设施,包括健全高速宽带、千兆光纤接入、4G/5G网络等,还要布局农村信息服务站点和服务终端设施等,需要花费大量的投资来建设,当地政府没有一定的财力很难实施推行。

二是产业基础好。智慧农业离不开农业产业,只有当农业产业完成了规模化生产、标准化作业和社会化服务等以后,智慧农业才有基础保障,并逐步发展起来,进而带动农业的数字化和智能化快速发展。

三是现代要素集聚。发展智慧农业需要科技、土地、信息等要素集成,并相互共享互惠。营造良好的营商环境,能吸引大量资本投资建设;信息化技术与农业深度融合,能为智慧农业提供科技支撑；盘活农村土地存量资产，能缓解信息化设施用地问题。大量的政策、市场和服务等信息，能为用户生产生活提供便利条件。

四是产业工人素质高。 数字农业是一个智力产业，对操作工人的综合素质要求很高，发达地区居民受高等教育程度较高，产业工人人才集聚，能为示范区智慧农业发展提供人才支撑。

7.4.2 编制侧重点

此类示范区在第6章提到的推进农业数字化的基础上，还应结合《农业现代化示范区数字化建设指南》的相关要求，着力探索以智慧农业为重点的农业现代化发展路径，不断提升智能化管理水平。重点应突出以下方面。

（1）着力加强乡村信息基础设施建设

统筹构建空天地一体化农业观测网络，加强网络基础设施建设，推进网络建设、千兆光纤接入，加快网络设施升级换代，在巩固4G/5G网络服务功能的基础上，推进高速宽带网络往村覆盖、往户延伸；引导电信企业加大网络提速降费力度，开发普惠面广的服务套餐，建成满足生产生活需要的网络基础设施。有序整合农村信息服务站点，优化终端场所布局，完善软件配套；鼓励经营主体开发信息终端、移动端应用软件（App）等，方便获取农业生产、农业技术和产品销售等相关信息，不断提高信息终端服务供给水平。

（2）推进农业全产业链数字化改造升级

主要涉及农业生产、加工、流通与服务等各环节数字化改造升级。在生产方面，主要围绕大田种植、设施园艺、农机配套和畜禽与水产养殖等领域，配套物联网测控、空天地遥感一体化监测设施设备，推进自动化作业、环境监控、疫病虫害防治和废弃物处理等环节的智能化改造，精准指导生产决策；在农机配套方面，重点围绕"一大一小"两方面，配置北斗导航、远程遥控、无人驾驶、精准作业等设备，实现农机装备升级改造；在农产品加工方面，按需配置智能加工流水线、专用机器人、自动包装等设备，实现智能化加工升级；在流通方面，围绕仓储、分装、运输、交易、配送、出库等各环节配置自动化设施，不断提升物流运营效率；在管理服务方面，搭建农业大数据平台，不断提升管理服务的智能化水平。

（3）推进数据资源汇聚共享

针对当前农业数据标准不统一、数据上下贯通难、共享不充分等问题，各地应按照全国统一的数据资源目录、分类编码和标准接口，大力拓展采集渠道，实现数据资源汇聚共享。一是加强农业数据资源库建设。重点加强自然资源、种质资源、耕地、经营主体、农资投入品、劳动力和农产品等相关数据采集，建立标准化数据库，构建空天地一体化数据资源采集系统。二是推动公共数据整合共享。依托各级农业大数据平台，建立县级农业大数据应用系统，打通农业生产、加工、流通、消费各环节，形成示范区农业大数据"一张图"。

（4）拓展数字支撑应用场景

结合《农业现代化示范区数字化建设指南》的相关要求，积极探索耕地种植用途管控"一张图"、社会化服务"一张网"、科技信息服务"一朵云"和农产品质量安全追溯"一个码"等多个应用场景，促进美好画卷尽快实现。一是探索种植用途管控"一张图"。借助现代信息技术，形成种植户申报、大数据监测、网格员在线核实的空天地网人一体化管控，推进用途管控"一张图"存档入库。二是探索社会化服务"一张网"。重点开展良种供应、农资采购、产品加工、市场销售等社会化服务，汇集农机装备、作业需求、服务组织和经营主体等数据，实现社会化服务"一张网"的应用场景。三是探索科技信息服务"一朵云"。依托各级农业信息服务平台、农业科教云平台和"云课堂"等，开展远程学习和在线农技问答，实现科技信息服务"一朵云"的应用场景。四是探索质量安全追溯"一个码"。依托区块链、大数据等信息技术，汇集农业投入品、生产过程、产品销售等信息，开展分等分级管理，实现农产品质量安全追溯"一个码"的应用场景。

7.5 生态脆弱地区——旱作农业类示范区

7.5.1 类型特点

旱作农业类是目前申报数较少、且与其他类示范区边界比较模糊的类型，除具有示范区一般属性外，还具有如下特点。

一是地域广阔。这类示范区特指我国西北及长城沿线、青藏高原等区域，包括新疆、西藏、青海、宁夏全部，内蒙古、甘肃大部分区域，国土面积、耕地面积均占全国总数50%以上。

二是干旱缺水。这类示范区大部分处于干旱、半干旱地区，年降水量小，仅在250～450毫米，且降水时空分布不均，大多集中在7月、8月、9月三个月。此外，该区域蒸发量大，导致水资源严重匮乏，不利于作物正常生长。

三是生态脆弱。区域内呈现出山脉、高原、丘陵、沟壑、盆地、沙漠、戈壁等多种地形，以黄土、荒漠土、盐碱土等为主要土类。该区域大部分地处寒旱地区，风蚀严重，植被稀少、土地沙化、盐渍化严重。再加上区域内地形起伏大、土层浅薄，生态环境十分脆弱，受到破坏后很难恢复。

四是光热丰富。全年日照时数超过2 600多个小时，日照百分率大于60%以上，且太阳总辐射量较大，为农业生产提供了光热条件。当地多为一年一熟，也有一年两熟，少许地区还有二年三熟，便于农业结构调整，农业生产潜力大。

五是经济落后。该区域地理位置处于相对劣势，生存条件较为恶劣，土地利用价值较低，社会经济落后，地方政府财力有限，农民收入普遍较低。未来巩固拓展脱贫攻坚成果同乡村振兴有效衔接、促进小农户与大市场有机衔接是该类示范区创建的重点。

7.5.2 编制侧重点

此类示范区需立足农业干旱区、生态脆弱区等农业发展特点，努力探索一条适合该区以旱作农业为重点的农业现代化发展之路，建议重点突出以下几方面。

（1）因地制宜践行大食物观

树立大食物观，是从更好满足人民群众日益增长的美好生活需要出发，在确保粮食供给的同时，保障肉类、蔬菜、水果、水产品等各类食物的有效供给，是推进农业现代化的重要内容和客观要求。旱作农业区地域辽阔，要深入践行大食物观，不断拓展食物供给途径。编制此类示范区创建方案时，在粮食生产方面，要优化粮食种植结构和品种结构，发展节水抗旱品种，如小杂粮、马铃薯等。在保障粮食生产稳定的同时，要因地制宜地拓展食物来源。有灌溉条件的川地、河谷地区可发展设施农业，巩固"菜篮子"供应；而山地丘陵地区可利用林地、园地等发展水果、干果种植，建设标准果园，提升"果盘子"供应；草原牧区、半农半牧区则可利用资源条件大力发展畜牧业，满足"肉案子"的供应要求。

（2）把科技创新作为推进农业现代化的第一驱动力

旱作农业区干旱缺水，生态脆弱，需要寻求改善生态环境和提高土地生产力的结合点，采取使两者同时受益的关键技术，依靠科技创新驱动推动旱作农业高质量发展。在创建方案编制时，要着重关注以下两方面：一是节本增效，即采用耕层调控、高效轮作、水肥一体化、覆膜保墒、耕地保育、结构优化等关键技术，如因地制宜采取旱地立式深旋耕作技术，中低产田改良与综合培肥技术，粮—薯、粮—草、粮—豆等高效轮作技术，全生物降解地膜覆盖等相关措施，实现节本增效；二是技术集成，即建设农业科技集成创新平台，推进产学研大联合、大协作，推动单项技术集成配套，充分利用"大数据""物联网"、二维码等现代信息技术，推进良田良种良法良机组装配套，整体协同。

（3）把绿色发展理念贯穿到农业现代化发展的全过程

旱作农业区通常远离工业污染，具有发展绿色有机高品质农产品的先天优势，要强化绿色导向、标准引领和质量安全监管，全面推行绿色生产方式，促进产业绿色转型，彻底改变农业发展主要依靠资源消耗的粗放经营方式。一是绿色导向，强化资源环境保护，推进绿色生产关键技术集成应用，建立环境友好型、耕地保育型和资源节约型农业绿色发展模式。如发展管道输水、滴灌喷灌等节水灌溉，通过种植绿肥、增施农家肥、增施有机肥、机械深松耕、秸秆还田、生物覆盖等措施逐步改良土壤结构，积极推广"畜—沼—果""种植—饲料—养殖"等绿色种养生态循环模式。二是标准引领，推动品种培优、品质提升、品牌打造和标准化生产，建立健全农业生产标准体系，促进产地环境、生产过程、产品质量、包装标识等全流程标准化，加快推进绿色、有机、良好农业规范认证。三是全程监管，建立农产品质量安全追溯体系，健全农产品质量安全监测体系，确保质量安全，将绿色生态优势转化为高端品牌优势。

（4）把社会化服务作为规模化经营的重要助推力

旱作农业区地貌多样、土地细碎，农业生产经营规模化、机械化水平普遍较低，加上农村空心化、老龄化现象突出，严重制约了现代农业发展。需要健全农业专业化社会化服务体系，发展多种形式适度规模经营，实现小农户与现代农业有效衔接。在创建方案编制时，在社会化服务方面，一要把农业生产托管作为发展服务带动型规模经营的重要方式，因地制宜发展单环节、多环节、全程生产托管等服务模式，有效满足多样化的服务需求；二要注重提高农机应用服务能力，可鼓励农机服务主体与家庭农场、种植大户、普通农户及农业企业组建农业生产联合体，实现机具共享、互利共赢，通过发展"互联网+农机作业"，提升农机作业监测、维修诊断、远程调度等信息化服务水平；三要注重加强农业废弃物回收利用服务能力，尤其是废旧农膜、农作物秸秆、畜禽粪污等，可依托合作社等社会化服务组织，建立地膜回收站、粪肥运输工作队、秸秆收储点等，探索农户、加工企业、经销商和回收社会化服务组织责任共担、利益共享的长效回收利用机制，提高农业废弃物回收利用效率。

7.6 其他类示范区

按照创建申报通知，此类示范区主要针对的是脱贫地区，而脱贫地区在全国分布较广，大都与南方丘陵优势特色产业类、旱作农业类等在空间上重合叠加。在编制此类示范区创建方案时，必须把巩固脱贫攻坚成果、防止发生规模性返贫作为创建工作的底线任务，将带动农民增收致富作为重点内容，并结合示范区所处的位置，参考上述相对应类型进行编制。在此基础上，还需关注以下几点。

一是充分结合当地复杂地形、生态环境、气候条件和乡土民情等，不宜追求大规模、大基地发展战略；

二是依托当地气候条件、水土资源和传统文化等，围绕"乡土""特色"做文章，开发一批特色食品、特色制造和特色手工等乡土产品；

三是做好做精特色产业，鼓励经营主体开展农业生产"三品一标"认定工作，打造优质特色品牌，不断提高农产品附加值；

四是发展比较优势明显、带动能力强、就业容量大的县域富民产业，多措并举促进农民工稳岗就业，完善联农带农机制，挖掘经营增收潜力，促进农民增收致富。

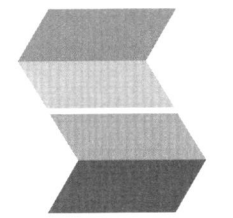

第三部分 专项研究篇

本篇是该书的专题研究部分,也是全书的具体深化部分,其内容涉及第8章至第12章共5章。主要从问题导向和目标导向切入,从示范区创建棘手问题出发,重点围绕创建目标指标体系构建、主导产业选择、农业产业结构调整、空间布局优化、农业"五化"实施路径和重点工程项目谋划六方面,开展深入研究并形成各专项研究报告,其研究成果为第7章各部分内容编制提供技术支撑,以期提高各地示范区创建方案编制的质量水平。

第8章 创建目标指标体系构建专项研究

为了研判示范区未来发展趋势，展望远期发展前景，需要通过设置创建目标指标项、构建目标指标体系、预测目标值和预判发展水平等研究才能实现。本章从研究创建目标指标设置入手，结合国家印发的"十四五"农业农村发展规划及相关专项规划中的发展目标、示范区创建通知与监测评估文件中提到的相关指标，提出指标筛选原则，构建创建目标指标体系，采用经济计量模型法、政策文件参考法和参考预测法等方法预测目标值；再参照发达国家相关资料、国内正式出版的专著或发表的论文、已公布的相关标准和监测评估文件等资料，确定指标衡量标准值；最后将目标预测值与衡量值相比较，以此预判示范区基本实现农业现代化的时间节点。下面从示范区创建目标预测和农业现代化水平预判两方面来展开阐述。

8.1 示范区创建目标指标预测

为了全面、科学、合理地反映示范区农业现代化水平，首先应筛选一定数量的创建目标指标，构建一套简便易行、科学实用的创建目标指标体系。

8.1.1 目标指标设置

（1）筛选原则

突出系统性，统筹推进。对标2035年基本实现农业现代化的目标，重点围绕农业设施化、融合化、园区化、绿色化和数字化等方面，系统反映农业现代化的内涵外延，统筹推进农业现代化发展。

突出差异性，分类指导。充分考虑不同示范区的经济水平、区域类型和发展条件，鼓励创设差异化、特色化的指标，较好地发挥其"指挥棒"作用，为创建示范区提供方向指引。

突出导向性，注重实效。发挥创建目标的导向作用，引导示范区科学把握发展方向，以便找差距、补短板、强弱项，并与创建任务形成呼应，确保目标指标符合当地发展实际。

突出易获性，科学规范。立足农情特点、产业特性，按照指标可衡量、数据可获取、结果可评价的要求，做到与官方统计口径相一致、与国际惯例相衔接，避免一刀切、遥不可及，确保目标指标科学合理。

（2）指标选取

根据上述原则，结合相关文件要求推选出与示范区创建联系较为紧密的几个有代表性的一级指标和二级指标项，见表8-1。

表8-1　各指标项选取一览表

一级指标项	二级指标项
质量效益	1.人均国内生产总值 2.农业劳动生产率 3.农产品质量安全监测合格率
质量效益	4.每单个示范区优质农产品数量 5.农村居民人均可支配收入 ……
产业结构	6.耕地保有率 7.粮食生产稳定度 8.重要农产品生产贡献稳定度 9.农产品加工业与农业总产值比值 10.养殖业产值占农林牧渔业产值比重 11.农林牧渔业服务业增加值占农林牧渔业增加值比重 12.农产品网络零售额占农产品总交易额比重 13.休闲农业与乡村旅游营业收入占农林牧渔业产值比重 ……
技术装备	14.良种化水平 15.农业机械化率 16.农业科技进步贡献率 17.农业生产信息化率 18.高标准农田面积比重 19.产地果蔬（肉类、水产）低温处理率 ……
绿色发展	20.高效节水灌溉面积比重 21.亩均农药施用强度 22.亩均化肥施用强度 23.农业废弃物资源化利用率 24.农产品质量安全追溯体系覆盖率 ……
经营管理	25.土地适度规模经营比重 26.养殖规模化标准化比重 27.与经营主体建立利益联结的农户比重 ……
支持保护	28.农林水事务支出占农林牧渔业增加值的比重 29.单位农林牧渔业增加值的农业贷款投入 30.农业保险深度 ……

8.1.2　指标体系构建

构建思路。深入学习习近平总书记关于"三农"工作的重要论述，全面贯彻落实党的二十大、中央经济工作会议、中央农村工作会议和全国农业农村厅局长会议等精神和决策部署，围绕全面推进乡村振兴、加快农业农村现代化，系统设计、细化筛选，着力构建符合发展规律、反映地方特色、各方认同的农业现代化目标指标体系,科学测算农业现代化发展进程,引领各地找准方位、找准"靶心",加快示范区实现农业现代化。

构建意义。一是有助于明确目标。创建农业现代化示范区,需弄清农业现代化的要义、涉及的领域及发展目标。只有目标明确了,推进农业现代化才有方向。二是有助于把握进度。农业现代化是一个长期发展的过程,需要在一定时期内持续推进,既不能急躁冒进,又不能错失良机,需根据每项指标在各时期的推进速度分阶段进行安排。三是有助于弥补短板。农业现代化涉及多个领域和大量发展指标,这些指标并非要求齐头并进,而要分清差异,如有些指标的当前水平距离现代化目标较近,而另一些指标则相对遥远,应找出相应的短板弱项,对各指标实现程度进行分别测算,并拟定有针对性的措施,促其尽快跟上农业现代化的整体进程。

构建框架。建立创建目标指标体系,可将示范区基本实现农业现代化设为总目标层,再将与农业现代化联系紧密的如质量效益、产业结构、技术装备、绿色发展、经营管理和支持保护6个方面设为一级指标,然后将一级指标分解为若干二级指标,受篇幅限制将质量效益分解为约5个指标,产业结构分解为约9个指标,技术装备分解为约6个指标,绿色发展分解为约4个指标,经营管理分解为约3个指标,支持保护分解为约3个指标等。初步形成具有总目标层、一级目标层和二级目标层等三级创建目标的指标体系。如图8-1所示。

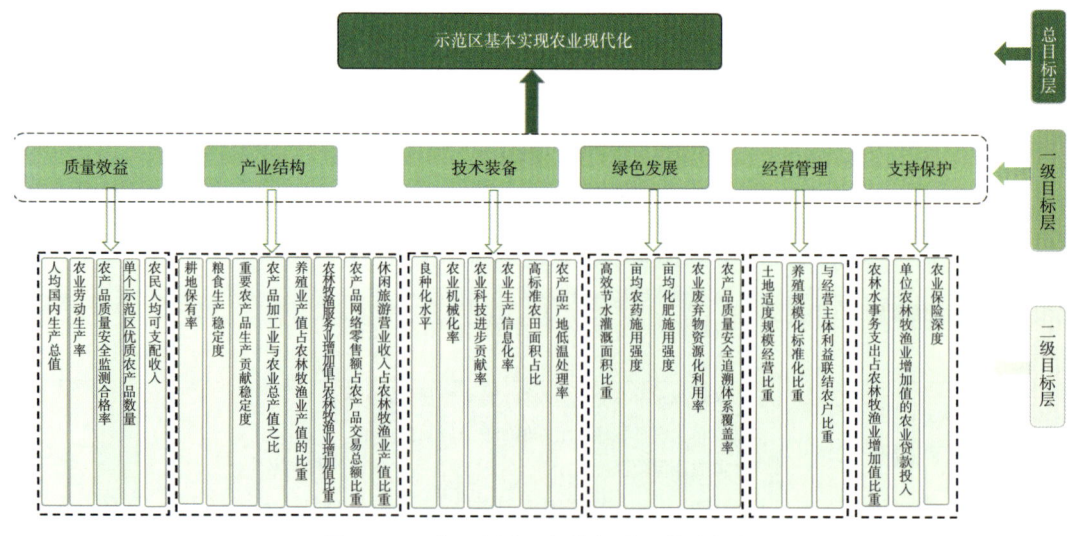

图8-1 示范区创建目标指标体系构建框架

8.1.3 指标计算

8.1.3.1 质量效益

主要涉及社会效益、经济效益和产品质量等指标,如国内生产总值、农业劳动生产率和农村居民人均可支配收入为经济社会效益指标，农产品质量安全监测合格率、优质农产品数为产品质量指标。

（1）**国内生产总值**。是衡量一个县域经济状况和发展水平的重要指标。

$$人均国内生产总值(m_1)=（县域第一产业增加值+第二产业增加值+第三产业增加值）/总人口数$$

（2）**农业劳动生产率**。主要反映示范区农业劳动力的劳动生产效率。

$$农业劳动生产率(m_2)=农林牧渔业增加值/第一产业就业人数\times100\%$$

（3）**农产品质量安全监测合格率**。主要反映示范区农产品质量安全管理水平。

$$农产品质量安全监测合格率(m_3)=合格农产品样本数/抽样农产品样本总数\times100\%$$

（4）**示范区优质农产品数量**。主要反映示范区优质农产品质量安全水平。

$$单个示范区优质农产品数量(m_4)=（绿色农产品+有机农产品+地理标志农产品）认定个数$$

（5）**农村居民人均可支配收入**。主要反映示范区农村居民收入水平和富裕程度。

$$农村居民人均可支配收入(m_5)=示范区农村居民可支配总收入/农村总人口\times100\%$$

8.1.3.2 产业结构

主要推荐耕地保有率、粮食生产稳定度、重要农产品生产贡献稳定度、农产品加工业产值占农林牧渔业产值比重、养殖业产值占农林牧渔业产值比重、农林牧渔服务业增加值占农林牧渔业增加值比重、农产品网络零售额占农产品交易总额比重和休闲农业与乡村旅游营业收入占农林牧渔业产值比重等指标。

（6）**耕地保有率**。主要反映耕地的保护力度。

$$耕地保有率(m_6)=本年末耕地总面积/上年末耕地总面积\times100\%$$

（7）**粮食生产稳定度**。主要反应粮食安全的重要指标。

$$粮食生产稳定度(m_7)=当年粮食总产量/过去五年粮食总产量平均值\times100\%$$

注：如果本年度粮食产量达到或者高于过去5年的平均水平，即达到了生产稳定的目标。

（8）**重要农产品生产贡献稳定度**。反映示范区重要农产品贡献程度。

$$重要农产品生产贡献稳定度(m_8)=某重要农产品产量/全国该品种总产量）/（县域某重要农产品前5年平均产量/全国该品种前五年平均总产量）\times100\%$$

注：重要农产品除稻谷、小麦、玉米、大豆之外，还包括猪肉、棉花、食糖、牛羊肉、乳制品、食用植物油、天然橡胶、蔬菜、水果等。其中，种植类选取面积最大的品种，养殖类选取产量最高的品种。

（9）**农产品加工业产值与农业总产值比值**。反映示范区的重要农产品加工水平。

$$农产品加工业产值与农业总产值(m_{9.1})=农产品加工业产值/农业总产值。$$

注：加工短缺的示范区可以采用主导产业加工转化率指标，反映示范区主导产业产品加工转化能力。

$$主导产业加工转化率(m_{9.2})=经过加工的主导产业农产品产量/主导产业农产品总产量×100\%$$

（10）**养殖业产值占农林牧渔业产值比重**。反映示范区现代养殖业的发展水平。

$$养殖业产值占农林牧渔业产值比重(m_{10})=(畜牧业产值+渔业产值)/农林牧渔业产值×100\%$$

（11）**农林牧渔服务业增加值占农林牧渔业增加值比重**。反映示范区的农业社会化服务水平。

$$农林牧渔服务业增加值占农林牧渔业增加值比重(m_{11})=农林牧渔服务业增加值/农林牧渔业增加值×100\%$$

（12）**农产品网络零售额占农产品交易总额比重**。反映示范区通过互联网销售的能力。

$$农产品网络零售额占农产品交易总额比重(m_{12})=农产品网络零售额/农产品交易总额×100\%$$

（13）**休闲农业与乡村旅游营业收入占农林牧渔业产值比重**。反映休闲农业与乡村旅游发展水平。

$$休闲农业与乡村旅游营业收入占农林牧渔业产值比重(m_{13})=休闲农业与乡村旅游营业收入/农林牧渔业产值×100\%。$$

8.1.3.3 技术装备

主要推荐良种化水平、农业机械化率、农业科技进步贡献率、农业生产信息化率、高标准农田建设面积比重和农产品产地低温处理率等指标。

（14）**良种化水平**。主要反映农作物和养殖品种良种供应保障水平。

$$农作物核心种源自给率(m_{14.1})=(采用核心种源的农作物种植面积/该作物总播种面积)×100\%$$

$$畜禽核心种源自给率(m_{14.2})=(采用核心种源的畜禽品种饲养量/该养殖品种总饲养量)×100\%$$

$$水产核心种源自给率(m_{14.3})=(采用核心种源的水产品种饲养量/该养殖品种总饲养量)×100\%$$

（15）**农业机械化率**。反映先进生产力的重要标志。

主导产业为粮油等作物的示范区，主要计算农作物耕种收综合机械化率；主导产业为畜牧与水产养殖的示范区，主要计算畜牧养殖机械化率与水产养殖机械化率等指标。

农作物耕种收综合机械化率$(m_{15.1})$＝（40%×机耕水平）+（30%×机播水平）+
（30%×机收水平）

注：上式中，机耕水平指机耕面积占各种农作物总播种面积的比重；机播（栽、插）水平指机播面积占各种农作物总播种面积的比重；机收水平指机收面积占各种农作物收获总面积的比重。主要采用上级农机部门的行业统计数据。

畜牧养殖机械化率$(m_{15.2})$＝（25%×饲草料生产与加工机械化水平）+（20%×投饲机械化水平）+（20%×粪污清理机械化水平）+（15%×环控机械化水平）+（20%×采集机械化水平）

水产养殖机械化率$(m_{15.3})$＝（25%×投饲机械化水平）+（35%×水质调控机械化水平）+
（25%×捕捞机械化水平）+（15%×清淤机械化水平）

（16）**农业科技进步贡献率**。反映农业科技进步对农业现代化的贡献程度。

农业科技进步贡献率(m_{16})＝农业科技进步率/第一产业总产值增长率

其中，农业科技进步率=第一产业总产值增长率-（物质费用产出弹性×物质费用增长率）-（劳动力产出弹性×劳动力增长率）-（耕地产出弹性×耕地增长率）

注：上式中，物质费用、劳动力和耕地等产出弹性可取0.55、0.20和0.25等。

（17）**农业生产信息化率**。反映农业领域信息技术应用的水平。包括大田种植、设施园艺、畜牧与水产养殖等生产过程的信息技术应用。

农业生产信息化率(m_{17})=大田种植信息化应用率×（大田种植产值/农林牧渔业产值）+设施园艺信息化应用率×（设施园艺产值/农林牧渔业产值）+畜牧养殖信息化应用率×（畜牧养殖产值/农林牧渔业产值）+水产养殖信息化应用率×
（水产养殖产值/农林牧渔业产值）

（18）**高标准农田建设面积比重**。反映农田基础设施标准化水平。

高标准农田建设面积比重(m_{18})=高标准农田建设面积/示范区耕地总面积×100%

（19）**产地果蔬（肉类、水产品等）低温处理率**。反映示范区果蔬、肉类、水产品产地低温处理水平。

果蔬产地预冷和冷藏等低温处理率$(m_{19.1})$=本年度果蔬预冷和冷藏处理量/
果蔬总产量×100%

肉类产地冷却、冻结和冷藏等低温处理率$(m_{19.2})$=本年度肉类冷却、冻结和冷藏处理量/

畜禽屠宰总产量×100%

水产品冻结和冷藏等低温处理率($m_{19.3}$)=本年度水产品冻结和冷藏处理量/水产品捕捞总产量×100%

8.1.3.4 绿色发展

主要推荐高效节水灌溉面积比重、亩均农药施用强度、亩均化肥施用强度、农业废弃物资源化利用率和农产品质量安全追溯体系覆盖率等指标。

（20）**高效节水灌溉面积比重**。指采用管道输水灌溉、喷灌、微灌等方式进行灌溉的面积的比重，主要反映农田灌溉用水节约的效率。

高效节水灌溉面积比重($m_{20.1}$)=高效节水灌溉覆盖面积/示范区耕地总面积×100%

也可以用农田灌溉水有效利用系数表示，是反映农田灌溉水利用效率的重要指标。

农田灌溉水有效利用系数($m_{20.2}$)=灌入田间被作物利用的水量/灌溉系统取用的总水量

（21）**亩均农药施用强度**。这是衡量农作物农药减量增效的重要指标。

亩均农药施用强度(m_{21})=本年度农药施用量/示范区耕地总面积

（22）**亩均化肥施用强度**。这是衡量农作物化肥减量增效重要指标。

亩均化肥施用强度(m_{22})=本年度化肥施用量/示范区耕地总面积

（23）**农业废弃物资源化利用率**。主要包括畜禽粪污、农作物秸秆和废旧农膜的资源化利用，是反映农业废弃物资源化利用的主要指标。

农业废弃物资源化利用率(m_{23})=（秸秆综合利用率+畜禽粪污资源化利用率+废旧农膜回收利用率）/3

畜禽粪污资源化利用率($m_{23.1}$)=畜禽粪污利用量/示范区畜禽粪污产生总量×100%

农作物秸秆资源化利用率($m_{23.2}$)=农作物秸秆利用量/示范区秸秆产生总量×100%

废旧农膜资源化利用率($m_{23.3}$)=废旧农膜可利用量/示范区废旧农膜产生总量×100%

（24）**农产品质量安全追溯体系覆盖率**。是反映示范区农产品质量安全和信息化水平的重要指标。

农产品质量安全追溯体系覆盖率(m_{24})=农产品质量安全可追溯的实现规模/示范区农产品生产总规模×100%

8.1.3.5 经营管理

主要推荐适度规模经营比重、养殖规模化标准化比重和与经营主体建立利益联结机制的农户比重等指标。

（25）**土地适度规模经营比重**。反映大田农作物组织化、规模化水平。

土地适度规模经营比重(m_{25})=土地适度规模经营面积/示范区耕地总面积×100%

（26）**养殖规模化标准化比重**。反映畜禽养殖、水产养殖规模化、集约化水平。

主导产业为畜牧养殖的示范区，主要计算畜禽养殖规模化率指标，指猪、牛、羊、鸡等规模化养殖量占示范区养殖总量的比重；主导产业为渔业的示范区，主要计算水产标准化健康养殖比重。这是反映现代畜牧业和渔业发展水平重要指标。

$$畜禽养殖规模化率(m_{26.1}) = \sum_{i=1}^{6} A_i \times X_i$$

注：上式中，A为猪、牛、羊、鸡等规模化养殖场年出栏量分别占示范区养殖总量的比重，X为各类畜禽产值分别占畜牧总产值的比重，i为畜产品代码。规模化养殖量是指年出栏500头以上的猪、100只以上的肉羊、50头以上的肉牛、10 000只以上的肉鸡，以及年存栏100头以上的奶牛、2 000只以上的蛋鸡等。

水产标准化健康养殖比重($m_{26.2}$)=水产标准化健康养殖场面积/水产养殖总面积×100%

（27）**与经营主体建立利益联结机制的农户比重**。反映示范区联农带农的力度。

与经营主体建立利益联结机制的农户比重(m_{27})=加入合作社或通过企业订单等各种方式带动的农户数量/示范区农户总数量×100%

8.1.3.6 支持保护

主要推荐农林水事务支出占农林牧渔业增加值比重、单位农林牧渔业增加值的农业贷款投入和农业保险深度等指标。

（28）**农林水事务支出占农林牧渔业增加值比重**。反映各级财政对示范区建设支持力度。

农林水事务支出占农林牧渔业增加值比重(m_{28})=各级财政投入/农林牧渔业增加值×100%

（29）**单位农林牧渔业增加值的农业贷款投入**。反映金融机构对示范区发展的支持程度。

单位农林牧渔业增加值农业贷款投入(m_{29})=农林牧渔业贷款投入/农林牧渔业增加值

（30）**农业保险深度**。反映示范区农业风险防范的能力。

农业保险深度(m_{30})=农业保费收入/农林牧渔业增加值×100%

根据上述计算公式计算的结果，列入表8-2的相应指标基期值列中。

表8-2 各指标现状值一览表

一级指标	二级指标	单位	基期值
质量效益	1.人均国内生产总值	万元/人	m_1
	2.农业劳动生产率	万元/人	m_2
	3.农产品质量安全监测合格率	%	m_3
	4.每万公顷优质农产品数量	个/示范区	m_4
	5.农村居民人均可支配收入	元/人	m_5
	……		
产业结构	6.耕地保有量	%	m_6
	7.粮食生产稳定度	%	m_7
	8.重要农产品生产贡献稳定度	%	m_8
	9.农产品加工业与农业总产值比值	%	$m_{9.1}$
	或主导产业加工转化率	%	$m_{9.2}$
	10.养殖业产值占农林牧渔业产值比重	%	m_{10}
	11.农林牧渔业服务业增加值占农林牧渔业增加值比重	%	m_{11}
	12.农产品网络零售额占农产品总交易额比重	%	m_{12}
	13.休闲农业与乡村旅游营业收入占农林牧渔业产值比重	%	m_{13}
	……		
技术装备	14.良种化水平	%	m_{14}
	农作物良种覆盖率	%	$m_{14.1}$
	或畜禽核心种源自给率	%	$m_{14.2}$
	或水产核心种源自给率	%	$m_{14.3}$
	15.农业机械化率	%	m_{15}
	农作物耕种收综合机械化率	%	$m_{15.1}$
	畜牧养殖机械化率	%	$m_{15.2}$
	水产养殖机械化率	%	$m_{15.3}$
	16.农业科技进步贡献率	%	m_{16}
	17.农业生产信息化率	%	m_{17}
	18.高标准农田面积比重	%	m_{18}
	19.产地果蔬（肉类、水产品等）低温处理率	%	m_{19}
	果蔬产地低温处理率	%	$m_{19.1}$
	肉类产地低温处理率	%	$m_{19.2}$
	水产品产地低温处理率	%	$m_{19.3}$
	……		
绿色发展	20.高效节水灌溉面积比重	%	$m_{20.1}$
	或农田灌溉水利用系数	%	$m_{20.2}$
	21.亩均农药施用强度	千克/亩	m_{21}
	22.亩均化肥施用强度	千克/亩	m_{22}
	23.农业废弃物资源化利用率	%	m_{23}
	畜禽粪污资源化利用率	%	$m_{23.1}$
	或农作物秸秆资源化利用率	%	$m_{23.2}$
	或废旧农膜资源化利用率	%	$m_{23.3}$
	24.农产品质量安全追溯体系覆盖率	%	m_{24}
	……		

(续表)

一级指标	二级指标	单位	基期值
经营管理	25.土地适度规模经营比重	%	m_{25}
	26.养殖规模化标准化比重	%	m_{26}
	畜禽养殖规模化率	%	$m_{26.1}$
	水产标准化健康养殖比重	%	$m_{26.2}$
	27.与经营主体建立利益联结的农户比重	%	m_{27}
	……		
支持保护	28.农林水事务支出占农林牧渔业增加值的比重	%	m_{28}
	29.单位农林牧渔业增加值的农业贷款投入	元	m_{29}
	30.农业保险深度	%	m_{30}
	……		

8.1.4 指标值预测

要想了解示范区农业现代化发展水平，一般通过建立经济计量模型及应用以往研究经验对其目标值进行预测才能获得。在本研究中，除农业科技进步贡献率、产地低温处理率和农业信息化率等指标很难在国家和地方正式出版的统计年鉴中获得其时间序列数据外，其他指标均可直接或间接获得其相关数据，并通过计量模型进行预测获得。

8.1.4.1 经济计量模型预测法

一般借助EVIEWS、SPSS等计量分析软件，采用当地各县正式出版的统计年鉴和农业统计资料等，对各指标历年的数据进行拟合，以此推断出每个指标的增长趋势。为便于简化计算，本研究仅采用一元回归分析模型进行分析：

（1）假若增长趋势为直线，其计量模型一般为：

①$Y=b_0+b_1 t$

（2）假若增长趋势为曲线，其计量模型如下：

②一元二次回归模型：$Y=b_0+b_1 t+b_2 t^2$

③一元三次回归模型：$Y=b_0+b_1 t+b_2 t^2+b_3 t^3$

④对数函数模型：$Y=b_0+b_1 t\ln(t)$

⑤幂函数模型：$Y=b_0(t^{b1})$

注：上式中，Y为因变量，t为自变量，b_0为常数，b_1、b_2、b_3为系数。

在实际工作中，目标指标预测运用①②的较多。

对于一些利用模型难以预测的指标，一般可根据政府部门公布的相关数据，先计算出年均增长率，再进行递推，最后预测出各指标值。例如，一个地方的GDP增速是备受关注的经济指标，一般会在特定阶段提出该指标值，有时会在政府工作报告或在其他文件中提到，由于这些数据不能形成完整的时间序列数，可借鉴以往的研究成果，依据前几年相关数据推算出年均增长率，最后计算出各指标的预测值。如：

增长率=[（目标年/基期年）$^{1/(t-1)}$-1]×100%，则

$$Y_i=b_0(1+\lambda)^{(t-1)}$$

上式中，Y_i 为预期数，b_0 为基期年数，λ 为增长率。

8.1.4.2　文件查询法

文件查询法是指通过查询已发布的相关规划、政策文件等获取目标指标值。对于相关规划和政策文件已明确了目标值的约束性指标，可直接采用，如耕地保有率等；对于文件中提到的预期性指标，应以此为重要参考，结合示范区现状水平和发展趋势确定目标值。例如《"十四五"全国农业机械化发展规划》中提出"到2025年，全国农作物耕种收综合机械化率达到75%"，示范区可参考采用75%这个数。

8.1.4.3　参考预测法

参考预测法主要是指参考行业主管部门、专业研究机构的研究成果或相似地区的发展水平来确定目标值。如农业灌溉水有效利用系数可参考水利部门预测值；粮食生产稳定度、重要农产品生产贡献稳定度可参考农业部门的预测值，一些社会影响力较大的指标可参考专业研究机构的研究成果等。

通过采用上述方法，可对各指标进行预测，将各指标预测值列入表8-3中。

表8-3　示范区创建目标指标预测值一览表

一级指标	二级指标	单位	基期值	预测值
质量效益	1.人均国内生产总值	万元/人	m_1	Y_1
	2.农业劳动生产率	万元/人	m_2	Y_2
	3.农产品质量安全监测合格率	%	m_3	Y_3
	4.每单个示范区优质农产品数量	个/示范区	m_4	Y_4
	5.农村居民人均可支配收入	元/人	m_5	Y_5
	……			
产业结构	6.耕地保有量	%	m_6	Y_6
	7.粮食生产稳定度	%	m_7	Y_7
	8.重要农产品生产贡献稳定度	%	m_8	Y_8
	9.农产品加工业与农业总产值比值		$m_{9.1}$	$Y_{9.1}$
	或主导产业加工转化率	%	$m_{9.2}$	$Y_{9.2}$
	10.养殖业产值占农林牧渔业产值比重	%	m_{10}	Y_{10}
	11.农林牧渔业服务业增加值占农林牧渔业增加值比重	%	m_{11}	Y_{11}
	12.农产品网络零售额占农产品总交易额比重	%	m_{12}	Y_{12}
	13.休闲农业与乡村旅游营业收入占农林牧渔业产值比重	%	m_{13}	Y_{13}
	……			

(续表)

一级指标	二级指标	单位	基期值	预测值
技术装备	14.良种化水平			Y_{14}
	农作物核心种源自给率	%	$m_{14.1}$	$Y_{14.1}$
	或畜禽核心种源自给率	%	$m_{14.2}$	$Y_{14.2}$
	或水产核心种源自给率	%	$m_{14.3}$	$Y_{14.3}$
	15.农业机械化率	%		Y_{15}
	农作物耕种收综合机械化率	%	$m_{15.1}$	$Y_{15.1}$
	畜牧养殖机械化率	%	$m_{15.2}$	$Y_{15.2}$
	水产养殖机械化率	%	$m_{15.3}$	$Y_{15.3}$
	16.农业科技进步贡献率	%	m_{16}	Y_{16}
	17.农业生产信息化率	%	m_{17}	Y_{17}
	18.高标准农田面积比重	%	$m_{18.1}$	Y_{18}
	19.产地果蔬（肉类、水产品等）低温处理率			Y_{19}
	果蔬产地低温处理率	%	$m_{19.1}$	$Y_{19.1}$
	肉类产地低温处理率	%	$m_{19.2}$	$Y_{19.2}$
	水产品产地低温处理率	%	$m_{19.3}$	$Y_{19.3}$
	……			
绿色发展	20.高效节水灌溉面积比重	%	$m_{20.1}$	$Y_{20.1}$
	或农田灌溉水利用系数	%	$m_{20.2}$	$Y_{20.2}$
	21.亩均农药施用强度	千克/亩	m_{21}	Y_{21}
	22.亩均化肥施用强度	千克/亩	m_{22}	Y_{22}
	23.农业废弃物资源化利用率	%		Y_{23}
	畜禽粪污资源化利用率	%	$m_{23.1}$	$Y_{23.1}$
	或农作物秸秆资源化利用率	%	$m_{23.2}$	$Y_{23.2}$
	废旧农膜资源化利用率	%	$m_{23.3}$	$Y_{23.3}$
	24.农产品质量安全追溯体系覆盖率	%	m_{24}	Y_{24}
	……			
经营管理	25.土地适度规模经营比重	%	m_{25}	Y_{25}
	26.养殖规模化标准化比重	%		Y_{26}
	畜禽养殖规模化率	%	$m_{26.1}$	$Y_{26.1}$
	水产品标准化健康养殖比重	%	$m_{26.2}$	$Y_{26.2}$
	27.与经营主体建立利益联结的农户比重	%	m_{27}	Y_{27}
	……			
支持保护	28.农林水事务支出占农林牧渔业增加值的比重	%	m_{28}	Y_{28}
	29.单位农林牧渔业增加值的农业贷款投入	元	m_{29}	Y_{29}
	30.农业保险深度	%	m_{30}	Y_{30}
	……			

8.2 农业现代化发展水平预判

8.2.1 衡量标准制定

测算农业现代化发展水平需要相关衡量标准作参考。在充分对接《开展农业现代化示范区监测评估的意见》（以下简称《评估意见》）中评估指标的基础上，参考国内农业现代化评价已取得的研究成果，如中国农业出版社出版的《农业现代化辉煌五年》（以下简称《辉煌五年》)、国务院下发的《"十四五"推进农业农村现代化规划》(以下简称《"十四五"规划》)、苏州市和潍坊市人民政府分别发布的《苏州市率先基本实现农业农村现代化评价考核指标体系》(以下简称《苏州指标》)和《潍坊市全面推进乡村振兴加快实现农业农村现代化指标体系》(以下简称《潍坊指标》)、吉林省地方标准《农业现代化发展水平评价指标体系》(DB22/T 3064—2019)(以下简称《吉林标准》)、叶兴庆等在《改革》2021年第9期发表的论文《新发展阶段农业农村现代化的内涵特征和评价体系》(以下简称《叶兴庆等论文》)以及联合国粮农组织相关研究报告，确定目标指标衡量标准。

8.2.1.1 质量效益方面

（1）人均国内生产总值。2021年我国人均GDP约为1.20万美元（约8.4万元人民币），基本实现了现代化要达到中等发达国家水平（2万美元以上）。本研究将该指标设为大于14万元。

（2）农业劳动生产率。《辉煌五年》和《吉林标准》中该指标均为5万元，《苏州指标》为21万元，《叶兴庆等论文》为8万元，《评估意见》为5.5万元。本研究将此指标设为5.5万元。

（3）农产品质量安全监测合格率。《"十四五"规划》中该指标为98%，《潍坊指标》为99.8%，《评估意见》为98%。本研究将该指标设为98%。

（4）每个示范区优质农产品认定数量。《辉煌五年》中该指标为24个，《评估意见》为50个。本研究将该指标设为50个。

（5）农民人均可支配收入。《辉煌五年》和《吉林标准》中该指标为2.5万元，《苏州评价》为6万元，《叶兴庆等论文》为3.5万元，《评估意见》为3万元。本研究将此指标设为3万元。

8.2.1.2 产业结构方面

（6）耕地保有率。《评估意见》中该指标为100%。本研究将此指标设为100%。

（7）粮食生产稳定度。《辉煌五年》设为80%，《吉林标准》为85%，《苏州指标》为100%，《评估意见》为100%。本研究将该指标设为100%。

（8）重要农产品生产贡献稳定度。《苏州指标评价》该指标为40%，《评估意见》为100%。本研究将该指标设为100%。

（9）农产品加工业产值与农业总产值比值。《"十四五"规划》和《全国乡村产业发展规划》中该指标为2.8，《辉煌五年》和《吉林标准》为3.5，《苏州指标》为5，《叶兴庆等论文》为3.2，《评估意见》为3.5。本研究将该指标设为3.5。

或农产品加工转化率。《苏州指标》该指标为75%，《"十四五"农业科技发展规划》为80%，《评估意见》为75%。本研究将该指标设为75%。

（10）养殖业产值占农林牧渔业产值比重。《辉煌五年》和《吉林标准》中该指标均为45%，《叶兴庆等论文》畜牧指标为50%。本研究将此指标设为45%。

（11）农林牧渔服务业增加值占农林牧渔业增加值比重。《辉煌五年》和《吉林标准》中该指标为4.8%，《苏州指标》为6%。本研究将该指标设为5%。

（12）农产品网络零售额占农产品交易总额比重。《"十四五"数字农业农村发展规划（2020—2025年）》中该指标为15%，《评估意见》为25%。本研究将该指标设为25%。

（13）休闲农业与乡村旅游营业收入占农林牧渔业产值比重。《评估意见》中该指标为12%。本研究将该指标设为12%。

8.2.1.3 技术装备方面

（14）良种化水平。包括农作物、畜禽及水产等良种保供情况。

农作物核心种源自给率，《"十四五"全国农业农村科技发展规划》《评估意见》中农作物良种覆盖率为96%、98%，《"十四五"全国现代种业发展规划》中制种基地供种率为80%。本研究将该指标设为80%以上。

另外，根据《"十四五"全国畜牧兽医发展规划》《"十四五"全国渔业发展规划》，畜牧、水产的核心种源自给率均为80%，《"十四五"全国现代种业发展规划》分别为80%、50%。本研究将该指标均设为80%以上。

（15）农业机械化率。包括农作物耕种收综合机械化率、畜牧养殖机械化率和水产养殖机械化率等。

农作物耕种收综合机械化率。《"十四五"规划》《"十四五"全国农业机械化发展规划》《辉煌五年》与《吉林标准》中该指标均为75%，《苏州指标》为90%，《叶兴庆等论文》为85%，《评估意见》为80%。本研究将平原地区的该指标设为80%，丘陵山区设为55%，并要求粮棉油主产区基本实现农业机械化。

畜牧养殖机械化率。《"十四五"全国畜牧兽医发展规划》《"十四五"全国农业科技发展规划》中该指标设为50%。本研究将该指标设为50%。

水产养殖机械化率。《"十四五"全国渔业发展规划》《"十四五"全国农业科技发展规划》中该指标设为50%。本研究将该指标设为大于50%。

（16）农业科技进步贡献率。《"十四五"规划》《"十四五"全国农业农村科技发展规划》中该指标均为64%，《辉煌五年》《吉林标准》为65%，《苏州指标》为72%，《叶兴庆等论文》为72%。本研究将该指标设为65%。

（17）农业生产信息化率。《辉煌五年》《吉林标准》中该指标为60%，《苏州指标》为68%，《"十四五"全国农业农村信息化发展规划》为27%，《评估意见》为35%。本研究将该指标设为35%。

（18）农田高标准农田面积比重。新一轮《全国高标准农田建设规划（2021—2030年）》提到全国高标准农田面积比重接近60%，《叶兴庆等论文》为75%，《评估意见》为60%。本研究将该指标设为60%。

（19）产地果蔬（肉类、水产品等）低温处理率。主要包括果蔬、肉类、水产品等需要低温冷藏和冷链运输，目前我国肉类、水产品产地冷链流通率仅为30%，果蔬不到20%，而发达国家达90%以上。《"十四五"全国农产品仓储保鲜冷链物流建设规划》中果蔬为30%、肉类与水产品为85%，《国家现代农业产业园监测评价办法》为60%，《评估意见》中果蔬设为45%、肉类与水产品为90%。本研究将果蔬的指标设为45%、肉类与水产品设为90%。

8.2.1.4　在绿色发展方面

（20）高效节水灌溉面积比重。《国家现代农业产业园监测评价办法》中该指标为80%，《评估意见》为75%。本研究将该指标设为75%。

或灌溉水有效利用系数。《"十四五"全国农业绿色发展规划》中该指标为0.57，《叶兴庆等论文》为0.65，《评估意见》为0.6。本研究将该指标设为0.6。

（21）亩均农药施用强度。《辉煌五年》该指标为0.5320千克/亩，绿色发展先行区要求为每亩0.2千克以下。本研究将该指标设为0.2千克/亩以下。

（22）亩均化肥施用强度。《辉煌五年》该指标为20千克/亩，绿色发展先行区要求为每亩15千克以下。本研究将该指标设为15千克/亩以下。

（23）农业废弃物资源化利用率。其为（畜禽粪污+农作物秸秆+废旧农膜）/3。《辉煌五年》该指标为80%，《评估意见》为85%以上，《吉林标准》为70%，《国家现代农业产业园监测评价办法》为90%。本研究将该指标设为大于85%以上。

或畜禽粪污资源化利用率。《"十四五"规划》《"十四五"全国畜牧兽医发展规划》《"十四五"全国农业绿色发展规划》该指标均为80%，《叶兴庆等论文》为85%。本研究将该指标设为80%。

农作物秸秆资源化利用率。《"十四五"全国农业绿色发展规划》该指标为大于86%，2021年为88.15%。本研究将该指标设为大于88%。

废旧农膜资源化利用率。《"十四五"全国农业绿色发展规划》该指标为85%。本研究将该指标设为85%。

（24）**农产品质量安全追溯体系覆盖率**。根据《农业农村部关于农产品质量安全追溯与农业农村重大创建认定、农业品牌推选、农产品认证、农业展会等工作挂钩的意见》（农质发〔2018〕10号）等文件的要求，批准国家现代农业示范区、国家农业绿色发展先行区、国家现代农业产业园时，将区域内80%以上的生产经营主体及其产品实行追溯管理作为前置条件。本研究将该指标设为大于85%。

8.2.1.5　经营管理方面

（25）**土地适度规模经营比重**。《辉煌五年》《吉林标准》该指标为45%，《叶兴庆等论文》为60%，《评估意见》为50%。本研究将该指标设为50%以上。

（26）**畜禽养殖规模化率**。《辉煌五年》《吉林标准》该指标为70%，《"十四五"全国畜牧兽医行业发展规划》为78%，《评估意见》为80%。本研究将该指标设为大于80%。

水产品标准化健康养殖比重。《评估意见》该指标为60%。本研究将该指标设为60%。

（27）**与经营主体建立联农带农机制的农户比重**。《评估意见》该指标为60%，《产业园评价办法》为60%，《苏州指标评价》《叶兴庆等论文》就参与农民合作社的农户比重分别为80%、70%。本研究将该指标设为60%。

8.2.1.6　支持保护方面

（28）**农林水事务支出占农林牧渔业增加值比重**。《辉煌五年》《吉林标准》该指标为30%。本研究将该指标设为高于30%。

（29）**单位农林牧渔业增加值的农业贷款投入**。《辉煌五年》该指标为0.6元，《吉林标准》为0.5元，《评估意见》为1.5元。本研究将该指标设为1.5元。

（30）**农业保险深度**。《辉煌五年》《吉林标准》该指标均为0.8%，《评估意见》为1.5%。本研究将该指标设为1.5%。

将上述各项衡量标准值列入表8-4之中。

表8-4　基本实现农业现代化衡量标准一览表

一级指标	二级指标	单位	基期值	创建期末预测值	衡量标准值
质量效益	1.人均国内生产总值	万元/人	m_1	Y_1	14
	2.农业劳动生产率	万元/人	m_2	Y_2	5.5
	3.农产品质量安全监测合格率	%	m_3	Y_3	98
	4.每单位示范区优质农产品数量	个/示范区	m_4	Y_4	50
	5.农村居民人均可支配收入	元/人	m_5	Y_5	3
	……				

（续表）

一级指标	二级指标	单位	基期值	创建期末预测值	衡量标准值
产业结构	6.耕地保有量	%	m_6	Y_6	100
	7.粮食生产稳定度	%	m_7	Y_7	100
	8.重要农产品生产贡献稳定度	%	m_8	Y_8	100
	9.农产品加工业与农业总产值比值		$m_{9.1}$	$Y_{9.1}$	3.5
	或主导产业加工转化率	%	$m_{9.2}$	$Y_{9.2}$	75
	10.养殖业产值占农林牧渔业产值比重	%	m_{10}	Y_{10}	45
	11.农林牧渔业服务业增加值占农林牧渔业增加值比重	%	m_{11}	Y_{11}	5
	12.农产品网络零售额占农产品总交易额比重	%	m_{12}	Y_{12}	25
	13.休闲农业与乡村旅游营业收入占农林牧渔业产值比重	%	m_{13}	Y_{13}	12
	……				
技术装备	14.良种化水平				
	农作物核心种源自给率	%	$m_{14.1}$	$Y_{14.1}$	80
	或畜禽核心种源自给率	%	$m_{14.2}$	$Y_{14.2}$	80
	或水产核心种源自给率	%	$m_{14.3}$	$Y_{14.3}$	80
	15.农业机械化率				
	农作物耕种收综合机械化率	%	$m_{15.1}$	$Y_{15.1}$	80
	畜牧养殖机械化率	%	$m_{15.2}$	$Y_{15.2}$	50
	水产养殖机械化率	%	$m_{15.3}$	$Y_{15.3}$	50
	16.农业科技进步贡献率	%	m_{16}	Y_{16}	65
	17.农业生产信息化率	%	m_{17}	Y_{17}	35
	18.高标准农田面积比重	%	m_{18}	Y_{18}	60
	19.产地果蔬（肉类等）低温处理率		m_{19}	Y_{19}	
	果蔬产地低温处理率	%	$m_{19.1}$	$Y_{19.1}$	45
	肉类产地低温处理率	%	$m_{19.2}$	$Y_{19.2}$	90
	产地水产品低温处理率	%	$m_{19.3}$	$Y_{19.3}$	90
	……				
绿色发展	20.高效节水灌溉面积比重	%	$m_{20.1}$	$Y_{20.1}$	75
	或农田灌溉水利用系数	%	$m_{20.2}$	$Y_{20.2}$	0.6
	21.亩均农药施用强度	千克/亩	m_{21}	Y_{21}	0.2
	22.亩均化肥施用强度	千克/亩	m_{22}	Y_{22}	15
	23.农业废弃物资源化利用率				85
	畜禽粪污资源化利用率	%	$m_{23.1}$	$Y_{23.1}$	80
	或农作物秸秆资源化利用率	%	$m_{23.2}$	$Y_{23.2}$	88
	废旧农膜资源化利用率	%	$m_{23.3}$	$Y_{23.3}$	85
	24.农产品质量安全追溯体系覆盖率	%	m_{24}	Y_{24}	85
	……				
经营管理	25.土地适度规模经营比重	%	m_{25}	Y_{25}	50
	26.养殖规模化标准化比重				
	畜禽养殖规模化率	%	$m_{26.1}$	$Y_{26.1}$	80
	水产品标准化健康养殖比重	%	$m_{26.2}$	$Y_{26.2}$	60
	27.与经营主体建立利益联结的农户比重	%	m_{27}	Y_{27}	60
支持保护	28.农林水事务支出占农林牧渔业增加值的比重	%	m_{28}	Y_{28}	30
	29.单位农林牧渔业增加值的农业贷款投入	元	m_{29}	Y_{29}	1.5
	30.农业保险深度	%	m_{30}	Y_{30}	1.5
	……				

8.2.2 发展阶段划分

在参考国内外农业现代化评价研究的基础上,参照发达国家的农业现代化历程和农业发展特点,结合《辉煌五年》一书的研究成果和上述各指标的衡量标准,通过计算示范区农业现代化发展水平综合得分情况和单项指标实现程度,并将示范区农业现代化划分为发展起步阶段、转型跨越阶段、基本实现阶段和全面实现阶段。农业现代化各阶段划分见表8-5,农业现代化单项指标的实现程度与所处的发展阶段见8-6。

表8-5 农业现代化发展阶段划分

序号	分值范围	农业现代化发展阶段
1	0~60	发展起步阶段
2	60~75	转型跨越阶段
3	75~85	基本实现阶段
4	85以上	全面实现阶段

表8-6 农业现代化单项指标发展阶段划分

序号	指标实现度	农业现代化发展阶段
1	0~60%	发展起步阶段
2	65%~75%	转型跨越阶段
3	75%~85%	基本实现阶段
4	85%以上	全面实现阶段

8.2.3 发展水平评价

在上述指标选取与预测、衡量标准确定的基础上,选择相应评价方法,建立相关评价模型,并对一级、二级指标赋予一定的权重,然后将各指标衡量标准与预估值进行比较,得出创建期各年的综合值,以此分析各指标的实现程度及研判示范区农业现代化所处的发展阶段。

8.2.3.1 评价方法选择

评价一个对象的客观性与公平性很大程度上取决于评价方法的科学性。因此,选取客观科学的评价方法至关重要。本研究中主要采用以下两种方法。

(1)**专家评价法**。聘请相关专家根据经验确定各级指标的权重,然后进行归一化处理后加权汇总,以此计算各级指标的量化值。此法虽然会有一定的主观随意性,但若能收集到大多数专家的意见,经过正确的统计处理,就会降低主观随意性的干扰。这是目前农业项目评价常用的方法之一。

(2)**层次分析法**。简称AHP法,即把复杂问题分为若干个有序的层次,然后对每一层次各元素的相对重要性给出定量数值,构造判断矩阵,通过求解最大特征值所对应的权重向量,经过一致性检验后,最后计算出排序向量。此种方法将归纳法和演绎法综合后形成完整的逻辑体系,克服了专家评价法的主观随意性,是比较先进并广泛运用的一种方法。由于受篇幅限制,在此就不展开叙述了,可参看第9章的相关内容。

8.2.3.2 计算结果

将计算结果列入表8-7中。

表8-7 农业现代化发展水平评价一览表

一级指标	权重 $W^{(k-1)}_i$	实现程度	二级指标	权重 $P^{(k)}_{ij}$	单位	预测值	基本实现现代化	各类指标实现程度	自评得分
质量效益	$W^{(2)}_1$	$F(X_1)$	人均国内生产总值P_1	$P^{(3)}_{11}$	万元/人	Y_1	14	$f(X_1)$	$B(X_1)$
			农业劳动生产率P_2	$P^{(3)}_{12}$	万元/人	Y_2	5.5	$f(X_2)$	$B(X_2)$
			农产品质量安全监测合格率P_3	$P^{(3)}_{13}$	%	Y_3	98	$f(X_3)$	$B(X_3)$
			单个示范区优质农产品数量P_4	$P^{(3)}_{14}$	个/示范区	Y_4	50	$f(X_4)$	$B(X_4)$
			农民人均可支配收入P_5	$P^{(3)}_{15}$	元/人	Y_5	3	$f(X_5)$	$B(X_5)$
产业结构	$W^{(2)}_2$	$F(X_2)$	耕地保有率P_6	$P^{(3)}_{26}$	%	Y_6	100	$f(X_6)$	$B(X_6)$
			粮食生产稳定度P_7	$P^{(3)}_{27}$	%	Y_7	100	$f(X_7)$	$B(X_7)$
			重要农产品生产贡献稳定度P_8	$P^{(3)}_{28}$	%	Y_8	100	$f(X_8)$	$B(X_8)$
			农产品加工业与农业总产值比值(转化率)P_9	$P^{(3)}_{29}$		Y_9	3.5	$f(X_9)$	$B(X_9)$
			养殖业占农林牧渔业产值比重P_{10}	$P^{(3)}_{210}$	%	Y_{10}	75	$f(X_{10})$	$B(X_{10})$
			农林牧渔服务业增加值占农林牧渔增加值比重P_{11}	$P^{(3)}_{211}$	%	Y_{11}	45	$f(X_{11})$	$B(X_{11})$
			农产品网络零售额占农产品总交易额比重P_{12}	$P^{(3)}_{212}$	%	Y_{12}	5	$f(X_{12})$	$B(X_{12})$
			休闲旅游营业收入占农林牧渔产值的比重P_{13}	$P^{(3)}_{213}$	%	Y_{13}	25	$f(X_{13})$	$B(X_{13})$
技术装备	$W^{(2)}_3$	$F(X_3)$	农作物(养殖)良种化水平P_{14}	$P^{(3)}_{314}$	%	Y_{14}	98(80)	$f(X_{14})$	$B(X_{14})$
			农作物(养殖)机械化率P_{15}	$P^{(3)}_{315}$	%	Y_{15}	80(50)	$f(X_{15})$	$B(X_{15})$
			农业科技进步贡献率P_{16}	$P^{(3)}_{316}$	%	Y_{16}	65	$f(X_{16})$	$B(X_{16})$
			农业生产信息化率P_{17}	$P^{(3)}_{317}$	%	Y_{17}	35	$f(X_{17})$	$B(X_{17})$
			高标准农田建设面积比重P_{18}	$P^{(3)}_{318}$	%	Y_{18}	60	$f(X_{18})$	$B(X_{18})$
			产地果蔬(肉类、水产品等)低温处理率P_{19}	$P^{(3)}_{319}$	%	Y_{19}	45(90)	$f(X_{19})$	$B(X_{19})$
绿色发展	$W^{(2)}_4$	$F(X_4)$	高效节水灌溉面积比重(利用系数)P_{20}	$P^{(3)}_{420}$	%	Y_{20}	75(0.6)	$f(X_{20})$	$B(X_{20})$
			亩均农药施用强度P_{21}	$P^{(3)}_{421}$	千克/亩	Y_{21}	0.2	$f(X_{21})$	$B(X_{21})$
			亩均化肥施用强度P_{22}	$P^{(3)}_{422}$	千克/亩	Y_{22}	15	$f(X_{22})$	$B(X_{22})$
			农业废弃物资源化利用率P_{23}	$P^{(3)}_{423}$	%	Y_{23}	85	$f(X_{23})$	$B(X_{23})$
			农产品质量安全追溯体系覆盖率P_{24}	$P^{(3)}_{424}$	%	Y_{24}	85	$f(X_{24})$	$B(X_{24})$
经营管理	$W^{(2)}_5$	$F(X_5)$	土地适度规模经营比重P_{25}	$P^{(3)}_{525}$	%	Y_{25}	50	$f(X_{25})$	$B(X_{25})$
			养殖规模化标准化比重P_{26}	$P^{(3)}_{526}$	%	Y_{26}	80(60)	$f(X_{26})$	$B(X_{26})$
			与经营主体建立利益联结的农户比重P_{27}	$P^{(3)}_{527}$	%	Y_{27}	60	$f(X_{27})$	$B(X_{27})$
支持保护	$W^{(2)}_6$	$F(X_6)$	农林水支出占农林牧渔业增加值的比重P_{28}	$P^{(3)}_{628}$	%	Y_{28}	30	$f(X_{28})$	$B(X_{28})$
			单位农林牧渔业增加值的贷款投入P_{29}	$P^{(3)}_{629}$	元	Y_{29}	1.5	$f(X_{29})$	$B(X_{29})$
			农业保险深度P_{30}	$P^{(3)}_{630}$	%	Y_{30}	1.5	$f(X_{30})$	$B(X_{30})$
合计	100			100					AT

8.3 研究结论

通过上述研究，本课题研究得出如下结论。

1. 确定示范区农业现代化发展所处发展阶段

从表8-7可以看出，某地示范区发展水平综合得分为AT，结合表8-5划分的阶段值，就可以研判示范区农业现代化所处的阶段。

当AT>85时，代表示范区处于全面实现农业现代化阶段；

当75<AT≤85时，代表示范区处于基本实现农业现代化阶段；

当65<AT≤75时，代表示范区处于转型跨越阶段；

当AT≤60时，代表示范区处于发展起步阶段。

与全国农业现代化平均水平进行比较，得出该示范区高出或低出的分数，即可确定示范区农业现代化的实现程度。

2. 了解各级指标的农业现代化实现程度

从一级指标来看，可以了解示范区在质量效益、产业结构、技术装备、绿色发展、经营管理和支持保护等方面分别实现的程度。

从二级指标来看，可以查看基本实现农业现代化的指标个数，以及在基本实现农业现代化水平以下的指标个数，使短板弱项一目了然。

3. 预测示范区基本实现现代化的时间节点

通过创建期限的延伸，大致可测算出示范区基本实现农业现代化的时间节点。

第9章 农业产业结构调整专项研究

本章主要研究主导产业选择和产业结构调整两部分内容。

9.1 主导产业选择

9.1.1 主导产业选择原则

主导产业是指某地发展速度较快、在产业结构中发挥着引领作用，能够代表区域发展方向、体现区域发展地位、带动农民持续增收的产业。根据农业农村部创建农业现代化示范区的相关要求，应重点围绕粮棉油、畜产品和水产品等关系国计民生的重要农产品，适当兼顾其他优势特色农产品，做到主导产业清晰、集中程度高，能充分体现示范区的优势与特色。选择原则如下。

资源优势原则。主导产业选择应建立在本区域资源要素丰裕的基础上，只有具有相对集中的自然资源、经济资源和良好的发展基础，才能在区域农业发展中发挥主导作用。

内生增长原则。具有资源、市场、技术等潜在优势和广阔的发展前景，能够通过开发和培育形成未来经济发展的支柱，或成为本行业、本部门的新兴产业。

政治站位原则。粮食安全为国家战略，中国饭碗要装中国粮，可见处于粮食生产功能区的示范区，粮食产业必是主导产业之一；另外，棉油糖、果菜茶、肉蛋奶、水产品等重要农产品也应保障有效供给。

市场需求原则。主导产业不仅要带动区域经济发展，还要引导社会需求的不断增长，因而要求产品市场扩展能力强、市场前景广阔，能在市场竞争中显示较强的优势。

技术进步原则。农业科技、信息化进步可提高农产品单产、改善农产品品质，也可减轻劳动强度，具有一定的领先技术储备，能顺应当今技术发展潮流，属于技术含量较高的产业，才能在区域发展中发挥中流砥柱的作用。

融合发展原则。主导产业不但要在区域中发挥一产的主导作用，还要不断拓展农业的多种功能，延长产业链、提升价值链，带动二三产业融合发展，不断提高农产品附加值。

经济效益原则。提高经济效益是示范区创建的目的之一。主导产业应在农业总产值和农民收入构成中占有较大份额，在区域间具有较高的投资收益。

环境友好原则。现代农业发展绝不是短期行为，强调的是人与自然的和谐共处、产业与环境的协调发展，以此促进区域农业的可持续发展。

9.1.2 主导产业选择方法

为了实现主导产业选择的目的，首先应寻找影响主导产业发展的主要因素，然后分析每一因素的相关元素，并计算各元素指标值，再乘以各层赋予的权重，最后按综合得分排序，排在前几名的就应为所要选的主导产业。其中权重确定可以采用层次分析法中的做法，主要通过建立层次结构模型、构造比较判别矩阵和一致性检验来完成。

9.1.2.1 建立层次结构模型

采用层次分析法将决策目标、评价准则和行动方案按其相互关系分为最高层、中间层和最低层，并绘制层次结构模型图，模型中决策目标、评价准则和行动方案处于不同层次，彼此之间关系用连线表示，如图9-1所示。

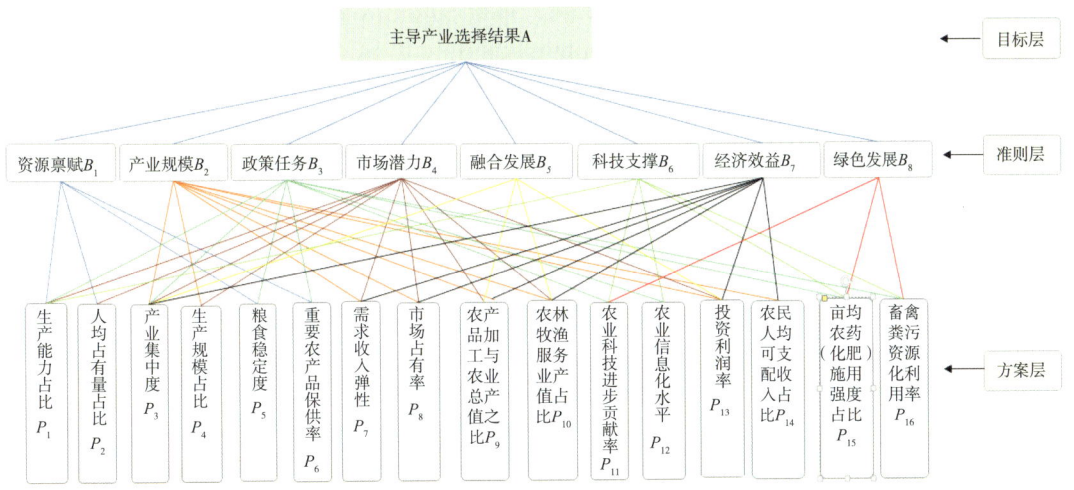

图9-1 主导产业选择层次结构模型

（1）目标层

目标层位于模型的最高层次，仅限一个因素，为达到的目标或理想结果；本研究将示范区主导产业选择结果作为最终目标。

（2）准则层

模型中间部分为准则层，是影响目标实现的主要因素。准则层不止一层，也可根据问题的复杂程度和规模大小，细分为准则层、子准则层等，本研究仅选一个准则层进行分析。假设层中选择资源禀赋、产业规模、政策任务、市场潜力、融合发展、科技支撑、经济效益和绿色发展等作为主要因素，其具体构成如表9-1所示。

表9-1　准则层影响因素构成表

序号	影响因素	主要内容
1	资源禀赋	依托当地特有的气候条件与资源禀赋，能生产出相对优势较大的农产品
2	产业规模	属于国家或地方农业商品生产基地，农业基础设施和装备条件较好，规模化程度较高
3	政策任务	保障粮食等重要农产品安全是国策，属于粮食主产区和重要农产品优势区的产业，应结合上级下达的任务指标必须支持大力发展的产业
4	市场潜力	具有明确的市场定位，市场容量及潜力大，需求收入弹性大，市场竞争优势明显
5	融合发展	农业功能拓展广泛，主导产业链条长，一二三产业融合度高，农产品附加值高
6	科技支撑	拥有科技研发团队，科技成果推广应用广泛，信息化服务覆盖率高
7	经济效益	该产业在农业总产值中占比较大，为农民增收的主要来源
8	绿色发展	强调人与自然和谐共生、产业与环境协调发展，能促进区域农业的可持续发展

（3）方案层

方案层处于模型的最底层，为目标实现提供具体方案。由于可供选择的元素很多，但元素过多会造成相互间交叉，计算过于复杂，容易造成主次不分。因此为了简便实用，本研究针对准则层八大要素列出了影响程度最显著的16个元素，具体如表9-2所示。

表9-2　方案层主要元素构成表

序号	影响因素	主要内容
1	生产能力占比	是指示范区某产品产量占上一级同类产品产量的百分比
2	人均占有量占比	是指示范区某产品人均占有量占上一级同类产品人均占有量的百分比
3	产业集中度	是指示范区某产业产值占农业总产值比重与上一级同类产业产值占农业总产值比重的比值
4	生产规模占比	是指示范区某产业生产规模占上一级同类产业规模的百分比
5	粮食稳定度	是指示范区本年度粮食产量占前五年粮食平均产量的百分比
6	重要农产品保供率	是指示范区重要农产品产量占区域需求量的百分比
7	需求收入弹性系数	是指示范区某产品需求增长率与同期人均国民收入增长率的比值
8	市场占有率	是指示范区某产品的商品量占该产品市场需求总量的百分比
9	农产品加工业与农业总产值之比	是指示范区某产品加工产值与农业总产值的比值
10	农林牧渔服务业产值占比	是指示范区农林牧渔服务业产值占农业总产值的百分比
11	农业科技进步贡献率	是指示范区某产业的产值增长率扣除相应的物质费用、劳动报酬和耕地等增长率后的剩余部分占该产业总产值的百分比
12	农业信息化水平	是指示范区互联网、信息网络进村入户与某产业信息技术应用的覆盖率
13	投资利润率	是指示范区某产业的纯利润占产业固定资产投资的百分比
14	农民人均可支配收入占比	是指示范区某产业农民人均可支配收入占上一级该产业农民人均可支配收入的百分比
15	亩均农药（化肥）施用强度占比	是指示范区某产业每亩施用农药（化肥）量占上一级该产业农药（化肥）施用强度的百分比
16	畜禽粪污资源化利用率	是指示范区畜禽粪污经处理后综合利用的程度

9.1.2.2　构造比较判断矩阵

层次分析法的基础是构造比较判断矩阵。由于准则层每一准则都支配下一层的若干个元素，就可构造一个相对的比较判断矩阵。因此，层次结构模型建立后，应建立相应的比较判断矩阵，并聘请当地相关专业领域的专家，根据他们的认知、经验和判断等，以准则层某个因素为准则给出方案层各元素之间的重要权数。

(1) 取值规则

确定重要权数通常使用两两比较的方法。当以上一层次某个因素作为比较准则时，可用一个比较标度a_{ij}来表达下一层次中第i个因素与第j个因素的相对重要性。a_{ij}的取值一般取正整数1，3，5，7，9（称为标度）及其倒数，也可以取上述各数的中值2，4，6，8及其倒数，即若因素i与因素j比较得a_{ij}，则因素j与因素i比较得$1/a_{ij}$。各因素取值规则如表9-3所示。

表9-3 取值规则一览表

因素	标度	取值规则
a_{ij}	1	以上一层某个因素为准则，本层次因素i与因素j相比，具有同样重要
	3	以上一层某个因素为准则，本层次因素i与因素j相比，具有稍微重要
	5	以上一层某个因素为准则，本层次因素i与因素j相比，具有明显重要
	7	以上一层某个因素为准则，本层次因素i与因素j相比，具有强烈重要
	9	以上一层某个因素为准则，本层次因素i与因素j相比，具有极端重要
	2/4/6/8	因素i比j重要性处于以上结果的中间
a_{ij}	倒数	因素i比j与因素j比i互为倒数

(2) 列出判断矩阵

1) 列出相对于目标层的判断矩阵$A=(a_{ij})$

$$A=\begin{bmatrix} a_{11} & a_{12} & a_{13} & \cdots & a_{1n} \\ a_{21} & a_{22} & a_{23} & \cdots & a_{2n} \\ a_{31} & a_{32} & a_{33} & \cdots & a_{3n} \\ \vdots & \vdots & \vdots & & \vdots \\ a_{n1} & a_{n2} & a_{n3} & \cdots & a_{nn} \end{bmatrix}$$

结合层次结构模型，相对于目标层的判断矩阵用表格表示如表9-4所示。

表9-4 相对于目标层的判断矩阵表（A-B）

因素	B_1	B_2	B_3	B_4	B_5	B_6	B_7	B_8
B_1	1	a_{12}	a_{13}	a_{14}	a_{15}	a_{16}	a_{17}	a_{18}
B_2	a_{21}	1	a_{23}	a_{24}	a_{25}	a_{26}	a_{27}	a_{28}
B_3	a_{31}	a_{32}	1	a_{34}	a_{35}	a_{36}	a_{37}	a_{38}
B_4	a_{41}	a_{42}	a_{43}	1	a_{45}	a_{46}	a_{47}	a_{48}
B_5	a_{51}	a_{52}	a_{53}	a_{54}	1	a_{56}	a_{57}	a_{58}
B_6	a_{61}	a_{62}	a_{63}	a_{64}	a_{65}	1	a_{67}	a_{68}
B_7	a_{71}	a_{72}	a_{73}	a_{74}	a_{75}	a_{76}	1	a_{78}
B_8	a_{81}	a_{82}	a_{83}	a_{84}	a_{85}	a_{86}	a_{87}	1

2) 列出相对于准则层各单个准则的判断矩阵$B=(b_{ij})$

$$B = \begin{bmatrix} b_{11} & b_{12} & b_{13} & \cdots & b_{1n} \\ b_{21} & b_{22} & b_{23} & \cdots & b_{2n} \\ b_{31} & b_{32} & b_{33} & \cdots & b_{3n} \\ \vdots & \vdots & \vdots & & \vdots \\ b_{n1} & b_{n2} & b_{n3} & \cdots & b_{nn} \end{bmatrix}$$

结合层次结构模型，相对于准则层各单个准则的判断矩阵用表格表示如表9-5所示。

表9-5 准则层各单个准则判断矩阵

(B_1-P) 单准则的判断矩阵表

元素	P_1	P_2	P_5	P_6
P_1	1	b_{12}	b_{15}	b_{16}
P_2	b_{21}	1	b_{25}	b_{26}
P_5	b_{51}	b_{52}	1	b_{56}
P_6	b_{61}	b_{62}	b_{65}	1

(B_2-P) 单准则的判断矩阵表

元素	P_3	P_4	P_7	P_8	P_9	P_{10}	P_{13}	P_{14}
P_3	1	b_{34}	b_{37}	b_{38}	b_{39}	b_{310}	b_{313}	b_{314}
P_4	b_{43}	1	b_{47}	b_{48}	b_{49}	b_{410}	b_{413}	b_{414}
P_7	b_{73}	b_{74}	1	b_{78}	b_{79}	b_{710}	b_{713}	b_{714}
P_8	b_{83}	b_{84}	b_{87}	1	b_{89}	b_{810}	b_{813}	b_{814}
P_9	b_{93}	b_{94}	b_{97}	b_{98}	1	b_{910}	b_{913}	b_{914}
P_{10}	b_{103}	b_{104}	b_{107}	b_{108}	b_{109}	1	b_{1013}	b_{1014}
P_{13}	b_{133}	b_{134}	b_{137}	b_{138}	b_{139}	b_{1310}	1	b_{1314}
P_{14}	b_{143}	b_{144}	b_{147}	b_{148}	b_{149}	b_{1410}	b_{1413}	1

(B_3-P) 单准则的判断矩阵表

元素	P_1	P_3	P_5	P_6	P_{11}	P_{12}	P_{15}	P_{16}
P_1	1	b_{13}	b_{15}	b_{16}	b_{111}	b_{112}	b_{115}	b_{116}
P_3	b_{31}	1	b_{35}	b_{36}	b_{311}	b_{312}	b_{315}	b_{316}
P_5	b_{51}	b_{53}	1	b_{56}	b_{511}	b_{512}	b_{515}	b_{516}
P_6	b_{61}	b_{63}	b_{65}	1	b_{611}	b_{612}	b_{615}	b_{616}
P_{11}	b_{111}	b_{113}	b_{115}	b_{116}	1	b_{1112}	b_{1115}	b_{1116}
P_{12}	b_{121}	b_{123}	b_{125}	b_{126}	b_{1211}	1	b_{1215}	b_{1216}
P_{15}	b_{151}	b_{153}	b_{155}	b_{156}	b_{1511}	b_{1512}	1	b_{1516}
P_{16}	b_{161}	b_{163}	b_{165}	b_{166}	b_{1611}	b_{1612}	b_{1615}	1

(B_4-P) 单准则的判断矩阵表

元素	P_1	P_2	P_3	P_4	P_7	P_8	P_9	P_{10}	P_{13}
P_1	1	b_{12}	b_{13}	b_{14}	b_{17}	b_{18}	b_{19}	b_{110}	b_{113}
P_2	b_{21}	1	b_{23}	b_{24}	b_{27}	b_{28}	b_{29}	b_{210}	b_{213}
P_3	b_{31}	b_{32}	1	b_{34}	b_{37}	b_{38}	b_{39}	b_{310}	b_{313}
P_4	b_{41}	b_{42}	b_{43}	1	b_{47}	b_{48}	b_{49}	b_{410}	b_{413}
P_7	b_{71}	b_{72}	b_{73}	b_{74}	1	b_{78}	b_{79}	b_{710}	b_{713}
P_8	b_{81}	b_{82}	b_{83}	b_{84}	b_{87}	1	b_{89}	b_{810}	b_{813}
P_9	b_{91}	b_{92}	b_{93}	b_{94}	b_{97}	b_{98}	1	b_{910}	b_{913}
P_{10}	b_{101}	b_{102}	b_{103}	b_{104}	b_{107}	b_{108}	b_{109}	1	b_{1013}
P_{13}	b_{131}	b_{132}	b_{133}	b_{134}	b_{137}	b_{138}	b_{139}	b_{1310}	1

(B_5-P)单准则的判断矩阵表

元素	P_3	P_9	P_{10}	P_{13}
P_3	1	b_{39}	b_{310}	b_{313}
P_9	b_{93}	1	b_{910}	b_{913}
P_{10}	b_{103}	b_{109}	1	b_{1013}
P_{13}	b_{133}	b_{139}	b_{1310}	1

(B_6-P)单准则的判断矩阵表

元素	P_1	P_{11}	P_{12}	P_{15}	P_{16}
P_1	1	b_{111}	b_{112}	b_{115}	b_{116}
P_{11}	b_{111}	1	b_{1112}	b_{1115}	b_{1116}
P_{12}	b_{121}	b_{1211}	1	b_{1215}	b_{1216}
P_{15}	b_{151}	b_{1511}	b_{1512}	1	b_{1516}
P_{16}	b_{161}	b_{1611}	b_{1612}	b_{1615}	1

(B_7-P)单准则的判断矩阵表

元素	P_3	P_7	P_8	P_9	P_{10}	P_{13}	P_{14}
P_3	1	b_{37}	b_{38}	b_{39}	b_{310}	b_{313}	b_{314}
P_7	b_{73}	1	b_{78}	b_{79}	b_{710}	b_{713}	b_{714}
P_8	b_{83}	b_{87}	1	b_{89}	b_{810}	b_{813}	b_{814}
P_9	b_{93}	b_{97}	b_{98}	1	b_{910}	b_{913}	b_{914}
P_{10}	b_{103}	b_{107}	b_{108}	b_{109}	1	b_{1013}	b_{1014}
P_{13}	b_{133}	b_{137}	b_{138}	b_{139}	b_{1310}	1	b_{1314}
P_{14}	b_{143}	b_{147}	b_{148}	b_{149}	b_{1410}	b_{1413}	1

(B_8-P)单准则的判断矩阵表

元素	P_{11}	P_{15}	P_{16}
P_{11}	1	b_{1115}	b_{1116}
P_{15}	b_{1511}	1	b_{1516}
P_{16}	b_{1611}	b_{1615}	1

9.1.2.3 层次单排序及其一致性检验

在上述层次结构模型和比较判断矩阵的基础上，先计算同一层次所有元素对上一层的相对排序权重向量，再算出最大特征值和一致性比例，最后进行一致性检验。

（1）计算权重向量

本研究采用比较成熟的"和法"进行计算，以相对于目标层的判断矩阵为例，通过对所列向量进行归一化、按行求和后，得出排序的权重向量。

1）所列向量的归一化，令

$$\widetilde{A_{ij}} = \frac{a_{ij}}{\sum_{i=1}^{n} a_{ij}}$$

2）将 $\widetilde{A_{ij}}$ 按行求和，令

$$\widetilde{W} = \left(\sum_{j=1}^{n} \frac{a_{1j}}{\sum_{i=1}^{n} a_{ij}}, \sum_{j=1}^{n} \frac{a_{2j}}{\sum_{i=1}^{n} a_{ij}}, \cdots, \sum_{j=1}^{n} \frac{a_{nj}}{\sum_{i=1}^{n} a_{ij}} \right)^T$$

3）归一化后本层次权重向量 $\widetilde{W}$

当第 k-1 层（第二层）上有 n_{k-1} 个元素，相对总目标的权重向量为：

$$W^{(k-1)}{}_i = (w^{(k-1)}{}_1, w^{(k-1)}{}_2, \cdots, w^{(k-1)}{}_{nk-1})^T$$

结合层次结构模型表示为：$w^{(2)}{}_i = (w^{(2)}{}_1, w^{(2)}{}_2, \cdots, w^{(2)}{}_8)^T$

用表格表示如表9-6所示。

表9-6 准则层相对于目标层的权重向量表

准则层	资源禀赋	产业规模	政策任务	市场潜力	融合发展	科技支撑	经济效益	绿色发展
A-B权重（$W^{(2)}{}_i$）	$W^{(2)}{}_1$	$W^{(2)}{}_2$	$W^{(2)}{}_3$	$W^{(2)}{}_4$	$W^{(2)}{}_5$	$W^{(2)}{}_6$	$W^{(2)}{}_7$	$W^{(2)}{}_8$

以此类推，当第 k 层（第三层）有 n_k 个元素，相对上一层次（第 k-1 层）的某个因素 u_i 的单准则权重向量为：

$$P^{(k)}{}_i = (P^{(k)}{}_{1i}, P^{(k)}{}_{2i}, \cdots, P^{(k)}{}_{nki})^T$$

结合层次结构模型表示为：$P^{(3)}{}_i = (P^{(3)}{}_1, P^{(3)}{}_2, \cdots, P^{(3)}{}_{16})^T$

用表格表示为：

表9-7 方案层相对于准则层的权重向量表

准则层	B_1-P权重 $P^{(3)}{}_1$	B_2-P权重 $P^{(3)}{}_2$	B_3-P权重 $P^{(3)}{}_3$	B_4-P权重 $P^{(3)}{}_4$	B_5-P权重 $P^{(3)}{}_5$	B_6-P权重 $P^{(3)}{}_6$	B_7-P权重 $P^{(3)}{}_7$	B_8-P权重 $P^{(3)}{}_8$
生产能力占比 P_1	$P^{(3)}{}_{11}$		$P^{(3)}{}_{31}$	$P^{(3)}{}_{41}$		$P^{(3)}{}_{61}$		
人均占有量占比 P_2	$P^{(3)}{}_{12}$			$P^{(3)}{}_{42}$				
产业集中度 P_3		$P^{(3)}{}_{23}$	$P^{(3)}{}_{33}$	$P^{(3)}{}_{43}$	$P^{(3)}{}_{53}$		$P^{(3)}{}_{73}$	
生产规模占比 P_4		$P^{(3)}{}_{24}$		$P^{(3)}{}_{44}$				
粮食稳定度 P_5	$P^{(3)}{}_{15}$		$P^{(3)}{}_{35}$					
重要农产品保供率 P_6	$P^{(3)}{}_{16}$		$P^{(3)}{}_{36}$					
收入弹性系数 P_7		$P^{(3)}{}_{27}$		$P^{(3)}{}_{47}$			$P^{(3)}{}_{77}$	
市场占有率 P_8		$P^{(3)}{}_{28}$		$P^{(3)}{}_{48}$			$P^{(3)}{}_{78}$	
农产品加工与农业总产值之比 P_9		$P^{(3)}{}_{29}$		$P^{(3)}{}_{49}$	$P^{(3)}{}_{59}$		$P^{(3)}{}_{79}$	
农林牧渔服务业产值占比 P_{10}		$P^{(3)}{}_{210}$		$P^{(3)}{}_{410}$	$P^{(3)}{}_{510}$		$P^{(3)}{}_{710}$	
农业科技进步贡献率 P_{11}			$P^{(3)}{}_{311}$			$P^{(3)}{}_{611}$		$P^{(3)}{}_{811}$
农业信息化水平 P_{12}			$P^{(3)}{}_{312}$			$P^{(3)}{}_{612}$		
投资利润率 P_{13}		$P^{(3)}{}_{213}$		$P^{(3)}{}_{413}$	$P^{(3)}{}_{513}$		$P^{(3)}{}_{713}$	
农民人均可支配收入占比 P_{14}		$P^{(3)}{}_{214}$					$P^{(3)}{}_{714}$	
农药（化肥）施用强度占比 P_{15}			$P^{(3)}{}_{315}$			$P^{(3)}{}_{615}$		$P^{(3)}{}_{815}$
畜禽粪污资源化利用率 P_{16}			$P^{(3)}{}_{316}$			$P^{(3)}{}_{616}$		$P^{(3)}{}_{816}$

对于与 k-1 层第 i 个元素无支配关系的对应 u_{ij} 取值为0。

（2）计算最大特征值

相对于目标层、准则层权重向量的最大特征值计算公式分别如下：

$$\lambda A = \frac{1}{n}\sum_{i=1}^{n}\frac{(AW)(k-1)_i}{w_i}, \quad \lambda B = \frac{1}{n}\sum_{i=1}^{n}\frac{(BP)(k)_i}{P_i}$$

结合结构模型，先计算$(AW)^{(k-1)}_i$、$(BP)^{(k)}_i$

$$(AW)^{(k-1)}_i = \begin{bmatrix} a_{11} & a_{12} & a_{13} & \cdots & a_{1n} \\ a_{22} & a_{22} & a_{23} & \cdots & a_{2n} \\ a_{31} & a_{32} & a_{33} & \cdots & a_{3n} \\ \vdots & \vdots & \vdots & & \vdots \\ a_{n1} & a_{n2} & a_{n3} & \cdots & a_{nn} \end{bmatrix} (w^{(k-1)}_1, w^{(k-1)}_2, \cdots, w^{(k-1)}_{nk-1})^T$$

$$(BP)^{(k)}_i = \begin{bmatrix} b_{11} & b_{12} & b_{13} & \cdots & b_{1n} \\ b_{21} & b_{22} & b_{23} & \cdots & b_{2n} \\ b_{31} & b_{32} & b_{33} & \cdots & b_{3n} \\ \vdots & \vdots & \vdots & & \vdots \\ b_{n1} & b_{n2} & b_{n3} & \cdots & b_{nn} \end{bmatrix} (P^{(k)}_{1i}, P^{(k)}_{2i}, \cdots, P^{(k)}_{nki})^T$$

然后将$(AW)^{(k-1)}_i$、$(BP)^{(k)}_i$代入上式，即可分别求出各层权重向量的最大特征值。

（3）一致性检验

由于客观事物的复杂性，会使判断带有一定的主观性和片面性，完全要求每次比较判断标准一致不大可能；可能会出现甲比乙相对重要、乙比丙极端重要、丙比甲相对重要等判断不一致的状况。一个混乱的、经不起推敲的比较判断矩阵就有可能导致决策失误。因此，对每一层次作单个准则排序时，均需进行一致性检验。以相对于目标层的判断矩阵为例：

设A为n阶正互反矩阵，CI为一致性指标，λ_{max}为最大特征值，令

$$CI = \frac{\lambda_{max} - n}{n-1}$$

当判断矩阵A的最大特征值稍大于n，称A具有满意一致性。具体方法为：固定n，随机构造正互反矩阵$A=(a_{ij})$，其中a_{ij}是从$1, 2, 3, \cdots, 9, 1/2, 1/3, \cdots, 1/9$共17个数随机抽取，其正互反矩阵$A$是最不一致的，计算1 000次上述随机判断矩阵的最大特征值λ_{max}，给出了RI值（称为平均随机一致性指标），如表9-8所示。

表9-8 平均随机一致性指标

n	1	2	3	4	5	6	7	8	9
RI	0	0	0.58	0.94	1.12	1.24	1.32	1.41	1.45

当$n=1$，2时$RI=0$，因1、2阶判断矩阵总是一致的。当$n \geq 3$时，令CR为一致性比例，则$CR=CI/RI$，根据此公式将每层次单个准则的一致性检验指标列入表9-9中。

表9-9 一致性检验相关指标计算结果表

矩阵	层次单排序的权重向量	λ_{max}	CI	RI	CR
$A\text{-}B$	$W^{(2)} = (w^{(2)}_1, w^{(2)}_2, w^{(2)}_3, w^{(2)}_4, w^{(2)}_5, w^{(2)}_6, w^{(2)}_7, w^{(2)}_8)^T$	—	—	—	—
$B_1\text{-}P$	$P^{(3)}_1 = (p^{(3)}_{11}, p^{(3)}_{12}, p^{(3)}_{15}, p^{(3)}_{16})^T$	—	—	—	—
$B_2\text{-}P$	$P^{(3)}_2 = (p^{(3)}_{23}, p^{(3)}_{24}, p^{(3)}_{27}, p^{(3)}_{28}, p^{(3)}_{29}, p^{(3)}_{210}, p^{(3)}_{213}, p^{(3)}_{214})^T$	—	—	—	—
$B_3\text{-}P$	$P^{(3)}_3 = (p^{(3)}_{31}, p^{(3)}_{33}, p^{(3)}_{35}, p^{(3)}_{36}, p^{(3)}_{311}, p^{(3)}_{312}, p^{(3)}_{315}, p^{(3)}_{316})^T$	—	—	—	—
$B_4\text{-}P$	$P^{(3)}_4 = (p^{(3)}_{41}, p^{(3)}_{42}, p^{(3)}_{43}, p^{(3)}_{44}, p^{(3)}_{47}, p^{(3)}_{48}, p^{(3)}_{49}, p^{(3)}_{410}, p^{(3)}_{413})^T$	—	—	—	—
$B_5\text{-}P$	$P^{(3)}_5 = (p^{(3)}_{53}, p^{(3)}_{59}, p^{(3)}_{510}, p^{(3)}_{513})^T$	—	—	—	—
$B_6\text{-}P$	$P^{(3)}_6 = (p^{(3)}_{61}, p^{(3)}_{611}, p^{(3)}_{612}, p^{(3)}_{615}, p^{(3)}_{616})^T$	—	—	—	—
$B_7\text{-}P$	$P^{(3)}_7 = (p^{(3)}_{73}, p^{(3)}_{77}, p^{(3)}_{78}, p^{(3)}_{79}, p^{(3)}_{3710}, p^{(3)}_{713}, p^{(3)}_{714})^T$	—	—	—	—
$B_8\text{-}P$	$P^{(3)}_8 = (p^{(3)}_{811}, p^{(3)}_{815}, p^{(3)}_{816})^T$	—	—	—	—
…	…				

当表9-9中的CR<0.1时,认为该判断矩阵一致性可以接受,否则应让同一批专家重新核查权重数或另请一批专家再打分,以此重新运算多次。

9.1.2.4 总排序及其一致性检验

(1) 层次总排序

已知第二层(B层准则层)相对于总目标A的排序向量为:

$$w^{(2)}_i = (W^{(2)}_1, W^{(2)}_2, W^{(2)}_3, W^{(2)}_4, W^{(2)}_5, W^{(2)}_6, W^{(2)}_7, W^{(2)}_8)^T$$

已知第三层(P层方案层)以第二层第B_i为准则的排序向量:

$$P^{(3)}_i = (P^{(3)}_1, P^{(3)}_2, P^{(3)}_3, P^{(3)}_4, P^{(3)}_5, P^{(3)}_6, P^{(3)}_7, P^{(3)}_8, P^{(3)}_9)^T$$

根据公式$Q = P^{(3)}_i W^{(2)}$,第三层(P层)相对于总目标层(A)的排序向量为:

$$Q^{(3)}_i = \begin{bmatrix} P^{(3)}_{11} & 0 & P^{(3)}_{31} & P^{(3)}_{41} & 0 & P^{(3)}_{61} & 0 & 0 \\ P^{(3)}_{12} & 0 & 0 & P^{(3)}_{42} & 0 & 0 & 0 & 0 \\ 0 & P^{(3)}_{23} & P^{(3)}_{33} & P^{(3)}_{43} & P^{(3)}_{53} & 0 & P^{(3)}_{73} & 0 \\ 0 & P^{(3)}_{24} & 0 & P^{(3)}_{44} & 0 & 0 & 0 & 0 \\ P^{(3)}_{15} & 0 & P^{(3)}_{35} & 0 & 0 & 0 & 0 & 0 \\ P^{(3)}_{16} & 0 & P^{(3)}_{36} & 0 & 0 & 0 & 0 & 0 \\ 0 & P^{(3)}_{27} & 0 & P^{(3)}_{47} & 0 & 0 & P^{(3)}_{77} & 0 \\ 0 & P^{(3)}_{28} & 0 & P^{(3)}_{48} & 0 & 0 & P^{(3)}_{78} & 0 \\ 0 & P^{(3)}_{29} & 0 & P^{(3)}_{49} & P^{(3)}_{59} & 0 & P^{(3)}_{79} & 0 \\ 0 & P^{(3)}_{210} & 0 & P^{(3)}_{410} & P^{(3)}_{510} & 0 & P^{(3)}_{710} & 0 \\ 0 & 0 & P^{(3)}_{311} & 0 & 0 & P^{(3)}_{611} & 0 & P^{(3)}_{811} \\ 0 & 0 & P^{(3)}_{312} & 0 & 0 & P^{(3)}_{612} & 0 & 0 \\ 0 & P^{(3)}_{213} & 0 & P^{(3)}_{413} & P^{(3)}_{513} & 0 & P^{(3)}_{713} & 0 \\ 0 & P^{(3)}_{214} & 0 & 0 & 0 & 0 & P^{(3)}_{714} & 0 \\ 0 & 0 & P^{(3)}_{315} & 0 & 0 & P^{(3)}_{615} & 0 & P^{(3)}_{815} \\ 0 & 0 & P^{(3)}_{316} & 0 & 0 & P^{(3)}_{616} & 0 & P^{(3)}_{816} \end{bmatrix} \begin{bmatrix} W^{(2)}_1 \\ W^{(2)}_2 \\ W^{(2)}_3 \\ W^{(2)}_4 \\ W^{(2)}_5 \\ W^{(2)}_6 \\ W^{(2)}_7 \\ W^{(2)}_8 \end{bmatrix}$$

(2) 总排序的一致性检验

尽管每层比较尺度基本一致,但各层间仍可能有所差异,这种差异将随层次总排序的逐渐计算而累加。因此,需要从总体上来检验这种差异是否显著,称为层次总排序的一致

第9章　农业产业结构调整专项研究

性检验。

按照前述层次单排序的检验过程，求出第二层的 $CI^{(2)}$ 与 $RI^{(2)}$、第三层的 $CI^{(3)}$ 与 $RI^{(3)}$。

根据公式 $CR^k = CR^{(k-1)} + CI^k/RI^k$ （$3 \leqslant k \leqslant n$），

则 $CR^{(3)} = CR^{(2)} + CI^{(3)}/RI^{(3)}$。

上式中 $CR^{(2)}$ 来源于表9-9的第一行的最后一个数值。

如果 $CR^{(3)} < 0.1$，总排序一致性通过。否则再核查上述各值重新计算。

一致性检验通过后，将第三层（P）各要素相对于总目标层（A）的权重向量 Q_i 列入表9-10中。

表9-10　总排序一致性检验后权重向量结果表

序号	准则层	A–P 总权重 Q_i
1	生产能力占比 P_1	Q_1
2	人均占有量占比 P_2	Q_2
3	产业集中度 P_3	Q_3
4	生产规模占比 P_4	Q_4
5	粮食稳定度 P_5	Q_5
6	重要农产品保供率 P_6	Q_6
7	收入弹性系数 P_7	Q_7
8	市场占有率 P_8	Q_8
9	农产品加工与农业总产值之比 P_9	Q_9
10	农林牧渔服务业产值占比 P_{10}	Q_{10}
11	农业科技进步贡献率 P_{11}	Q_{11}
12	农业信息化水平 P_{12}	Q_{12}
13	投资利润率 P_{13}	Q_{13}
14	农民人均可支配收入占比 P_{14}	Q_{14}
15	农药（化肥）施用强度占比 P_{15}	Q_{15}
16	畜禽粪污资源化利用率 P_{16}	Q_{16}

9.1.3　各指标值的计算

9.1.3.1　各指标分值计算公式

（1）某产业生产能力占比（S_{1i}）=示范区某产业产量/上一级同类产业产量×100%

（2）某产业人均占有量占比（S_{2i}）=示范区某产品人均占有量/上一级同类产品人均占有量×100%

（3）某产业集中度（S_{3i}）=（示范区某产业产值/农业总产值）/（上一级同产业产值/农业总产值）

（4）某产业生产规模占比（S_{4i}）=示范区某产业生产面积/上一级同产业生产面积×100%

（5）粮食产量稳定度（S_{5i}）=示范区本年度粮食总产量/前5年粮食平均总产量×100%

（6）重要农产品保供率（P_{6i}）=示范区某重要农产品产量/某产品需求量×100%

（7）某产品需求收入弹性系数（S_{7i}）=示范区某产品需求增长率/同期人均国民收入

增长率

（8）某产品市场占有率（S_{8i}）=示范区某产品商品量/市场需求总量×100%

（9）某产业农产品加工与农业总产值之比（S_{9i}）=示范区农产品加工业产值/农业总产值

（10）某产业农林牧渔服务业占比（S_{10i}）=示范区农林牧渔服务业产值/农业总产值×100%

（11）某产业农业科技进步贡献率（S_{11i}）=（示范区某产业产值增长率-0.55×物质费用增长率-0.2×劳动力增长率-0.25×耕地增长率）/示范区某产业产值增长率×100%

（12）某产业农业信息化水平（S_{12i}）=示范区互联网普及率×35%+信息进村入户覆盖率×35%+某产业信息技术应用率×30%

（13）某产业投资利润率（S_{13i}）=示范区某产业纯利润/某产业固定资产投资×100%

（14）某产业农民人均可支配收入占比（P_{14i}）=示范区农民人均可支配收入/上一级农民人均可支配收入×100%

（15）某产品农药（化肥）施用强度占比（S_{15i}）=示范区亩均农药（化肥）施用量/上一级同产品亩均农药（化肥）施用量×100%

（16）畜禽粪污资源化利用率（S_{16i}）=示范区畜禽粪污利用量/畜禽粪污产生总量×100%

根据上述公式，将计算结果计入表9-11中。

9.1.3.2 无量纲化处理

由于表9-11各元素采取的是多指标分析法，其统计口径不同会对计算结果产生较大影响，为消除影响采取无量纲化处理，使各指标在相同口径下进行比较，结合表9-11各指标，其计算公式如下：

$$T_{ij}=(S_{ij}-S_{j\min})/(S_{j\max}-S_{j\min})$$

上式中，T_{ij}为i行业j指标为无量纲化处理后的值，S_{ij}为处理前的值，包括$S_{j\min}$为最小原值、$S_{j\max}$为最大原值。经处理后，各指标值最大为1，最小为0。将表9-11中的S_{ij}数据更新为表9-12中的T_i数据。

9.1.4 选择结果

将上述无量纲化处理后的表9-12中各项指标值，与表9-10中总排序权重加权求和后，将综合得分计入表9-13中。

$$Z_{ij}=\sum_{i=1}^{n}T_{ij}\ Q_i=\sum_{i=1}^{n}[(S_{ij}-S_{j\min})/(S_{j\max}-S_{j\min})](Q^{(3)}{}_1,Q^{(3)}{}_2,\cdots,Q^{(3)}{}_{16})^{T}$$

表9-11 各分项指标计算结果一览表

可选产业	生产能力占比 (S_{1i})	人均占有量占比 (S_{2i})	产业集中度 (S_{3i})	生产规模占比 (S_{4i})	粮食稳定度 (S_{5i})	重要农产品保供率 (S_{6i})	需求收入弹性 (S_{7i})	市场占有率 (S_{8i})	农产品加工与农业总产值之比 (S_{9i})	农林牧渔服务业产值占比 (S_{10i})	科技进步贡献率 (S_{11i})	农业信息化水平 (S_{12i})	投资利润率 (S_{13i})	农民人均可支配收入占比 (S_{14i})	农药(化肥)施用强度占比 (S_{15i})	畜禽粪污资源化利用率 (S_{16i})
1.粮油等重要农产品 小麦 ……	—	—	—	—	—	—	—	—	—	—	—	—	—	—	—	—
2.果蔬等园艺产品 水果 ……	—	—	—	—	—	—	—	—	—	—	—	—	—	—	—	—
3.猪鸡等畜禽产品 生猪 ……	—	—	—	—	—	—	—	—	—	—	—	—	—	—	—	—
4.鱼虾等水产品 鱼 ……	—	—	—	—	—	—	—	—	—	—	—	—	—	—	—	—

表9-12 无量纲化处理后各指标计算结果一览表

可选产业	生产能力占比 (T_{1i})	人均占有量占比 (T_{2i})	产业集中度 (T_{3i})	生产规模占比 (T_{4i})	粮食稳定度 (T_{5i})	重要农产品保供率 (T_{6i})	需求收入弹性 (T_{7i})	市场占有率 (T_{8i})	农产品加工与农业总产值之比 (T_{9i})	农林牧渔服务业产值占比 (T_{10i})	科技进步贡献率 (T_{11i})	农业信息化水平 (T_{12i})	投资利润率 (T_{13i})	农民人均可支配收入占比 (T_{14i})	农药(化肥)施用强度占比 (T_{15i})	畜禽粪污资源化利用率 (T_{16i})
1.粮油等重要农产品 小麦 ……	—	—	—	—	—	—	—	—	—	—	—	—	—	—	—	—
2.果蔬等园艺产品 水果 ……	—	—	—	—	—	—	—	—	—	—	—	—	—	—	—	—
3.猪鸡等畜禽产品 生猪 ……	—	—	—	—	—	—	—	—	—	—	—	—	—	—	—	—
4.鱼虾等水产品 鱼 ……	—	—	—	—	—	—	—	—	—	—	—	—	—	—	—	—

表9-13 主导产业选择计算结果表

可选产业	生产能力占比 (Z_{1i})	人均占有占比 (Z_{2i})	产业集中度 (Z_{3i})	生产规模占比 (Z_{4i})	粮食稳定度 (Z_{5i})	重要农产品保供率 (Z_{6i})	需求收入弹性 (Z_{7i})	市场占有率 (Z_{8i})	农产品加工与农业总产值之比 (Z_{9i})	农林牧渔服务业产值占比 (Z_{10i})	科技进步贡献率 (Z_{11i})	农业信息化水平 (Z_{12i})	投资利润率 (Z_{13i})	农民人均可支配收入占比 (Z_{14i})	农药(化肥)施用强度占比 (Z_{15i})	畜禽粪污资源化利用率 (Z_{16i})	综合得分 (Z_{ij})
1.粮油等重要农产品																	
小麦	—	—	—	—	—	—	—	—	—	—	—	—	—	—	—	—	
玉米	—	—	—	—	—	—	—	—	—	—	—	—	—	—	—	—	
水稻	—	—	—	—	—	—	—	—	—	—	—	—	—	—	—	—	
大豆	—	—	—	—	—	—	—	—	—	—	—	—	—	—	—	—	
……																	
2.果蔬等园艺产品																	
水果	—	—	—	—	—	—	—	—	—	—	—	—	—	—	—	—	
蔬菜	—	—	—	—	—	—	—	—	—	—	—	—	—	—	—	—	
茶叶	—	—	—	—	—	—	—	—	—	—	—	—	—	—	—	—	
……																	
3.猪鸡等畜禽产品																	
生猪	—	—	—	—	—	—	—	—	—	—	—	—	—	—	—	—	
肉鸡	—	—	—	—	—	—	—	—	—	—	—	—	—	—	—	—	
奶牛	—	—	—	—	—	—	—	—	—	—	—	—	—	—	—	—	
肉羊	—	—	—	—	—	—	—	—	—	—	—	—	—	—	—	—	
……																	
4.鱼虾等水产品																	
鱼	—	—	—	—	—	—	—	—	—	—	—	—	—	—	—	—	
虾	—	—	—	—	—	—	—	—	—	—	—	—	—	—	—	—	
蟹	—	—	—	—	—	—	—	—	—	—	—	—	—	—	—	—	
……																	

从表9-13最后一列可看出，按综合得分大小排序，排在前几位的就可确定为示范区重点扶持和培育的主导产业。假设选择的主导产业与实际不符，应重新核对相关数据（包括基础数据和专家打分），也可再运算多次，最后选出最适宜示范区的主导产业。

9.1.5 研究结论

本研究通过分析示范区农业产业发展现状、存在不足和未来发展趋势等，明确了主导产业选择的思路框架、选择方法和选择结论等方面内容。研究思路是要实现主导产业选择目的，首先应查找主导产业发展的影响因素，并在建立层次结构模型、构造比较判别矩阵、完成一致性检验的基础上，完成各影响因素综合值的计算，获得前三名分值的产业推荐为示范区主导产业。由此可见，在农业现代化与农村现代化一体推进的背景下，研究主导产业选择有利于调整农业产业结构、优化农业产业布局和现代农业发展。其研究成果不仅适用示范区创建，同样适用于现代农业产业园、优势特色产业集群和农业产业强镇等融合项目的申创。

9.2 农业产业结构调整

一旦主导产业确定后，就应着手对农业产业结构进行调整。因为农业产业结构决定农业生产的比例关系，也决定农产品的供求关系，还关系到农产品市场价格与农民增收。因此，调整和优化农业产业结构是提高农业经济效益的重要途径，也是构建现代农业产业体系的重要组成部分。在主导产业确定的基础上，按照"口粮绝对安全、环境承载力有限、以水定产、市场需求"等相关要求，通过合理地安排农业生产，形成基本适宜的粮经饲统筹、农林牧渔结合的生产结构，以此促进农业的可持续发展。

线性规划是研究农业产业结构调整经常被采用的一种方法，先是确立生产总目标，在要素资源有限的条件下，以最少的资源消耗实现最大的产出目标，从所有可供选择的方案中求解出最优方案。

9.2.1 影响因素与基本原则

9.2.1.1 影响因素

农业产业结构会随着自然、经济和社会条件的变动而发生相应变化，这就需要作出不断地调整与优化，使之适应新的发展需要。影响农业产业结构形成和变动的主要因素包括资源要素、供求关系、政策因素和技术应用等。

资源要素。包括自然资源和社会资源。其中自然资源包括气候条件、土壤资源和水资源等；社会资源包括农业人口、农村劳动力和农业各产业产值等。

供求关系。市场需求会对农产品生产带来一定的影响。市场供求变动会影响农业生产结构的变化。

政策因素。政策引导是经济发展中政府经常采用的手段，以促进农业生产结构朝着所需要的方向进行变化，如为了保障国家粮食安全，国家通过制定政策，以引导粮食主产区重视种植小麦、玉米、水稻等作物。

技术应用。科学技术是第一生产力。科技的应用影响着农业生产结构的变化，使劳动生产率和土地资源利用率得到不同程度的提高，给农业结构调整提供基础支撑。

9.2.1.2 评价指标

各地农业结构往往因资源禀赋、要素布局、政策倾向等条件的不同而体现出较大的差异性，可用一系列指标来进行评价。

农业产值结构。农业产值结构是指种植业、林业、畜牧业、渔业等各业产值占农业总产值的比重，这是衡量农业结构合理性较为常用的指标。

土地利用结构。土地利用结构是指耕地、园地、林地、牧草地、农业设施用地等各类用地占农用地总面积的比重，这是调整土地利用结构最常用的指标。

劳动力分配结构。是指各业占用的劳动力占农村总劳动力的比重，常用来作为调整农业用工结构的指标之一。

资金利用结构。是指投入各业的资金占农业总投入资金的比重，也常作为农业投入结构调整的指标。

9.2.1.3 基本原则

农业结构的调整过程就是使农业结构不断优化的动态过程，不存在普遍适用的衡量标准。因此，建立合理的农业结构，必须因地、因时制宜。一般应遵循以下原则。

突出市场供需状况。农产品市场需求和供给经常处于变动之中，农业结构调整要适应变动趋势，以满足社会不同消费层级的需求。

突出合理利用资源。为了尽可能做到少投入多产出，应充分合理利用自然资源和社会资源，以较少的人力、物力生产出较多的产品。在资源利用上做到宜农则农、宜牧则牧、宜渔则渔；在经济社会方面，应做到人尽其能、物尽其用。

突出生态环境保护。应减少外部投入来提高产出，发挥农业内部生物与自然环境之间物资能量的转化作用，尽量通过农业结构调整来实现农产品产量的增加和经济效益的提高。

突出各自利益的结合。正确处理好眼前利益与长远利益、局部利益与整体利益的关系，充分调动各经营主体的积极性，妥善处理好农业结构调整中遇到的各种问题。

9.2.2 线性规划概述

9.2.2.1 线性规划认识

线性规划是进行农业产业结构调整优化的一项重要的定量分析方法，是用数学语言描述投入产出的一种经济行为。主要用数学关系把各要素系统地组织起来，通过建立目标函数与约束方程，实现农业产业结构的优化，并在一系列约束条件下追求目标函数最大值（或最小值）的数学方法。根据线性规划的定义，任何线性规划模型都是由目标函数和约束条件构成的，其具体表示为：

目标函数：

$$\text{Max}（\text{或Min}）Z = C_1X_1 + C_2X_2 + C_3X_3 + \cdots + C_nX_n$$

简写为：

$$\text{Max}（\text{或Min}）Z = \sum_{j=1}^{n} C_j X_j, \quad (j=1、2、3、\cdots、n)$$

约束条件：

$$\begin{cases} a_{11}X_1 + a_{12}X_2 + a_{13}X_3 + \cdots + a_{1n}X_n \leq （或\geq） b_1 \\ a_{21}X_1 + a_{22}X_2 + a_{23}X_3 + \cdots + a_{2n}X_n \leq （或\geq） b_2 \\ a_{m1}X_1 + a_{m2}X_2 + a_{m3}X_3 + \cdots + a_{mn}X_n \leq （或\geq） b_m \end{cases} \quad （资源约束）$$

$$X_1, X_2, X_3, \cdots, X_n \geq 0 （非负约束）$$

简写为：

$$\sum_{i=1}^{m}\sum_{j=1}^{n} a_{ij}X_j \leq （或\geq） b_i, \quad (i=1、2、3、\cdots、m)(j=1、2、3、\cdots、n)$$

$$X_j \geq 0$$

上式中，C_j 为价值系数（效益系数），X_j 为决策变量，a_{ij} 为约束条件系数，b_i 为资源限制数量，n 为决策变量个数，m 为约束条件个数。

9.2.2.2 线性规划假定

利用线性规划模型解决农业结构优化问题，需满足线性规划所要求的一些假设条件。

假定一，直线假定。线性规划中所有的函数关系都是线性的，即目标函数和约束方程都是线性关系。这种线性假设表现在：一是目标函数为线性关系，指各产品价格不随供求关系变化而变化，各投入要素价格也不发生变化；二是生产函数为线性关系，指产品产量与要素投入量建立的函数是线性关系；三是各要素之间的配合比例固定不变，即生产某种产品各投入要素间的配合比例保持固定不变，单位生产活动与各要素消耗存在固定比例关系。

假定二，投入要素的有限性和生产活动的非负性。假设土地、资金、劳动力等要素在实际生产中有限制，其数量并不是无限供给的，即要求在有限的要素条件下，寻求最佳组合。

假定三，投入要素和生产活动的可分性。各投入要素和生产活动可分割成最小单位，在一定的约束条件下，根据目标函数安排各项生产活动和投入要素。

假定四，生产活动和投入要素的独立性和可加性。各生产活动对投入要素是互相竞争关系，要素之间也没有替代关系。同时各生产活动所消耗的要素可累加，取得的收益也可累加。

9.2.2.3 线性规划应用步骤

通常按照以下步骤进行。

（1）建立模型

根据生产活动的具体内容以及投入产出系数建立目标函数以及约束方程，用数学语言来描述经济行为。主要包括：

分析研究问题。主要解决为达到某一目标，在各种限制条件下，确定最佳的技术要素和产品组合，并满足以下条件：一是充分利用当地的自然和社会资源；二是符合农业生态发展规律；三是满足国民经济发展和当地需要；四是取得最佳经济效益。

确定目标函数。农业技术经济问题中的经济目标关系，在线性规划中就是目标函数。经济目标的确定是根据所研究的问题而定，主要包括最大产值、最大净产值、最大盈利，还是最低生产成本等。由于线性规划中只有一个目标函数，而实际的经济行为追求的目标常常多种多样，一般只选择其中最重要的一个目标来建立目标函数，其他则可视为约束条件。

选择决策变量。根据所分析的问题选择变量，主要选取一些对目标函数具有密切制约关系的变量。此外，还可将一个变量分为几个变量，或将几个变量合并成一个变量。同时，还应明确决策变量的计量单位。

建立约束方程。约束方程的建立取决于具体的约束条件，主要包括投入要素的限制如土地、劳动力、资金、肥料、种子、饲料等资源的数量约束以及生产数量要求的限制，还有生产任务、合同订单、质量要求等的约束。

（2）模型运算

借助线性规划助手软件对模型进行求解，以取得在限定条件下目标函数的最优值。

（3）结果评价分析

对于最优方案，假设增加补充某个变量（如投资）后，其经济效益则会明显提高，同时也可看到，当投入增加到一定程度后，经济效果就不明显了。为便于分析，一般将优化结果绘成曲线图进行比较分析，从推选的2～3个较好的方案中，通过两两比较和实现程度比较，最后筛选出一个较易实现的最优方案，即为领导决策参考的方案。

9.2.3 建立模型

由上可知，线性规划建模分三步：设置变量、建立目标函数和设置约束条件。

9.2.3.1 选择决策变量

根据规划区农、林、牧、渔等各产业生产现状设置多个变量。如种植业可选择小麦-玉米-水稻等粮食类（X_1）、油料类（X_2）、糖棉类（X_3）、蔬菜类（X_4）和其他作物（X_5）等品种；林果业可选择苹果-柑橘等水果类（X_6）、大枣-核桃等干果类（X_7）、茶园胶园（X_8）、生态林（X_9）和其他林果（X_{10}）等品种；畜牧业可选择牛（X_{11}）、羊（X_{12}）、生猪（X_{13}）、家禽（X_{14}）、其他畜禽类（X_{15}）和牧草地（X_{16}）等品种；渔业（淡水）可选择鱼类（X_{17}）、虾类（X_{18}）、蟹类（X_{19}）和其他鱼类（X_{20}）等品种。其单位均为万亩。

9.2.3.2 建立目标函数

农业生产中衡量经济效益以净利润为指标较为理想，但考虑成本费用统计较为困难，故本研究采用产值指标，其数据主要从统计资料和基层调查中获取，设各类品种的单位产值为C_i，则应求的目标函数最大值为：

$$\text{Max} Z = C_1X_1 + C_2X_2 + C_3X_3 + C_4X_4 + C_5X_5 + C_6X_6 + C_7X_7 + C_8X_8 + C_9X_9 + C_{10}X_{10} + C_{11}X_{11} +$$
$$C_{12}X_{12} + C_{13}X_{13} + C_{14}X_{14} + C_{15}X_{15} + C_{16}X_{16} + C_{17}X_{17} + C_{18}X_{18} + C_{19}X_{19} + C_{20}X_{20} \tag{1}$$

9.2.3.3 设置约束条件

根据调查分析，主要从以下几个方面作出限制约束。

（1）土地约束

农用地：从第三次国土资源调查成果可以了解到，设规划区土地总面积为A万亩，其中农用地面积为B万亩（耕地为B_1万亩、园地为B_2万亩、林地为B_3万亩、草地为B_4万亩、设施农用地B_5万亩），而设施用地又包括设施种植用地B_{51}、设施畜牧用地B_{52}、设施渔业用地B_{53}等。则各业用地满足如下关系：

$$X_1 + X_2 + X_3 + X_4 + X_5 + X_6 + X_7 + X_8 + X_9 + X_{10} + X_{11} + X_{12} + X_{13} + X_{14} + X_{15} + X_{16} + X_{17} + X_{18} + X_{19} + X_{20} + \cdots \leq B$$
$$\text{或} B_1 + B_2 + B_3 + B_4 + B_5 \leq B \tag{2}$$

①耕地：各业占用耕地应满足如下关系：

$$X_1+X_2+X_3+X_4+X_5 \leqslant B_1 \tag{3}$$

永久基本农田：从自然资源部门划定的"三区三线"成果可以了解到，设规划区永久基本农田面积为B_{11}万亩，则粮油棉糖蔬生产应满足如下关系：

$$X_1+X_2+X_3+X_4 \geqslant B_{11} \tag{4}$$

粮食生产功能区：从当地农业农村部门可以了解到"两区"划定结果，设该地粮食生产功能区面积为B_{12}万亩，则粮食生产应满足如下关系式：

$$X_1 \geqslant B_{12} \tag{5}$$

②园地：从上述假设可以了解到，规划区园地面积为B_2万亩，则园艺作物生产满足如下关系式：

$$X_6+X_8 \leqslant B_2 \tag{6}$$

③林地：从上述假设可以了解到，规划区宜林面积为B_3万亩，则林业生产满足如下关系式：

$$X_7+X_9+X_{10} \leqslant B_3 \tag{7}$$

④草地：从上述假设可以了解到，规划区草地面积为B_4万亩，则牧草作物满足如下关系式：

$$X_5+X_{16} \leqslant B_4 \tag{8}$$

⑤设施农业用地

设施种植用地：从上述假设可以了解到，规划区设施种植用地为B_{51}万亩。

设施畜牧用地：从上述假设可以了解到，规划区设施畜牧用地面积为B_{52}万亩。

$$X_{11}+X_{12}+X_{13}+X_{14}+X_{15}+X_{16} \leqslant B_{52} \tag{9}$$

设施渔业用地：从上述假设可以了解到，规划区设施渔业用地面积为B_{53}万亩。

$$X_{17}+X_{18}+X_{19}+X_{20} \leqslant B_{53} \tag{10}$$

（2）生产任务约束

①粮食生产量：根据当地生产水平及近几年单产情况，预测规划期粮食作物平均单产为R_1、粮食总产为D万千克，则粮食产量应满足如下关系式：

$$X_1 R_1 \geqslant D \tag{11}$$

②口粮绝对安全：根据预测，该地规划期末人口为E万人，目前我国人均粮食占有量约为480千克左右，大于联合国粮农组织提出的400千克水平。根据相关研究，扣除工业用粮、种子用粮、饲料用粮等约消耗30%以外，设口粮占比为U_1，人均粮食占有量为T_1，当

地口粮则应满足如下关系：

$$X_1 R_1 U_1 \geqslant ET_1 \tag{12}$$

③**蔬菜保供量**：设人均年消费蔬菜量为T_2，约按人均每天0.5千克蔬菜计算，蔬菜平均单产为R_2，并通过对前几年蔬菜供求状况分析，设蔬菜满足当地市场需求占比为U_2，则有：

$$X_4 R_2 \geqslant ET_2 U_2 \tag{13}$$

④**肉类**：设人均年消费肉类量为T_3，若按人均每年消耗20千克肉类计算，设肉牛、奶牛等占比各为v_1、v_2，肉禽、蛋禽等占比各为v_3、v_4；各畜禽类亩均饲养量为m_{11}、m_{12}、m_{13}、m_{14}、m_{15}，各畜禽类单位产肉量为R_{31}、R_{32}、R_{33}、R_{34}、R_{35}等，在分析前几年肉品供求状况的基础上，设肉类能满足当地市场需求占比U_3，则有：

$$X_{11} v_1 m_{11} R_{31} + X_{12} m_{12} R_{32} + X_{13} m_{13} R_{33} + X_{14} v_3 m_{14} R_{34} + X_{15} m_{15} R_{35} \geqslant ET_3 U_3 \tag{14}$$

注：可按每亩饲养牛25~50头、羊200~300只、生猪80~100头、鸡2 000~2 600只等；每单位牛、羊、猪、鸡产肉量各为450~500千克、30~40千克、70~80千克、1.25~1.75千克等计算。

⑤**奶品**：设人均年消费奶品量为T_4，若按人均每年消耗25~36千克奶品计算，设每头奶牛产奶R_4，在分析前几年奶品供求状况的基础上，设奶品能满足当地市场需求占比为U_4，则有：

$$X_{11} v_2 a_{11} R_4 \geqslant ET_4 U_4 \tag{15}$$

注：可按每亩饲养奶牛25~50头、年均产奶量约为5 000~6 000千克计算。

⑥**蛋品**：设人均年消费蛋品量为T_5，若按每人年均消耗20千克左右鸡蛋计算，设每只母禽年产蛋R_5，在分析前几年蛋品供求状况的基础上，设蛋品能满足当地市场需求占比为U_5，则有：

$$X_{15} v_4 a_{15} R_5 \geqslant ET_5 U_5 \tag{16}$$

注：可按每亩养殖蛋鸡2 000~2 600只、每只蛋鸡产蛋250~350个、每个蛋重50~55克等计算。

⑦**水果**：设人均年消费水果量为T_6，若按人均每年消耗90千克左右水果计算，设每亩果园产水果R_6千克，在分析前几年果品供求状况的基础上，设水果能满足当地市场需求占比为U_6，则有：

$$X_6 R_6 \geqslant ET_6 U_6 \tag{17}$$

⑧**鱼类**：设人均年消费鱼类量为T_7，按人均每年消耗鱼类20千克左右计算，设每亩池塘单产为R_{71}、R_{72}、R_{73}、R_{74}千克，在分析前几年水产品供求状况的基础上，设水产品能满足当地市场需求占比为U_7，则有：

$$X_{17}R_{71}+X_{18}R_{72}+X_{19}R_{73}+X_{20}R_{74} \geqslant ET_7U_7 \tag{18}$$

注：若按每人每年消耗鱼类20~60千克、每亩单产为400~500千克等计算。

（3）资源约束

水资源约束：根据当地水利部门测算，已知该地多年平均地表水与地下水可利用量，扣除工业、生活用水和饲养、绿化用水外，农林灌溉可利用水量为F万立方米，设各作物亩灌溉定额为q_i，则有：

$$X_1q_1+X_2q_2+X_3q_3+X_4q_4+X_5q_5+X_6q_6+X_7q_7+X_8q_8+X_9q_9+X_{10}q_{10}+X_{16}q_{11} \leqslant F \tag{19}$$

（4）劳动力约束

设该地农村劳动力为G万人，各品种每单位需要劳动力w_i人，则劳动力安排为：

$$X_1w_1+X_2w_2+X_3w_3+X_4w_4+X_5w_5+X_6w_6+X_7w_7+X_8w_8+X_9w_9+X_{10}w_{10}+X_{11}w_{11}+X_{12}w_{12}+X_{13}w_{13}+$$
$$X_{14}w_{14}+X_{15}w_{15}+X_{16}w_{16}+X_{17}w_{17}+X_{18}w_{18}+X_{19}w_{19}+X_{20}w_{20} \leqslant G \tag{20}$$

（5）饲草料约束

由于养殖业发展受饲草料供应的影响较大。一般精饲料的主要来源包括饲料粮，搭配少量的麦麸、稻壳等辅料；草饲畜牧粗料主要为农作物秸秆，搭配少量的苜蓿草、青贮玉米等。则有：

① 精饲料粮约束：设养殖消耗饲料为粮食产量占比为U_8，畜禽年消耗饲料分别为T_{8i}；每亩鱼类饲养量为R_{7i}，鱼类年消耗饲料为T_{9i}，则饲料生产安排为：

$$X_{11}m_{11}T_{81}+X_{12}m_{12}T_{82}+X_{13}m_{13}T_{83}+X_{14}m_{14}T_{84}+X_{15}m_{15}T_{85}+X_{16}m_{16}T_{86}+X_{17}R_{71}T_{91}+$$
$$X_{18}R_{72}T_{92}+X_{19}R_{73}T_{93}+X_{20}R_{74}T_{94} \geqslant DU_8 \tag{21}$$

注：可按单位畜禽日耗粮为牛2~4千克、羊1~2千克、生猪0.5~2千克、鸡0.2~1千克，鱼类消耗为产量2倍等计算。

② 粗饲料约束：据测算，一般农作物秸秆与产量之比为1:1，设用作牲畜干料的比例为U_9，各草畜消耗干料分别为T_{101}、T_{102}、T_{103}，考虑到运输问题，建议饲草就地解决。则有：

$$X_{11}m_{11}T_{101}+X_{12}m_{12}T_{102}+X_{15}m_{15}T_{103} \leqslant DU_9 \tag{22}$$

注：可按单位草畜日消耗饲草分别为肉牛3~5千克、羊2~5千克、奶牛6~10千克、其他1~3千克等计算。

（6）生态保护约束

① 根据当地林业发展规划，到规划期末森林覆盖率达到H以上，则：

$$X_6+X_7+X_8+X_9+X_{10} \geqslant AH \tag{23}$$

②依据畜禽养殖环境承载力的计算结果，结合当地常年饲养水平，设各畜禽为T_{11i}个羊单位、规划区畜禽饲养量上限为I万个羊单位：

$$X_{11}a_{11}T_{111}+X_{12}a_{12}T_{112}+X_{13}a_{13}T_{113}+X_{14}a_{14}T_{114}+X_{15}a_{15}T_{115} \leq I \quad (24)$$

注：可按1头牛=5个羊单位、1头猪=3个羊单位、1只鸡=0.05个羊单位、其他畜=2个羊单位等计算。

（7）肥料约束

按照"一控两减三基本"的相关要求，一般化肥施用量每亩控制不超过20千克，设常年化肥投入量为J万千克、各类作物每亩化肥施用量为T_{12i}，则有：

$$X_1T_{121}+X_2T_{122}+X_3T_{123}+X_4T_{124}+X_5T_{125}+X_6T_{126}+X_7T_{127}+X_8T_{128}+X_9T_{129}+X_{10}T_{1210} \leq J \quad (25)$$

（8）资金投入约束

结合当地各业生产水平，设规划区资金常年总投入量为K、各单位投入量为T_{13i}，则有：

$$X_1T_{131}+X_2T_{132}+X_3T_{133}+X_4T_{134}+X_5T_{135}+X_6T_{136}+X_7T_{137}+X_8T_{138}+X_9T_{139}+X_{10}T_{1310}+X_{11}T_{1311}+X_{12}T_{1312}+$$
$$X_{13}T_{1313}+X_{14}T_{1314}+X_{15}T_{1315}+X_{16}T_{1316}+X_{17}T_{1317}+X_{18}T_{1318}+X_{19}T_{1319}+X_{20}T_{1320} \leq K \quad (26)$$

另外，$X_j \geq 0$（$j=1, 2, 3, \ldots\ldots$）；即各决策变量为非负值。

9.2.3.4 线性规划模型构建表

根据以上目标函数和约束条件分析，调查示范区资源条件和约束条件系数，制定目标函数价值向量表、资源条件约束表、约束条件系数表，然后根据以上计算公式，建立线性规划函数，如表9-14至表9-17所示。

表9-14 目标函数价值向量调查表

序号	决策变量名称	决策变量代码	价值向量代码	单位	价值向量数值	参考值
1	种植业					
1.1	粮食作物	X_1	C_1	元/亩	—	—
1.2	油料作物	X_2	C_2	元/亩	—	—
1.3	糖棉作物	X_3	C_3	元/亩	—	—
1.4	蔬菜作物	X_4	C_4	元/亩	—	—
1.5	其他作物	X_5	C_5	元/亩	—	—
2	林果业					
2.1	水果	X_6	C_6	元/亩	—	—
2.2	干果	X_7	C_7	元/亩	—	—
2.3	茶胶	X_8	C_8	元/亩	—	—
2.4	生态林	X_9	C_9	元/亩	—	—
2.5	其他林	X_{10}	C_{10}	元/亩	—	—
3	畜牧业					
3.1	牛	X_{11}	C_{11}	元/亩	—	—
3.2	羊	X_{12}	C_{12}	元/亩	—	—

（续表）

序号	决策变量名称	决策变量代码	价值向量代码	单位	价值向量数值	参考值
3.3	生猪	X_{13}	C_{13}	元/亩	—	—
3.4	家禽	X_{14}	C_{14}	元/亩	—	—
3.5	其他畜禽	X_{15}	C_{15}	元/亩	—	—
3.6	牧草地	X_{16}	C_{16}	元/亩	—	—
4	渔业					
4.1	鱼类	X_{17}	C_{17}	元/亩	—	—
4.2	虾类	X_{18}	C_{18}	元/亩	—	—
4.3	蟹类	X_{19}	C_{19}	元/亩	—	—
4.4	其他鱼类	X_{20}	C_{20}	元/亩	—	—

表9-15 资源条件约束调查表

序号	类别	单位	代码	数值	备注
1	土地总面积	万亩	A	—	
2	农用地	万亩	B	—	
2.1	耕地	万亩	B_1	—	
2.1.1	永久基本农田	万亩	B_{11}	—	
2.1.2	粮食生产功能区	万亩	B_{12}	—	
2.2	园地	万亩	B_2	—	
2.3	林地	万亩	B_3	—	
2.4	草地	万亩	B_4	—	
2.5	设施农业用地	万亩	B_5	—	
2.5.1	设施种植用地	万亩	B_{51}	—	
2.5.2	设施畜禽用地	万亩	B_{52}	—	
2.5.3	设施渔业用地	万亩	B_{53}	—	
3	粮食总产量	万千克	D	—	
4	总人口数	万人	E	—	
5	农林灌溉可用水量	万立方	F	—	
6	农村劳动力数	万人	G	—	
7	森林覆盖率	%	H	—	
8	畜禽饲养上限	万只羊单位	I	—	
9	肥料供应	万千克	J	—	
10	资金投入	万元	K	—	
11	农林牧渔业总产值	万元	L	—	
11.1	种植业产值	万元	L_1	—	
11.2	林果业产值	万元	L_2	—	
11.3	畜牧业产值	万元	L_3	—	
11.4	渔业产值	万元	L_4	—	
11.5	农林牧渔服务业产值	万元	L_5	—	

表9-16 约束条件系数调查表

序号	类别	单位	代码	实际值	参考值	备注
	单位产出输入表					
1	粮食单产	千克/亩	R_1	—	—	
2	蔬菜单产	千克/亩	R_2	—	—	
3	每头（只）畜禽产肉量	千克/头（只）	R_{3i}	—	—	

（续表）

序号	类别	单位	代码	实际值	参考值	备注
	单位产出输入表					
4	每头（只）畜禽产奶量	千克/头（只）	R_4	—	—	
5	每只家禽产蛋量	千克/只	R_5	—	—	
6	果园单产	千克/亩	R_6	—	—	
7	鱼类单产	千克/亩	R_{7i}	—	—	
8	牧草单产	千克/亩	R_8	—	—	
	单位消耗输入表					
1	人均粮食占有量	千克/人	T_1	—	—	
2	人均蔬菜消费量	千克/人	T_2	—	—	
3	人均肉类消费量	千克/人	T_3	—	—	
4	人均奶类消费量	千克/人	T_4	—	—	
5	人均蛋品消费量	千克/人	T_5	—	—	
6	人均水果消费量	千克/人	T_6	—	—	
7	人均鱼类消费量	千克/人	T_7	—	—	
8	单位畜禽饲料粮消耗量	千克/单位	T_{8i}	—	—	
9	单位鱼类饲料粮消耗量	千克/单位	T_{9i}	—	—	
10	单位草畜干料消耗量	千克/单位	T_{10i}	—	—	
11	各畜禽折算成羊单位	只	T_{11i}	—	—	
12	各作物每亩化肥施用量	千克/亩	T_{12i}	—	—	
13	各品种单位投入量	元/单位	T_{13i}	—	—	
	产业规模占比输入表					
1	口粮占比	%	U_1	—	—	
2	蔬菜占比	%	U_2	—	—	
3	肉类占比	%	U_3	—	—	
4	奶类占比	%	U_4	—	—	
5	蛋品占比	%	U_5	—	—	
6	水果占比	%	U_6	—	—	
7	水产品占比	%	U_7	—	—	
8	精饲料占比	%	U_8	—	—	
	当地灌溉定额输入表					
1	粮食	立方米/亩	q_1	—	—	
2	油料	立方米/亩	q_2	—	—	
3	糖棉	立方米/亩	q_3	—	—	
4	蔬菜	立方米/亩	q_4	—	—	
5	其他作物	立方米/亩	q_5	—	—	
6	水果	立方米/亩	q_6	—	—	
7	干果	立方米/亩	q_7	—	—	
8	茶园胶园	立方米/亩	q_8	—	—	
9	生态林	立方米/亩	q_9	—	—	
10	其他林	立方米/亩	q_{10}	—	—	
11	草场	立方米/亩	q_{11}	—	—	

（续表）

序号	类别	单位	代码	实际值	参考值	备注
单位面积劳动力配置输入表							
1	粮食类	人/亩	W_1	—	—	
2	油料类	人/亩	W_2	—	—	
3	糖棉类	人/亩	W_3	—	—	
4	蔬菜类	人/亩	W_4	—	—	
5	其他作物类	人/亩	W_5	—	—	
6	水果类	人/亩	W_6	—	—	
7	干果类	人/亩	W_7	—	—	
8	茶园胶园	人/亩	W_8	—	—	
9	生态林	人/亩	W_9	—	—	
10	其他林	人/亩	W_{10}	—	—	
11	牛类	人/亩	W_{11}	—	—	
12	羊类	人/亩	W_{12}	—	—	
13	生猪类	人/亩	W_{13}	—	—	
14	家禽类	人/亩	W_{14}	—	—	
15	其他畜禽类	人/亩	W_{15}	—	—	
16	牧草类	人/亩	W_{16}	—	—	
17	鱼类	人/亩	W_{17}	—	—	
18	虾类	人/亩	W_{18}	—	—	
19	蟹类	人/亩	W_{19}	—	—	
20	其他鱼类	人/亩	W_{20}	—	—	

表9-17 线性规划模型输入表

序号	产业结构	粮食作物	油料类	糖棉类	蔬菜类	其他作物	水果类	干果类	茶园胶园	生态林	其他林	牛	羊	生猪	家禽	其他畜禽	牧草	鱼类	虾类	蟹类	其他鱼类	约束关系	约束
一	决策变量	X_1	X_2	X_3	X_4	X_5	X_6	X_7	X_8	X_9	X_{10}	X_{11}	X_{12}	X_{13}	X_{14}	X_{15}	X_{16}	X_{17}	X_{18}	X_{19}	X_{20}		b
二	价值向量	C_1	C_2	C_3	C_4	C_5	C_6	C_7	C_8	C_9	C_{10}	C_{11}	C_{12}	C_{13}	C_{14}	C_{15}	C_{16}	C_{17}	C_{18}	C_{19}	C_{20}		C
1	农用地约束	a_{11}	a_{12}	a_{13}	a_{14}	a_{15}	a_{16}	a_{17}	a_{18}	a_{19}	a_{110}	a_{111}	a_{112}	a_{113}	a_{114}	a_{115}	a_{116}	a_{117}	a_{118}	a_{119}	a_{120}	≤	b_1
2	耕地约束	a_{21}	a_{22}	a_{23}	a_{24}	a_{25}																≤	b_2
3	基本农田约束	a_{31}	a_{32}	a_{33}	a_{34}																	≥	b_3
4	粮食功能区约束	a_{41}																				≥	b_4
5	园地约束						a_{56}		a_{58}													≤	b_5
6	林地约束							a_{66}		a_{69}	a_{610}											≤	b_6
7	草地约束											a_{711}	a_{712}	a_{713}	a_{714}	a_{715}	a_{716}					≤	b_7
8	设施用地约束																	a_{817}	a_{818}	a_{819}	a_{820}	≤	b_8
9	粮食生产约束	a_{91}																				≥	b_9
10	口粮安全约束	a_{101}																				≥	b_{10}
11	蔬菜供给约束				a_{113}																	≥	b_{11}

(续表)

序号	产业结构	粮食作物	油料类	糖棉类	蔬菜类	其他作物	水果类	干果类	茶园胶园	生态林	其他林	牛	羊	生猪	家禽	其他畜禽	牧草	鱼类	虾类	蟹类	其他鱼类	约束关系	约束
12	肉类供给约束											a_{1211}	a_{1212}	a_{1213}	a_{1214}	a_{1215}	a_{1216}					≥	b_{12}
13	奶类供给约束											a_{1311}										≥	b_{13}
14	蛋类供给约束														a_{1414}							≥	b_{14}
15	水果供给约束						a_{156}															≥	b_{15}
16	鱼类供给约束																	a_{1617}	a_{1618}	a_{1619}	a_{1620}	≥	b_{16}
17	水资源约束	a_{171}	a_{172}	a_{173}	a_{174}	a_{175}	a_{176}	a_{177}	a_{178}	a_{179}	a_{1710}											≤	b_{17}
18	劳动力约束	a_{181}	a_{182}	a_{183}	a_{184}	a_{185}	a_{186}	a_{187}	a_{188}	a_{189}	a_{1810}	a_{1811}	a_{1812}	a_{1813}	a_{1814}	a_{1815}	a_{1816}	a_{1817}	a_{1818}	a_{1819}	a_{1820}	≤	b_{18}
19	精饲料约束											a_{1911}	a_{1912}	a_{1913}	a_{1914}	a_{1915}		a_{1917}	a_{1918}	a_{1919}	a_{1920}		≤	b_{19}
20	粗草料约束											a_{2011}	a_{2012}				a_{2016}						≤	b_{20}
21	森林覆盖率									a_{217}		a_{219}	a_{2110}										≥	b_{21}
22	环节承载力											a_{2211}	a_{2212}	a_{2213}	a_{2214}	a_{2215}	a_{2216}						≤	b_{22}
23	肥料约束	a_{231}	a_{232}	a_{233}	a_{234}	a_{235}	a_{236}	a_{237}	a_{238}	a_{239}	a_{2310}											≤	b_{23}
24	资金约束	a_{241}	a_{242}	a_{243}	a_{244}	a_{245}	a_{246}	a_{247}	a_{248}	a_{249}	a_{2410}	a_{2411}	a_{2412}	a_{2413}	a_{2414}	a_{2415}	a_{2416}	a_{2417}	a_{2418}	a_{2419}	a_{2420}	≤	b_{24}

9.2.4 评价结果

9.2.4.1 基本方案

将以上运算过程开发成农业结构调整优化系统软件，把调查的相关数据输入到软件程序后进行运算，以第一方案（基可行解）为例，将运算结果的决策变量X_j纳入表中，即为第一方案农用地结构，X_j之和为农用地总面积。根据$Z_j=C_jX_j$计算公式，算出各产业产值Z_j，Z_j之和为目标函数最大值，将Z_j纳入表9-18中，即得出线性规划函数运行结果第一方案。

表9-18 第一方案参考表

决策变量	X_1	X_2	X_3	X_4	X_5	X_6	X_7	X_8	X_9	X_{10}	X_{11}	X_{12}	X_{13}	X_{14}	X_{15}	X_{16}	X_{17}	X_{18}	X_{19}	X_{20}	合计
农用地结构（万亩）	—	—	—	—	—	—	—	—	—	—	—	—	—	—	—	—	—	—	—	—	
各业产值结构（万元）	—	—	—	—	—	—	—	—	—	—	—	—	—	—	—	—	—	—	—	—	

将运行结果X_j代入约束函数，$\sum_{i=1}^{m}\sum_{j=1}^{n}a_{ij}X_j=b_i$，即可算出该方案的资源利用情况，然后将资源的可利用量（b_i）和消耗量进行对比分析，即可得出各类资源的消耗情况（表9-19），为下一步调整方案作参考。

表9-19 第一方案资源约束和消耗对比表

单位：万亩、万千克、万立方米、万人、万元

资源条件名称	农用地约束	耕地约束	基本农田约束	粮食功能区约束	园地约束	林地约束	草地约束	设施用地约束	粮食生产约束	口粮安全约束	蔬菜供给约束	肉类供给约束
约束关系	≤	≤	≥	≥	≤	≤	≤	≤	≥	≥	≥	≥
资源可用量	b_1	b_2	b_3	b_4	b_5	b_6	b_7	b_8	b_9	b_{10}	b_{11}	b_{12}
资源消耗量	—	—	—	—	—	—	—	—	—	—	—	—
差额	—	—	—	—	—	—	—	—	—	—	—	—

资源条件名称	奶类供给约束	蛋类供给约束	水果供给约束	鱼类供给约束	水资源约束	劳动力约束	精饲料约束	粗草料约束	森林覆盖率约束	环境承载力约束	肥料约束	资金约束
约束关系	≥	≥	≥	≥	≤	≤	≤	≤	≥	≤	≤	≤
资源可用量	b_{13}	b_{14}	b_{15}	b_{16}	b_{17}	b_{18}	b_{19}	b_{20}	b_{21}	b_{22}	b_{23}	b_{24}
资源消耗量	—	—	—	—	—	—	—	—	—	—	—	—
差额	—	—	—	—	—	—	—	—	—	—	—	—

注：约束关系为≥时，差额应≤0；约束关系为≤时，差额应≥0。

由上表差额项可以看出，在有限资源条件下，一般投资额可能首先耗尽，但其他项可能有余额。因此要提高项目区整体经济效益，可通过不断增加资金投入，来带动其他项资源的消耗，并计算各资源的消耗量与差额。

9.2.4.2 推荐方案

在此基础上，经过多次试算，每增加一定数额的投资，即可获得一套基本方案，如表9-20所示。

表9-20 多个方案比较表

单位：万元、万亩

资金投入	决策变量	种植业					林果业					畜牧业					渔业				合计
		X_1	X_2	X_3	X_4	X_5	X_6	X_7	X_8	X_9	X_{10}	X_{11}	X_{12}	X_{13}	X_{14}	X_{15}	X_{16}	X_{17}	X_{18}	X_{19}	X_{20}	
方案 I	用地结构	—	—	—	—	—	—	—	—	—	—	—	—	—	—	—	—	—	—	—	—	—
	产值结构	—	—	—	—	—	—	—	—	—	—	—	—	—	—	—	—	—	—	—	—	—
方案 II	用地结构	—	—	—	—	—	—	—	—	—	—	—	—	—	—	—	—	—	—	—	—	—
	产值结构	—	—	—	—	—	—	—	—	—	—	—	—	—	—	—	—	—	—	—	—	—
……																						

9.2.4.3 方案比选

例如以内蒙古某示范区为例，将调查数据代入系统运算后推选出8个方案，比较各方案计算结果，从中了解到不同投资大小所对应的各资源消耗量与各业产值变化趋势。并通过绘制总投入与总产值、总投入与资金利用效果曲线图了解资金利用效果。从图9-2可看出，将总投入增加到35亿元时，总产值增加效果较明显；但随着资金投入增加，总产值曲线上升便趋于缓慢。而从图9-3可见，当资金投入达到35亿元时，资金利用效果达到最大

值，后逐渐减少。由此可得出，当总投资达到35亿元时，各产业用地结构和产值结构达到最佳，以此确定8个方案中第三方案为最佳方案，供主管部门决策参考。

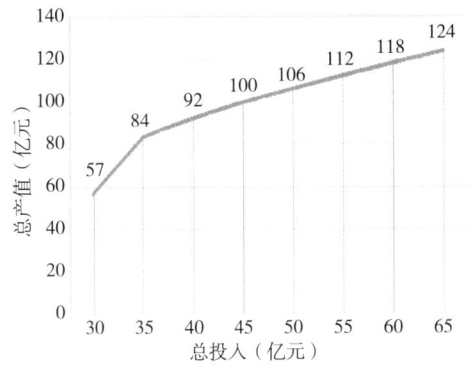
图9-2 总投入与总产值对比分析图

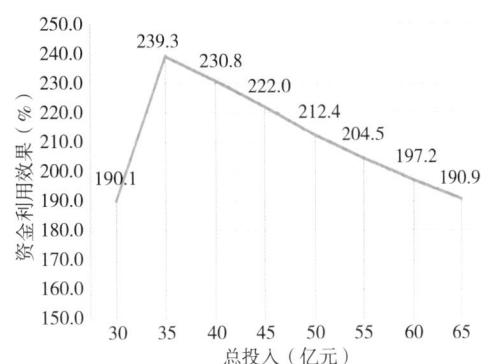
图9-3 总投入与资金利用效果对比分析图

9.2.5 研究结论

经上述分析与评价，实现了农业结构的调整与优化，能达到预期的经济效果：一是实现了各产业用地的最佳配置，通过挖掘土地资源潜力来提高土地利用率；二是通过农业结构调整，促进各业产值相应提高，获得了较明显的经济效益；三是通过农业结构调整，将不适宜耕作的土地还林还草，增加土地植被量，提高区域森林覆盖率，促进区域生态环境的改善；四是通过农业结构调整，劳动生产率得到相应地提高，多余的劳动力可向第二、第三产业转移。综上所述，社会效益、经济效益均得到了显著提升。其研究成果不仅适用农业示范区，同样适用于乡村振兴示范县创建、农业强国建设规划等方面的产业结构调整。

第10章 空间布局优化方法专项研究

空间布局是现代农业发展的重要组成部分，也是农业现代化示范区创建的核心内容。各要素、各产业和各项目要想获得最佳区位，需要在地域空间上不断调整、组合、再配置才能实现。空间布局科学与否，关系到示范区功能组织是否合理、建设投资是否经济、农业发展是否可持续等。本章从示范区空间布局现状分析出发，系统梳理目前存在的短板弱项，提出布局思路、布局原则和布局要点，以期为示范区创建提供借鉴参考。

10.1 现状分析

随着示范区多年的发展与延承，发展功能在空间上也各得其所，且表现出较明显的分布特征，但是随着农业结构的不断调整与优化，很多方面已不再适应现代农业发展的需要，应加快调整与布局。

10.1.1 现状特征

各地空间布局表现形式多种多样，主要体现出以下几方面现状特征。

聚集性。一般在县政府所在地及周边重点区域进行集聚，有可能形成一个或多个集聚中心，如有些地方形成一正一副或一正两副中心等，其功能集生产、加工、科技、管理、服务于一体，为后期规划布局和重点板块打造提供基础条件。

区域性。按照主体功能划分，县域可划分为城镇空间、农业空间、生态空间三类空间。示范区主要以农业空间为载体，涉及永久基本农田、一般耕地等生产用地，围绕国家粮食安全和重要农产品有效供给，充分发挥各地比较优势，不断调整优化农业生产空间，以此提高土地资源利用率。

线状性。近几年来，随着"村村通"项目的逐步实施，区域交通网络基本形成，乡村主要交通干道也随之连通，农业示范园、农产品加工园和仓储物流中心等项目在干道两侧逐步集聚，带动了周边现代农业的发展，促进了当地经济快速增长。

集群性。随着现代农业产业体系的逐步建立与完善，优势特色产业成长明显，加上新型经营主体的引进与培育，在空间布局上呈现出集群式发展趋势，逐步形成当地经济发展的支柱产业。

传导性。国土空间规划一般要接受上级规划的定位要求与指标任务的传导，根据建设指标的分布位置与占地大小确定项目建设规模，以此确定农业空间的拓展方向与发展趋势。

多元性。随着国家提出坚持农业现代化与农村现代化一体设计、一并推进的逐步深入，示范区面临农业结构调整与多项政策惠及农业的双重机遇，空间布局应改变过去单一产业的一枝独大，或多个产业的百花齐放局面，应结合当地发展环境，宜农则农、宜林则林、宜牧则牧，配置适合农产品加工与物流园区的用地，以及未来发展休闲观光、文化传承、农村电商等新业态的弹性用地，促进多元化空间发展与布局。

10.1.2 存在问题

尽管示范区在空间布局上表现出上述现状特征，但在某些方面还可能存在不足。问题出现频次较多的方面如下。

空间布局不合理。一般区位较好的示范区经济发展较好，而偏远落后的示范区相对较差，不合理的空间布局导致经济发展的不平衡。有些存在各乡镇间协调不够、产业布局不明确等问题，或布局分散、重复现象较多等，容易导致区域间恶性竞争。

产业集中度不够。经过多年的发展，示范区农业产业数量越来越多，分布较零散，规模化发展受限制，导致产业集中度不够、集聚效应不明显、分布规律不突出等，影响产业整体效益的发挥。

产业化程度不高。大多示范区比较注重第一产业发展，农产品加工物流业与休闲旅游重视不够，导致产业结构不合理、产业化程度不高、产业趋同现象严重等，更有甚者，有些示范区还存在同类产品的多地聚集，严重浪费有限资源和投资额度，影响产业均衡布局和规模化发展。

与国土空间规划衔接不够。有些示范区在制作工作底图时，没有很好地落实国土空间规划成果的"三区三线"，导致产业发展落地性不强，有些三产融合项目布置在生态保护红线和永久基本农田范围内，造成示范区创建工作推进不力，给项目实施带来被动。

总体结构与各功能区布局自相矛盾。有些示范区布局方案编制较随意、功能分区边界较模糊，导致上下传导自相矛盾，对推动示范区创建实施、工程项目落地带来较大困扰。如图10-1总体布局图中左下角是竹制品加工区、东部浅绿色为城建区，而在功能分区图10-2中，该区却变成了休闲农业区，覆盖了上层的加工区，东部又多出绿色蔬菜区等等，导致上下功能不呼应、交叉重叠；图10-3总体布局图中左下角是良种繁育板块，而在功能分区图10-4中，该板块又变成了规模养殖区和文旅生态区，如此等等。

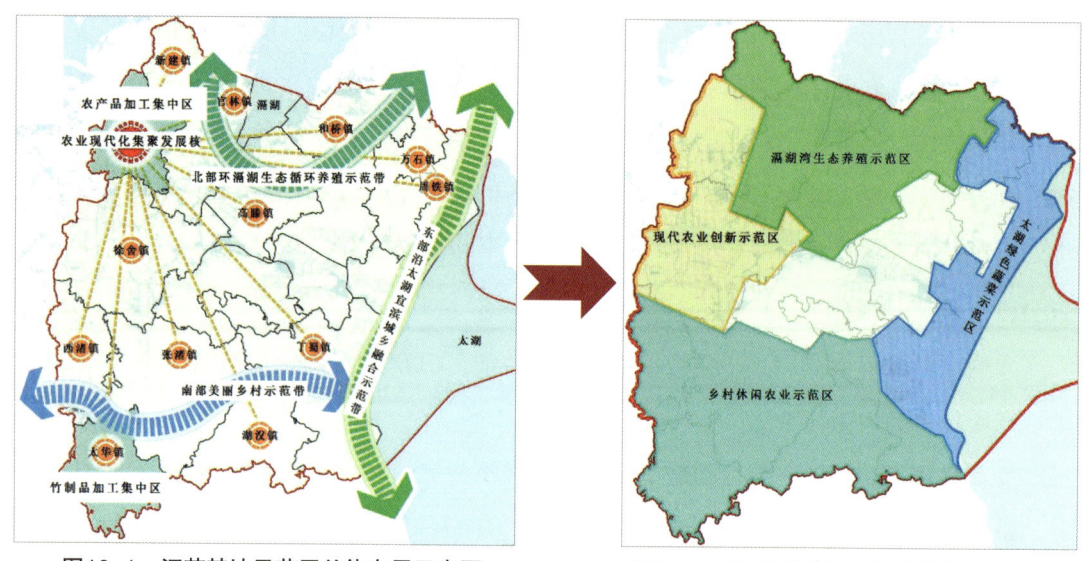

图10-1 江苏某地示范区总体布局示意图

图10-2 江苏某地示范区功能分区示意图

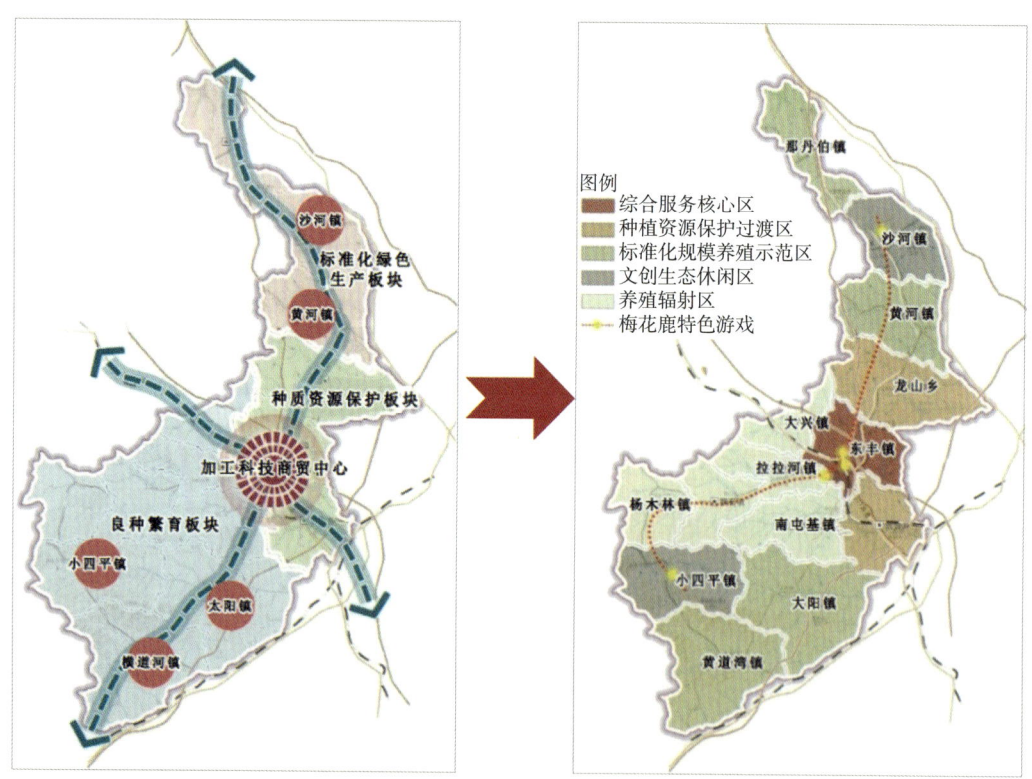

图10-3 云南某地示范区总体布局示意图

图10-4 云南某地示范区功能分区示意图

10.2 空间结构分析

10.2.1 空间结构要素组成

空间结构组成要素主要包括聚集点、发展轴线、聚集区和连接网等。

聚集点。是指示范区内某一要素（如科技、管理、加工物流、服务、文化等）或几个要素在特定位置集中形成的一种空间布局形态，与其所在区域相比，可抽象为面上的一个点，即为聚集点。聚集点一般表现为示范区的科技核、加工物流核、文化核、管理服务核等，可能形成科技文化交流中心、管理服务中心等，是整个示范区的中心辐射源，是示范区产业发展的增长极。

轴带线。是指某一产业或经济活动在地理空间上依托水陆交通干线呈线状分布的空间形态。示范区发展轴线表现为聚集点（核）辐射影响周边区域的路径，具有一定的方向性和时序性；也可表现为某一产业具有较大发展潜力的线状地带，吸引资金、技术等要素向该线状地带聚集，形成特定产业发展轴线。根据发展轴线上聚集要素的数量、密度、质量及重要性的不同，可将发展轴线分成不同的等级。

聚集区。是指示范区内某些经济活动在地理空间上所表现出的面状分布状态，主要表现为优质农产品标准化种养基地（如高标准农田建设区、畜禽养殖区、水产健康养殖区等）、农产品加工物流基地以及休闲农业与乡村旅游基地等。

连接网：将聚集点、发展轴线、聚集区纳入示范区空间布局考虑大系统中，彼此之间通过人流、物流、信息流、能源流等相互联系、相互作用、合理配置，最终形成一张网，即为"点-轴-面"连接网，有序推动示范区快速发展。还可将该网纳入国土空间规划"一张图"中。

10.2.2 空间结构影响因素分析

空间结构受地理区位、自然条件、产业基础、技术条件和交通格局等因素的影响，这些因素为示范区空间结构的调整与优化提供基础信息。

地理区位。重点分析示范区地理区位、交通区位和经济区位。具体分析农业农村发展规划、国土空间规划等上位规划对示范区的定位要求；分析示范区距离机场、高铁站、高速公路出入口等交通站点的时间距离，以及与名胜古迹、产地批发市场、农产品加工物流区节点的距离等；并考虑周边重大经济圈、经济带的辐射影响程度等。

自然条件。重点分析示范区的地形地貌、气候条件、土壤类型和水文地质等条件。其中地形地貌、坡度坡向、土壤类别对产业布局影响较大，示范区的主导风向和河流流向决定各功能板块的布局方位，较差的工程地质条件不适宜布置重大工程项目。

产业基础。重点分析示范区优势特色产业结构与发展规模，主导产业发展拓展方向，全产业链建立与新业态培育情况，以及空间潜力与分布位置等。

技术条件。重点分析示范区科技研发、科技推广所具备的条件，科技创新团队数量及研究方向，重点实验室、产学研用基地分布位置及未来发展空间潜力等。

交通格局。 主要分析示范区内部交通和对外交通的重要节点、主要线路及规划方向，以及对示范区交通格局的影响等，并考虑未来工程项目建设与交通节点的契合度。

10.3 空间布局

10.3.1 布局原则

立足示范区空间结构现状，围绕示范区发展要求与功能定位，空间布局应遵循以下原则。

底线思维，保护优先。 以资源环境承载能力和国土空间开发适宜性评价为基础，科学布局农业生产空间，强化底线约束，优先保障粮食安全和生态环境安全。

多规合一，协调落实。 结合上位国土空间规划，通盘考虑土地利用、生态保护和农业农村发展等方面的空间要求，推动各类规划在县域层面的"多规合一"，推动各功能板块协调发展和工程项目落地落实。

因地制宜，统筹推进。 依托资源禀赋和空间发展演变规律，合理配置土地资源，因地制宜地调整用地结构；统筹总体规划与空间布局，实现区域土地资源的有效配置。

动态平衡，分步实施。 空间布局是一个相互联系、相互制约的动态平衡过程，一经确定并不代表永不变动，会随着时间的推移和国家政策的调整而随之变化。布局时应统筹安排、分步实施。

10.3.2 总体布局方式选择

示范区空间布局主要是各要素的空间安排及特定范围内的空间组合，不同的组合形式即为空间布局方式。方式的选择应因地、因时、因势而异，比较常用的有圈层式、点轴式和复合式等。

圈层式。 是指以聚集点为辐射源、带动聚集区发展的"点-区"空间组合形式。在圈层布局方式中，聚集点一般为示范区的核心区，聚集区围绕核心区展开布局，呈现"一核多区"的空间结构。圈层布局方式适用于地貌类型相对单一、地势平坦、产业发展核心要素相对聚集的示范区。如国家农业科技园区，各主要功能区呈同心圆形式展开布局，形成嵌套的功能区域格局，核心区处于内圆区域，圆心向外依次为示范区、辐射区。圈层式结构有利于充分发挥核心区的技术集成和核心作用，以核心区为基础带动示范区，以示范区拉动辐射区，形成核心区—示范区—辐射区的梯度扩散态势。

点轴式。 点是指示范区不同层级的产业节点（聚集点），是带动产业发展的增长极；轴是指沿干道或主要河流岸线聚集的技术、资金、人才等要素形成的发展轴，以轴带串联各节点，带动整个示范区农业现代化发展，最终呈现"一点（核）多轴多区"的空间结构。点-轴布局方式主要适用于增长极清晰、产业轴向发展趋势明显的示范区。集聚点一般为科技创新集聚区、加工物流集中区、产地批发市场等节点；按照发展轴形成方式的不同，一般可分为主轴、副轴等不同级别的轴带，若与不同类型的增长极相连，就可形成各要素相互作用的骨干网络，推动整个示范区快速发展。

复合式。是指在一个示范区内有两种或两种以上的布局方式出现，每种布局方式在示范区某一个区域自成体系，如圈层式和点轴式布局同时出现在一个示范区，或同一示范区内有两个圈层布局或点轴式布局形式等。这种空间布局方式主要出现在地形复杂的丘陵山区，区域内有多个地理单元，不同单元有不同的发展主题，多个主题形成的园区有机构成整个农业示范区。

10.3.3 各业用地调整

在选定上述空间布局方式、完成总体空间结构调整的基础上，本节主要介绍各业用地相关内容，一般包括农作物种植基地、林果基地、畜牧养殖场、水产养殖基地和加工物流区等。

农作物种植基地。选择土地集中连片、水资源丰富、土壤肥沃的区域，适宜主导品种发展；远离污染源，确保农产品生产安全；尽量靠近交通枢纽和农产品加工物流园区，利于农产品集散，提高生产效率；在满足农艺与工程措施配套的前提下，尽量做到节约集约用地，因地制宜安排各类用地，利于提高土地产出率。

林果基地。尽量选择缓坡地、向阳地进行种植，少占或不占耕地，力争做到节约耕地；保持同一林果小区气候、土壤等立地条件相对一致，利于生产管理；尽量将自然景观和人文景观有机结合，利于拓展林果业生态旅游功能。

畜牧养殖场。选择在隔离、防疫条件较好的区域布局，与居民点间距在2 000米以上，与主要交通要道距离在1 000米以上，位于居民点下风方向，并留有足够的防疫间距；水源充足、电力配套、地势平缓、阳坡、周围有足够的土地面积消纳畜禽粪污，水文、工程地质满足建场要求；尽量按养殖、加工、储藏等工艺要求，结合当地气候、地形及环境等条件，布局各环节用地；合理组织人流、物流，按照最便捷的生产联结方式进行布局；在满足生产工艺要求的前提下，做到节约用地，少占或不占耕地。

水产养殖基地。选在水资源丰富、水质符合水产养殖标准、优势与特色品种居多的地方布局；要求养殖场地形平坦、养殖水面集中连片；在满足生产要求的前提下，尽量节约用地，少占或不占耕地；具备一定的养殖、加工、市场流通等相关配套设施条件。

加工物流区。符合城乡建设规划，应选择在工业用地或商业用地区域内；尽量靠近原料集中供应地；尽可能靠近交通枢纽、消费市场；最好选择在水源、电力供应有保障的区域；尽量选用荒地和空闲地，不占或少占耕地；地形要利于防洪排涝，避开地震带、断层、泥石流等不利地段。

10.4 规划布局技术要点

结合相关实践案例，本节重点提出示范区规划布局相关技术要点，如图10-5所示。

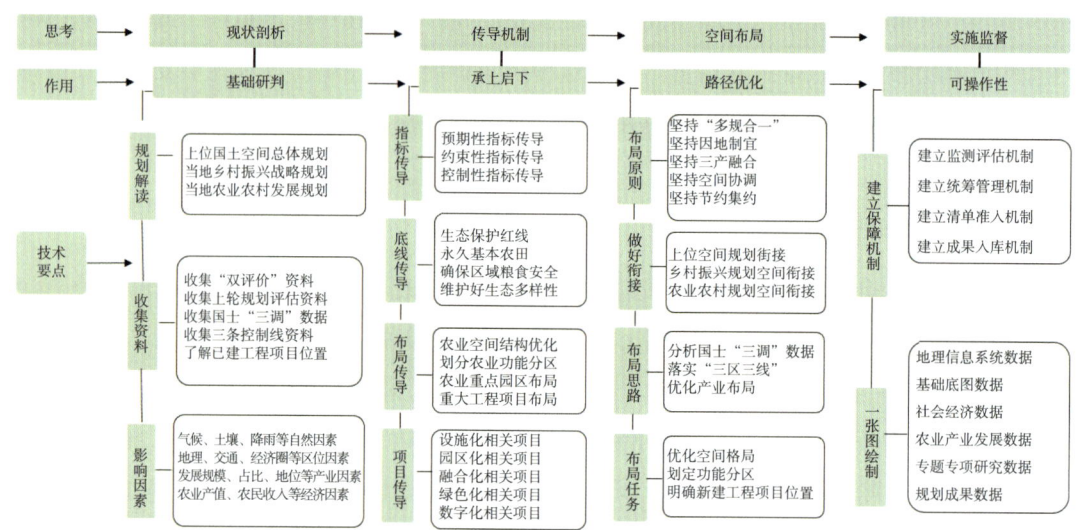

图10-5 示范区规划布局技术要点框图

（1）深入研判，打好前期基础

深入细致开展前期调研工作，为规划布局作好铺垫：一是重点解读已公布的上位国土空间与乡村振兴等相关规划内容，了解其对农业空间的要求与定位；二是收集当地"双评价"和上轮规划评估资料，分析农业空间利用的优势、不足与潜力；三是梳理影响空间布局的自然、区位、产业和经济等因素，为未来提供发展方向；四是收集国土空间底图信息，落实好三条控制线，将已完成的农业工程项目所在位置叠加到"一张图"的相应空间上，为示范区工作底图提供基础支撑。

（2）承上启下，贯通传导机制

示范区规划布局主要通过指标传导、底线传导、布局传导和项目传导等，在空间层面发挥对接上位、细化本位和指导下位的作用。一是指标传导。包括预期性、约束性和控制性等指标传导，如目标表中的高标准农田建设、农业科技贡献率和农产品加工转化率等为预期性指标，耕地保有量、永久基本农田面积和农业废弃物资源化利用率等为约束性指标，建设用地规模、容积率和建设密度等为控制性指标，通过各功能区细化分解实现上下传导。二是底线传导。重点包括落实生态保护红线、永久基本农田等相关控制线，严禁耕地"非农化"、基本农田"非粮化"，禁止改变土地的农业用途。三是布局传导。在已完成的本级空间规划用地分区上，提出示范区空间布局思路，优化农业格局，划定农业功能区，留足各功能板块布局位置，实现布局传导。四是项目传导。加强示范区与上位规划中的乡村振兴、土地整治和生态修复等重点项目的联动对接，围绕示范区提出的农业设施化、园区化、融合化、绿色化和数字化等工程提出一系列项目，实现项目上下传导。

（3）重点落实"三区三线"

按照通知要求，示范区以县（市、区）为单位开展创建，其规划区涵盖县域全部国土范围。按照工作流程，首先应落实三条控制线和三个空间（图10-6），其中示范区规划布局主要限于农业空间，且侧重于以提供农产品为主体功能的农业生产空间；如东北某示范区空间就包括生产、生活和生态三个空间范围（图10-7）。另外，涉及产业链关键环节且上规模的农产品加工、冷链物流、电子商务及生态旅游等项目，可布置在城镇空间的弹性区或生态空间的协调区内（图10-6）。

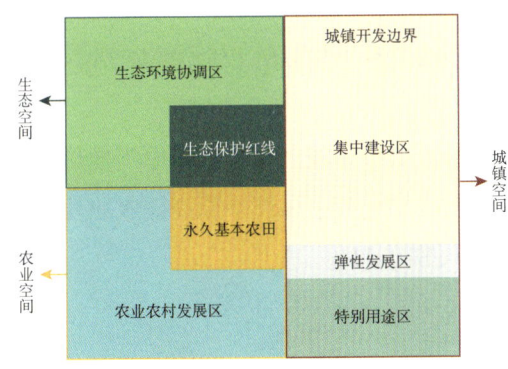

图10-6 落实"三区三线"示意图

图10-7 某地"三生"空间布局示意图

（4）优化农业生产空间

统筹考虑示范区自然资源、地形地貌、区位条件和社会经济等因素，在落实划定"三区三线"的基础上，立足农业产业现状分布特征及空间演变规律，遵循上位空间规划的定位指导，落实粮食生产功能区和重要农产品生产保护区划定范围，以及养殖业适养、限养、禁养区域，按照"向点核集聚、沿轴带展开、带动各片区发展"的布局思路，通过"三生"空间在县域层面的叠加与调整，不断优化示范区空间发展格局，形成"心（核）-轴（带）-片（区）-多园"等空间结构。如图10-9、图10-10，某示范区形成了"一核-两带-三片-多园"空间发展格局，示范引领区域现代农业发展。

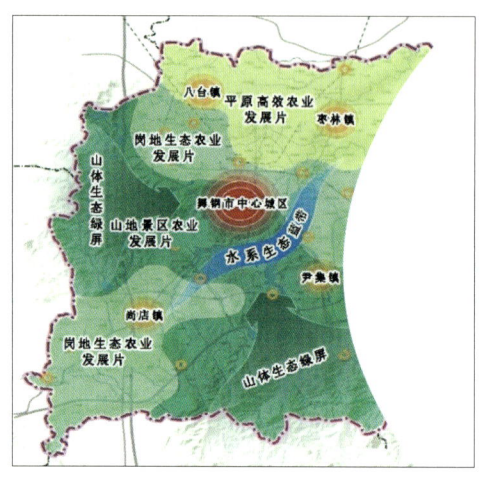

图10-8 某地农业空间结构优化示意图　　图10-9 某地农业空间结构优化示意图

（5）细划农业功能区

划分农业功能区有多种方式，实践中采用较多的是按农业主导功能、地形地貌与产业特色结合和功能上下传导等3种方式。

按农业主导功能方式划分。 如针对某个示范区，按照农业区域分异规律，可将示范区划分为优质粮菜生产区、绿色稻瓜示范区、特色粮油精品区和稻渔综合种养区等功能区（图10-10）。

按地形地貌与产业特色相结合的方式划分。 如按山地、丘陵和平原等地形地貌特征，结合区域特色、产业基础及发展方向，将示范区划分为中东部平原高效农业片、西部丘陵旱作农业片和南部山区生态农业片等功能区（图10-11）。

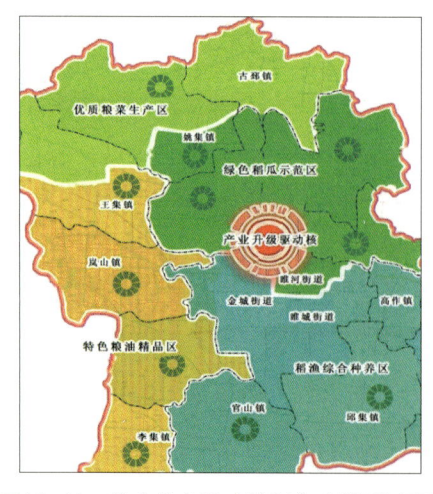

图10-10 按农业主导功能划分功能区示意图　　图10-11 按"地形地貌+产业特色"划分功能区示意图

按功能上下传导的方式布局。示范区空间结构可视为空间布局总图，需进一步细化分解到下一层各功能分区内落实，并与上一层总图做好对接。如图10-12，示范区形成的"一心一园两翼"为空间布局总图，而图10-13各功能分区是结合当地地形地貌和农业发展等现状，以蔬菜、种业和水果为主导产业，兼顾加工物流、观光旅游等，将总图中的"一园"又细分为现代冬繁制种科技引领区、优质特色果蔬绿色发展区、宜居宜业产村融合发展示范区和冬早蔬菜全产业链融合发展区等多个功能区，以示规划期内各区产业发展重点与空间位置。

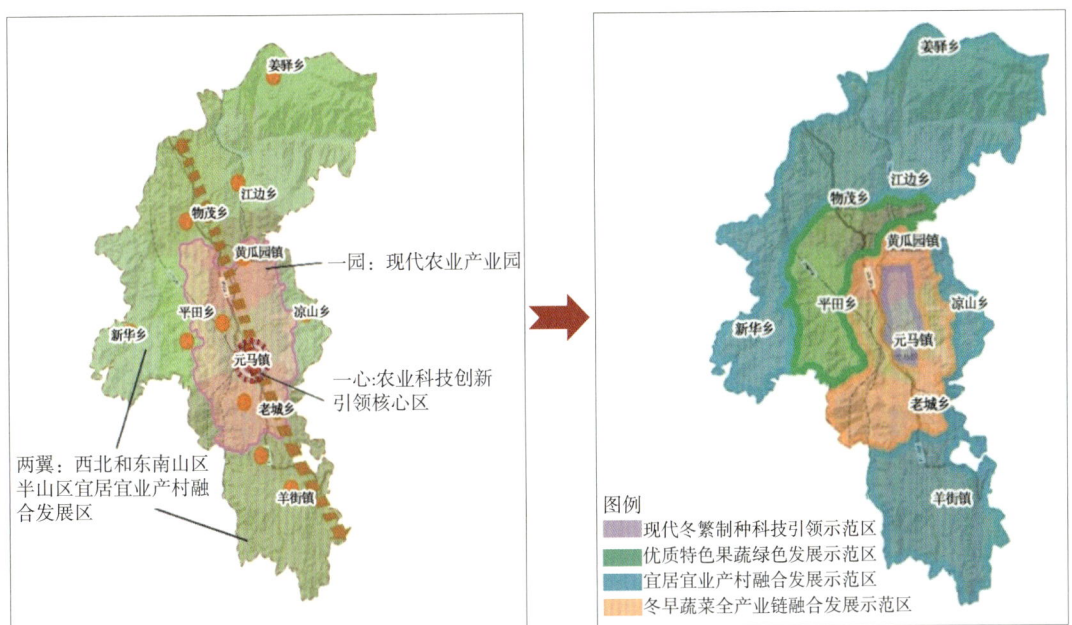

图10-12　按功能上下传导划分功能区示意图　　图10-13　按功能上下传导划分功能区示意图

10.5　研究结论

本研究通过分析示范区空间目前现状、发展特征和存在不足等，提出了空间布局的总体思路、布局形式和布局要点，并论证了其在实践方面的应用。由此可见，在国土空间规划体系背景下研究示范区规划布局是一种尝试与创新，对于探索示范区与国土空间规划"三区三线"有效衔接、空间结构调整优化和各功能区科学划分等方面，无疑具有重要的指导意义。其研究成果不仅适用于农业示范区，同样适用于现代农业产业园、优势特色产业集群和农业产业强镇等方面的空间布局。

第11章 农业"五化"推进路径专项研究

示范区创建是一项产业诸多、内容繁杂的系统工程,既与宏观政策密切相关,也与各环节联系紧密,呈现出多学科、多领域、多路径相互渗透的发展态势。要想正确选择示范区建设实施总路径,首先必须认识和把握其系统性与整体性,深入分析示范区的短板弱项,逐步形成一个整体有序、重点突出、层次分明和结构合理的推进路径(图11-1),并围绕示范区的目标任务,结合各地农业发展实际,逐步推进农业现代化目标如期实现。

本研究采用大家普遍接受的逻辑框架法,从问题导向出发,紧紧围绕示范区"基本实现农业现代化"这个宏伟目标,重点聚焦示范区的短板弱项,通过提出财政资金整合、土地制度改革、金融支农服务、农业科技创新和人才引进培育等多项举措,不断促进示范区工作体系、政策体系和制度体系的基本形成,以及全面实现农业现代化的终极目标早日实现,同时结合现阶段我国农业现代化的机关研究与实践,系统提出具有时代特征的农业"设施化、园区化、融合化、绿色化、数字化"发展推进路径。

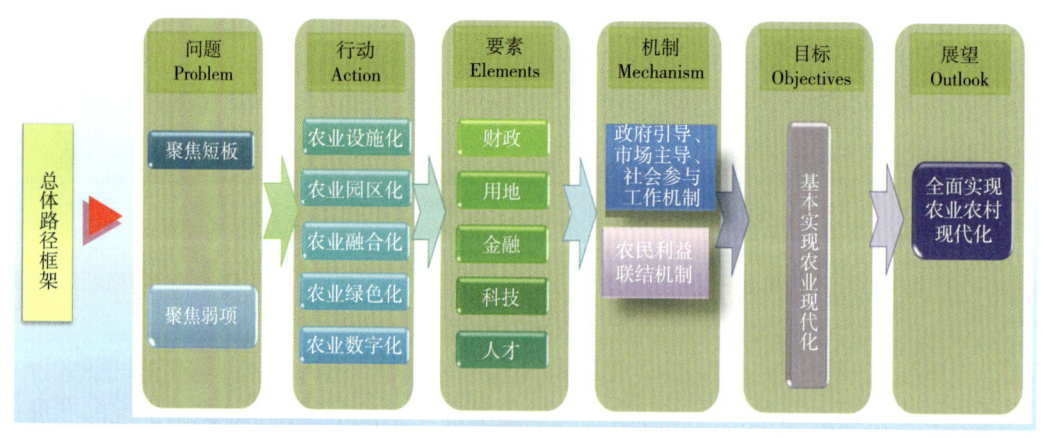

图11-1 农业"五化"实施总体推进路径框架图

11.1 推进农业设施化

11.1.1 概述

设施装备先进是农业现代化最鲜明的标志。与发达国家相比,我国农业设施装备水平总体还比较落后,创建农业现代化示范区,必须夯实设施基础、补齐装备短板,尽快弥补先天不足和历史欠账。

11.1.1.1 含义界定

2012—2014年中央一号文件都提到,要改善设施装备条件,强化农业物质技术支撑,通过稳定发展农业生产、强化农业物质技术装备以及提高农产品流通效率等工作,夯实现代农业物质基础,确保国家粮食安全,保障重要农产品有效供给;2016年中央一号文件提出要大力推进农业现代化,着力强化物质装备和技术支撑;2020年中央一号文件提出要加快推进高标准农田、农产品仓储保鲜冷链物流设施等现代农业设施建设;2022年中央一号文件提出要因地制宜发展温室大棚等设施,鼓励发展新型养殖设施;2023年中央一号文件提出要加强农业基础设施建设,加快发展现代设施农业,强化农业科技装备支撑等。创建通知明确指出,要通过改善设施条件、全面推进机械化和健全流通体系,加强设施装备建设,示范引领农业设施化。

目前在学界对农业设施的界定较少,主要是对农业基础设施的概念界定,综合学者研究主要有两种观点。第一种观点认为,农业基础设施是指为农业生产过程提供基础性服务,是对农业生产发展有重大影响的基础性设施和基本生产条件,主要指提高农业生产经营能力的基本硬件设施。第二种观点认为,农业基础设施是指在农业产前、产中、产后的全部生产经营环节中,所必须投入的物质条件与社会条件有机整体的总称,包括两方面的内容:一是农产品生产过程中所必需的一些物质条件,如农田水利、电网、通信、道路、贮藏、运输和销售设施等;二是为保证农业生产过程正常运行而提供服务的一些非物质条件或社会条件,如农业研究或实验机构与设施、农业教育培训机构与设施、农业技术推广机构、农业政策与管理机构、农业信息与咨询机构、土壤改良机构等。具体研究表现在:陈文科等[1]认为农业基础设施是指在农业生产前期、中期、后期三个相互联系与制约的过程中,所使用的全部农业生产公共要素的组合;郎永建等[2]认为农业基础设施是指服务于农业生产整个过程所需的物质条件和基础设施;张红宇等[3]认为农业基础设施包括物流信息、农业水利、能源交通等;王定祥等[4]认为现代农业基础设施是指满足现代农业产业体系、生产体系、经营体系需要而建设的物流配送、储藏保鲜、市场交易、农田水利、农业信息、防灾减灾等方面的设施。发达国家将农业基础设施的含义及范围进一步扩展为广义的农业—食品工业的生产系统中,认为其包括农田水利、农业通讯、交通运输、气象服务、加工储藏、科研试验和市场销售等方面的设施。

根据上述政策文件对农业设施的界定,结合学者对农业基础设施的定义,本研究认

---

[1] 陈文科,林后春.农业基础设施与可持续发展[J].中国农村观察,2000(1).
[2] 郎永建,张尚民,李长春.农业基础设施建设的现状及对策[J].农村经济,2004(2):81-83.
[3] 张红宇,李冠佑,杨洁梅.加快推进农业基础设施建设的重点领域与政策思路[J].农村经济,2011(6):6-8.
[4] 王定祥,刘娟.乡村振兴中现代农业基础设施投资机制与模式[J].农村经济,2019(3):80-87.

为,"农业设施化"是指运用现代物质条件与科学技术装备农业,促进示范区农业实现现代化过程的一个重要方面。通过高标准农田建设、现代种业提升、科技条件改善、设施农业、农机装备和产地冷藏保鲜等设施工程建设,实现耕地质量全面提升,品种更新换代加快提速,设施建设更加标准规范,农机装备水平显著提高,产地冷链物流设施健全完善,防灾减灾能力显著增强,为保障粮食等重要农产品旱涝保收、高产稳产、高质高效提供坚实的物质保障。

11.1.1.2 表现特征

农业设施化所表现的特征较多,综合起来主要体现在以下几方面:

高标准农田实现全覆盖。通过土地平整、土壤改良、农田设施与林网改造等,全面建成田块集中连片、旱涝保收、田间道路畅通、生产方式先进、生态良好的高标准农田,实现藏粮于地、粮食和重要农产品稳产增收。

良繁基地供种保障能力增强。规模化、集约化、标准化、机械化、信息化"五化"的良繁基地占比高,制繁种能力和水平进一步提高,良繁种供应"量足、质优"成为新常态,供种保障能力显著增强。

节水灌溉发展更为高效。进一步推进示范区灌区设施配套与现代化改造,结合高标准农田建设,统筹发展节水灌溉,深入实施旱改水建设项目,加强衬砌防渗处理,选择节水灌溉方式,推广水肥一体化灌溉技术,不断提高区域水资源配置与利用效率。

设施建设更加标准规范。推进设施结构区域化标准化建造,推广标准化温室大棚、新型畜禽养殖场、水产健康养殖场、环境控制智能化等设施,实现设施与农艺、养殖工艺融合,不断推进设施建设更加标准化和规范化。

农机装备水平显著提升。主要农作物生产实现全程机械化,设施农业、畜牧养殖、水产养殖和农产品初加工等机械化水平明显提升,农作物耕种收综合机械化率、畜牧养殖机械化率、水产养殖机械化率和设施农业机械化率大大超过当地平均水平。

产地冷藏保鲜设施健全完善。示范区田头贮藏、预冷保鲜、分级包装、冷链物流、分拨配送等设施配套完善,打造区域冷链物流中心节点,推进仓储、运输、分拨、配送等资源集聚,实现物流服务体系高效运营。

11.1.1.3 地位作用

设施装备现代化是农业现代化的关键,也是现代农业生产的基础保障,主要体现以下几个方面的作用。

稳定生产。完善的设施装备,能切实增强农田防灾抗灾减灾能力,为保障国家粮食安全、重要农产品有效供给和种业制(繁)能力提供坚实基础保障。

提高效率。完善的设施装备,有利于实施大规模、跨季节的高效农业生产,是实现现代农业规模化、标准化、机械化、集约化发展的基础条件和必然要求。

节本增效。完善的设施装备可降低生产经营成本、防范自然经营风险,同时有利于提高农产品档次、加快农产品进入市场、方便农产品流通和销售,增加现代农业的效益。

优化资源。加强农业设施装备建设,不仅有利于农业资源高效开发利用,还能够聚焦、动员和吸纳社会其他资源投入农业生产,促进社会资源优化配置。

11.1.1.4 典型案例

(1)江苏苏州市高标准农田建设案例

江苏苏州市大力加强高标准农田建设,不断促进农业高质量发展。拟在全省率先实现高标准农田建设全覆盖,重点考虑了以下事项。

深挖耕作潜力,打造宜机适耕示范区。该地因地制宜、各出其策,整合零散地块,全力扩充高标准农田版图。根据全覆盖的基本现状和建设经验,规划对部分年代久远、建设内容不全的田块先行探索改造提升建设;同时,结合现代化灌溉要求,全面推行管道灌溉,释放渠道占地空间,在有限的土地上实现可耕面积的最大化。

力行灌排高效,打造生态节水示范区。该市在改造提升灌排设施探索中,贯彻落实灌溉低压管道铺设,地下埋管精准输配水入田,一改明渠灌溉输水的蒸发渗漏损失,有效提高灌溉水利用系数。此外,管道供水促成灌排分设,各地因地制宜,或进行排水沟生态化改造,或建设尾水处理塘,以实现退水处置,提升水质净化功能。

铺就智慧底色,打造智能管控示范区。作为智慧农业国家试点城市,该市大力推进农田智能管控建设。各地开发移动App,建立农情监测机制,探索苗情、墒情、病虫情等方面的"无人岗",从育秧栽插、病害防控到收割晾晒、烘干仓储再到农产品加工实现全程机械化。

筑高建设标准,打造带动引领示范区。根据《苏州市高标准农田改造提升示范区建设意见》和《关于加快落实高标准农田改造提升示范区建设项目的通知》文件,要求严把建设标准关,全面落实道路、绿化、田容农貌等设施建设,实现农业功能与田园景观相融合,打造与农业现代化相适应的苏州样板,在全省率先推进高标准农田建设。

(2)甘肃张掖现代设施农业发展案例

近年来,张掖市坚持把发展设施农业作为转变农业发展方式的突破口,大力发展日光温室、钢架拱棚、智能温室等现代设施农业,促进设施农业产业向布局区域化、经营产业化、生产专业化方向迈进,全面提升现代设施农业发展水平。

引进全球先进模式。依托现代丝路寒旱农业及"一带一路"国际合作示范项目,引进海升集团在民乐生态工业园建成国内单体规模最大（20万平方米）、种植技术最先进和节能环保程度最高的现代智能温室，温室内光、温、水、气等环境调控全部实现智能化，可带动5 000多名农民实现就近就地就业。

优化设施农业区域布局。坚持"多采光、少用水、新技术、高效益"的建设思路，在甘州、临泽、高台建成以城郊乡镇为主、远郊乡镇为辅的连片设施农业聚集区；在民乐、甘州、临泽、高台等戈壁荒滩建成10个戈壁设施农业产业园区（含3.9万亩智能温室和连体大棚），带动全市累计发展戈壁农业11.76万亩；在甘州城郊周边新建大跨度智能温室5 000亩，助推设施农业连片成带发展。

强化现代科技支撑。该市编制完成了温室大棚建造、基质生产等技术规范20余个，示范推广宏图智能大棚管家等一批自主创新技术，有力地提升了现代设施农业新产品、新技术的应用水平。同时，设施农业在建造、生产管理和产品销售等方面都深度融入了现代科技元素，有力引领了现代农业的发展方向，生产方式逐步向精细化方向发展。

出台优惠扶持政策。该市采取定向补助、先建后补、以奖代补等方式推进设施农业发展。如甘州区对新建连片10万平方米以上新型高标准智能化连体钢架大棚每平方米给予20元建设补助；对新建连片100座以上四代日光温室每座给予2万元建设补助；对新发展设施农业20万平方米以上的给予6万元的技术指导补助。

（3）四川中江探索丘陵山区玉米全程机械化模式

四川省中江县以良地、良种、良法和良机融合为引领，推进科研单位和推广部门优势互补，多方开展试验示范，探索形成了适宜丘陵山区的玉米全程机械化生产模式。该模式主要体现在以下方面。

内容构成。一是以地适机，开展丘陵山区宜机化改造；二是以种适机，选择密植高产宜机收品种；三是以艺适机，统一行距配置，改传统无序多熟种植为净作宜机种植模式；四是优化机具配置，针对丘陵山区地块小等特点，以3行玉米播种机搭配3行玉米收获机，并以3行为基本单元优化其他机具配置。

创新方式。一方面该县农业农村局联合四川农业大学、四川省农业科学院等科研单位，依托研究课题建立示范片，从选种、种植、农艺、机具等方面入手进行创新优化，开展适宜丘陵山区玉米全程机械化关键技术研究及集成示范，初步探索形成玉米全程机械化生产模式；另一方面县级农机推广部门深入基层开展新农机技术试验、示范和推广，与科研单位形成合力，实现"产—学—研"一条龙技术服务。

应用效果。该模式既增产又节本。经专家现场测产，示范片玉米多年平均亩产599.1千克，与传统生产方式相比，亩增产88.8千克，增幅13.5%，亩增产值239.8元；每亩节约劳动力5人，节约成本300元，累计节本增收539.8元，社会经济效益显著，深受种植户欢迎。

11.1.2 现状与问题

经过多年发展，我国农业设施装备建设成效明显，为粮食等重要农产品有效供给提供了基础保障。

（1）发展现状

大规模建设高标准农田。 到"十三五"期末，完成8亿亩旱涝保收、高产稳产的高标准农田建设任务，农业抗灾减灾能力显著增强，亩均粮食产能提高约100千克。实施耕地地力保护与提升行动，加强东北黑土地保护利用，启动退化耕地治理，全国耕地平均等级达到4.76，提升0.35个等级，农业高效节水灌溉设施加快建设，农田灌溉有效利用系数达到0.559。

良繁种基地保供能力显著增强。 种子生产逐渐向优势区域集中，国家级制种基地建设成效初显。全国杂交玉米制种面积达230多万亩，闽、湘、苏、川、琼和赣6省杂交水稻种子制种面积113万亩、占全国的82%，果菜茶等经济作物在生产优势区初步形成了一批专业化的国家级良繁基地；全国畜禽种业龙头企业不断发展壮大，市场集中度逐步提高，生猪、肉羊的核心种源自给率超过90%，畜禽良种供应能力明显增强；全国共有水产苗种生产企业1.5万家，生产面积46万公顷，苗种繁育基本满足养殖需要。

设施装备技术进步明显。 全国设施农业总面积达183.9万公顷，其中，连栋温室5.80万公顷、日光温室54.29万公顷、塑料大棚123.81万公顷。全国设施农业机械化水平40.53%，提高2.22个百分点。其中设施耕整地、设施种植、设施采运、设施灌溉施肥、设施环控的机械化水平分别为85.70%，23.10%，12.28%，63.98%，33.06%。

畜牧水产养殖设施加快升级改造。 畜禽圈舍、自动饲喂、疫病防控等设施设备加快建设，畜禽养殖规模化率达到64.5%，规模养殖场粪污处理设施装备配套率达到93%。大力实施奶业振兴计划，支持奶牛养殖场设施改造，建成一批优质饲草料基地，奶牛规模养殖比重达到64%。推进渔业转型升级，全国累计创建国家级水产健康养殖示范县61个、示范场5 778个。

农业机械化全程全面发展。 农业机械物质装备水平加快提升，全国农业机械总动力达到10.28亿千瓦。已建成453个主要农作物生产全程机械化示范县，丘陵山区农田宜机化改造加快推进，农作物耕种收机械化率超过70%，全国设施农业机械化水平40.53%，畜牧养殖和水产养殖机械化率分别达到34%和30%，农业机械化正在从耕种收环节向植保、秸秆处理、烘干等全程延伸拓展。

仓储冷链物流体系显著改善。 仓储冷链物流体系逐步建立，已建成17万座贮藏、保鲜及烘干等初加工设施，初加工能力达到1 700万吨。通过初加工设施的使用，果蔬等农产品产后损失率从15%降至6%以下,实现农产品错峰销售,促进农业保供增效。全国基本形成了覆盖县、乡、村的三级物流配送体系,涉农电商平台不断壮大,"互联网+"农产品出村进城渠道逐渐拓宽,电子商务带动农产品出村、促进农民增收的作用不断增强,农产品网络零售额快速增长。全国农产品网络零售额达3 975亿元,占农村实物商品零售额29.9%。

(2)存在问题

虽然我国农业设施装备水平得到了很大的提高,但对农业高质量发展的支撑力还不足,还不能适应新形势下现代农业发展新需要,主要存在以下几方面问题与困惑,亟须进一步解决。

高标准农田建设任务依然十分艰巨。我国已建成高标准农田占耕地面积的比例约40%,大部分耕地仍然存在着基础设施薄弱、抗灾能力不强、耕地质量不高、田块细碎化,绿色发展理念需进一步加强,有些地方仍存在重建设、轻管护等问题。

良繁种供应保障能力仍显薄弱。制繁种基地基础设施薄弱,种子生产机械化程度低,精选、处理、仓储等设施设备不全,加工贮藏能力不足,抗风险能力低。畜禽核心育种场建设水平不高,自动化、智能化、信息化性能测定能力不足,高通量数据采集、处理手段落后。水产养殖良种化水平不高,育种设施落后,优质苗种供应能力不足。

设施建造技术创新性不够。缺乏适合不同区域特点的设施农业类型,设施种植、设施畜牧业和设施渔业陈旧老化设施较多,亟待提升改造,改造陈旧老化温室、智能化控制设备等尚处于引进、探索和起步阶段。

农业机械化水平发展不平衡。从区域上看,北方平原地区机械化发展较快,典型丘陵山区县农作物耕种收综合机械化率低于50%;从产业、品种和环节上看,主要粮食作物生产机械化水平较高,棉油糖果菜茶等经济作物生产关键环节以及畜牧业、渔业、农产品初加工、设施农业等领域机械化水平较低。

产地冷藏保鲜设施建设滞后。专业化、自动化、标准化、智能化的冷藏保鲜设施设备及先进技术应用程度不高,与现代农业发展相配套的产地批发市场、田头预冷等仓储冷链物流设施有待完善,冷链物流行业集中度较低,与生鲜农产品的流通和消费需求还不适应。

11.1.3 推进思路与目标

(1)推进思路

主要从以下方面进行思考。

第一,以完善设施条件为基础。我国农业设施基础薄弱、历史欠账较多,这是影响农产品生产、农业效益、农民收入的主要原因之一。应围绕加快高标准农田建设、统筹发展高效节水灌溉、改善现代种业基础设施、因地制宜推广标准化设施等措施，全面提升农业设施条件建设水平，为农业现代化提供基础保障。

第二，以全面推进农业机械化为重点。农业现代化的重要标志是农业机械作业服务基本替代人力畜力作业，我国农业正处于机械化对人力畜力加速替代的历史进程中，农业机械化在区域、产业、品种、环节上发展不平衡不充分的矛盾凸显。应加快补上农业机械研发制造短板、粮食等重要农产品生产全程机械化短板和丘陵山区机械化发展短板，推进各产业、各地区机械化高质量发展，加快推进农业机械化向全程全面高质高效发展。

第三，以健全流通体系为突破口。我国农产品产地市场发展总体处于起步阶段，存在跨季节跨区域调节农产品供需能力不足、农产品冷藏保鲜和商品化处理设施不足等困难和挑战。应重点支持田头市场建设规模适度的分选、预冷、冷藏、冷冻等设施设备，开展产后处理、源头保鲜、产地贮藏、市场交易、物流配送等服务，提高产地冷链物流规模化、集约化、组织化、网络化水平。

> 示例：以习近平新时代中国特色社会主义思想为指导，全面贯彻党的二十大精神，落实高质量发展要求，坚持稳中求进工作总基调，深入实施"藏粮于地、藏粮于技"战略，围绕提高农业产出水平和生产效率，立足农业生产实际，以改革创新为动力，以改善设施装备条件为抓手，夯基础、强装备，打造生产基础好、装备水平高的农业设施化标杆，为保障粮食安全和重要农产品有效供给、率先实现农业现代化提供坚强的设施装备支撑。

（2）基本原则

坚持问题导向、重点突破。强化薄弱环节，着力改善农业设施条件，解决体制机制中关键问题，联合相关企业、科研院所、高校等力量，围绕重点领域开展攻关，努力突破农业设施化发展的关键技术瓶颈，补齐发展短板，夯实发展基础。

坚持创新引领，绿色生态。注重科技赋能，推动绿色发展，鼓励农业设施技术创新，推广应用标准化、智能化、绿色化设施装备，实现农业生产与生态保护相协调，提升可持续发展能力。

坚持政府引导、多元投入。充分发挥政府和市场两方面作用，各级人民政府重点支持基础性、公益性项目建设。充分发挥重点项目的引领作用，吸引社会资本投入，强化金融支持，构建多元化投入机制，创新农业设施投资管理机制。

（3）推进目标

到创建期末，通过改善设施条件、全面推进机械化和健全流通体系，示范区农业设施装备建设取得明显进展，旱涝保收、高产稳产高标准农田全覆盖，现代化种养业良种生产基地全面建成，种养殖良种覆盖率进一步提高，设施农业标准化、机械化、智能化水平明显提升，产地冷链物流设施配套完善，基本建成适应农业现代化需要的设施装备体系，率先实现农业设施化，为推进农业现代化提供基础支撑（表11-1）。

农田建设提档升级。 示范区新增建设和改造提升一批"宜机化、规模化、生态化、信息化"高标准农田，全面推进高标准农田数量、质量、生态一体化建设，实现高标准农田建设面积占比达80%以上。

良繁基地保障能力快速提升。 建成一批"五化"相对集中、长期稳定的良繁基地，示范区制繁种能力和水平进一步提高，供种保障能力显著增强。

设施农业质量效益显著增强。 示范区一批"布局合理、设施先进、环境友好、质量安全"高水平的标准化生态安全种养殖基地建成，设施农业智能装备技术得到广泛应用，产业整体质量效益与竞争力稳步提高。

农业机械化全程全面高质高效。 示范区农作物耕种收综合机械化率达到80%以上，主要农作物生产基本实现全程机械化，设施农业、畜牧养殖、水产养殖和农产品初加工机械化率总体达到50%以上，"机械化+"信息化、智能化全面应用于农业机械化管理、作业监测与服务。

冷链物流建设水平明显提高。 示范区鲜活农产品产地仓储保鲜冷链能力明显提升，冷藏保鲜设施短板基本补齐，生鲜农产品贮藏损失率降至10%以下，商品化处理设备自动化、绿色化、智能化水平明显提高，产销对接更加顺畅，"互联网+"农产品出村进城能力大幅提升。

表11-1　农业设施化具体目标推荐一览表

序号	指标名称	单位	目标值	备注
1	高标准农田建设面积占比	%	≥80	参照《农业现代化示范区建设水平评估指标体系（试行）》
2	农作物良种覆盖率	%	≥98	
3	"五化"良繁基地（场）占比	%	100	参照《"十四五"现代种业提升规划》
4	标准化温室大棚生产面积占比	%	≥60	参照《全国现代设施农业建设规划（2023—2030年）》
5	畜禽标准化规模化养殖基地占比	%	≥80	
6	水产标准化健康养殖基地占比	%	≥60	参照《农业现代化示范区建设水平评估指标体系（试行）》
7	农作物耕种收综合机械化率	%	≥80	
8	丘陵山区县（市、区）农作物耕种收综合机械化率	%	≥60	参照《"十四五"全国农业机械化发展规划》
9	畜牧养殖机械化率	%	≥60	
10	水产养殖机械化率	%	≥60	参照《农业现代化示范区建设水平评估指标体系（试行）》
11	设施农业机械化率	%	≥60	
12	综合冷链流通率	%	≥35	
13	生鲜农产品贮藏损失率	%	<10	参照《"十四五"全国农产品产地市场体系发展规划》
……				

11.1.4　推进路径

突出高质量发展导向，遵循重点突破、梯次推进、分类施策、综合配套，政府引导、

第11章 农业"五化"推进路径专项研究

社会参与的原则,以农产品主产区为主体,以永久基本农田、粮食生产功能区、重要农产品生产保护区为重点区域推进高标准农田建设,实现全覆盖(图11-2);以大宗农产品为主,以主产区、优势区域和种业大省为重点推进种业工程建设,打好种业翻身仗;以"八区二十九带"农产品主产区为重点,分类推进农机装备工程建设,提升机械化水平;以设施园艺、畜牧水产养殖品优势产业区为重点,推进设施农业工程建设,保障"菜篮子"产品供应,促进农民增收;以鲜活农产品主产区、特色农产品优势区和国家乡村振兴重点帮扶县为重点,加强仓储保鲜冷链物流设施建设,提升农产品冷链流通能力。

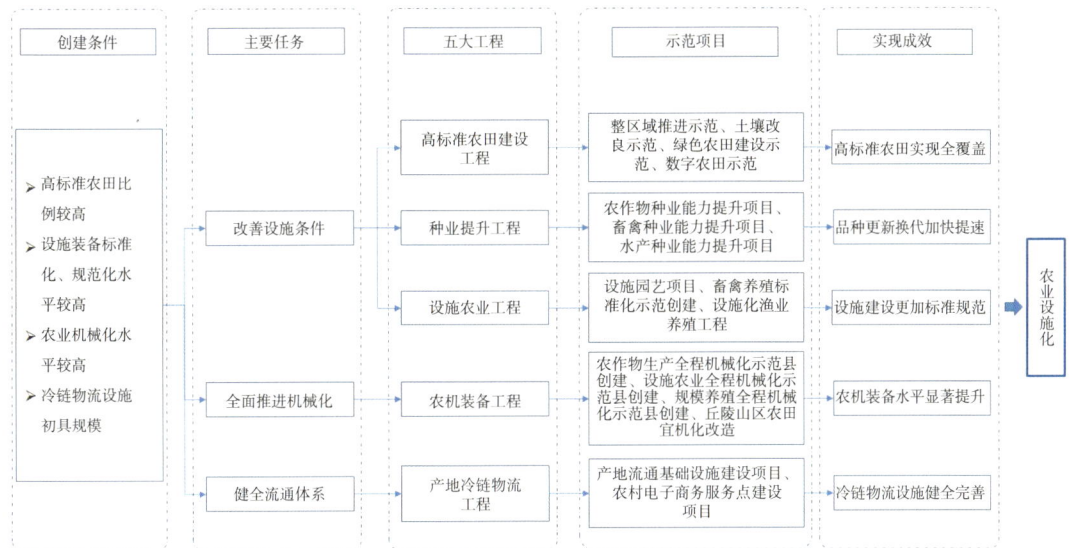

图11-2 农业设施化推进路径

11.1.5 推进重点

根据加强设施装备建设要求,针对推进农业设施化中存在的主要短板,重点围绕推进设施装备提档升级、全面提升机械化水平、健全田头流通体系三方面重点任务,提升农业设施化水平。

(1)推进设施装备提档升级

加强高标准农田建设。以永久基本农田、粮食生产功能区、重要农产品生产保护区等重点区域为重点,全域推进高标准农田建设,基本实现区内划定的永久基本农田全部建成高标准农田。提高投入标准和建设质量,通过土地归并平整、土壤改良、农田水利设施、田间道路、农田林网等建设,建设集中连片、旱涝保收、节水高效、稳产高产、生态友好的高标准农田,推进绿色农田、数字农田等示范,因地制宜推进黑土地保护、高效节水灌溉建设,实现高标准农田全部上图入库并衔接国土空间规划"一张图"。

推进现代种业提升工程。改善田间生产设施条件,提升种子产地加工水平和仓储能力,建设规模化、机械化、标准化、集约化、信息化的种子(苗)生产基地;以主要畜种为重点,新建和改扩建种公畜站,提升畜禽生产能力和生产质量;改造提升水产良种场和规模以上水产苗种场基础设施条件,建设高标准水产繁种基地。实现扩繁条件得到明显改善,优质亲本和种苗供应能力显著提升。

推进设施农业标准化生产。制修订适宜不同地区的温室设施结构与建造标准,推进温室大棚建造标准化,大力发展节能型现代化日光温室和大型塑料大棚,适度发展连栋温室;推动畜禽标准化养殖场改造养殖饲喂、动物防疫及粪污处理等设施装备,提升标准化养殖水平;实施池塘标准化改造,完善循环水和尾水处理设施,提高水产养殖规模化、集约化、智能化、标准化水平。

(2)全面提升农业机械化水平

推进粮食作物生产全程机械化。重点推广大马力拖拉机、免耕播种机、多功能联合整地机、水稻和小麦秸秆还田机械,推进粮食作物耕种收全程机械化,促进农机农艺融合,推进栽培技术和机械装备集成配套,积极创建全程全面机械化示范县,以粮食作物为重点,创建农作物生产全程机械化示范县;以优势区域为重点,创建设施农业全程机械化示范县。

推进主要畜禽规模化养殖全程机械化。加强畜禽品种、养殖工艺、设施装备集成配套,着力改善中小规模养殖场(户)设施装备条件,巩固提高饲草料生产与加工、饲草料投喂、环境控制等环节机械化水平,推动构建区域化、规模化、标准化、信息化的畜禽养殖全程机械化生产模式。加快推进疫病防控、畜产品采集加工、粪污收集处理与利用等薄弱环节机械装备应用,推广应用先进适用畜禽养殖机械装备技术。突破重要养殖产品重点环节的机械化生产,推进畜禽养殖机械装备与养殖工艺融合,创建规模养殖全程机械化示范县。

推进设施种植机械化。推广节能型设施建造材料和低能耗电动设施装备,加快精量播种、育苗嫁接、移栽和收获、废弃物处理等环节技术装备应用,普及土地耕整、灌溉施肥、电动运输、水肥一体化设施以及多功能作业平台等技术装备,推广环境自动调控、水肥一体化和作物生长信息监测等机械化信息化技术,探索开展嫁接、授粉、巡检、采收等农业机器人示范应用。

推进经济作物生产关键环节机械化。开展露地规模种植基地蔬菜精密播种、标准化育苗、高效移栽等机械化技术示范推广,发展叶类和根茎类作物收获机械化,推广花类、茄果类蔬菜采摘辅助平台。推动标准化果园茶园建设,加快适用装备研发推广,为实现开沟施肥、除草打药、节水灌溉、修剪采摘等生产环节机械化创造条件。因地制宜推进中药材、热带作物等区域特色特产作物生产机械化，着力突破机收环节瓶颈。

推进水产养殖机械化发展。加快饲喂、增氧与清淤清扫、疫苗注射、起捕采收、分选分级、保质保鲜以及水质监控、水草管护、尾水处理等方面的设施装备集成配套，构建标准化、区域化、规模化的全程机械化生产体系，完善循环水、进排水处理设施，支持尾水处理设施升级改造。促进物联网、大数据、移动互联、智能控制、卫星定位等信息技术在水产养殖装备、生产作业和管理服务上的应用，大力发展在线监测、精准饲喂、智能增氧、自动净化、分级分拣等水产养殖数字化装备，开发推广渔联网与大数据平台。

（3）完善田头仓储保鲜冷链物流设施建设

加快仓储保鲜冷链物流设施建设。因地制宜地开展适度规模的仓储保鲜冷链物流设施建设，建设智能化粮仓、物资存储仓库、保鲜库、冷冻库等设施。根据经营产品特点、运输距离长短、买方需求等因素，支持经营主体配备田头贮藏库、预冷库以及清洗、分级、包装、烘干等商品化处理设施装备，提高农产品冷链保鲜流通比例。

推进产地流通基础设施建设。在产地就近建设改造集配中心、冷库、产地仓等设施，配备清洗、分拣、烘干、分级、包装等设备，增强产地商品化处理和错峰销售能力，提高产地移动型、共享型商品化处理设施利用率。

推进现代流通服务体系建设。加快示范区传统商贸流通企业、连锁商超、零售网点的信息化、数字化转型升级，加强与电子商务、金融保险、移动支付、就业引导等资源对接，促进业务流程和组织结构的优化重组，实现线上线下融合发展，打造信息化、本地化、连锁化的营销服务网络，搭建与示范区产业发展配套、适应本地消费需求的现代流通服务体系。

11.2 推进农业融合化

11.2.1 概述

（1）含义界定

自2015年中央一号文件明确强调要推进农村一二三产融合发展以后，学者们对农村农业产业融合内涵的研究如雨后春笋般发展起来。徐哲根[①]谈到应从"六次产业化"着手来理解农村三产融合，其认为农业"六次产业化"是指以农业为基本，综合农产品加工等第二产业及体验农业、农产品营销、餐饮等第三产业而形成农村资源高效利用、产业有机

---

① 徐哲根. 日本农户增收的产业路径及其启示[J]. 现代日本经济，2011（03）：48-54.

整合的过程。姜长云[①]、马晓河[②]、宗锦耀[③]等认为农村三产融合是指基于农业产业，有机整合农产品生产、加工、销售，同时联通农业休闲体验及其他服务业，构建不同环节互联互通、不同主体和谐共生的农业产业综合体，从而实现农业现代化、农民增收致富。除此之外，孟秋菊[④]、龚晶[⑤]、陈晓华[⑥]等认为农村三产融合是存在利益联结的各农业经营主体以农业产业为基础，通过一系列创新手段延伸农业产业链条、拓展农业多种功能和开发农村新业态，从而实现农业增效、农民增收和农村繁荣的长期过程。而陈俊红等[⑦]则强调农村三产融合应立足农村，在发展农业产业的同时，应善于综合农村自然人文、历史遗存和特色美食等多重资源，促进农业产业同其他产业或农业产业内部多部门交叉渗透、良好融合。

根据相关文献资料研究分析，本研究认为，农业融合化是以农业为基本依托，以新型经营主体为引领，以利益联结为纽带，通过产业链延伸、产业功能拓展和要素集聚、技术渗透及组织制度创新，跨界集约配置资本、技术和资源要素，将农业生产、农产品加工流通、农资生产销售和休闲旅游等服务业有机整合、紧密相连，从而促进农业一二三产业密切联结、协调发展，最终实现农业现代化、农村繁荣和农民增收。

（2）表现特征

业态创新更加活跃。 农业融合化发展不但包括农业生产、加工、销售等农业产业化内容，而且还催生了乡村休闲旅游业、乡村新型服务业、乡村信息产业等新业态，形成特色鲜明、类型丰富、协同发展的农业产业体系。

产业边界更加模糊。 农业融合化发展使不同产业在技术、产品、业务等方面形成交集，跨界融合的主导特征显著，模糊了原有的产业边界。

利益联结更加紧密。 农业融合化发展模式更加多样，更多地采用股份制、合作制、订单制等紧密型利益联结机制，更为广泛深入地带动农民参与到产业融合的进程中。

经营主体更加丰富。 农业融合化发展使得经营主体类型更加多元，经营主体相互之间的关系更为复杂。参与农业融合化的经营主体包括普通农户、专业大户、家庭农场、农民合作社、龙头企业、工商资本等多元经营主体，龙头企业和工商资本对农业融合化的引领带动作用更加突出。

功能拓展更加多元。 农业融合化发展催生了加工物流、休闲旅游、创意农业、民宿康

[①] 姜长云.推进农村一二三产业融合发展新题应有新解法[J].中国发展观察，2015（02）：18-22.
[②] 马晓河.推进农村一二三产业深度融合发展[J].中国合作经济，2015（02）：43-44.
[③] 宗锦耀.以农产品加工业为引领推进农村一二三产业融合发展[J].农村工作通讯，2015（13）：19-22.
[④] 孟秋菊.农村产业融合的内涵研究[J].四川理工学院学报（社会科学版），2018，33（02）：76-83.
[⑤] 龚晶.促进农民持续增收推动农村一二三产业融合发展[J].蔬菜，2016（03）：1-5.
[⑥] 陈晓华.推进龙头企业转型升级，促进农村一二三产业融合发展[J].农经营管理，2015（12）：6-9.
[⑦] 陈俊红，陈慈，陈玛琳.关于农村一二三产业融合发展的几点思考[J].农业经济，2017（01）：3-5.

养、直播带货等新业态,拓展了生态涵养、休闲体验、文化传承、科普教育等新功能,挖掘了乡村的经济、生态、社会和文化等多元价值。

(3)地位作用

推进农业转型升级。 推进农业融合化发展,广泛应用现代农业技术成果,加快高端农业、设施农业、资源节约型农业发展,既有利于克服农业产业结构单一、农业发展空间相对狭小的局限,推进农业内部结构调整,又有利于减少农业生产对自然资源的依赖,农业发展更多地依靠科技和知识投入,增强农业可持续发展能力,还有利于更好地发挥服务业对农业发展方式转变的引领、支撑、带动作用,促进农业价值链升级,提高农业竞争力和附加值,促进农业现代化。

催生新业态发展。 推进农业融合化发展,实现一二三产业在农村的优化组合和空间重构,将催生生物农业、智慧农业、休闲农业、创意农业、工厂化农业、农业科普等新业态,以及农村电子商务、产地直销、会员配送、个性化定制等新模式。借此,顺应或引领消费结构升级方向,更好地满足城乡居民多层次、多样化的消费需求,并创造新的社会需求,带动形成居民消费新热点和国民经济新增长点,促进农业发展由"生产导向"向"消费导向"转变。

推进城乡一体化。 推进农业融合化发展,有利于拓展城市生产要素进入农业、农村,强化农村产业发展的要素支撑,促进以城带乡、缩小城乡差距和实现城乡一体化;有利于通过发展休闲农业、创意农业等产业融合新领域,增加对交通道路、生态环境、基础设施等建设和投资,完善公共服务体系,更好地保存乡村传统文化和历史底蕴,维护村落功能和农村环境,推进美丽乡村建设。

促进农民增收。 推进农业融合化发展,使农业生产经营活动在传统的生产环节之外,增加了农产品加工、包装、运输、保管、销售等环节,将与农业产业链相关的二三产业增值收益留在农村,拓展了农民就业增收渠道。同时,农业融合化发展可以激活农村土地、住宅和金融市场,增加农民财产性收入。

(4)成功案例

从示范区创建培训会上的交流材料了解到,安徽省肥西县和福建省古田县在农业融合化方面取得了一些成功经验,主要做法如下。

1)安徽省肥西县:坚持延链强链,打造多元农业供给区

近年来,安徽省肥西县以创建都市农业类农业现代化示范区为契机,立足长三角"菜篮子""米袋子""果盘子""后花园"定位,努力在特色种养、休闲观光、产业经营上亮实招、出新招,加快探索中部地区以都市农业为引领的农业现代化发展模式。

一是加强规模种养基地建设。 因地制宜地探索"小田变大田"改革,打造适宜机械化耕作和规模化经营的高标准农田，支持设施蔬菜、稻渔综合种养基地发展，建成规模以上种养基地2 478个，为保障绿色优质农产品有效供给打下了基础。

二是促进一二产业融合发展。在做大做优种养基地基础上，做好"粮头食尾""畜头肉尾""农头工尾"增值文章。建成农产品加工产业园3个、省级长三角绿色农产品生产加工供应基地4个，培育规模以上农产品加工企业41家，引进了老乡鸡中央厨房、蜀王现代农业产业园、华莱士食品、预制菜产业园等优质农产品加工项目，培育了一批全国知名企业品牌，成功登记了三河米酒、丰乐酱干等国家地理标志产品，为提高农产品精深加工质效打下了坚实基础。

三是促进一三产业融合发展。积极推动地域特色、文化传承与乡村产业深度融合，打造聚星粮驿1953、邂逅桑蚕、听风枕荷等美丽田园旅游节点。引入大乐之野、上海乡伴等国内头部民宿企业，以乡村特色资源为切入点，打造"紫蓬山民宿"品牌，发展乡村旅游新业态，年接待游客约480万人次，综合收入达30亿元，为树立环都市乡村旅游典范提供了参考。

2）福建省古田县：围绕食用菌产业三链融合，实现古田人的"菌菇梦"

突出产业特色，合理布局。建成以大桥和吉巷为重点的银耳全产业链发展核心区、以凤埔为重点的海鲜菇工厂化栽培集中区、以菌质资源引进开发为重点的菌种科技园，并推进园区基础设施、菌包供应中心、原料供应市场等建设，健全"县域工厂化"联农带农的模式，打造形成产业突出、带动力强的现代产业园区。

建成精深加工集聚区。重点在中心城区周边布局食用菌产业园东区、西区和北区三个食用菌精深加工园区，通过提升改造老园区、新建标准化厂房出租、园区土地转让企业自建等多种形式，推动食用菌加工企业集聚发展，致力打造百亿食用菌精深加工园区。目前，东区已有244家企业入驻，年产值近40亿元；西区已签约引进8家龙头企业；北区主要功能定位为食用菌食品制造业。

拓展食用菌产业功能融合。该县布局建设食用菌博览中心、国家检验中心、食用菌电商园等综合服务设施，提升服务能力；结合红色文化和产业发展，在食用菌特色村坂中村建立四下基层馆、银耳智慧馆、菌业记忆馆等一批产业文化展馆，生动展示了习近平总书记在宁德工作期间下乡调研首站到古田指导食用菌产业发展情况，该县已成为福建省委党校现场教学点之一。

联农带农机制更加牢固。该县积极推进食用菌标准化菇房建设，先后从各渠道筹集资金1.53亿元，建成后将菇房低价出租给农户，让利于民；成立银耳产业联盟，推动菌种场、菌包厂、烘干厂、加工厂等与农户合作，实现产加销一体化发展，保障农民分享二三产业增值收益，从事食用菌产业的农民人均可支配收入达到2.66万元，高于全县平均水平31.6%。

11.2.2 现状与问题

（1）发展现状

融合主体经营组织化程度高。一是整体数量快速增长。目前，全国县级以上农业产业化龙头企业9万多家，其中国家重点龙头企业1 500多家，省级以上1.8万多家，市级以上6万多家；纳入名录系统的家庭农场超过300万个；农民合作社达220多万家，辐射带动全国近一半农户；农业社会化服务组织超过90万个，各类新型农业经营主体和服务主体快速发展，成为推动农业现代化发展的重要力量。二是经营范围不断拓展。家庭农场的经营范围逐步走向多元化，从粮经结合，到种养结合，再到种养加一体化，一二三产业融合发展，经济实力不断增强。农民合作社规范化水平不断提升，创办加工实体、发展农村电子商务、进军休闲农业和乡村旅游的农民合作社数量逐步增加。全国农业生产托管服务面积超过16亿亩次，实现了集中连片种植和集约化经营，增加了经营效益。

乡村二三产业加快融合发展。目前，规模以上农产品加工企业全年营业收入近20万亿元，同比增长10%以上。乡村休闲旅游业将服务业理念导入农业，加快融合农业与旅游，全国休闲农业营业收入超过7 000亿元，实现了价值链乘数效应。在此基础上，农民分享产业融合收入增加。农民以农产品、土地承包权和劳动力三要素参与融合发展获得的收入占融合收入的40%以上。

农村产业融合新业态不断涌现。生物技术、人工智能、信息技术等新技术在农业农村领域的应用以及居民消费需求的不断升级，加速了农村一二三产业的融合，而农村产业融合通过技术创新和模式创新，又将不断催生出众多的新产业新业态。这些新产业新业态既有生物农业、智慧农业、可视农业、阳台农业、植物工厂、直播带货等新技术渗透型的，也有休闲农业、会展农业、景观农业、创意农业、农业电商、乡村民宿等产业链拓展型的，还有订单农业、信任农业、认养农业、农业众筹、社区支持农业、定制农业、共享农庄等模式创新型的，可谓种类繁多，近年来发展迅速。据统计，我国休闲农业、农林牧渔业及辅助性活动、农村电商等营业收入已经超过3万亿元。

（2）存在问题

融合主体带动能力不强、创新能力不足。一是有实力的新型经营主体少，部分合作社不具备自我发展能力。二是部分新型经营主体结构单一、管理粗放、经营能力不强，大多数合作社"有名无实"，家庭农场和专业大户规模小，参与融合能力差。三是部分经营主体创新能力不足。一些农村产业融合发展项目个性彰显不力，休闲农业和乡村旅游的特色内涵、农耕文化、传统文化、人文历史、民族特色等有待进一步挖掘。四是产业化联合体服务能力不强。有些产业化联合体"只开会、不服务""多收钱、少办事"，在推进区域标准化、品牌化建设方面服务不足。

产业融合度不高、融合水平低。一是产业融合链条短，附加值偏低，存在产加销对接不畅等问题。二是农业多功能挖掘不够，休闲农业、旅游农业以观光为主，文化传承、人物历史、风土乡俗等触及不多，高品位、多样性、特色化不足。此外，少数地方的农村产业融合项目同质性强，雷同严重，缺乏差异化竞争和深度开发，抢资源、争市场过于激烈，导致资源过度开发、市场无序竞争、环境严重破坏。

利益联结机制松散，合作方式单一。部分地区利益联结机制仍以订单农业为主，而且订单农业违约率较高，股份制和股份合作制等紧密型利益联结方式比例很低。

11.2.3　推进思路与目标

（1）推进思路

主要从以下几方面进行思考。

第一，以完善联农带农利益联结机制为纽带。参与农村产业融合发展的经营主体众多，单靠市场交易，利益联结机制往往较为松散，农民难以分享加工、流通及其他增值服务带来的收益。为促进社会公平，增加农民收入，需要发挥紧密型利益联结机制的纽带作用，帮助农民分享农业融合化过程中二三产业的增值收益。

第二，以制度、技术和商业模式集成创新为动力。目前，农村存在诸多不合理的管制约束，新型经营主体管理创新、技术创新和商业模式创新动力不足，集成创新不够，严重制约农村一二三产业融合发展。依靠制度创新、管理创新、技术创新和商业模式创新的协调互动，可望给利益相关者带来制度创新红利。通过放松管制的体制机制改革，合理引导工商资本参与产业融合，激发新型经营主体推进管理创新、技术创新和商业模式创新的积极性。

第三，以打造农业全产业链为首要任务。我国是在传统农业向现代农业转型过程中推进农业融合化发展，推进现代农业产业体系加快形成。促进农业融合化发展与现代农业产业体系同步推进。

第四，着力完善产业融合服务。目前农村产业融合服务依然比较薄弱，明显增加了相关经营主体的经营成本和风险，削弱了盈利能力。要通过完善农村产业融合的服务环境，帮助参与农村产业融合的经营主体节本降险增效，增强其参与农村产业融合的动力。

第五，着力培育产业融合主体。新型农业经营主体和工商企业往往经营理念新，生产经营能力强，是推进农村产业融合发展的生力军。普通农户传统农业理念重，现代经营意识不强，大多只能作为农村产业融合的跟随者。近年来部分工商资本进入农业，成为推进农村产业融合发展的领头羊。他们往往资本雄厚，拥有现代经营管理理念和专业化管理团队，有些还领办农民合作社，与农民形成利益共同体，成为农村产业融合发展的重要带动力量。

第11章 农业"五化"推进路径专项研究

> 示例：以习近平新时代中国特色社会主义思想为指导，全面贯彻党的二十大精神，立足新发展阶段，贯彻新发展理念，构建新发展格局，落实高质量发展要求，在确保粮食安全和保障重要农产品有效供给的基础上，以完善利益联结机制为纽带，以制度、技术和商业模式集成创新为动力，推进延链、补链、壮链、优链，从抓生产到抓链条、从抓产品到抓产业、从抓环节到抓体系转变，贯通产加销、融合农文旅，拓展乡村多种功能，拓展产业增值增效空间，着力完善产业融合服务，着力培育产业融合主体，打造一批创新能力强、产业链条全、绿色底色足、安全可控制、联农带农紧的农业全产业链，为乡村全面振兴和农业农村现代化提供支撑。

（2）基本原则

立足特色、市场导向。立足乡村特色资源，面向市场需求，挖掘特色产品，以特色产业培育优质企业，以优质企业带动产业提升，更好发挥政府政策配套和公共服务作用，推动乡村特色资源加快转化增值。

立农为农、链条延伸。紧扣"粮头食尾""农头工尾"，以农产品加工业为重点打造农业全产业链，推动种养业前后端延伸、上下游拓展，由卖原字号更多向卖制成品转变，推动产品增值、产业增效，促进联农带农和共同富裕。

绿色引领、功能拓展。践行"绿水青山就是金山银山"理念，以乡村休闲旅游业为重点拓展农业多种功能，培育生态环保产业，开发可再生能源，做到保护与开发并重、传统与现代融合，推动农文旅一体化发展。

（3）规划目标

延长产业链条、拓展产业功能、推动技术渗透、强化利益联结，基本形成规模大、层次深、领域宽、业态多的农业融合化发展新格局，农业发展方式明显转变，农业附加值明显提高，农民收入来源进一步拓宽，为农业现代化发展夯实产业基础。

农业融合化发展总体水平明显提升。各类生产经营主体销售收入显著增加，整合型、延伸型、交叉型、渗透型和复合型农业融合化发展模式覆盖范围明显扩大，休闲农业、涉农电商、智慧农业、会员制农业、农产品直销店等新型业态普及率显著提高，新业态增加值占农村产业增加值比重明显提高。

涌现出一批融合能力强的新型经营主体。打造一批创新能力强、行业领先的大型龙头企业，培育一批管理规范、带动力强、服务优质的农民示范合作社，培养出一批技术先进、管理科学、效益良好的家庭农场和种养大户，引入一批精通农业、运作规范、引领力强的工商资本，形成新型经营主体带动农户积极参与农业融合化发展的新局面。

构建集约高效、连接紧密的产业链条。建成大批规模化、标准化、专业化、集约化农牧产品原料基地、加工基地和农产品市场，构建环节齐全、功能互补、设施配套、联系紧密的农业产业链。

农业融合化发展对农民增收贡献率显著提高。影响农民收入增长的因素很多，农民收入来源进一步拓宽，主要来自新业态的收入显著增加，农业融合化发展增加农民收入的速度明显提升。

具体目标可以采用一系列指标来量化说明，见表11-2。

表11-2 农业融合化具体目标推荐一览表

序号	指标名称	单位	基期值	目标值	备注
1	农民人均可支配收入	万元	—	—	
2	农产品加工业产值与农业总产值比值		—	—	
3	主导产业加工转化率	%	—	—	
4	农林牧渔服务业产值	万元	—	—	
5	农产品网络零售额占农产品总交易额比重	%	—	—	
6	土地流转面积占比	%	—	—	
7	服务规模经营比重	%	—	—	
8	新型农业经营主体培育数量	个	—	—	
9	其中：省级以上龙头企业数量	个	—	—	
10	农民合作社数量	个	—	—	
11	家庭农场数量	个	—	—	
12	农户参加农民合作社比重	%	—	—	
13	休闲农业与乡村旅游年接待人次	人/年	—	—	

11.2.4 推进路径

落实高质量发展要求，在确保粮食安全和保障重要农产品有效供给的基础上，贯通产加销、融合农文旅，构建种养结合、产加销一体的农业全产业链。以生态农业为基、田园风光为韵、村落民宅为形、农耕文化为魂，促进生态涵养功能加快转化、休闲体验功能高端拓展、文化传承功能有形延伸，拓展农业增值增效空间，促进农业高质高效、乡村宜居宜业、农民富裕富足，为加快推进农业农村现代化提供有力支撑，如图11-3所示。

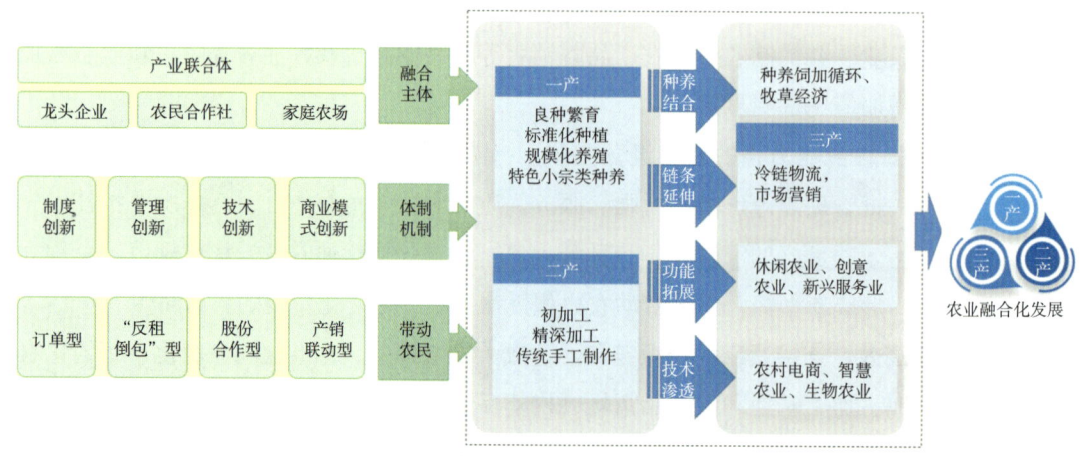

图11-3 农业融合化推进路径

11.2.5 推进重点

(1) 发展农产品加工

可从农产品初级加工、农产品精深加工和副产物加工等方面阐述发展农产品加工的建设重点。一是加强农产品初级加工。围绕农产品产后减损和商品价值提升,完善农产品产后收集、分等分级、预冷保鲜、检验包装等设施装备条件,实现农业产业提质增效。二是做强农产品精深加工。引导有条件的示范区树立大食物观,可按"粮头食尾""农头工尾"要求,支持加工企业配套先进的生产工艺和加工设备,拓展粮油精深加工、预制菜加工、即食产品加工和功能性食品加工等,不断健全大食物观体系,满足消费者多元化需求。三是拓展副产物加工。鼓励企业采用先进的提取、分离与制备技术,推进稻壳米糠、麦麸饼粕、果蔬皮渣和畜禽皮毛骨血等副产物综合利用,实现变废为宝、化害为利,不断提升产品增值空间。

(2) 促进乡村休闲旅游提升

可从促进农文旅融合发展、建设乡村休闲旅游精品工程和打造各具特色的休闲旅游线路等方面阐述实施乡村休闲旅游业发展的重点。一是促进农文旅融合发展。有条件的示范区,依托当地种养业发展基础,结合地方旅游资源、特色文化和民族风情等,发展各具特色的新业态,促进农文旅融合发展。二是建设乡村休闲旅游精品工程。有条件的示范区,依托示范区种养业基础,发展田园观光、农事体验、休闲度假、科普教育、康体养生、特色餐饮、乡村民宿、共享农庄和线上云游等多种业态,完善乡村旅游基础设施和配套设施,形成乡村休闲旅游精品工程。三是打造各具特色的休闲旅游线路。可依托当地旅游资源、产业特色和乡土文化等,结合已成形的休闲观光景点,打造休闲观光游、农事体验游、科普教育游、康体养生游、红色纪念游、民宿餐饮游等多条精品线路,供游人自行选择。

(3) 发展农村电子商务

可从完善电子商务设施条件、开展电商人才培训和拓展电商销售平台等方面阐述发展农村电子商务的建设重点。一是完善电子商务设施条件。鼓励拓展农村电子商务功能,优化三级物流配送线路,扩大电商服务网点建设,完善配送服务设施,降低物流成本。二是开展电商人才培训。支持加强电商人才队伍建设,培育壮大电商经营主体,开展技能人才和运营人才培训,为电商发展提供人才支撑。三是拓展电商销售平台。支持加入推进"互联网+"农产品出村进城工程建设,引导电商、物流、快递等主体到乡村布局,开拓生鲜农产品电商直采直销渠道,探索建立网上预售制度,利用快手、抖音、短视频等方式开展直播带货营销,推动电商产业快速发展。

（4）培育壮大多元经营主体

可从发展家庭农场与农民合作社、壮大龙头企业、培育产业化联合体与社会化服务组织等方面阐述新型经营主体培育壮大的重点。一是发展家庭农场。按照专业化、标准化相关要求，扶持发展不同类别的家庭农场，加强农业技能培训，引导家庭农场采用先进科技和生产手段，开展标准化生产。二是发展农民合作社。按照规范管理、提升素质的要求，鼓励合作社发展优势特色产业、延伸产业链条、拓宽服务领域，引导合作社加强与小农户建立利益联结机制，增强服务带动能力。三是壮大龙头企业。鼓励通过兼并、重组、控股等方式进行组织重构和资源整合，培育壮大一批竞争力较强的龙头企业，引导企业通过基地建设、订单方式与农户、合作社建立合作机制，实现企业与农户双赢效益。四是发展产业化联合体。有条件的示范区，支持建立由龙头企业引领、家庭农场和合作社跟进、小农户广泛参与的产业化联合体，促进多元主体融合发展。五是发展社会化服务组织。有需求的示范区，扶持建立农机作业、农资配送、农业植保、农业废弃物处理和病死畜禽无害化处理等各类社会化服务组织，不断提高社会化服务水平。

（5）完善农民利益联结机制

可从建立订单农业联结、"托管"联结、股份合作联结与产销联动联结等方面阐述建立利益联结机制的重点。一是建立订单农业联结机制。鼓励经营主体开展订单收购，与农户签订保价收购合同，明确收购价格、交付方式和验收标准等，调动农民生产积极性。二是建立"托管"联结机制。鼓励农户与社会服务组织签订全托、半托等多种形式的服务合同，明确各方利益分配比例。三是建立股份合作联结机制。引导经营主体通过双向入股方式实现利益联结，鼓励合作社、农户以土地、劳务等入股企业，同时支持企业以资金、技术、品牌等入股合作社，让农户分享加工、销售各环节收益。四是建立产销联动联结机制。支持产销双向合作互动，鼓励批发商、零售商与合作社共建生产基地，或扶持合作社以加盟或入股形式加入超市等流通组织，实现"农超对接"。

11.3 推进农业园区化

11.3.1 概述

（1）含义界定

对于农业园区化目前没有明确概念，但农业园区等相关概念的研究较多。王茹[①]等认为现代农业园区作为一种新型农业生产经营组织，是现代农业建设的示范区和领跑者，是农业科技推广应用的示范窗口。张天柱[②]认为农业园区是为大力开发、提升农业，如种植

---

① 王茹，刘秋娥. 以农业园区为载体加快农业现代化[J]. 新经济，2013（26）：111.
② 张天柱. 现代农业园区规划与案例分析[M]. 北京：中国轻工业出版社，2014.

业、禽畜、水产养殖业、农产品加工业和物流业等各类与农业有关的产业,对一定区域给予较高的资金投入,引入现代技术和现代设施,采用先进的组织和管理方式,进行高效运作并有一定规模的集约化农业园,从而获得较高的经济效益、生态效益和社会效益,促使本地区农业可持续发展。黄修杰等[1]认为现代农业园区的建设以技术密集为主要特点,以科技开发、示范、辐射和推广为主要内容,以促进区域农业结构调整和产业升级为目标,对推动现代农业发展有着极其重要的作用。孙万挺等[2]认为,现代农业园区的出现促进了我国现代化的发展,作为一个新型的经营主体,现代农业园区符合生产力发展的要求,发展现代农业园区是解决现代农业发展问题的一个重要措施。众多学者对农业园区的研究表明,农业园区作为集聚土地、资金、技术、人才等资源的重要载体,是现代农业建设的增长极和主战场。推进农业园区化,对提高农业产出效益、增加农民收入和实现农业农村现代化等具有非常重要的作用。

本研究认为,农业园区化是指运用农业园区这一重要抓手,促进农业实现现代化的过程。通过推进农业园区化,改变传统农业小而散的特点,走出一条集约化、规模化的现代农业道路,促进产业链供应链提档升级,引导和促进更多资金、人才、技术等现代要素向园区流动,发挥产业化龙头企业带动作用,不断提升农业整体竞争力,促进农民就业增收,推动农业产业与乡村建设一体发展。

(2)表现特征

功能多元化。当前农业园区有种植园、养殖园、农产品加工园、物流园、科技园、休闲观光园等功能相对单一的表现形式,也有多个功能融合在一起的复合型表现形式。同时,农业园区的主体功能随着农业及经济社会的发展而变化,具有强烈的时代特征,现阶段我国农业园区还承载着技术扩散、产业培育和体制机制改革等试点示范探索功能。

要素集聚化。农业园区在发展过程中,一般会根据实际需要,将人才、资金、技术、土地等要素汇集于园区内。通过各类要素集聚,提升了园区农业基础设施建设水平,促进了现代科技在园区的孵化应用,催生了大批农业龙头企业,总体上提升了园区的现代化水平,使园区内的农业发展明显高于传统农业的水平。

管理高效化。现代化的农业园区一般会通过成立管委会、引入现代化运营主体,借鉴工业园区的经营管理理念,运用企业化管理方式等,充分运用资金、人才等要素实现高效管理,改变传统农业规模小、效率低、组织化程度低的问题,提升资源利用率、土地产出率和劳动生产率,实现农业竞争力总体水平提升。

---

[1] 黄修杰,何淑群,黄丽芸,等.国内外现代农业园区发展现状及其研究综述[J].广东农业科学,2010(7):289.
[2] 孙万挺,葛文光,谢海英,等.现代农业园区文献综述[J].合作经济与科技,2017(24):23.

（3）地位作用

是现代农业的重要抓手。 农业园区化是农业现代化的重要推进路径之一。农业园区是实现农业农村现代化的构成要件和基础支撑之一，也是推动我国农业农村经济发展的重要引擎。依托园区这一载体，能够有效推动农业生产要素向园区集中、优势产业向园区集聚，推进农业产业化、多功能化经营，加快农村建设、促进农民增收。

是示范引领的典型样板。 农业园区化是农业现代化示范区创建任务之一。农业园区是现代农业的展示窗口，是现代农业信息、技术、品种的博览园，能够有效推动农业科技成果转化、孵化和示范，展示生态型安全食品的生产，辐射和带动大批农民和种养大户，实现农民增收。

是产业升级的现实载体。 农业园区的建设和发展客观上加强了农业基础设施的建设，促进了地区农业的技术进步，催生了一批农业龙头企业，产业化经营能实施品牌战略，不断提高农产品的质量和市场竞争力，凝聚农业产业化发展的驱动力，促进产业升级，吸纳农民成为产业工人，加快农业产业化经营的步伐。

是产村融合的核心枢纽。 农业园区功能完善，以农业生产为基础，具有农产品供给、文化传承、观光休闲以及生态调节等多种功能，能够实现生产销售、科普教育、休闲观光、生态养生的多元化发展，兼顾村庄整治和生态建设，转变农民传统生产生活方式，加速农村实现现代化的进程。

（4）成功案例

1）四川省眉山市东坡区现代农业产业园

推进要素聚集，创造了六个"全国第一"。 即全国第一个规模最大、功能最全、工艺最新的泡菜产业园区，全国第一个国家级泡菜质量监督检验中心，全国第一个泡菜产业技术研究院，全国第一个中国泡菜博物馆，全国第一个泡菜行业标准，全国第一个泡菜行业4A级景区。

资金支持、金融保障推动园区发展。 乘着国家现代农业产业园建设东风，东坡区产业园已成为众多资本的投资目标。数据显示，国家现代农业产业园1亿元奖补资金已撬动35亿元资金投入产业园建设。强化金融保障。政府设立农业融资担保公司和信贷风险基金，为农户提供担保贷款。全面实施蔬菜特色保险、蔬菜价格指数保险，有效防控种植风险。

人才聚集、体系健全推动园区发展。 园区内成立了具有独立法人、民办非企业性质的四川东坡中国泡菜产业技术研究院，聚集了四川省食品发酵工业研究设计院、四川大学、四川农业大学、四川省农业科学院和重点龙头企业的一大批高水平研发人员，形成了以中国泡菜产业技术研究院为龙头，大专院校、科研机构为支撑，企业为主体的科研体系。

建成2个博士后创新实践基地、2个省级工程技术中心、2个科技企业孵化器、17个市级以上工程（企业）技术中心，拥有各类泡菜研发人员300余人，成为国家级泡菜科技研发中心。

措施助力、科技创新推动园区发展。东坡区在创建国家现代农业产业园之初就把科技摆到了重中之重的位置，投入资金支持重大科技专项研发、创新服务平台建设、创新团队引进，一系列鼓励农业产业做大做强的措施，有针对性地全方位助力产业园泡菜产业发展。开发的泡菜专用"直投式功能菌"和"自控连续式发酵装备"，填补了国内外空白；首创"泡菜生产高效节水技术"，使每生产1吨泡菜由原来的20吨水降至10吨；创新发酵泡菜渗香、原料高效预处理、亚硝酸盐降解等关键技术研究居行业领先水平，荣获国家科技发明一等奖1项、国家发明专利19项。

土地集聚、规划科学推动园区发展。东坡区科学规划"一中心、六基地"产业布局，做到了城镇、产业、交通、新农村、土地利用和经济社会发展规划有机衔接；坚持土地确权颁证，园区农村土地使用权确权率100%、确权面积35万亩；坚持土地流转，创新土地信托流转模式，由政府出资成立农村土地流转服务公司，引导农民先将土地进行预流转，经打包整理后再集中对外引进业主，发展适度规模种植。

2）天津市宁河区国家现代农业产业园

突出龙头带动，健全农业经营体系。培育壮大金世神农、天津祥润等新型经营主体，引导龙头企业、专业合作经济组织与农民建立利益联结机制，切实将产业链增值收益留在农村、留给农民。

新型经营主体蓬勃发展。培育市级以上农业产业化龙头企业12家，其中国家级以上3家；农产品加工企业8家，年生产能力超过2.8万吨，产值达到13.8亿元。发展农民合作社190家，入社农户达到2.5万户。培育家庭农场260家，年销售农产品0.53亿元。在新型经营主体带动下，园内70.6%的农户参与主导产业发展。

联农带农机制不断创新。推广"益农信息社+农户""公司+农户"等4种合作模式，经营主体与园内71%的农户建立了利益联结机制，农民常年务工达1万人，季节性务工2.5万人。发展"订单农业模式"，种植农户订单率达到16.2%，园内农民人均可支配收入3.09万元、高于周边农民30%。引导405户生猪养殖户参加养殖业保险、1.82万户粮食种植户参加种植业保险，参保率达100%。

政府信用担保壮大集体经济。宁河区财政出资1 000万元作为贷款风险担保，与中国农业发展银行宁河支行合作设立水稻种植风险补偿基金；出资1 000万元作为风险金，与中国邮政储蓄银行天津分行、天津农业融资担保有限公司合作，设立专业合作社和家庭农场发展基金，以担保、联保等形式向每个村提供30万~50万元启动资金。健全"龙头企业+村党支部+合作社+农户"经营模式，引导村集体资产量化入股，与龙头企业、种植大户建立长期稳定合作关系，带动村集体收入增幅10%。

3）四川省安岳县现代农业产业园

该产业园把柠檬产业作为推进乡村振兴、引领富民强县的重要支撑，通过园区建设和"三个融合"，提升安岳柠檬"知名度"。

与乡村振兴融合。树立产村融合发展理念，统筹推进幸福美丽新村、危房改造、易地搬迁等项目，引导农民因地制宜打造庭院林果型和城郊园林型村庄，完善通村通社路、入户便民路、环境整治等配套设施，建成幸福美丽新村78个、新村集聚点148个，创建省级"四好村"50个。

与文化旅游融合。深入挖掘柠檬文化内涵，拓宽文化展示载体，建设柠檬博览园、展示馆、特色小镇，"柠檬鸡豆花""柠檬宴"获得"中国名菜""四川名宴"殊荣。建成国家4A和3A级旅游景区各1处，农文旅融合示范基地10个，年接待游客300万人次，实现乡村旅游收入近30亿元。

与会展经济融合。举办首届世界柠檬产业发展大会，意大利、土耳其等16个国家和地区的柑橘行业专家和经销商齐聚安岳，发表绿色发展宣言，签订合作和成果转化协议。安岳柠檬受邀参展中国农民丰收节北京主会场，荣获"最受市场欢迎名优农产品"，提升了该县柠檬品牌影响力。

11.3.2 现状与问题

（1）发展现状

近年来，随着乡村振兴战略的实施，我国农业园区建设也迎来发展机遇，在政府推动、政策扶持、主体带动、市场运作、多元投入的发展思路下，农业园区建设稳步推进，建成速度进一步加快。国家及各地组织创建了现代农业产业园、农业科技园区、农村产业融合发展示范园等形式。尤其是2017年以来，由农业农村部、财政部等部门牵头组织创建国家级现代农业园，截至2023年底，共批准创建约300个国家现代农业产业园，逐渐发挥出引领农业发展的作用。

主导产业提质增效。各园区立足当地资源优势、发展水平和发展潜力，选择比较优势突出的特色产业作为主导产业，综合施策，促进生产要素在空间和产业上的优化配置，强化链条延伸和集约开发，打造产业集群，将资源优势、比较优势转化为产业优势、产品优势和竞争优势，产业发展水平在区域甚至在全国处于领先地位。

科技驱动更加有力。各类园区积极与科研院校开展紧密合作，搭建科研平台，共建产学研合作基地，开展新品种、新技术、新装备的研发与推广，打造农业科技创新高地和现代技术与装备集成区。据统计，有超过1/3的产业园拥有院士工作站，有1/4的产业园拥有国家级研发、试验、检测中心。

产业融合不断深入。围绕主导产业发展，各园区科学规划布局生产、加工、物流、研发、休闲、服务等功能板块，推动产业链纵向延伸和产业间横向拓展，形成产加销、农工商、农文旅一体化发展格局，并逐步打破一二三产业割裂形态，积极探索深度融合和系统经营模式，初步形成六次产业新业态。

绿色发展成效突出。各园区严格贯彻"一控两减三基本"要求，全面推行农业清洁生产，形成了一批可复制可推广的农业绿色、低碳、循环发展模式，优质农产品供给能力大幅提升。绿色种养结合生态循环、降解可重复利用套袋、水肥一体化、智能环控等先进技术和模式广泛应用。

带动农民作用初显。各园区以土地流转、土地入股、务工就业等形式，推动发展"龙头企业+合作社+基地+农户"的合作制、股份制、订单农业等多种利益联结方式，深化"订单农业+合同价收购+二次分红"利益联结模式，探索构建"大园区+小庭园""大产业+小业主"等产业化联合体，促进小农户与大市场、现代农业发展有机衔接。

品牌建设实现突破。品牌建设是引领农业转型升级、提质增效的重要支撑。各园区着力构建现代农业绿色生产体系，大力推进生产、加工、流通和质量安全标准体系建设，加强品牌培育力度，构建起以绿色、有机、地理标志保护、生态原产地产品保护认证为基础，以区域公用品牌为支撑，以企业品牌、产品品牌为补充，形成驰名商标、著名商标齐头并进，地域特色鲜明的农业品牌体系。

（2）存在问题

虽然园区化发展取得了明显成效，但是部分地区、部分园区离现代化要求还有一定差距，在推进农业现代化进程中还有一些短板需要弥补。

产业布局不够合理。一些地方在没有做好充分规划的情况下盲目发展农业园区，产业发展方向和技术路线不明晰，布局不合理，导致功能重叠、重复建设，园区的生产、加工、物流、科技、服务等功能分布不合理或缺失，建设项目和内容大同小异。也有的地方为了申请各类项目支持，存在县域内多种园区布局上交叉、重叠，功能上不清晰，影响园区功能发挥。

要素集聚效果不佳。部分农业园区建成后政策扶持力度不够，现代要素下乡难、入农难、进园难的问题依然普遍。如农业园区与科研院所合作不紧密，造成农业科技创新与农业园区产业发展脱节、科技成果转化能力差的问题。部分园区资金投入受制约，建设资金主要靠财政支持，获得资金的其他渠道较少，对社会资本吸引力不足。很多园区缺少农业高科技人才、农业信息人才和经营管理等人才，且存在人才断层等问题，严重阻碍园区发展和现代农业发展的要求。

参与主体实力不强。部分园区重政绩展示、轻效益体现，对新型经营主体培育较弱，没有形成科学合理的农业经营体系，不能形成优势明显的产业集群，对区域内农业辐射能力不强。部分园区对企业支持引导较弱，缺乏有实力的龙头企业，企业产业关联程度低，对企业的创新、发展的推动作用有限。部分园区内农民专业合作社作用不明显，家庭农场和专业大户单打独斗，形不成合力，与农户之间的利益联结机制不够畅通。

产村融合程度不高。部分园区重视生产功能，在发展理念上没有上升到农业现代化与农村现代化的一体推进的高度。忽略了农业园区的观光、娱乐、休闲及科普等其他作用，没有将农业多功能性特点及社会大众需求纳入园区建设中。部分园区基础设施不完善，资源利用率较低，园区建设与乡村建设比较割裂，只关注农业发展，不关心服务农村，没有做到生产、生活、生态的高度融合。

11.3.3 推进思路与目标

（1）推进思路

推进思路主要从以下方面进行思考。

第一，做好园区建设与上位规划的衔接。应立足园区发展实际，以市场为导向，以效益为目的，以优势产业为重点，加强园区建设与上位相关规划的衔接，在国土空间总体规划的引导下，不断促进园区空间结构的调整优化，做到注重功能、灵活多样、规模合理，为推动园区高质量发展打下坚实基础。

第二，推动现代要素向园区集聚。加强现有项目资金整合，不断拓展投融资渠道，为园区建设提供资金支持；加快科研成果转化应用，加强新品种培育，为园区建设提供技术支持；制定优惠政策，提高福利待遇，不断吸引生产技术、经营管理人才来园就业。以此推动资本、科技、人才等要素向园区聚集。

> 示例：以做好园区上位相关规划衔接为前提，以加强要素集聚为引领，以推进主体集中为抓手，以推进产村融合为支撑，不断优化产业布局，合理确定科技研发、生产示范、加工物流、休闲观光等多种功能，构建"一县一业、一特一园、多园成群、园村一体、产村融合"的发展格局。创新运营模式，引导资金、人才、科技等要素向园区集聚，吸引龙头企业和配套企业向园区集中，形成"龙头企业驱动、配套企业带动、产业集群联动、服务部门推动"的发展模式，加快推进农业园区化，促进示范区农业高质量发展。

第三，加强新型经营主体培育。鼓励发展由产业化龙头企业牵头、农民合作社与家庭农场跟进、广大小农户参与的农业产业化联合体，推动科技研发、加工物流、营销服务等市场主体向园区集中，形成"政府部门推动、龙头企业驱动、配套企业带动、产业集群联动"的产业发展模式。

第四，推进产村融合发展。推进园区主导产业与特色村镇融合发展，以产兴村、以村促产，形成产业围绕新村转、新村围绕产业建的美丽乡村新格局。推动园区建设与乡村旅游有机结合，充分拓展休闲体验、文化传承等多种功能，申创全国"一村一品"示范村镇，促进园村一体化发展。

（2）基本原则

坚持因地制宜。充分依托当地的资源禀赋和特色产业发展比较优势，健全彰显地域特色、乡村价值、主体明确的特色产业体系，建设"人无我有、人有我优"的农业园区。

坚持统筹谋划。在描绘农业园区发展蓝图过程中，始终以农业为本体、农民为主体、农村为载体进行统筹谋划，明确目标任务，强调规划布局，分类施策、梯次推进，促进园区可持续发展。

坚持协同推进。促进多主体分工协作、多要素投入保障、多层次利益协调、多政策配套服务，形成政府引导、农户参与、企业带动、科技支撑、金融助力的良好发展态势。

（3）推进目标

通过推进园区化建设，打造现代化农业园区，构建出"一县一业、一特一园、多园成群、园村一体、产村融合"的发展格局，有效促进现代农业发展，具体目标见表11-3。

优势产业突出、产业体系健全。本地资源得到充分挖掘，优势特色产业深度拓展并向园区聚集；产业结构明显优化，形成种养业为基础、农产品加工为重点、商贸物流为引领的有机整体；农业基础更加稳固，产业体系基本形成，农业质量效益和竞争力明显提升。

政策支撑有力、现代要素集约。形成一系列既有顶层设计又有具体实施，含金量高、可操作性强的支撑政策体系。充分发挥市场主导、政府引导作用，形成资源配置高效合理、要素集约、产业集聚、优势集中的示范园区，辐射带动实现农业高质高效、乡村宜居宜业、农民富裕富足。

运营机制畅通、经营主体集中。充分解决园区发展过程中怎么建设、由谁管理、如何运营等问题，探索出适宜本地的运营模式，形成规模化、专业化、社会化运营机制；专业大户、家庭农场、农民合作社、农业产业化龙头企业等新型经营主体发展质量较高，形成龙头企业带动、创业创新驱动、联农带农互动，构建企业和农户优势互补、分工协作、互惠共赢的格局。

表11-3　农业园区化具体目标推荐一览表

序号	指标名称	单位	基期值	目标值	备注
1	园区种植基地规模	万亩	–	–	
2	园区养殖基地规模	万头/万只	–	–	
3	园区主导产业产量	万吨	–	–	
4	园区资金总投入	万元	–	–	
5	入驻园区企业数量	个	–	–	
6	入驻园区合作社数量	个	–	–	
7	建设产学研用试验基地	亩	–	–	
8	园区农业总产值	万元	–	–	
9	园区主导产业产值	万元	–	–	
10	园区农民人均可支配收入	元/人	–	–	
……					

11.3.4　推进路径

农业园区化推进路径如图11-4所示。

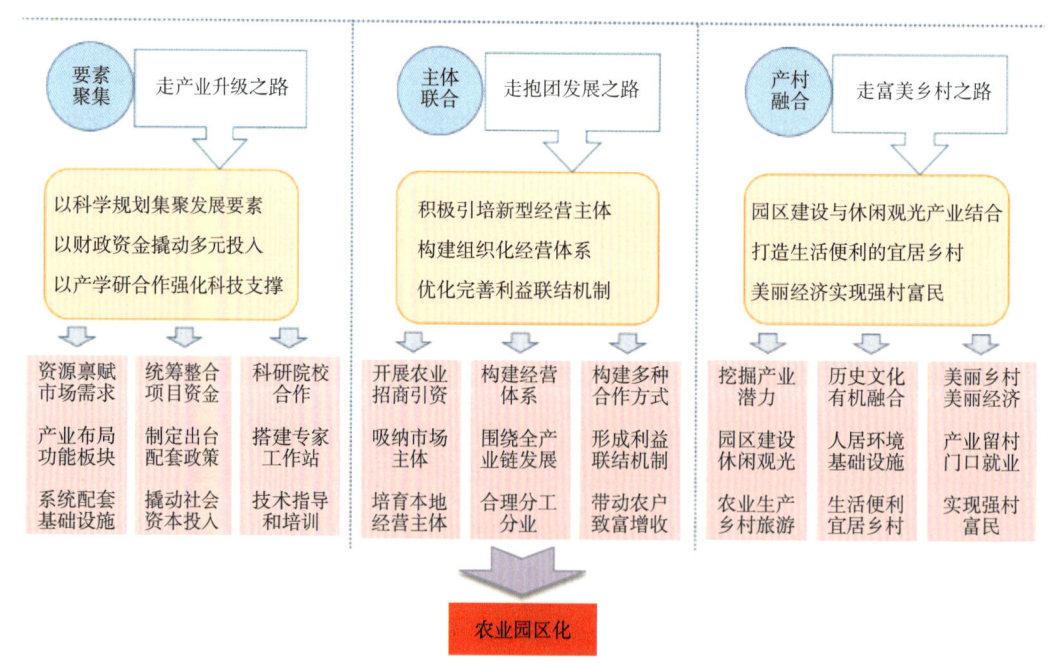

图11-4　农业园区化推进路径

抓好要素聚集，走产业升级之路。以科学规划为前提，集聚发展要素。立足资源禀赋，以市场需求为导向，科学确定发展理念和目标定位，因地制宜布局产业类型，合理规划功能板块，系统配套基础设施，夯实园区发展基础。统筹整合相关项目资金，制定出台配套政策，广泛撬动社会资本尤其是工商资本投入园区建设。以产学研合作强化科技支撑，将农业新技术、新品种、新模式带到农业生产第一线。完善人才引进、培养、交流、激励机制，搭建引才聚才平台，吸引农民工、高校毕业生、工商业主等各类人才创新创业。

抓好主体联合，走抱团发展之路。积极开展农业招商引资，广泛吸纳市场主体带着资本和先进技术、先进生产经营理念进驻园区，积极培育本地专业合作社、家庭农场和专业大户等新型经营主体。构建以农户家庭经营为主体、合作社搭桥梁、社会化服务组织作支撑、龙头企业抓两端的经营体系。引导企业业主、专业合作社、农户等各类主体围绕全产业链发展，合理分工分业，实现农业科技、品牌、金融和社会化相结合。积极引导新型经营主体与园区农户建立多种合作方式和利益联结机制，带动农户聚在产业园、富在产业链。

抓好产村融合，走富美乡村之路。充分挖掘农产品加工业、流通展销、休闲农业与乡村旅游等产业潜力，将园区建设与休闲观光产业发展相结合，将精品农业、优质农业、规模农业与乡村旅游相结合。突出历史、文化传承、美丽乡村建设、创意农业发展、休闲农业及乡村旅游等方面的有机融合，改善农村人居环境，美化村容村貌，完善路、水、电、网等基础设施，打造生活便利的宜居乡村。通过园区建设，将"美丽乡村"转化为"美丽经济"，让乡村产业留在农村，让农民在家门口就业，实现强村富民。

11.3.5 推进重点

可从优化产业布局、推进要素集聚与产村融合等方面阐述农业园区化建设的重点。

（1）优化产业布局

合理规划各类功能板块，建设原料生产大基地，构建"一县一业、一特一园、多园成群"的发展格局。

优化县域园区分布。根据县域农业现代化总体布局和功能布局，综合考虑区位交通、自然条件、资源禀赋、环境承载能力、产业基础等因素，衔接国民经济和社会发展、国土空间等规划，结合当地承担建设的各级现代农业产业园、产业强镇、田园综合体、产业融合发展示范园等项目，合理布局和确定各类园区位置、范围、规模。县域内园区分布要体现区域协同，统筹考虑对大部分地区都有重大影响的项目和工程选址布局。

做好单个园区布局。在确定县域内各园区类型和布局的前提下，根据单个园区的特色，结合产业发展需求，合理规划生产、加工、物流、研发、服务等功能板块。其中，生产板块是规模化种养的区域，要在主导产业有一定规模的情况下进行布局，体现出标准化、规模化等水平。加工、物流、研发、服务等板块一般是园区发展的引擎，起到引领园区发展、提升综合效益的作用。根据各地实际，这些功能可能布局在一起，形成一个综合性的核心区，也可能分布在不同区域，协同带动园区发展。

遵循园区布局要求。无论是县域内园区布局还是单个园区内部的布局，在规划布局的思路上，要体现以下四个方面的要求。一是体现地理环境特征，包括以地形、地貌为代表的自然地理要素，以行政区域等为代表的地理要素，以历史、文化为代表的人文地理要素，以土地、生物为代表的资源地理要素等。二是体现空间管控要求，要遵循国土空间规划确定的"三区三线"。三是体现功能互补差异，通过合理分布，优化全产业链各功能之间的关系。四是体现核心辐射引领，通过"增长极""增长带"实现高效集聚要素，以点带面发展。

（2）推进要素集聚

引导资金、人才、科技等要素集约配置，解决现代要素下向难、入农难、进园难问题。

拓展资金入园渠道。政府资金引导园区发展，通过统筹整合财政专项、基本建设投资等资金优先用于农业园区基础设施、公益性项目建设，起到吸引社会资本作用。积极拓宽投融资渠道，吸引社会资本参与农业园区建设，积极发展先建后补、以奖代补等方式，形成多元化的投入机制。深化园区金融创新，加快金融产品和服务方式创新，拓宽农业农村抵质押物范围，多渠道推进资本市场服务农业现代化，推动园区农业保险扩面、增品、提标。

强化科技创新体系。积极引导和鼓励园区与高等院校、科研院所等相关机构紧密合作，推进产学研一体化发展，为农业技术创新、新品种示范和产业化应用提供快捷化平台。科研机构积极在园区内建立农业技术示范基地、农业科技孵化中心、农业技术创新中心等多种形式的技术应用于创新平台，提升园区技术转化、技术创新与辐射能力。注重搭建园区科技服务平台，为广大农业生产者提供农业技术示范、培训、咨询、教育等服务，增强农民生产能力和生产效率，进一步提升园区示范与辐射能力，为园区的长远与稳定发展储备人才。

加大人才支撑力度。多渠道集聚人才资源，为园区建设提供有力的人才支撑。完善落实人才激励、人才引进、人才培训等政策，通过提升工资待遇、提供发展平台、完善生活配套设施等，重点鼓励有资金、懂知识、善经营、会管理的人才，到园区投资创业。大力培育本地科技人才、引进区外人才，通过"产业+人才""项目+人才"等方式，加大人才引进力度，强化科技人才队伍建设。围绕园区农业产业、重点领域、重大项目，突出"高精尖缺"和产业化导向，引进各类高端人才，选聘当地农业学者岗位专家，培养高端领军人才团队。

完善用地保障政策。专门制定扶持和规范农业园区建设的土地优惠政策，解决缺地的问题，为企业提供用地保障。推进农业用地流转政策，支持园区建设单位与所在农村集体组织按照市场运作、自愿有偿的原则，推进农村土地经营权依法流转和有效利用，适当对农村土地经营权流转进行价格补贴，稳定流转关系。实施农业建设用地倾斜政策，通过调整闲置地、复垦土地等存量土地资源，优先解决科技含量高、带动能力强的新型农业经营主体的建设用地指标。认真落实国家、省、市有关现代农业、农产品加工业、休闲农业等农业设施用地优惠政策。以土地开发整理项目为载体，实施城乡建设用地增减挂钩政策。

（3）推进主体集中

吸引各类企业入园投资兴业，形成龙头企业、农民合作社、家庭农场、社会化服务组织、小农户相互依托、集群发展的态势。

培育壮大龙头企业。优化园区招商环境，引进龙头企业到产业园投资，围绕主导产业，建设良种繁育、分选加工、冷链物流、仓储集散、休闲农业与乡村旅游等资金、技术密集型项目。支持大型企业发挥主渠道优势，发展全要素、全过程、全产业链经营，打造集农资批发零售、加工流通、品牌营销于一体的集团企业。支持龙头企业与合作社、农户建立紧密合作关系，共建标准化、规模化种养基地。支持龙头企业在产品标准、生产技术规程、技术培训等方面发挥主导作用。

整合提升农民合作社。引导园区种养、销售、流通等小规模合作社整合组建联合社，支持联合社沿产业链拓展服务范围，形成种养、收购、分选、销售全产业链服务。成立合作社指导机构，对合作社领办人、会计等核心成员在明晰合作社产权、规范财务管理、完善利益分配机制等方面进行培训。推进示范社创建，并安排专项资金对示范社进行奖励，促进合作社质量加快提升。

培育壮大家庭农场和专业大户。引导具有较高生产经营水平的农户和返乡创业人员向工商部门注册家庭农场。优先把家庭农场经营者作为高素质农民培训对象，开展生产技能、创业经营技能等培训。开展示范性家庭农场创建，安排专项资金，对示范性家庭农场给予一定补贴；各类支农项目优先安排示范性家庭农场承担；通过补助和贴息等形式，鼓励各类金融、保险机构为家庭农场提供信贷支持、保险服务。

（4）推进产村融合

按照"镇园结合、产村相融、一体发展"的思路，根据市场需求，将园区建设与村集体经济发展相融合，与休闲观光产业相结合，强力推动产村融合，实现强村富民目标。

推进产村一体设计。综合考虑园区乡村建设现状，结合产业发展需求，将园区建设与周边乡村整体设计。园区景观打造要与当地乡村文化历史、地方风格等相互融合，园区产业设计要考虑周边乡村集体经济、社会发展等因素。通过园区建设或改造，释放用地空间，提高土地利用效率，推动园区农村经济发展、促进就业、改善民生。

建设特色专业村镇。充分挖掘乡村特色产业资源，着力发展兴化本土的特色种养、特色食品、特色手工业和特色乡村文化等产业，做大"乡字号""土字号"传统产品品牌，扶持建设乡村特色产业产品生产基地、生产车间、生产工厂，培育"产品小而特、业态精而美、布局聚而合"的"一村一品"示范村镇，形成一村带数村、多村连成片的发展格局。

拓展村镇特色产业多种功能。 整合自然生态和人文历史旅游资源，园区各村镇开发、拓展和提升产业多功能，赋予产业科技、文化和环境价值，提升农业或乡村的生态休闲、旅游观光、文化传承、科技教育等功能。将园区建设与休闲观光产业发展结合，培育兼具田园风光、农家情趣和生活便利的宜居乡村，打造田园综合体和省市特色田园乡村，培优生态宜居的美丽乡村，推动各类农旅融合示范点建设。

11.4 推进农业绿色化

11.4.1 概述

农业是社会经济的基础产业，是立国之本、安民之基。农业绿色发展是生态环境保护的重要组成部分，"农业"是主体，"发展"是核心，"绿色"是方式也是目标[1]。实现农业绿色发展，既是破解中国农业发展生态环境压力和资源短缺困境的重要突破口，也是满足人民日益增长的美好生活需要的客观要求。

（1）含义界定

对于农业绿色发展的概念界定，不同学者纷纷给出自己的观点。陈健[2]指出，农业绿色发展就是按照全面、协调、可持续发展的基本要求，以提高农业综合经济效益，实现资源节约型和环境友好型绿色农业为目标，采用先进的技术、装备和管理理念，注重资源的有效利用和合理配置，形成的一条"绿色引领、高效运行、协同发展"生态文明型现代农业发展道路。郭迷[3]认为，农业绿色发展是建立在综合协调资源、环境、政府管理以及人民生活水平基础之上的发展模式，是科学发展观指导思想在农业领域的具体应用。尹成杰[4]认为，农业绿色发展既是农业发展的手段，也是农业发展的目的，关键是要形成一个有利于农业发展的新格局，即资源利用高效、生态系统稳定、产地环境良好、产品质量安全。魏琦等[5]认为，农业绿色发展的核心要义是统筹协调农业发展的经济效益、社会效益、环境效益和生态效益，即实现资源节约、环境友好、生态保育、质量高效，突出强调农业产地环境、生产过程和农产品均要实现绿色化。金书秦等[6]把农业绿色发展的概念界

---

[1] 焦翔.我国农业绿色发展现状、问题及对策[J].农业经济，2019（7）：3-5.
[2] 陈健.我国绿色产业发展研究——以珠三角为例[D].武汉：华中农业大学，2009.
[3] 郭迷.中国农业绿色发展指标体系构建及评价研究[D].北京：北京林业大学，2011.
[4] 尹成杰.加快推进农业绿色与可持续发展的思考[J].农村工作通讯，2016（5）：7-9.
[5] 魏琦，张斌，金书秦.中国农业绿色发展指数构建及区域比较研究.农业经济问题，2018（11）：11-20.
[6] 金书秦，牛坤玉，韩冬梅.农业绿色发展路径及其"十四五"取向[J].改革，2020（2）：30-39.

定为3个层次，即去污（农业生产过程的清洁化）、提质（产地绿色化和产品优质化）、增效（绿色成为农业高质量发展的内生动力）。尹昌斌等[1]则认为，农业绿色发展要求切实转变农业发展方式，从过去依靠拼资源消耗、拼农资投入、拼生态环境的粗放经营，尽快转到注重提高质量和效益的集约经营上来，确保国家粮食安全、农产品质量安全、生态安全和农民持续增收。此外，有学者认为，农业绿色发展应特别注重水资源与耕地资源的保护，这是保障农产品质量安全的根本[2]。中办、国办印发的《关于创新体制机制推进农业绿色发展的意见》从推进农业绿色发展重点任务的视角，将农业绿色发展定义为：以绿水青山就是金山银山理念为指引，以资源环境承载力为基准，以推进农业供给侧结构性改革为主线，尊重农业发展规律，强化改革创新、激励约束和政府监管，转变农业发展方式，节约利用资源，保护产地环境，提升生态服务功能，全力构建人与自然和谐共生的农业发展新格局。

综上所述，本研究认为，农业绿色化是指农业生产生态生活的全过程全方位绿色化，它不等同于农业环境保护，它更加强调绿色作为发展的驱动力，更加注重资源节约、生态保育、环境友好和产品质量的高质量发展，是以资源环境承载力为基准，以资源利用节约高效为基本特征，以生态保育为根本要求，以环境友好为内在属性，以绿色产品供给有力为重要目标的人与自然和谐共生的发展新模式。新时期，我国农业绿色发展的内涵不仅包括农业生产生活方式的绿色化、生态化，还包括农业资源保护、农业生态系统修复等内容，同时涵盖农业生产、乡村建设和农民生活等方面。

（2）特征

农业绿色化的核心要义是统筹协调农业发展的经济效益、社会效益、环境效益和生态效益，突出强调农业产地环境、生产过程和农产品均要实现绿色化，主要表现为更加注重资源节约、更加注重环境友好、更加注重生态保育、更加注重产品质量[3]、更加注重科技支撑、更加注重体制机制。

更加注重资源节约。这是农业绿色发展的基本特征。长期以来，我国农业高投入、高消耗，资源透支、过度开发。推进农业绿色发展，就是要依靠科技创新和劳动者素质提升，提高土地产出率、资源利用率、劳动生产率，实现农业节本增效、节约增收。

更加注重环境友好。这是农业绿色发展的内在属性。农业和环境最相融，稻田是人工湿地，菜园是人工绿地，果园是人工园地，都是"生态之肺"。近年来，农业快速发展的同时，生态环境也亮起了"红灯"。推进农业绿色发展，就是要大力推广绿色生产技术，

---

[1] 尹昌斌，李福夺，王术，等. 中国农业绿色发展的概念、内涵与原则[J]. 中国农业资源与区划，2021，42（1）：1-6.
[2] 于法稳. 新时代农业绿色发展动因、核心及对策研究[J]. 中国农村经济，2018（5）：19-34.
[3] 韩长赋. 大力推进农业绿色发展[J]. 农机科技推广，2017（7）：4-6.

加快农业环境突出问题治理，重显农业绿色的本色。

更加注重生态保育。这是农业绿色发展的根本要求。山水林田湖草是一个生命共同体。长期以来，我国农业生产方式粗放，农业生态系统结构失衡、功能退化。推进农业绿色发展，就是要加快推进生态农业建设，培育可持续、可循环的发展模式，将农业建设成为美丽中国的生态支撑。

更加注重产品质量。这是农业绿色发展的重要目标。习近平总书记强调，推进农业供给侧结构性改革，要把增加绿色优质农产品供给放在突出位置。当前，农产品供给大路货多，优质的、品牌的还不多，与城乡居民消费结构快速升级的要求不相适应。推进农业绿色发展，就是要增加优质、安全、特色农产品供给，促进农产品供给由主要满足"量"的需求向更加注重"质"的需求转变。

更加注重科技支撑。这是农业绿色发展的技术支撑。推进农业绿色发展，就是要深入实施创新驱动发展战略，加快农业绿色发展科技自主创新，构建农业绿色发展技术体系，推进要素投入精准减量、生产技术集约高效、产业模式生态循环、设施装备配套齐全，推动农业科技绿色转型。

更加注重体制机制。这是农业绿色发展的制度保障。推进农业绿色发展，就是要建立农业绿色发展的目标责任、考核制度、奖惩机制，强化农业绿色发展法律约束，建立多渠道投入机制，引导社会参与，加快推动农业发展由数量导向转向提质导向。

（3）典型案例

①上海市崇明区：围绕"三高"目标，全力打造农业绿色化发展样板

崇明是上海最大的农村地区，以上海1/5的陆域面积供给了上海1/3的地产农产品。近年来，崇明坚持农业绿色化发展，锚定"高科技、高品质、高附加值"的"三高"目标，积极打造大都市背景下农业绿色化发展样板。2017年崇明入选全国首批农业绿色发展先行区。

以全域管控为抓手，优化绿色发展环境。制定国内首张绿色农业发展负面行为清单，清退落后产能和不规范生产经营行为。加强源头封闭管控。建立"1个总仓+16个涉农乡镇门店"的绿色农资供应体系，实现绿色投入品实名制供应、一站式服务、全过程溯源、全域化管控。

以科技创新为突破，加快产业转型升级。推广绿色种养模式。创新使用"无化学肥料、无化学农药"的"两无化"种植模式，逐步推动"两无化"生产从水稻向蔬菜、林果等领域拓展。鼓励探索"稻鱼""稻虾鳖"等立体种养模式，持续推动化肥农药减量。构建生态循环体系。实施水稻秸秆机械化还田和离田利用，构建"全粪+秸秆"新型生态循环链，建立蔬菜杂草类废弃物回收处置"基地+村"模式，实现统一收运、智能堆肥、就近利用。强化科技创新支撑。组建崇明生态农业科创中心理事会，引入专家技术团队，建

设"中国农业绿色发展研究会崇明实验站""崇明农业科技小院"等。

以项目建设为引擎,激发现代农业活力。引培重大农业项目。持续深化全球农业招商,引进国际高水平农业生产经营企业。制定出台花卉产业扶持政策,围绕打造特色花卉研发中心、种源生产繁育中心、花卉交易中心和家庭园艺服务中心,放大"后花博"溢出效应。推进数字农业建设。探索"5G+智慧农业",推进数字农场建设。建设国家农业绿色发展长期固定观测崇明试验站,打造"数字模型",持续推动"机器换人",推动智慧农机融合应用。

②浙江省桐乡市:强化面源污染治理,全链式推进农业绿色化

桐乡市地处浙北杭嘉湖平原腹地,通过聚焦化肥农药源头减量、废弃物资源循环利用和农田退水末端治理等关键环节,全链式推进农业面源污染治理,先后列入全国农作物秸秆全量化利用试点县和生态环境部农业面源污染防治与监督指导试点单位。

守好源头责任田。依托"肥药两制"数字化管理平台,推行肥药实名购买、定额施用。推进统防统治与绿色防控融合体系建设,集成推广有机肥、配方肥及按方施肥、水肥一体化等新技术,推广稻渔综合种养和沼液还田等生态模式,有效减少化肥农药施用。建立农产品质量安全全程追溯体系,推行化肥农药等农业投入品"进—销—用—回"全周期的闭环管理,实现主体追溯和过程追溯,进行红、黄、绿码三色动态管理,加强肥药数字化管控。

打通资源循环链。巩固国家农作物秸秆全量化利用试点县建设成果,强化秸秆多元化利用区域布局、培育龙头利用主体,健全"合作社+企业"的市场化收储运体系,提升农作物秸秆离田高值利用。以就地消纳、能量循环为原则,以点扩面,利用两步纤维化技术,将蔬菜尾菜、废弃果树枝条和畜禽粪便等原料生产有机肥,拓宽农业废弃物资源化利用途径。构建政府引导、主体参与、市场运作的农业废弃包装物回收体系,统一回收处置废弃包装物与农膜。

筑牢末端防护堤。以"生态沟渠"和"生态沟渠+"的形式,建设农田氮磷生态拦截沟渠系统和稻田退水"零直排"工程,全域推进农田退水治理。围绕"健康土壤、健康生产、健康生活"的理念,启动全国县域首个"健康土壤行动",创新推出耕地地力指数保险,建立耕地质量用地养地责任制。全市布设121个耕地质量常规监测点和6个长期定位监测点,建立2个省级农产品产地环境监测点和1个地方性监测点,不断提升环境监测预警能力。

③天津市西青区:科技赋能,推进小站稻绿色化生产

西青区以蔬菜、果树、水稻、水产种养为主,形成了高效蔬菜、天津小站稻、特色水产及花卉等优势农业产业格局。先后获"国家农业绿色发展先行区""中国特色农产品优势区""国家农业产业强镇""国家现代农业示范区"等。拥有3个全国"一村一品"示

范村、7家绿色食品企业、24个绿色有机产品等。

搭建"五统一"标准化生产体系。以"种出好品质、卖出好价钱"为纲，围绕"品质原粮"，以规模化、标准化和产业化的发展思路，统一品种、统一农资、统一标准、统一管理、统一仓储，打造高标准优质小站稻种植示范基地。

标准化生产技术创新与迭代。建立了具有品种筛选区、肥料试验区、植保试验区、农机农艺试验区、品质提升试验区和小站稻优产提质种植技术集成展示区的"5+1"功能的试验功能区，通过试验验证，结合大规模种植，不断优化生产种植技术、提升标准化水平，真正实现"一品种一方案、一区域一方案"的精准种植。

发展数字化管理服务。围绕标准化种植生产管理流程，建立一体化智慧农场管理服务平台。综合利用卫星遥感监测、精准气象、物联网等农业信息化技术，在统一标准体系建设基础上，建设水稻高标准农田智慧农场，实现对农场的智能化、精准化、自动化监测，提高生产管理效率，推动现代农业智慧农场的落地。

全程品控溯源确保质量。建设小站稻全程溯源系统，通过"三戳一指数"的形式向消费者展示小站稻种植、仓储、加工、品评、物流、销售各环节的全程信息，以及化肥、农药利用、碳排放量、优质化率等，让消费者买得放心，吃得开心。

推行绿色生产技术。品种筛选、测土配方、智慧农业、智能农机、绿色种植等多手段综合投入。春播油菜绿肥还田，小站稻当季减量氮肥20%。测土配方施肥土壤速效钾处于高位，钾肥减投20%。统一采用侧深施肥技术，提高肥料利用率。追肥改自走式撒肥机为无人机撒肥，提高工作效率，减少农机下田对秧苗的毁损，保障产量。

11.4.2 现状与问题

11.4.2.1 发展现状

推进农业绿色发展是一场深刻革命。党的十八大以来，党中央高度重视生态文明建设，农业绿色发展取得积极进展。

（1）农业绿色发展制度框架基本形成

"十三五"以来，中央对农业绿色发展的关注度不断升级，关于农业绿色发展的纲领性文件、专项行动计划密集出台，大力推动农业绿色发展体制机制的完善。2015年5月，中共中央、国务院印发《关于加快推进生态文明建设的意见》，对生态文明建设作出全面部署，要求协同推进"农业现代化和绿色化"。同年9月，中共中央政治局审议通过了《生态文明体制改革总体方案》，提出要建立绿色生态导向的农业补贴制度，完善农业废弃物综合利用制度，培育农业面源污染治理市场主体，强化县乡两级政府的环境保护职责，加强防治农村污染的财政涉农资金投入。2016年中央一号文件明确提出"加强资源保护和生态修复，推动农业绿色发展"，这是"农业绿色发展"作为专有名词首次出现在官方文件中。2017年4月，农业部印发《关于实施农业绿色发展五大行动的通知》，将绿色发展理念转化为具体行动。同年9月，两办印发《关于创新体制机制推进农业绿色发展的意见》，这是第一个推进农业绿色发展的文件，正式确立了"农业绿色发展"在国家政治话语中的地位。同时，农业部门启动实施畜禽粪污治理行动、果菜茶有机肥替代化肥行动、东北地区秸秆处理行动、农膜回收行动、以长江为重点的水生生物保护行动等五大行动，已经构建起良好的农业绿色发展政策体系。2021年8月，农业农村部、国家发展改革委、科技部、自然资源部、生态环境部、国家林草局6部门联合印发《"十四五"全国农业绿色发展规划》，该规划是我国首部农业绿色发展专项规划，将绿色发展作为实施乡村振兴战略的重要引领，对"十四五"农业绿色发展工作作出系统部署和具体安排。这一系列政策和部署将为推动农业绿色发展创造了良好的政策环境。

（2）资源保护力度持续加大

近年来，我国不断加强资源保护和节约利用，水、土和生态系统持续改善。农业用水得到有效控制，集成推广旱作农业、高效节水灌溉等节水技术模式，配套完善喷灌、滴灌、集雨窖等节水设施，提高农业用水效率。据水利部统计，全国农田灌溉水有效利用系数达到0.565，比2010年提高0.063。耕地得到休养生息，加快推进工程措施和农艺措施相结合，开展土地平整、土壤改良、灌溉排水等工程建设，推进耕地保护和质量提升。目前推行耕地轮作休耕制度试点8 000万亩以上，实施黑土地保护2.5亿亩，建成高标准农田8亿亩。农田、草原生态系统持续改善，渔业资源养护修复不断加强，长江流域实行为期10年的常年禁捕，实现了内陆七大重点流域禁渔期制度和主要江河湖海休禁渔制度全覆盖。

（3）农业生态环境显著改善

有效治理农业污染，农业生态环境得到显著改善。化肥农药持续减量，实施主要农作物绿色高质高效行动，开展果菜茶有机肥替代化肥试点，推广种肥同播、水肥一体化等节肥技术。推行统防统治和绿色防控，推广新型高效植保机械，示范推广高效低毒低残留农药。目前，主要农作物化肥利用率和农药利用率分别达到40.2%和40.6%，比2015年分别提高5%和4%，连续5年实现负增长。畜禽粪污、农作物秸秆与农用残膜等废弃物资源化利用成效明显，畜禽粪污资源化利用率达到75.9%，比2017年提高5.9个百分点。秸秆综合利用率达到86%，比2015年提高6.6个百分点。推广普及标准地膜，培育专业化农膜回收主体，发展废旧农膜机械化捡拾，开展区域农膜回收补贴制度试点，建立地膜生产者责任延伸制度，农膜回收利用率超过80%。

（4）农产品质量安全水平显著提高

我国实行了更为严格的农产品质量监管制度，基本实现农产品生产有标可依、质量监管执法有据。推进农产品标准化生产，食用农产品达标合格证制度加快实施，稳步发展绿色优质农产品，绿色、有机和地理标志农产品总数接近5万个，已成为居民菜篮子里的常客。加强农产品质量安全管理，我国自上而下，一直到乡镇都建立了农产品质量安全监管队伍，开展常态化、专业化的市场监管。主要农产品例行监测合格率稳定在97%以上，近年来都没有发生重大农产品质量安全事件，确保消费者"舌尖上的安全"。

（5）试点示范取得明显成效

自2017年以来，国家分4批批准认定了210个国家农业绿色发展先行区，经过多年努力，各地围绕发展循环农业、节水节肥节药、农业废弃物资源化利用等重点任务，着力开展农业绿色发展先行先试，在技术集成、工作机制、政策制度等方面总结出一批综合推进类和单项突破类的典型模式，农业绿色发展先行先试工作已经初步形成以先行区为载体、以支撑体系建设为抓手、以综合试点为补充、以长期固定观测试验为平台的工作格局，形成了一批技术和政策创新成果，有力推动了农业绿色发展先行先试转型升级，为农业绿色发展示范推广奠定坚实基础。

11.4.2.2 存在问题

农业资源环境欠账依然较多。一些地方长期以增产为导向，高强度不合理的开发利用方式导致农业资源环境透支严重，耕地退化、土壤重金属污染、地下水超采等问题依然存在，治理周期长、难度大。

农业面源污染治理任重而道远。农业主要依靠资源消耗的粗放经营方式仍未根本改变，化肥、农药等投入品使用还不精准，畜禽粪污、农作物秸秆、废膜资源化利用率还不高，产地环境污染还比较重。

生产结构失衡问题日益突出。农业区域布局与资源禀赋不尽匹配，种养业结合不紧、循环不畅，节肥节药节水等绿色技术模式应用不够，还没有形成绿色产业链供应链。

绿色优质农产品供给还不足。农产品多而不优，品牌杂而不亮。农产品质量安全风险隐患犹存，绿色优质农产品还不能满足人民群众需求，还不适应消费结构升级的需要。

绿色支撑保障体系还不健全。技术支撑体系还比较薄弱，生态补偿机制还不健全，优质优价的市场机制尚未有效建立，与农业绿色发展相适应的法律法规和监督考核机制仍不完善，制约农业绿色发展的根瘤尚未完全消除。

11.4.3 推进思路与目标

（1）推进思路

牢固树立和践行绿水青山就是金山银山的理念，立足示范区农业生态基础，切实摸清生态资源家底，在农业全面绿色转型发展方面做足文章，促进示范区农业生态系统稳定、人与自然和谐共生。

一是要提高政治站位。以习近平新时代中国特色社会主义思想为指导，全面贯彻落实党的二十大精神，立足新发展阶段、贯彻新发展理念、构建新发展格局，牢固树立和践行"绿水青山就是金山银山"理念，坚持节约资源和保护环境的基本国策，以深化农业供给侧结构性改革为主线，以绿色低碳循环发展为重点，不断构建人与自然和谐共生的农业发展新格局。

二是要以农业绿色发展为基本路径。农业可持续发展必然要求坚持绿色发展的道路。要更加注重资源节约，提高土地产出率和资源利用率，实现农业节本增效、节约增收。倡导环境友好，强化农业生态保护，呼吁绿色生产方式。将农产品质量安全放在突出位置，增加优质、安全、特色农产品供给，促进农产品供给由主要满足"量"的需求向更加注重"质"的需求转变。

三是要以治理农业面源污染为重点。加快推行绿色生产方式，推进农药化肥减量增效利用，促进畜禽粪污和作物秸秆资源化利用，加强白色污染治理，不断推进农业资源利用集约化、投入品减量化、废弃物资源化、产业模式生态化，有效遏制农业面源污染。

四是要以保护与修复农业生态为底线。生态环境保护倡导人与自然的和谐共生，强调生态保育，坚持尊重、顺应和保护自然，正确处理经济发展与生态环境保护的关系。因此，在推进示范区创建过程中，要深入实施农业生态保护与修复，积极推进山水林田湖草生态保护与修复工程试点，严守生态保护红线，发挥好农业生态涵养功能，建设绿色生态田园，完善生态系统保护制度，促进示范区生态系统功能和稳定性全面提升，持续改善生态环境质量。

> 示例：以习近平新时代中国特色社会主义思想为指导，全面贯彻落实党的二十大精神，立足新发展阶段、贯彻新发展理念、构建新发展格局，牢固树立和践行"绿水青山就是金山银山"理念，坚持节约资源和保护环境的基本国策，以高质量发展为主题，以深化农业供给侧结构性改革为主线，以构建绿色低碳循环发展的农业产业体系为重点，强化科技集成创新，健全激励约束机制，完善监督管理制度，推进农业资源利用集约化、投入品减量化、废弃物资源化、产业模式生态化，构建人与自然和谐共生的农业发展新格局，为全面推进乡村振兴、加快农业农村现代化提供坚实支撑。

五是要以建立绿色制度机制为支撑。深化生态文明体制改革，需要尽快把生态文明建设纳入制度化、法治化轨道，把资源消耗、环境破坏、生态效益等指标纳入干部考核中，使之成为生态保护重要导向与约束。同时，还要健全激励约束机制，完善生态补偿制度和监督管理制度，让人们自主形成节约资源与环保意识。

（2）基本原则

坚持底线思维，资源保护原则。落实构建生态功能保护底线，加强耕地数量、质量、生态"三位一体"保护，农业节水用水效率明显提升。推行耕地轮作休耕、污染退化耕地综合治理,加强农业减排固碳、农田林网控制,促进天然草原草畜平衡得到有效保护。

坚持资源节约,环境友好原则。 牢固树立节约集约循环利用的资源观,加强产地农业面源污染综合治理,打造绿色低碳农业全产业链,杜绝开发利用与生态保护对立,把绿色发展导向贯穿农业发展全过程。

坚持政府引导,市场主导原则。 发挥政府支持引导作用,调动广大群众参与绿色发展积极性。更好发挥市场主导作用,明确生产经营主体责任;建立健全利益导向机制,引导社会各方参与农业绿色发展。

坚持绿色供给,统筹推进的原则。 突出保供给、保收入、保生态的协调统一,保障粮食安全,增加绿色优质农产品有效供给。实施山水林田湖草系统治理,构建绿色发展产业链价值链,提升质量效益和竞争力,促进示范区高质量发展。

(3)推进目标

经过三年创建,绿色发展理念贯穿于农业现代化建设全过程,农业生产清洁,废弃物资源化利用水平较高,资源节约、环境友好型技术广泛应用,建成一批农业绿色发展先行区,基本实现绿色化转型、生态化发展(表11-4)。

表11-4 农业绿色化具体目标推荐一览表

序号	指标名称	单位	基期值	目标值	备注
1	耕地保有量	万亩	—	—	
2	退化、污染耕地综合治理面积	万亩	—	—	
3	东北黑土地保护面积	万亩	—	—	
4	草畜平衡面积保有量	万亩	—	—	
5	耕地质量等级提升		—	—	
6	高效节水灌溉面积比重	%	—	—	
7	农田灌溉水有效利用系数		—	—	
8	亩均农药施用强度	千克/亩	—	—	
9	亩均化肥施用强度	千克/亩	—	—	
10	主要农作物秸秆综合利用率	%	—	—	
11	畜禽粪污资源化利用率	%	—	—	
12	废旧农膜、包装袋回收率	%	—	—	
13	农产品"三品一标"认定	个	—	—	
14	农产品质量安全监测合格率	%	—	—	
	……				

加强农业资源保护利用。 耕地、水资源、草场资源等农业资源得到有效保护,退化、污染耕地治理取得明显进展,干旱地区实施高效节水灌溉,加强长江生物多样性保护,以资源环境承载力为基准的农业生产制度初步建立。

加强农业面源污染防治。 化肥、农药使用量持续减少,农业废弃物资源化利用水平明显提高,实施一批畜禽污染资源化利用整县推进和重点流域农业面源污染治理项目,农业面源污染得到有效遏制。

农业减排固碳能力明显增强。生态种养循环农业广泛应用,绿色产业链供应链基本形成,建成一批具有示范引领作用的循环经济园区和全产业链标准示范基地。

绿色农产品供给明显增加。实施重点作物绿色高质高效和农业生产"三品一标"提升行动,农业标准化、清洁化生产加快推行,认定一批"二品一标"绿色优质农产品,农产品质量安全水平明显提升,农业生态服务功能大幅提高。

11.4.4 推进路径

牢固树立和践行"绿水青山就是金山银山"理念,进一步建立和完善农业绿色技术体系、标准体系、产业体系、经营体系、政策体系、数字体系为支撑,聚焦农业资源保护、农业面源污染防治、农业生态保护修复、绿色低碳农业产业链等方面重点任务,从而构建人与自然和谐共生的农业发展新格局,最终实现农业绿色化的最终目标。具体来讲,一是贯彻落实"两山"发展理念,坚持节约资源和保护环境的基本国策,把生态文明建设摆在突出的位置。二是支撑要有保障,以绿色技术体系为核心、绿色标准体系为基础、绿色产业体系为关键、绿色经营体系为依托、绿色政策体系为保障、绿色数字体系为引领,强化科技集成创新,健全激励约束机制,完善监督管理制度,进一步建立和完善农业绿色发展支撑体系。三是重点任务要聚焦。聚焦农业资源保护、农业面源污染防治、农业生态保护修复、绿色低碳农业产业链等方面重点任务,着力推进农业资源利用集约化、农业投入品减量化、农业废弃物资源化、生态服务功能优质化、农业产业链低碳循环化以及农业绿色支撑体系系统化,以此实现示范区全面绿色转型升级的美丽画卷。

推进农业绿色化发展路径如图11-5所示。

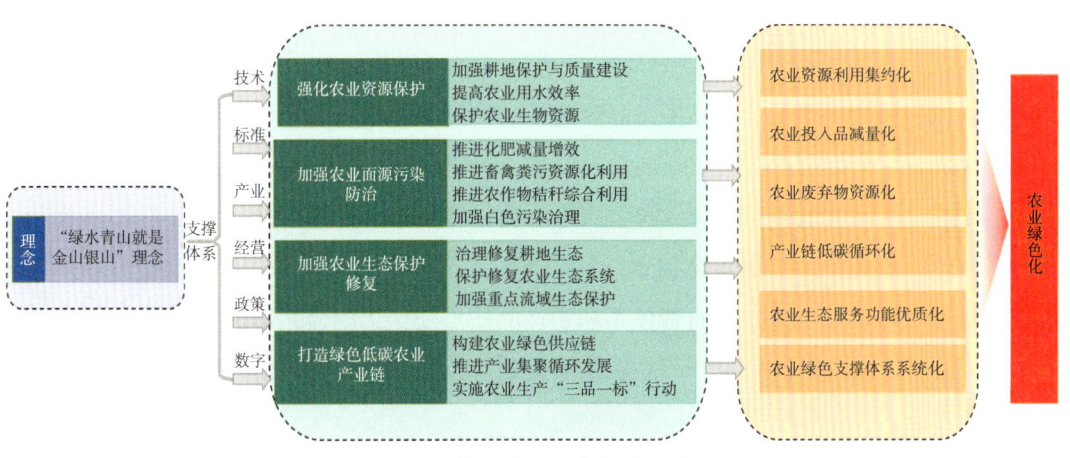

图11-5 推进农业绿色化发展路径

11.4.5 推进重点

（1）加强农业资源环境保护

可从加强耕地保护、强化农业种质资源保护、发展节水农业与加强生态系统修复等方面阐述农业资源保护的重点。一是加强耕地保护。落实耕地保护制度，采取"长牙齿"的硬措施，坚决遏制耕地"非农化"、防止"非粮化"；落实永久基本农田保护红线，确保耕地数量不减少；鼓励采取工程、生物和物理等措施，加强退化污染耕地修复治理，确保耕地功能恢复；因地制宜推广有机肥施用、秸秆还田和轮作休耕等技术，促进耕地质量提升。二是强化农业种质资源保护。种质资源丰富的示范区，支持建立完善种质资源保护名录和遗传资源保护制度，积极申报种质资源圃（场区）建设项目，提升种质资源保护与利用水平。三是发展节水农业。落实水资源开发利用控制红线，严禁污水直接灌溉农田；在缺水地区，支持发展旱作农业，选育耐旱品种，推行节水灌溉技术，促进农业高效节水行动实施。四是加强农业生态系统修复。加强森林、草原、湿地等生态修复，位于长江、黄河流域的示范区要重点落实长江经济带和黄河流域农业生态修复与保护具体措施，不断提升农业生态价值。

（2）推进农业生产"三品一标"提升

可从推进品种培优、品质提升、标准化生产和品牌建设等方面阐述农业生产"三品一标"建设重点。一是推进品种培优。种业条件较好的示范区，开展种业创新攻关，组建育种攻关联合体，遴选优异育种材料，研发培育具有地方特色的新品种，推进种业产业化应用。二是推进品质提升。环境较好的示范区，加强农业产地环境净化，推广绿色生产技术，规范使用投入品，加强绿色有机食品与地理标志农产品认定，实现农产品优质优价。三是推进标准化生产。按照"有标采标、无标创标、全程贯标"要求，围绕产地环境、投入品、生产、加工、储运和防疫等环节，制定或修订相关标准，推行全产业链标准化试点，不断提高标准化水平。四是推进品牌建设。有品牌基础的示范区，按照农业品牌精品培育相关要求，全力打造区域统一的公共品牌；鼓励经营主体培育知名品牌，不断创新品牌营销方式，借助展销会、推介会和节庆等活动，加强品牌宣传与推广。

（3）强化农产品质量安全监管

可从完善农产品质量安全监管体系和农产品质量安全追溯体系等两方面阐述农产品质量安全监管的重点。一是完善农产品质量安全监管体系。有条件的示范区，建议完善"县级有检测中心、乡镇有检测站、市场有检测点"三级质量安全监管体系，完善检测仪器设备，培训检测人员，不断提高质量安全监管能力。二是完善农产品质量安全追溯体系。按照"生产有记录、信息可查询、流向可跟踪、责任可追究、产品可召回"相关要求，全面推进农产品质量安全可追溯体系建设，建立产地环境、投入品采购、生产操作、产品采收与加工与市场销售等环节流向档案的记录制度，实现"从产地到餐桌"全过程可追溯，不断提高农产品质量安全追溯覆盖率。

（4）加强农业面源污染防治

可从推进化肥农药减量增效、畜禽粪污资源化利用、农作物秸秆综合利用和白色污染治理等方面阐述农业面源污染防治的建设重点。一是推进化肥农药减量增效。鼓励主要农作物实施绿色高质高效行动，推进测土配方施肥，开展果菜茶有机肥替代化肥试点，推进化肥减量增效；扶持发展专业化防治组织，加强病虫害统防统治，集成应用绿色防控技术，促进农药减量增效。二是推进畜禽粪污资源化利用。有畜牧养殖的示范区，大力推进标准化规模养殖，支持开展畜禽粪污资源化利用整县推进，集成推广粪污处理技术，促进畜禽粪污资源化利用。三是推进农作物秸秆综合利用。在秸秆资源丰富的示范区，鼓励开展全域秸秆综合利用行动，以肥料化、饲料化、燃料化、基料化为主攻方向，完善三级秸秆收储系统，促进秸秆综合利用。四是加强白色污染治理。对于用膜大县，支持建立三级回收收储系统，推广废旧农膜资源化利用技术，提高白色污染治理水平。

（5）推进农业绿色低碳发展

可从推行农业减排固碳发展和建设农业绿色产业链两方面阐述农业绿色低碳发展的重点。一是推行农业减排固碳发展。鼓励示范区制定农业减排固碳方案，推广农田氮肥减量增效、牛羊精准饲喂和渔船渔机节能等减排技术，选育推广高产低碳农作物品种和高产低排畜禽品种，加快农业机械设备改造，鼓励建设规模化沼气工程，不断降低单位产品甲烷排放强度。二是建设农业绿色产业链。支持符合条件的示范区，建设全产业链标准化示范基地、绿色种养循环农业试点等，打造生态农场，推进农产品加工绿色转型，建立绿色流通体系，推广农产品绿色电商模式，不断提升绿色产业链效益。

11.5 推进农业数字化

11.5.1 概述

11.5.1.1 含义界定

随着经济社会的发展与科技的进步，我国农业正朝着数字化方向发展，数字化技术获得广泛普及应用，在实践中逐步走向成熟，这一新兴科技是以网络科技、计算机技术、数据分析技术为基础的通用型技术，能够将属于不同类型的数据转化为格式一致、内容相似的数据单元，通过将外界的信息根据既定标准转化为可被明确辨识的数据，为农业生产提供帮助与服务。

高佳明[1]阐述了数字化技术在农机领域的主要应用路径，探讨了普及数字化技术、强化农机生产力的政策措施。吴信科[2]认为，数字农业是高阶农业形态，是农业现代化与数字技术及信息化的有效融合，发展数字农业，要以网络为载体，以数字化为关键支撑，缓解信息不对称问题。梅方权[3]认为，农业信息化指的是农业生产及管理过程中采用现代化的信息设备和手段，全面实现农业的生产经营。童有好[4]认为，农业数字化一般是指将现代先进科技与农业产业链相结合，科学技术助力农业生产、运输、销售等环节，解放农业生产力和增加产业效益的手段。李华锋等[5]认为，农业数字化是不断向前推进演化的动态系统，在这一进程中，涉及信息技术的的进步与创新，涉及其在农业生产的广泛应用。总的来说，多数定义是把传统农业与先进的信息技术进行有机结合，达到提高生产力的目的。

综上所述，本书编者认为，农业数字化是指将信息科技与农业相结合，利用数字技术和信息化手段来提高农业生产、管理和服务效率的过程。它包括发展良好的农业产业，以及一系列相关的技术和工具，如物联网、大数据、人工智能等信息技术与相应的软件和系统，通过两者深度融合，全面提升农业生产智能化、经营网络化、管理高效化、服务便捷化水平。

11.5.1.2 表现特征

从农业数字化的概念可以看出，农业数字化是指在农业领域全面地发展和应用现代信息技术，使之渗透到农业生产、市场、消费及农村社会、经济、技术等各个具体环节的全过程。其表现特性包含以下5个方面。

农业信息感知数字化。通过物联网技术、3S技术等底层信息获取技术，形成农业大数据基础数据库，为农业生产经营决策提供数据支撑与服务，使得农业全过程人机物相联系，各种农业要素、信息和环境自动感知与精准识别。

农业管理决策科学化。借助大数据、人工智能等技术，通过"机器学习+经验模型"建立数字化、智能化技术和控制作业装备高度集成的系统与农业管理决策模型，推动农业在设备装备控制、农业投入和农业个性化服务等方面的定量决策。

农业装备控制智能化。通过"人工智能+物联网技术"，推动农业传感器、通信系统和智能控制系统形成一个智慧网络系统，实现农业装备作业的自动化和智能化操作，推进

---

[1] 高佳明. 浅谈数字化设计技术在农业机械设计中的应用[J]. 南方农机，2021（3）：66-67.
[2] 吴信科. 乡村振兴战略下我国传统农业数字化转型的现状、问题及对策研究[J]. 农业经济，2023（10）：34-35.
[3] 梅方权. 中国农业信息化建设的前景展望[J]. 计算机与农业，1997（3）：1-3.
[4] 童有好. 论农业信息化[J]. 社会科学辑刊，2002（4）：89-93.
[5] 李华锋，章颖. 中国农业信息化发展现状[J]. 世界农业，2012（6）：92-94.

全方位的无人作业。

农业要素投入精准化。依托农业定量决策模型，精细准确地优化农业全产业链每一环节的资源配置，推动农业生产经营管理决策的定量化和精准化，实现投入减少、资源节约和节本增效。

农业信息服务个性化。基于农业大数据平台，有针对性地、及时地向农业经营主体推送符合其需求的多样化信息服务，有助于信息服务供需主体的精准对接。

11.5.1.3 地位作用

有助于实现农业生产资源的优化配置。随着信息化发展水平的提高，农业生产开始充分地利用互联网资源，将农业信息平台共享的最新农业种植、养殖技术、销售信息等应用到农业种植管理、农产品生产与销售过程中，优化种植结构、提高农业生产效率。例如，基于卫星遥感技术可以建立基本农田数据库、水利工程数据库、土壤质地和土壤养分数据库等相关专业数据库，将生产信息及时传输到农业信息管理系统、管理平台，实现各类农业生产数据在线动态管理，不但节约人力、物力，同时也会显著提高农、林、牧、渔业的资源使用效率和生产质量。

有助于推动农业经济结构的调整优化。信息技术在农业生产中的应用可以促进新型产业的兴起和发展，比如农业信息化服务业、电子商务等。同时，还有助于农民更加详细地了解和掌握市场对于农产品的需求，帮助农民及时对农产品结构进行调整，对农业产业结构良性调整具有十分重大的作用。另外，信息技术在农业生产中的应用，也能在一定程度上推动农业生产的转型，逐步从劳动密集型转向技术型，从而促进农业产业机构调整和优化。

有助于扩大农业产业空间。农业数字化可以帮助农民突破由于地域限制而导致的销售渠道较少的问题，例如农产品电子商务交易和农产品物流配送等扩大了农产品的销售空间和活动范围，切实拓宽了农产品的销售渠道。通过收集农产品生产、销售、物流运输的相关信息，搭建市场信息管理系统、管理平台，为产品、服务、技术提供方与需求方提供良好的沟通平台，为农民群体与消费者群体建立沟通的桥梁，减少农产品流通的环节，增加农民的收入。

11.5.1.4 成功案例

（1）江苏省吴江区："三个一"构建数字乡村"吴江模式"

作为江苏省首批数字乡村试点地区，吴江区率先制定了《苏州市吴江区智慧农业农村试点建设实施方案》《苏州市吴江区数字乡村建设实施方案》，积极探索数字乡村"吴江模式"。

打造农业农村数字化"一张图"。吴江统筹建成以"1+2+N"为整体架构的数字农业农村管理平台,集数据采集、监测预警、决策分析、展示共享于一体,53万条数据和55个业务图库归集成库,为农业农村发展提供有力数据支撑。

织密农业发展数字化"一条链"。吴江充分发挥现代农业园区、"三高一美"示范基地等孵化器作用,推出一批新场景,催生一批新业态。目前,已在稻麦、渔业、畜牧和园艺等优势产业建立了覆盖生产、加工、流通、销售全产业链的智慧农业产业体系。

布局乡村治理数字化"一盘棋"。吴江以数字化促进乡村治理,构建形成了以一星为基础、二星为骨干、三星为引领的递进式数字乡村架构体系。目前,全区已建数字乡村30个,传统村务管理正向数字化转型。

目前,吴江已建成省级数字农业农村示范基地9家;获评苏州市智慧农业示范生产场景5个,苏州市"智慧农村"示范村9个;并两次获评全国县域数字农业农村发展水平评价先进县。全国智慧农业改革发展大会在吴江召开,充分肯定吴江特色的数字乡村发展模式。

(2)北京市密云区:建设智慧农业平台,绘出农业农村时空一张图

一干多枝平台用途广。以智慧农业平台为主干,以天空地一体化系统、农业生产数字化系统、"三链合一"农产品质量溯源与追溯系统和产业园人财物综合管理调度服务系统为枝干,以果园精准监测专用无人机系统、农产品产地环境监测系统、产业园前端感知监控系统、果园病虫测报系统、设施农业生产智能调控系统、设施监测作业系统、基地资源管理系统、农产品供应链质量安全信用评价系统、农产品溯源系统、园区农业投入品管理系统、农业合作社数据管理系统、低收入农户数据管理系统、农产品销售系统、社区团购直销子系统、密云农业品牌化推广系统等30个专业子系统为枝条的数字农业系统,覆盖地方特色农业全产业链数字化生产、经营、管理和服务需求。

数字化管理实现节本增效。数字农业平台多个系统都可对种植进行智能化精准管护,实现水土气、作物长势、虫情、干旱、洪涝、作物产量等农情感知以及排产定植、精准灌溉、绿色植保、环境调控、收获调度等决策管控,建立农产品全产业链质量溯源与追溯系统,优化产业园人财物综合管理调度,打造一体化智慧农场,全面提高农业全产业链智能化、科学化管理水平,为京津冀地区乃至全国智慧农业发展提供建设样板。

"智能大脑"数据再集成。智能大脑基于大数据、人工智能、云计算等技术,结合农业知识,形成数据驱动的农业智能化管控技术体系。主要环节包括农业生产设施智能管控、加工流程最优调控、农产品供应链路线调度、智能农机作业控制等,在降低重复建设投资、促进节能环保的基础上,可提高基础设施资源的利用率,实现全区智慧农业信息化基础设施资源的统一规划、统一建设、按需调配、即需即用、有效共享。例如,"农技培训服务系统+惠农"手机软件除在生产方面为农民提供相关知识信息,开辟技术交流窗口外,还面向管理人员与机构展示大数据可视化服务,涵盖问答、日志、农情、技术人员轨迹等类型的大数据,为决策和资源调度提供信息辅助。

11.5.2 现状与问题

（1）发展现状

乡村信息基础设施条件明显改善。电信基础设施全面升级,全国行政村通光纤率和4G覆盖率均超过98%；人工智能、5G、大数据等新一代互联网技术创新应用,乡村广播电视网络基本实现全覆盖；乡村智慧物流设施更加完善,对农村地区电商服务支撑能力显著加强；乡村电网、水利、公路等基础设施数字化升级改造不断加快。物联网监测设施加速推广,应用于农机深松整地作业面积累计超过1.5亿亩。

信息技术与农业发展深度融合。目前在大规模种养殖业、园艺、商超及物流等领域已开始使用物联网、人工智能和大数据技术,新型装备农业开始涌现,像植保无人机、智能大棚设施、动物饲喂自动化设备、远程植保病理诊断系统等都已经有了较大范围的应用,并且产品迭代更新速度很快。各种信息技术在农业生产中得到不同程度应用,在大田种植上,遥感监测、病虫害远程诊断、水稻智能催芽、农机精准作业等开始大面积应用；在设施农业上,温室环境自动监测与控制、水肥药智能管理等加快推广应用；在畜禽养殖上,精准饲喂、健康监测等在规模养殖场实现广泛应用；在水产养殖上,水体监控、饵料自动投喂等快速集成应用。

农业经营信息化快速发展。农业农村电子商务在东中西部竞相迸发,农产品电子商务蓬勃发展,目前全国农产品网络零售额6 000多亿元,同比增长30%以上。基于农产品电商、农业遥感的大数据服务产品不断丰富,数字产业化创新发展。定制农业、创意农业、认养农业、云农场等新业态新模式方兴未艾,乡村分享经济逐步兴起,"互联网+"农业社会化服务加快推进。农业生产资料、休闲农业及民宿旅游电子商务平台和模式不断涌现。农产品网上期货交易稳步发展。农产品批发市场电子交易、数据交换、电子监控等逐步推广。

农业管理信息化深入推进。"金农"工程建设任务圆满完成并通过验收,县级农业数据中心,视频会议系统基本覆盖所有县级单位。农业管理信息系统已覆盖农业行业统计监测、监管评估、信息管理、预警防控、行政办公等重要业务,市场监测预警体系逐步完善,农产品质量安全追溯、农兽药基础数据、重点农产品市场信息、新型农业经营主体信息直报等平台建成使用,单品种大数据建设全面启动,种业大数据、农技服务大数据建设初见成效,市场监测预警的及时性、准确性明显提高。基于互联网、大数据等信息技术的社会化服务组织应运而生,服务领域和范围不断拓展。

（2）存在的问题

农业信息化基础设施依然薄弱，难以满足发展需求。 我国信息化基础设施建设在宽带服务性能、空间设施能力、关键核心技术能力等方面与国际先进水平尚有较大差距。同时，国内城乡信息鸿沟仍需弥合，城乡互联网普及率差异仍达20%以上。与其他行业相比，农业数字化基础设施更为薄弱。5G、天基农业物联网等新基建应用仍处于起步阶段，天空地一体化数据采集设施建设不足，区域性和专业性农业大数据平台较为缺乏。

信息技术适用性不强，关键技术受制于人。 由于缺乏基础性和原创性研究，我国农业数字化技术整体上与发达国家还有一定差距。其中，国内高端农业环境传感和生命信息感知设备、动植物知识模型与核心算法、智能控制与精准作业装备被美国、日本、德国、以色列、荷兰等垄断。智慧农业技术产品适用性普遍不强，现有数字化设备不稳定、容易出现运行故障，应用系统功能不全面、针对性不强，数字技术产品的增收效果不显著，适用性和作用效果有待提升。

数据资源共享不足，农业信息服务水平低。 数据资源整合共享难度大成为农业信息化建设中的重要瓶颈。国内现有法律法规尚未明确相关涉农数据公开与共享的原则和规范，全国统一的涉农数据标准体系建设较为滞后。同时，涉农信息资源的深度挖掘和可持续维护不足、数据资源共享不足、平台支撑不够制约着农业信息服务的供给水平。此外，现有平台获取的信息资源主要集中于气象信息、农业新闻和农业政策等公共信息，而对于贷款信息、市场信息和农产品营销服务等获取较为困难。

专业技术人才缺乏，数字化技能培训不够。 我国农业数字化人才培养体系尚不健全，交叉学科型人才培养基地和学术平台难以建立，农业数字化技术装备应用人才、管理人才等缺乏。此外，针对农户、新型农业经营主体的数字化技能培训不足，经营主体缺乏专业化的技能指导。

11.5.3 推进思路与目标

（1）推进思路

推进思路主要从以下方面进行思考。

第一，以先进的科学技术为前提。 农业数字化的实际操作要有先进的科学技术和信息技术作为前提。因此先进的科学和信息技术数字化发展的动力来源，只有不断发展科学数字技术才能够持续为农业生产提供更多的生机活力。先进的科学和信息技术作为丰富和强化数字化进程的措施与工具，努力实现农业数字化的转变和开创性的发展。

第二，以智能的设施设备为基础。 农业数字化的落实和具体操作始终需要智能化的设施设备作为主要载体。水利工程灌溉、天气灾害预警、农村信息平台等设施设备在逐步实现智能化以后，有效强化了对农业信息资源的利用，提高了农业和农村的生产力。

第三，以网络化的生产管理为抓手。农业数字化不同于以往老旧农业模式，表现为生产管理模式的改变，特别是在生产、管理、销售等环节的网络信息化。通过计算机网络大平台，生产者就能够实现对生产环节和实时情况进行观察和监控，并通过信息网络来管理与销售自家的农业产品，真正提高了农民收入。

第四，以高水平的农业人才为核心。农业数字化建设需要各类农业人才的共同努力，因此农业数字化的人才既是基础中的基础，也是关键中的关键。但正是高水平、高素质、高文化的农业人才是这个高速发展的时代所欠缺的，特别是那些专攻农技知识和具有实际操作经验的人才，才是农业数字化管理与经营的核心，因此强化农业人才队伍建设将是全面普及农业数字化的重点。

> 示例：以习近平新时代中国特色社会主义思想为指导，全面贯彻党的二十大精神，按照实施数字中国战略、乡村振兴战略、数字乡村战略的总体部署，以产业数字化、数字产业化为发展主线，以信息化技术与农业农村经济深度融合为主攻方向，以数据为关键生产要素，着力建设基础数据资源体系，加强数字化生产能力建设，加快农业农村生产经营、管理服务信息化改造，强化关键技术装备创新和重大工程设施建设，推动政府信息系统和公共数据互联开放共享，全面提升农业农村生产智能化、经营网络化、管理高效化、服务便捷化水平，用数字化引领驱动农业农村现代化。

（2）基本原则

统筹谋划，有序推进。面向现代农业主战场，把握数字经济和信息技术发展新趋势，强化顶层设计，因地制宜，重点突破，分步推进，探索中国特色的数字农业农村发展模式。

数据驱动，普惠共享。以资源整合、数据共享为途径，推进数据融合、挖掘与应用，搭建共享平台，实现农业农村数据互联互通、资源共建共享、业务协作协同，催生数字农业新产业新模式新业态，让农民群众有更多获得感和幸福感。

创新引领，应用导向。面向农业发展重大需求，聚焦数字农业关键核心技术，大力推进自主创新、协同攻关，加强试点示范与集成应用，提升农业生产经营智能化水平。

多方参与，合力共建。完善政府引导、市场主导、社会参与的协同推进机制，发挥互联网企业和农业数字化企业的核心带动作用，鼓励农民和新型农业经营主体广泛参与，形成多元主体参与共建格局。

（3）推进目标

乡村数字化基础设施基本完善。农村互联网普及率和网络质量明显提高，乡村4G深化普及、5G创新应用，农业农村数据采集体系建立健全，天空地一体化观测网络、农业农村基础数据资源体系、农业农村云平台基本建成。

农业生产经营数字化转型取得明显进展。数字技术与农业产业体系、生产体系、经营体系加快融合，农产品网络零售额占销售总额的比重仍将较快提升，县乡村电子商务体系和快递物流配送体系将加快贯通，农村电商、视频电商、直播电商以及区块链技术支撑的农村电商将推动新产业、新业态、新模式不断创新发展，培育形成一批叫得响、质量优、特色显的农村电商产品品牌，引领农村数字经济发展、促进农业产业高质量发展的作用将进一步放大。

农业管理服务数字化水平明显提升。随着农业领域的信息管理服务平台建成运行，数据资源整合共享、有序开放、流通交易的体制机制将得到强化完善，算法模型、人工智能技术将得到逐步应用，用数据说话、用数据决策、用数据管理、用数据服务的管理机制和方式将基本形成。

具体目标可以采用一系列量化指标来说明，如表11-5所示。

表11-5 农业数字化具体目标推荐一览表

序号	指标名称	单位	基期值	目标值	备注
1	农业生产信息化率	%	—	—	
2	农产品网络销售零售额	万元	—	—	
3	数字乡村建设试点	个	—	—	
4	农业信息化示范基地	%	—	—	
5	数字农业创新中心/分中心	个	—	—	
6	农村电子商务交易额	万元	—	—	
7	农业互联网平台应用普及率	%	—	—	
8	从事农业数字化专业人员	人	—	—	
9	农村快递业务覆盖率	%	—	—	
	……				

11.5.4 推进路径

推动物联网、大数据、人工智能等信息技术与农业深度融合，全面提升农业生产智能化、经营网络化、管理高效化、服务便捷化水平。农业数字化推进路径如图11-6所示。

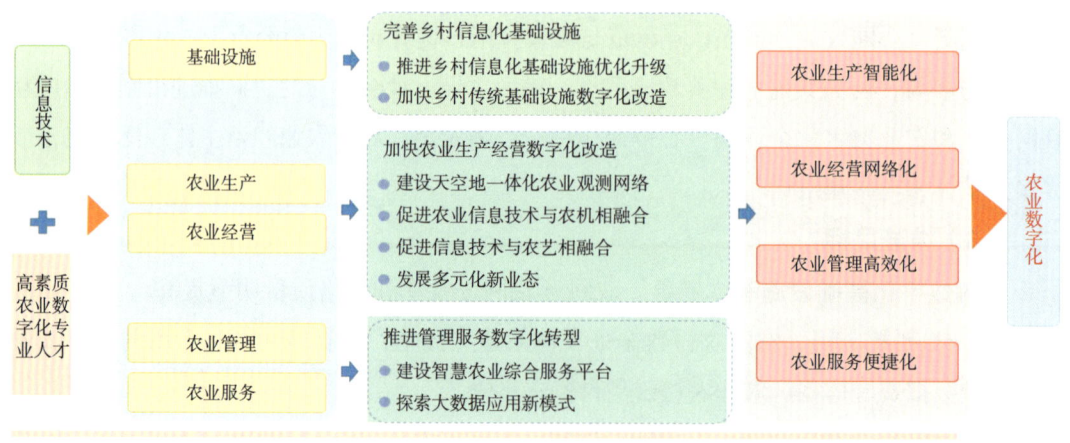

图11-6 农业数字化推进路径图

11.5.5 推进重点

(1) 推进乡村信息基础设施建设

在我国经济条件较差的地区或脱贫地区,一些硬件设施是短板,尤其网络设施基础更差,方案编制时,应重点围绕网络基础设施建设和信息服务终端设施两方面,推动农业智能化转型。具体为:一是加强网络基础设施建设。依托国家数字乡村试点建设项目,持续推进"光网乡村"建设,在巩固4G网络服务功能基础上,推进高速宽带网络往村覆盖、往户延伸,促进农业水利、物流、加工等设施智能化转型,实现经营主体信号全覆盖;有条件的示范区推进5G网络建设、千兆光纤接入,加快网络设施升级换代;引导电信企业加大网络提速降费力度,制定普惠面广的服务套餐,建成满足生产生活需要的网络基础设施。二是完善信息服务终端设施。有序整合农村信息服务站点,优化终端场所布局,完善软件配套;鼓励经营主体开发信息终端、移动端应用软件(App)等,方便获取农业生产、农技和销售相关信息,不断提高信息终端服务供给水平。

(2) 推进数据资源汇聚共享

针对当前农业数据标准不统一、数据上下贯通难、共享不充分等问题,各地应按照全国统一的数据资源目录、分类编码和标准接口,大力拓展采集渠道,实现数据资源汇聚共享。具体为:一是加强农业数据资源建设。重点加强耕地、自然资源、种质资源、经营主体、农资投入品、劳动力和农产品等相关数据采集,建立标准化数据库,构建"空天地"一体化数据资源采集系统。二是推动公共数据整合共享。依托各级农业大数据平台,建立县级农业大数据应用系统,打通农业生产、分配、流通、消费各环节,形成示范区农业大数据"一张图"。

(3) 推进全产业链数字化升级

加快推进物联网、大数据、人工智能、区块链、5G等现代信息技术在农业生产领域的广泛应用,促进农业生产、加工、运输、仓储、交易等全产业链数字化升级,为数字农业提供支撑。具体为:一是推进农业生产数字化升级。主要包括:在大田种植中,实施农田信息化管理,配套遥感应用、物联网测控、田间监测等设施设备,对生长环境、生物本体和"四情"进行实时监测,精准指导生产决策;在设施园艺中,推进智能化育苗、自动作业、环境调控、智能植保和采后处理等技术应用;在畜禽养殖中,强化畜舍环境监控、精准饲喂、疫病防控和粪污处理等环节智能化改造;在水产养殖中,建议配置水质监测、智能增氧、精准投喂和病害监测等数字化设施装备。以此推动一批智慧农(牧、渔)场建设,实现全产业链转型升级。二是促进信息技术与农机融合发展。加强农机装备升级改造,按需加装北斗导航、远程遥控、无人驾驶、精准作业等设备,打造一批农机信息技术融合应用基地，破解劳动强度大，成本高的问题；重点围绕"一大一小"两方面，如在东北、黄淮海等平原地区推广大马力复合智能农机，全方位推进大农机跨区作业；在南方丘陵山区与设施农业领域，发展轻便耐用低耗中小型农机和智能机械，不断提高农机作业效率。三是促进农产品加工智能转型。有需求的示范区，可建设农产品智能加工车间，配置智能流水线、专用机器人等自动化设备，开展智能分拣、自动清洁、自动包装等作业，系统收集加工工时、品类、加工量、损耗等关键数据，推动农产品加工企业"上云"。四是促进农产品流通数字转型。深入推进"互联网+"农产品出村进城工程，有需求的示范区，加强产地批发市场数字化改造，推进农产品仓储、分装、运输、交易、配送、出库等各环节数字化管理，不断提升物流运营效率。

（4）拓展数字支撑应用场景

《农业现代化示范区数字化建设指南》提出了探索建立耕地种植用途管控"一张图"、农业社会化服务"一张网"、农业科技信息服务"一朵云"和农产品质量安全追溯"一个码"等多个应用场景，方案编制时可结合示范区实际，选择适宜的应用场景进行探索。一是探索建立耕地种植用途管控"一张图"。利用承包地确权等基础数据，关联农户农业补贴、项目扶持等信息，借助现代信息技术，形成种植户申报、大数据监测、网格员在线核实的天空地网人一体化管控，推进用途管控"一张图"存档入库，实现到田入户监管精准落地。二是探索建立农业社会化服务"一张网"。重点开展良种供应、农资采购、产品加工、市场销售等社会化服务，汇集农机装备、作业需求、服务组织和经营主体等数据，实现社会化服务"一张网"应用场景，促进供需有效对接。三是探索建立农业科技信息服务"一朵云"。依托各级农业信息服务平台、农业科教云平台和"云课堂"等，组织新型经营主体开展远程学习和在线农技问答，实现科技信息服务"一朵云"应用场景，为经营主体提供科技支撑。四是探索建立农产品质量安全追溯"一个码"。依托各级农产品质量安全追溯平台，建立经营主体名录，应用区块链、大数据等信息技术，汇集农业投入品、生产过程、产品销售等信息，开展分等分级管理，实现农产品质量安全追溯"一个码"应用场景，不断提升质量安全智慧监管水平。

（5）培养高素质农业数字化专业人才

有序推进农业数字化建设水平的提升，需要以掌握信息技术和农业生产经营知识技能的复合型专业人才作支撑。农业数字化专业人才要对相关政策有更高的认知，在实际工作中带领农民朝正确的方向发展。各地区应通过优厚待遇和激励机制引进农业数字化专业人才，重视农业数字化专业人才的培养；积极鼓励相关专业的高校大学生从事农业生产经营工作，为行业储备人才，以更好地提升农民的总体素质；建立培训体系，保障农民能够学习到更多的农业数字化知识。加强人才支撑瞄准数字乡村发展需求，引导高校合理设置农业智能装备工程、智慧农业等相关专业。鼓励涉农高校用生物技术、信息技术、工程技术等改造提升传统农科专业。持续派强用好驻村第一书记和工作队，充分发挥其在网络、信息、技术等方面的知识储备优势和派出单位的资源优势。鼓励和引导大中专毕业生、退伍军人、返乡就业人员等参与数字乡村建设。推动各地依托区域内高校、农业龙头企业等资源，培养实用型农村信息技术人才。积极开展农村创业、科技服务、生产经营、电商服务、劳务品牌等领域人才培训活动。

11.6　研究结论

本研究通过分析农业"五化"的基本特征、发展现状和存在问题，提出了每一化推进的总体思路、实现路径和建设重点，并推介了一些典型案例供借鉴参考。由此可见，通过该项专题研究，对于加快落实示范区发展定位、实现创建目标和探索发展模式等方面，无疑具有重要的指导意义。其研究成果不仅适用农业示范区，同样适用于乡村振兴示范县创建相关方面内容的编制。

第12章 重点工程项目谋划专项研究

重点工程项目是推动农业现代化示范区建设的重要抓手，是实现规划目标任务、方案实施的重要表现方式，建设内容明确、投资规模合理、融资方式多元、实施主体意愿强是重要保障。因此，科学筛选重点工程项目，构建示范区项目库，探究项目投资估算方法，拓展多元投资渠道是十分必要。近年来，多部委先后颁布了《关于探索建立涉农资金统筹整合长效机制的意见》《关于扩大农业农村有效投资加快补上"三农"领域突出短板的意见》《关于做好"三农"领域补短板项目库建设工作的通知》《关于扩大农业农村有效投资的通知》，以及每年印发的《全国乡村重点产业指导目录》《社会资本投资农业农村指引》等方面的投资政策指引。结合农业农村部"十四五"时期编制完成的农业农村现代化总体规划、系列专项规划与重大工程建设规划等，其中谋划的一大批重点工程项目与行动计划，是构建示范区项目库的基础参考。

12.1 重点项目筛选原则与思路

12.1.1 筛选原则

聚焦重点，补齐短板。结合不同类型、不同经济条件示范区实现农业现代化的路径与任务，聚焦推进农业现代化的关键领域和薄弱环节，系统谋划一批重点工程项目，优先选择基础性、公共性、长期性重大项目建设，加快补齐农业现代化短板。

聚集资源，持续推进。统筹考虑优势特色产业集群、现代农业产业园、农业产业强镇等已开展的重大工程项目，根据主导产业生产、研发、加工、物流、服务等环节的建设需求、投资可能，进行整体谋划、科学选择，并明确项目的"时间表"和"路线图"，确保项目逐项落实，压茬推进。

聚合力量，市场主导。充分发挥市场在资源配置中的决定性作用，进一步整合涉农财政资金，积极拓展多元投入渠道，引导社会资本投入，选择一批市场主体积极参与、利益联结机制紧密、持续带动农民就业增收的项目，集中力量投资示范区建设，有效激发农业投资活力。

聚合政策，引领示范。强化部门协同，加强政策衔接，选择一批地方政府积极性高、支持保障有力、示范带动作用强的项目，确保建设项目符合政策要求，并逐项落实到各乡镇和建设主体，项目建设、运行和管护机制完善，能够长期发挥投资效益。

12.1.2 项目库构建思路

以推动示范区高质量发展为主题，以健全现代农业产业体系、生产体系、经营体系为重点，以科技创新为动力，以农业"五化"推进为主线，有效对接各级重点涉农规划和产业政策，推进粮食等重要农产品生产，适宜发展优势特色产业，统筹安排农业设施化工程、农业园区化工程、农业融合化工程、农业绿色化工程和农业数字化工程和其他示范等多项工程，并谋划一揽子重点项目，为推进示范区建设提供支撑。

12.2 对接相关规划与政策

12.2.1 对接国家涉农重大规划

"十四五"期间，农业农村部围绕推进农业农村现代化一体设计、一并推进，编制了《"十四五"推进农业农村现代化规划》等总体规划，以种植业、畜牧业和渔业等行业发展为指导的专项规划，以高标准农田建设、现代设施农业建设和现代种业提升等领域为重点的建设规划等。

总体规划。如《"十四五"推进农业农村现代化规划》部署了粮食等重要农产品安全保障等9大工程（表12-1），《乡村振兴战略规划》部署了农业综合生产能力提升等9大工程、3项计划、3个行动，涵盖了农业农村现代化建设的全部重大工程项目，是示范区项目库构建的重要依据，见表12-2。需要注意的是，示范区建设主要聚焦农业基础设施、园区集聚发展、全产业链打造、绿色转型和数字示范引领等重点任务，因此项目库构建应重点对接相关方面的重点工程项目。

表12-1 《"十四五"推进农业农村现代化规划》涉农工程项目

对应专栏	重点工程	重点项目
专栏2	粮食等重要农产品安全保障工程	高标准农田建设、黑土地保护、国家粮食安全产业带建设、优质粮食工程、棉油糖胶生产能力建设、绿色高质高效行动、动物防疫和农作物病虫害防治、生猪标准化养殖、草食畜牧业提升、奶业振兴工程、水产养殖转型升级、渔船更新改造和渔港建设等项目
专栏3	农业质量效益和竞争力提升工程	农业科技创新能力建设、基层农技推广体系建设、现代种业、农业机械化、新型经营主体培育提升行动、农业生产"三品一标"提升行动等项目
专栏4	乡村产业链供应链提升工程	农业现代化示范区建设、农村产业融合发展、农产品加工业提升、农产品冷链物流设施、休闲农业和乡村旅游精品工程等项目

表12-2 《乡村振兴战略规划》涉农工程项目

对应专栏	重大工程	重点项目
专栏2	农业综合生产能力提升重大工程	"两区"建设管护、高标准农田建设、主要农作物生产全程机械化推进、数字农业农村和智慧农业建设和粮食安全保障调控等项目
专栏3	质量兴农重大工程	特色农产品优势区创建、动植物保护能力提升、农业品牌提升、特色农产品出口提升行动、产业兴村强县行动和优质粮食工程等项目
专栏4	现代农业经营体系培育工程	新型经营主体培育工程、农垦国有经济培育壮大、供销合作社培育壮大和新型农村集体经济振兴计划等项目
专栏5	农业科技创新支撑重大工程	农业科技创新水平提升、现代种业自主创新能力提升和现代农业科技园区建设等项目

（续表）

对应专栏	重大工程	重点项目
专栏6	构建乡村产业体系重大工程	电子商务进农村综合示范、休闲农业与乡村旅游精品工程、国家农村一二三产业融合发展示范园创建、农业循环经济试点示范、农产品加工业提升行动和返乡下乡创业行动等项目
专栏7	农业绿色发展行动	国家农业节水行动、农业环境突出问题治理、农业废弃物资源化利用和农业绿色生产行动等项目

专项规划。各专项规划主要针对行业发展的目标任务，提出了相应的工程项目、区域布局和建设规模等。以种植业、畜牧业和渔业三个行业发展规划为例，整理分析相应的工程项目见表12-3、表12-4、表12-5。

表12-3 《"十四五"全国种植业发展规划》工程项目

对应专栏	重大工程	重点项目	区域布局和目标任务
专栏6	粮食综合生产能力提升工程	粮食绿色高产行动	聚焦三大谷物，在主产区创建500个整建制推进县，每县实施面积不少于20万亩
		粮食优质化标准化行动	建设一批"三品一标"优质口粮基地，实行统一加工、包装、销售、品牌
专栏7	国家大豆和油料产能提升工程	玉米大豆带状复合种植技术示范行动	重点在黄淮海、西南、西北等地，新增面积5 000万亩，探索保险合理投保模式，实行项目化管理。适度发展幼龄果树套种模式
		南方冬闲田油菜扩种行动	开发利用冬闲田和滩涂地扩种2 000万亩。其中长江上游地区600万亩、中游地区及广东广西800万亩、下游地区400万亩、沿江沿湖沿海200万亩
		北方花生扩种行动	新疆推广花生与棉花轮作，扩大150万亩，山西、内蒙古、辽宁等利用砂土地、河滩地种植350万亩
专栏8	绿色高质量发展推动工程	实施化肥农药绿色增效行动	聚焦长江经济带、黄河流域，推广缓释肥、水溶肥、生物农药，推行定额施肥，推广绿色防控模式、绿色种植制度
		推进绿色种养循环农业试点	聚焦畜牧大省、粮食与蔬菜主产区和生态保护重点区等，推进粪肥就地就近还田、有机肥精量施用，推广种养结合发展方式
		开展病虫害的防治示范	在粮食生产区和重要农产品优势区，建设500个病虫害绿色防控整建制推进县和200个统防统治百强县
		推进农药包装废弃物回收处置	建立农药包装废弃物回收体系，回收率达到80%
		健全耕地轮作休耕制度	确定年度实施面积、轮作改种作物和休耕品种，建立收益补偿机制
专栏9	防灾减灾能力增强工程	实施植物保护能力提升工程	建设重大病虫疫情监测防控基础设施
		构建病虫害专业化防治服务体系	培育服务组织，配备高效植保机械，完善设施设备
		建设气象灾害监测预警信息系统	建立精细化监测感知系统
专栏10	全产业链发展提高工程	建设农情调度信息体系	建立集数据采集、分析处理、会商研判、决策发布等功能于一体的国家农情调度信息平台
		加快淘汰高毒农药	支持高毒农药替代产品研发，发展高效低毒低风险绿色农药

表12-4 《"十四五"全国畜牧兽医行业发展规划》重点工程项目

对应专栏	重点工程项目	重点布局和目标
专栏2	生猪稳产保供行动	落实抓大省、大县、大场等"三抓两保"制度，保能繁母猪存栏量底线、保规模猪场数量底线
专栏3	畜禽养殖标准化示范创建	计划共创建500个左右国家级标准化示范场
专栏4	推进肉牛肉羊生产发展五年行动	建设一批国家级和省级保种场、保护区；实施牧区畜牧良种补贴项目；落实草原生态保护补助奖励政策；推进粮改饲项目实施；建设一批动物疫病净化场、无规定动物疫病区和生物安全隔离区

(续表)

对应专栏	重点工程项目	重点布局和目标
专栏5	推进奶业振兴行动	实施奶业振兴整县推进行动，建设优质饲草料基地、改造升级适度规模养殖场，发展乳制品加工、休闲观光牧场
专栏6	实施全国重大动物疫病分区防控	优化产业布局，推动养殖、运输和屠宰行业提档升级
专栏7	实施动物疫病监测与流行病调查五年计划	开展疫病监测和流行病学调查，落实动物防疫补助经费，支持开展动物疫病监测和净化
专栏8	动植物保护能力提升工程	建设陆生动物疫病病原学监测区域中心、边境动物疫情监测站、牧区动物防疫专用设施和病死畜禽无害化收集处理场等
专栏9	推进粮改饲项目	每年完成粮改饲1 500万亩以上，补助收储优质饲草4 500万吨
专栏10	畜禽粪污资源化利用整县推进工程	支持250个县，重点实施提升粪污处理设施、建设粪肥还田利用示范基地和建设完善储运利用设施装备等项目

表12-5 《"十四五"全国渔业发展规划》重点工程项目

对应专栏	重点工程	重大项目	重点布局和目标
专栏2	水产品稳产保供能力提升重大工程	水产种业提升工程	国家海洋渔业、淡水渔业、南海渔业种质资源库，50个水产种质资源场，建设品种性能测试站、育繁推一体化项目、繁种基地等
		养殖池塘标准化改造和尾水治理工程	开展池塘标准化改造和养殖尾水达标治理，创建国家级水产健康养殖和生态养殖示范区100个以上
		设施化养殖工程	鼓励开展岸基、近海、深远海设施化养殖，建设一批重力式深水抗风浪、桁架式网箱和养殖工船等先进设施装备
		减船转产及渔船更新改造工程	渔船建设和更新改造、配备防污染、北斗和天通卫星通导等装备
		远洋渔业综合保障工程	完成渔船及船用设备更新改造、远洋渔业国内及海外综合基地建设、资源调查等
专栏3	渔业产业现代化能力提升重大工程	水产品初加工和冷藏保鲜能力提升工程	重点支持主产省份、重点品种产地初加工、暂养净化、冷藏冷冻、原料处理、分级分隔、灭菌包装和生态环保设施建设等
		渔港和渔港经济区建设工程	形成以中心渔港、一级渔港为核心的渔港经济区
专栏4	渔业治理能力提升重大工程	渔政执法装备建设工程	建设渔政执法远程监控指挥调度系统、渔政执法船艇与装备、信息化装备，在长江流域新建中小型渔政基地
专栏5	水生生物资源养护能力提升重大工程	长江生物多样性保护工程	完成栖息地的保护及修复、渔政执法能力建设、构建水生生物资源及栖息地监测网络
		渔业资源保护工程	实施近海和内陆重点水域渔业资源及生态环境调查监测，建设国家级海洋牧场示范区200个以上
专栏6	渔业风险防控能力提升重大工程	水生动物防疫工程	建设一批省级、区域性水生动物疫病防控监测中心与实验室，建设水生疫病实验室与试验基地5个以上
		渔业安全生产保障工程	开展平安渔业示范创建

通过对以上各类规划工程项目的系统梳理，了解建设项目的目的与要求，是谋划示范区工程项目来源的重要依据。

建设规划。按照农业农村部中央预算内投资项目管理相关要求，重大的工程建设需要编制工程建设规划，这是中央预算内投资农业建设项目储备的重要依据；不具备条件编制规划的，应按储备要求编制3~5年的实施方案或行动计划，作为项目投资安排的依据。比如，2022年农业农村部办公厅印发的《关于扩大农业农村有效投资的通知》，文件提到的高标准农田建设、现代种业提升、畜禽粪污资源化利用和数字农业建设等多项重点工程项目，均对应的有各项建设规划，这类建设规划一般都会要求地方进行项目储备，比如农业农村部印发的《关于做好"三农"领域补短板项目库建设工作的通知》《关于做好2022—2025年中央预算内投资农业建设项目储备工作的通知》《关于做好2024—2025年中央预算内投资农业建设项目储备工作的通知》等，均储备了一批中央投资的重大工程项目，是构建项目库部分项目的重要来源，可根据需要直接纳入年度项目表中。

近年来，国家三部门作出的中央预算内农业建设项目投资计划，重点明确了各批次高标准农田建设、东北黑土地保护工程、现代种业提升工程、动植物保护工程、畜禽粪污资源化利用工程、仓储保鲜冷链物流建设工程和科技创新能力提升工程等方面的建设重点和投资安排。结合上述建设规划或实施方案，通过汇总分析后列入表12-6中。

表12-6 "十四五"中央预算内涉农工程项目一览表

序号	项目依据	建设目标	布局和规模	重点建设内容
1	全国高标准农田建设规划	到2025年建成高标准农田10.75亿亩，稳定保障1.1万亿斤以上	到2025年新建高标准农田2.75亿亩、改造提升1.05亿亩，新增高效节水灌溉面积0.6亿亩	围绕高标准农田建设的田、土、水、路、林、电、技、管八个方面建设
2	国家黑土地保护工程实施方案	新增黑土耕地保护面积1亿亩，实施保护性耕作面积达1.4亿亩，占适宜区域耕地总面积70%左右	在内蒙古、辽宁、吉林、黑龙江建设高标准农田5 000万亩、治理侵蚀沟7 000条，实施保护性耕作5亿亩次、有机肥深翻还田1亿亩	针对黑土耕地出现的"薄、瘦、硬"问题，着重实施土壤侵蚀治理、农田基础设施建设、肥沃耕作层培育等措施
3	"十四五"现代种业提升工程建设规划	全面提升种业现代化水平	聚焦资源保护、育种创新、测试评价和良种繁育四大环节，布局建设一批国际一流的标志性工程	主要建设国家种质资源长期库、畜禽水产资源保护场、分子育种平台、测试中心、性能测定站、南繁基地和良种繁育基地等
4	全国动植物保护能力提升工程建设规划	农作物病虫害预报准确率达95%以上、统防统治覆盖率达到50%	围绕主要农产品主产区、疫病虫害多发区和重发区、进出境重要业务区，实现全国统一规划，合理布局监测、查验、防控等基础设施	建设监测区域中心、动物实验室、病死畜禽无害化处理场、清洗消毒中心等动物保护工程；以及绿色防控产品生产、繁育基地、农药风险监测中心等植物保护工程
5	全国畜禽粪污资源化利用整县推进项目工作方案	项目县畜禽粪污综合利用率到90%以上，规模养殖场粪污处理设施装备配套率达到100%	重点选择200个以上畜牧大县开展畜禽粪污处理和资源化利用设施建设	重点支持畜禽粪污收集、贮存、处理、利用等环节的基础设施建设
6	"十四五"重点流域农业面源污染综合治理建设规划	建成一批重点流域和区域农业面源污染综合防治示范区	在长江经济带南水北调水源及沿线、三峡库区、黄河流域水环境敏感区域，整县推进农业面源污染治理	重点支持农田面源污染、畜禽养殖污染、水产养殖污染防治等设施建设
7	长江生物多样性保护实施方案	长江流域"一江两湖七河"从2021年1月1日实行暂定为10年的常年禁捕	安徽、江西、湖北、湖南、重庆、四川、贵州、云南等的227个禁捕退捕重点县	重点配置渔政泵船、渔业船、执法快艇、无人机、视频监控和雷达监控等
8	国家级海洋牧场示范区建设规划	到2025年，在全国创建178个	人工鱼礁超过5 000万空立方米，海藻场、海草床面积达330平方千米，形成近海"一带三区"的海洋牧场新格局	重点支持人工鱼礁设计、建造和投放，配套船艇、管护平台、监测系统等设施设备
9	"十四五"奶业竞争力提升行动方案	到2025年，全国奶类产量达4 100万吨，百头以上规模养殖比重达到75%	支持100个奶业大县示范高质量发展，每年建设1 500个奶牛养殖场、100个乳制品加工厂	重点支持奶牛养殖、饲草料供应、废弃物资源化利用、乳制品生产加工、信息化智能化等设施设备

(续表)

序号	项目依据	建设目标	布局和规模	重点建设内容
10	"十四五"全国农产品仓储保鲜冷链物流建设规划	建设一批骨干、区域性、乡镇田头、村级仓储保鲜冷链物流设施	100个骨干冷链物流基地；140个蔬菜、189个水果、126个肉类、122个水产品等区域性产地仓储冷链物流设施；选建2 000个乡镇田头、10万个村级仓储保鲜设施	重点支持建设冷藏保鲜库、中央厨房、净菜加工等设施，配置冷藏运输车，自动化分拣、清洗、加工包装设备，信息化智能化设施等
11	全国沿海渔港建设规划	安全避风容量达21.43万艘，形成10大沿海渔港群、93个渔港经济区	辽东半岛、渤海湾、山东半岛、江苏、上海—浙江、东南沿海、广东、北部湾、海南岛、南海等10大沿海渔港群，丹东等93个渔港经济区	重点支持建设中心渔港、一级渔港码头、护岸、道路、卸鱼棚等基础设施
12	农业科技创新能力条件提升建设工程	建设一批重点实验室，增加81个观测实验站，1个综合性、2个专业性农业科学试验基地	在智慧农业、人工智能、农村整治、农业废弃物处理、现代农业装备等领域依托省级涉农科研机构或高等院校建设	重点支持购置一批与科研任务、功能矩阵紧密相关的仪器设备
……	……	……	……	……

12.2.2 对接国家产业发展政策

规划与政策往往是相互联系、配套推进的，在系统梳理重点规划的同时，也应了解近几年出台的产业发展相关政策。这些政策文件与相关规划有相似之处，比如中央一号文件、农业农村部一号文件等都是从总体上提到了本年度要完成的重点任务和工程项目；也有很多针对性较强的政策文件，见表12-7，围绕示范区创建的五大任务，列出了现代农业基础设施建设、农业园区载体打造、产业融合发展、绿色发展转型和数字示范引领等方面的政策文件，这些政策文件明确了重点要做什么项目、具体建什么内容以及配套实施的相关举措等，都是谋划重点项目的重要依据。

表12-7 支持农业产业发展相关政策文件一览表

序号	文件名称	具体文号
一	推进农业农村现代化相关政策	
1	近几年中央一号文件	中发〔2021〕1号、中发〔2022〕1号、中发〔2023〕1号
2	近几年农业农村部一号文件	农发〔2021〕1号、农发〔2022〕1号、农发〔2023〕1号
3	关于实现巩固拓展脱贫攻坚成果同乡村振兴有效衔接的意见	中发〔2020〕30号
4	关于做好2022年农业生产发展等项目实施工作的通知	农计财发〔2022〕13号
5	关于做好"三农"领域补短板项目库建设工作的通知	农办计财〔2020〕1号
6	关于做好2022—2025年中央预算内投资农业建设项目储备工作的通知	农计财便函〔2021〕271号
7	关于推动脱贫地区特色产业可持续发展的指导意见	农规发〔2021〕3号
8	关于扩大农业农村有效投资的通知	农计财发〔2022〕12号
9	关于做好2024—2025年中央预算内投资农业建设项目储备工作的通知	农计财便函〔2023〕227号
	……	
二	强化现代农业基础支撑相关政策	
1	关于切实加强高标准农田建设 提升国家粮食安全保障能力的意见	国办发〔2019〕50号
2	关于发展现代设施农业的指导意见	农计财发〔2023〕10号
3	关于开展全国农业种质资源普查的通知	农种发〔2021〕1号

(续表)

序号	文件名称	具体文号
4	关于优化调整实施制种大县奖励政策的通知	农办种〔2021〕2号
5	关于深入开展生猪屠宰标准化示范创建工作的通知	农办牧〔2021〕39号
6	关于加快农产品仓储保鲜冷链设施建设的实施意见	农市发〔2020〕2号
7	关于全面推进农产品产地冷藏保鲜设施建设的通知	农办市〔2021〕7号
8	关于做好2021年全程机械化有关工作促进粮食稳产增产的通知	农办机〔2021〕2号
9	关于印发《2021—2023年农机购置补贴实施指导意见》的通知	农办计财〔2021〕8号
10	关于促进农产品加工环节减损增效的指导意见 ……	农产发〔2020〕9号
三	促进农业产业融合发展相关政策	
1	关于加快农业全产业链培育发展的指导意见	农产发〔2021〕2号
2	关于加强金融支持乡村休闲旅游业发展的通知	农办产〔2021〕4号
3	关于开展全国休闲农业重点县建设的通知	农产发〔2021〕1号
4	关于加快发展农业社会化服务的指导意见	农经发〔2021〕2号
5	关于拓展农业多种功能　促进乡村产业高质量发展的指导意见	农产发〔2021〕7号
6	关于公布全国农业全产业链重点链和典型县建设名单的通知 ……	农办产〔2021〕21号
四	打造现代农业园区载体相关政策	
1	关于印发国家农村产业融合发展示范园创建工作方案的通知	发改农经〔2017〕1451号
2	关于开展2018年国家现代农业产业园创建工作的通知	农计发〔2018〕11号
3	关于开展优势特色产业集群建设的通知	农办计财〔2020〕7号
4	关于做好2020年农业产业强镇建设工作的通知	农办计财〔2020〕5号
5	关于推进返乡入乡创业园建设提升农村创业创新水平的意见	农产发〔2020〕5号
6	关于印发国家农业科技园区管理办法的通知	国科发农〔2020〕173号
7	关于进一步做好国家级田园综合体建设试点工作的通知（13个试点）	财办农〔2021〕20号
8	关于促进特色小镇规范健康发展的意见	国办发〔2020〕33号
9	关于推进农业高新技术产业示范区建设发展的指导意见	国办发〔2018〕4号
10	关于建设中国（杨凌）国际农产品加工产业园的通知 ……	农办议〔2020〕215号
五	推动农业绿色转型发展相关政策	
1	关于印发《农业生产"三品一标"提升行动实施方案》的通知	农办规〔2021〕1号
2	关于开展现代农业全产业链标准化试点工作的通知	农质发〔2021〕4号
3	关于开展绿色种养循环农业试点工作的通知	农办农〔2021〕10号
4	关于加快推进水产养殖业绿色发展的若干意见	农渔发〔2019〕1号
5	关于印发《国家农业可持续发展试验示范区（农业绿色发展先行区）管理办法（试行）》的通知	农办规〔2018〕11号
6	关于印发《农业绿色发展先行先试支撑体系建设管理办法（试行）》的通知	农办规〔2019〕61号
7	关于印发建设国家农业绿色发展先行区　促进农业现代化示范区全面绿色转型实施方案的通知 ……	农办规〔2022〕15号
六	推进数字农业示范引领相关政策	
1	关于申报2021年度全国农业农村信息化示范基地的通知	农办市〔2021〕4号
2	关于印发农业现代化示范区数字化建设指南的通知	农办市〔2022〕12号
3	关于实施"互联网+"农产品出村进城工程的指导意见 ……	农市发〔2019〕5号

如表12-7所示，农办计财〔2020〕1号的《关于做好"三农"领域补短板项目库建设工作的通知》文件，提出了高标准农田建设工程、奶业提质增效建设工程、农产品仓储保鲜冷链物流设施建设工程、沿海渔港建设工程、动植物保护能力提升工程、科技创新能力条件提升工程、现代种业提升建设工程和海洋牧场示范区建设工程八大工程，如农产品仓储保鲜冷链物流设施建设工程明确了农产品骨干冷链物流基地、区域农产品产地仓储冷链物流设施、乡镇田头仓储冷链物流设施和村级仓储保鲜设施等重点项目的主要建设内容、建设数量、在各省市县的分布位置等；《关于做好2022—2025年中央预算内投资建设项目储备工作的通知》提出了高标准农田建设、现代种业提升、动植物保护、农业科技创新能力条件提升、数字农业农村建设、天然橡胶生产能力建设、农垦公用基础设施建设、重点流域农业面源污染综合治理、畜禽粪污资源化利用整县推进和长江生物多样性保护等工程项目储备，每个工程下面都提出了多个项目，针对建设内容与规模、单项投资、中央投资额度、地方配套比例等都作了阐述；《关于扩大农业农村有效投资的通知》也提到了高标准农田建设、现代种业提升、动植物保护、科技创新能力条件提升、数字农业农村建设、重点流域农业面源污染综合治理、畜禽粪污资源化利用整县推进、渔业高质量发展项目、农产品产地冷藏保鲜设施建设项目和农业产业融合发展等方面的工程，并明确了各工程下的重点项目的具体建设内容。

通过对以上系列规划和政策文件的系统梳理和深刻学习，不仅对重点工程项目谋划有所帮助，还对整个方案编制具有极大的指导作用，同时有利于提高方案编制水平。

12.2.3 与地方各类规划相衔接

我国形成了由国家、省、市县各级共同组成的国家规划体系[1]。地方规划一般依据国家规划来制定，既要与国家政策相衔接，又要因地制宜，符合当地实际，突出地方特色，体现针对性和落地性。

方案编制时需要充分收集省、市、县各级相关规划，总体规划如各地的国民经济和社会发展规划、乡村振兴战略规划、农业农村现代化规划等；规划要接地气，项目要落地，就必须要和这些规划相衔接。特别需要注意的是，一些代表区域特色的规划方案应重点考虑，如《脱贫地区"十四五"特色产业发展规划》《东北地区"十四五"黑土地保护规划》《南方丘陵山地带生态保护和修复重大工程建设规划（2021—2035年）》《打造青海绿色有机农畜产品输出地行动方案》《建设江西绿色有机农产品基地试点省工作方案（2021—2025年）》《高质量创建乡村振兴示范省推进共同富裕示范区建设行动方案（2021—2025年）》等，以及当地的专项规划如种植业、畜牧业和渔业等行业发展规划；

---

[1] 《中共中央 国务院关于统一规划体系更好发挥国家发展规划战略导向作用的意见》（中发〔2018〕44号）.

建设规划如高标准农田建设规划,要求形成国家、省、市、县4级高标准农田建设规划体系,建设任务已分解到各地市县,落实到了地块,具体安排到了年度。

12.2.4 对接国家重点产业指导目录

工程项目建设是地方经济发展的重要抓手和关键环节,各地对接国家重点产业导向和项目计划,落实和编制了系列"十四五"规划,陆续开展了"十四五"期间重大项目库建设,形成了梯次推进、滚动发展的项目建设格局。项目库构建,应围绕当年印发的乡村重点产业指导目录,充分与各地重大项目库对接,筛选出符合产业发展导向,能够发挥示范带动作用的项目,见表12-8。

表12-8 全国乡村重点产业指导目录

一级分类	二级分类
现代种养业	1.规模种养业 稻谷、小麦、玉米等粮食作物种植 大豆、油菜等油料作物种植 棉花、糖料等作物种植 生猪饲养 家禽饲养 牛羊饲养 内陆、海洋养殖 ……
	2.优势特色种养业 其他谷物种植 薯麻类种植 蔬菜(食用菌)花卉种植 水果、坚果种植 茶叶、香料种植 中药材种植 骆驼、马、兔、蜂等特色养殖 内陆、海洋捕捞 ……
农产品加工业	粮食加工与制造业 饲料加工业 粮食原料酒制造业 植物油加工业 果蔬加工业 精制茶加工业 屠宰及肉类加工业 蛋品加工业 乳品加工业 水产品加工业 制糖业 烟草制造业 中药制造业 ……

（续表）

一级分类	二级分类
农产品流通业	农林牧渔产品仓储 农林牧渔产品批发 农林牧渔产品配送 农林牧渔产品运输 农林牧渔产品贸易 ……
乡村制造、农田水利设施建设和手工艺品业	肥料制造 农兽药制造 农林牧渔业专用机械制造 食用类产品专用设备制造 渔业养殖捕捞船舶制造 现代农田水利设施建设 乡村手工艺品制造 ……
乡村休闲旅游业	乡村休闲观光 乡村景观打造 乡村体验服务 农家乐服务 乡村民宿服务 ……
乡村新型服务业	农资批发 农林牧渔业科技研发 农林牧渔业专业技术服务 农林牧渔业教育培训 农林牧渔业知识普及 病死畜禽处理 农林牧渔业环境与生态监测服务 农林牧渔业机械设备修理 ……
乡村新产业新业态	生物质能开发利用 农林牧渔业信息技术服务
乡村新产业新业态	智慧农林牧渔业设备制造 废旧农膜回收利用 畜禽粪污处理 创业创新服务 ……

12.2.5 对接投资主体意愿

社会资本是全面推进乡村振兴、加快农业农村现代化的重要支撑力量，在财政资金的引导撬动下，需要加大社会资本投资力度，扩大示范区的有效投资规模。2018年中央一号文件明确指出，鼓励引导工商资本参与乡村振兴，明确政策边界，保护好投资者利益。

2019年，国家印发了《关于促进乡村产业振兴的指导意见》，明确提出优化营商环境，引导工商资本到乡村投资兴办农民参与度高、受益面广的乡村产业，支持发展适合规模化集约化经营的种养业。为贯彻落实中央要求，2020年，国家印发了《关于扩大农业农村有效投资加快补上"三农"领域突出短板的意见》，强调各地出台社会资本投资农业农村的意见，明确支持的重点领域，细化落实用地、环评等具体措施。2021—2022年，农业农村部、国家乡村振兴局联合印发了《社会资本投资农业农村指引》，聚焦11个重点产业和领域，撬动金融资本、社会力量重点支持乡村产业发展，更好满足多样化投融资需求，见表12-9。因此，在和甲方或相关企业对接的时候，可以结合重点发展的产业来确定相关项目。

表12-9 社会资本投资的涉农重点产业和领域

重点产业和领域	重点投资方向
现代种养业	1.巩固主产区粮棉油糖胶生产，推进国家粮食安全产业带建设 2.支持大豆油料生产基地、玉米大豆带状复合种植，发展旱作农业，加强智能粮库建设 3.加强蔬菜（含食药用菌）生产能力建设，大力发展温室大棚、集约养殖、水肥一体、高效节水等设施农业，鼓励发展工厂化集约养殖、立体生态养殖等新型养殖设施 4.支持稳定生猪基础产能，推进标准化规模养殖 5.加快发展草食畜牧业，扩大基础母畜产能 6.稳步发展家禽业 7.加强奶源基地建设 8.支持建设现代化饲草产业体系，推进饲草料专业化生产 9.鼓励发展水产绿色健康养殖，发展稻渔综合种养、大水面生态渔业和盐碱水养殖 10.支持发展深远海大型智能化养殖渔场，推动海洋牧场、远洋渔业基地建设 11.支持大食物开发，保障各类食物有效供给
现代种业	1.创新型种业企业，扶优扶强种业企业，推进种企深度融合，支持种业龙头企业健全商业化育种体系，提升商业化育种创新能力，提升我国种业国际竞争力 2.引导参与现代种业自主创新能力提升，推进种源等农业关键核心技术攻关 3.加强种质资源保存与利用、育种创新、品种检测测试与展示示范、良种繁育等能力建设，促进育繁推一体化发展 4.鼓励积极参与生物育种产业化应用 5.推广"龙头企业+优势基地"模式，支持参与国家南繁育种基地建设与升级 6.加快制种大县和区域性良繁基地建设 7.鼓励参与建设国家级育种场，推进国家级水产供种繁育基地建设
乡村富民产业	1.支持建设现代农业产业园、优势特色产业集群、农业产业强镇、渔港经济区 2.发展国家农村产业融合发展示范园，支持建设"一村一品"示范村镇 3.鼓励发展粮油加工、农产品初加工、食品制造 4.支持发展绿色农产品、有机农产品和地理标志农产品 5.支持拓展农业多种功能、挖掘乡村多元价值 6.建设标准化生产基地、集约化加工基地、仓储物流基地 7.完善科技支撑体系、生产服务体系、品牌与市场营销体系、质量控制体系 8.鼓励有条件的脱贫地区发展光伏产业 9.因地制宜发展一批家庭工厂、手工作坊、乡村车间等乡村手工业 10.支持区域公用品牌建设，打造农业企业品牌
农产品加工流通业	1.参与粮食主产区和特色农产品优势区发展农产品加工业 2.鼓励发展冷藏保鲜、原料处理、分级包装等初加工 3.到产地发展粮油加工、农产品加工、食品制造等精深加工 4.在主产区和大中城市郊区布局中央厨房、主食加工、休闲食品、方便食品、净菜加工等业态 5.鼓励参与农产品产地、集散地、销地批发市场、田头市场建设，完善农村商贸服务网络 6.建设一批贮藏保鲜、分级包装、冷链配送等设施设备和田头小型仓储保鲜冷链设施 7.鼓励建设产地冷链配送中心，打造农产品物流节点，发展农超、农社、农企、农校等产销对接的新型流通业态 8.鼓励发展生鲜农产品新零售

(续表)

重点产业和领域	重点投资方向
乡村新型服务业	1.鼓励发展休闲观光、乡村民宿、创意农业、农事体验、农耕文化、农村康养等乡村休闲旅游 2.支持挖掘和利用农耕文化遗产资源,发展乡村特色文化产业,培育具有农耕特质的乡村文化产品 3.大力开发乡宿、乡游、乡食、乡购、乡娱等休闲体验产品 4.建设农耕主题博物馆、村史馆,传承农耕手工艺、曲艺、民俗节庆 5.鼓励引导设施租赁、市场营销、信息咨询等领域市场主体将服务网点延伸到乡村 6.引导采取"农资+服务""农机+服务""科技+服务""互联网+服务"等方式,发展农业生产托管服务
农业绿色发展	1.鼓励参与建设国家农业绿色发展先行区 2.支持参与绿色种养循环农业试点、畜禽粪污资源化利用、养殖池塘尾水治理、秸秆综合利用、农膜农药包装物回收行动、病死畜禽无害化处理、废弃渔网具回收再利用 3.推进农业投入品减量增效,加大对收储运和处理体系等方面的投入力度 4.推广农村可再生能源利用技术,提升秸秆能源化、饲料化利用能力 5.支持研发应用减碳增汇型农业技术,探索建立碳汇产品价值实现机制 6.参与长江黄河等流域生态保护、东北黑土地保护、重金属污染耕地治理修复
农业科技创新	1.鼓励创办农业科技创新型企业,参与农业关键核心技术攻关,开展全产业链协同攻关 2.鼓励开展生物育种、高端智能农机、丘陵山区农机、大型复合农机和产业急需农民急用的短板机具、渔业装备、绿色投入品、环保渔具等研发创新、成果转化与技术服务 3.鼓励参与农业领域国家重点实验室等科技创新平台基地建设 4.参与农业科技创新联盟、国家现代农业产业科技创新中心等建设 5.支持建设农业科技创新联合体或新型研发机构 6.引导发展技术交易市场和科技服务机构
农业人才培养	1.支持参与农业生产经营人才、农村二三产业发展人才、农业科技人才等培养 2.鼓励依托原料基地、产业园区等建设实训基地,依托信息、科技、品牌、资金等优势打造乡村人才孵化基地 3.鼓励为优秀农业人才提供奖励资助、技术支持、管理服务
农业基础设施建设	1.支持参与高标准农田建设、中低产田改造、耕地地力提升、盐碱地开发利用、农田水利建设 2.农村产业路、资源路、旅游路建设和通村组路硬化 3.丘陵山区农田宜机化改造 4.推进田水林路电综合配套,同步发展高效节水灌溉 5.参与渔港和避风锚地建设
智慧农业建设	1.鼓励参与建设数字乡村和智慧农业,推进农业遥感、物联网、5G、人工智能、区块链等应用 2.鼓励参与农业大数据建设,拓展农业大数据应用场景 3.加强农产品及农资市场监测和分析预警 4.鼓励参与"互联网+"农产品出村进城工程建设 5.推动遥感卫星数据在农业领域中的应用 6.鼓励建设数字田园、数字灌区和智慧农(牧、渔)场
农村创业创新	1.鼓励投资建设返乡入乡创业园、农村创业创新园区和农村创业孵化实训基地等平台载体 2.开展农村创业创新带头人关于创业能力、产业技术、经营管理方面的培训,建设产学研用协同创新基地

12.3 重点项目落实

统筹考虑农业现代化和农村现代化一体设计、一并推进,重点围绕农业设施化、融合化、园区化、绿色化、数字化"五化"创建任务,坚持项目跟着规划走、资金跟着项目走的思路,立足必须干、有条件干、干得成的事情,以任务清单形式构建项目库,系统提出创建期重点工程建设项目,明确建设内容、资金规模和来源、实施主体、建设地点等,并按年度细化任务。

12.3.1 项目筛选名称

(1)农业设施化推进工程

创建农业现代化示范区,必须夯实农业设施基础、补齐装备短板,用现代设施装备弥补水土资源禀赋、现代农业生产的先天不足，重点从改善田间生产、畜牧水产养殖、农机作业配套、农产品初加工、田头仓储保鲜等方面设施，对接前面提到的"十四五"高标准农田建设规划、黑土地保护方案、种植业规划、畜牧业规划、渔业规划、种业提升规划、农产品仓储保鲜冷链物流规划等规划与政策关联部分，确立高标准农田建设、黑土地保护、退化及污染耕地综合治理、粮食等重要农产品产能提升、大豆玉米带复合种植、现代种业提升、制种大县补助、农业科技创新条件建设、基层农技推广体系建设、畜禽养殖标准化示范场、奶业振兴、优粮工程、国家直属储备粮仓储设施、田头冷藏保鲜设施、农机购置补贴、沿海渔港、海洋牧场示范区等方面的项目名称。

（2）农业园区化推进工程

示范区要把产业园区建设作为促进产业链供应链提档升级的一个重要抓手，着眼现代要素下乡难、进园难等问题集中发力。一是搭建平台载体，优化生产、加工、物流、研发等功能板块布局；二是加强园区基础设施建设，创新运营模式，引导资金、科技、土地等要素向园区集聚；三是打造技术研发、信息共享、检验检测、物流配送等公共服务平台，提升园区服务能力；四是将园区建设与村镇发展相结合，实现产村融合。以此确立现代农业产业园、优势特色产业集群、农业产业强镇、农业科技园区、农产品精深加工园、农村创新创业园和"一村一品"示范村镇等方面的项目名称。

（3）农业融合化推进工程

构建种养结合、产加销一体的农业全产业链，拓展农业增值增效空间。一是依托当地优势特色产业，瞄准产业链上薄弱环节，提升精深加工农产品产能，配套建设产地批发市场、物流体系，积极发展中央厨房、直供直销等新业态，打造农业全产业链；二是要拓展乡村多种功能，培育乡村旅游、农村电商、康养体验、农事体验等新产业新业态；三是打造农业社会化服务平台，完善联农带农机制。有效对接《全国乡村产业发展规划》《关于加快农业全产业链培育发展的指导意见》《关于加快发展农业社会化服务的指导意见》《关于拓展农业多种功能促进乡村产业高质量发展的指导意见》《关于开展全国休闲农业重点县建设的通知》等政策文件，重点确立农村产业融合发展示范园、农产品加工园、休闲农业与乡村旅游精品工程、田园综合体、农产品产地冷藏保鲜整县推进试点县、新型经营主体培育、社会化服务组织和高素质农民培训等方面的项目名称。

（4）农业绿色化推进工程

加强农业资源保护利用、农业面源污染防治、农业生态保护和打造绿色低碳农业产业链等，是"十四五"农业绿色发展的重点。可与《"十四五"全国农业绿色发展规划》《全国畜禽粪污资源化利用整县推进项目工作方案》《"十四五"重点流域农业面源污染综合治理建设规划》《长江生物多样性保护实施方案（2021—2025年）》《国家级海洋牧场示范区建设规划（2017—2025年）》《"十四五"全国畜禽肥利用种养结合建设规划》《农产品质量安全风险监测网络建设规划（2021—2035年）》等相关规划相衔接。重点实施耕地资源保护、渔业资源保护、草原资源保护、高效节水灌溉、绿色种养循环农业试点、农业生产"三品一标"提升、重点流域农业面源污染治理、农业废弃物资源化利用、畜禽粪污资源化利用整县推进、农药化肥减量施用、农业绿色发展先行区、优质农产品认证、动植物保护、农产品质量安全保障和全产业链标准化示范基地等方面的项目。

（5）农业数字化推进工程

"十四五"将是农业数字化从重点破局向全面布局推进的关键阶段，国家先后印发了《数字农业农村发展规划（2019—2025年）》《"十四五"全国农业农村信息化发展规划》《数字乡村发展行动计划（2022—2025年）》《关于开展国家数字乡村试点工作的通知》《"互联网+"农产品出村进城工程试点工作方案》等规划政策文件，提出"十四五"期间在全国建设包括数字种植业、数字设施农业、数字畜牧业、数字渔业、数字种业等100个国家数字农业创新应用基地（创新中心），搭建国家农业农村大数据平台，建设30个以上国家数字农业农村创新中心、分中心，培育乡村数字经济。示范区创建可以此确立乡村信息基础设施改造、农业大数据综合服务中心、数字农业创新应用基地、数字乡村建设试点、电子商务进农村综合示范、"互联网+"农产品出村进城、数字田园/智慧牧场/智慧渔场、农村电子商务产业园等方面的项目。

综上所述，将以上五大工程谋划的一批项目列入表12-10。

表12-10 示范区重点工程项目筛选表

序号	项目名称	实施主体	建设地点	建设内容	备注
一	农业设施化推进工程				
1	高标准农田建设项目	—	—	—	—
2	高标准农田改造提升项目	—	—	—	—
3	黑土地保护项目	—	—	—	—
4	油糖棉胶等保护区产能提升项目	—	—	—	—
5	大豆玉米带复合种植项目	—	—	—	—
6	畜禽养殖标准化示范场项目	—	—	—	—
7	奶业振兴项目	—	—	—	—
8	退化及污染耕地综合治理项目	—	—	—	—
9	水产健康养殖和生态养殖示范区	—	—	—	—
10	沿海渔港建设项目	—	—	—	—
11	海洋牧场示范区建设项目	—	—	—	—
12	现代种业提升项目	—	—	—	—
13	制种大县补助项目	—	—	—	—
14	优粮工程项目	—	—	—	—
15	农业科技创新能力条件建设项目	—	—	—	—
16	农业机械化提升及农机装备研发项目	—	—	—	—

(续表)

序号	项目名称	实施主体	建设地点	建设内容	备注
17	农机购置补贴项目	—	—	—	
18	国家直属储备库建设项目	—	—	—	
19	田头冷藏保鲜设施建设项目	—	—	—	
20	基层农技推广体系建设项目	—	—	—	
	……				
二	农业园区化推进工程				
1	现代农业产业园	—	—	—	
2	优势特色产业集群	—	—	—	
3	农业产业强镇	—	—	—	
4	农业科技园区	—	—	—	
5	农产品精深加工园	—	—	—	
6	农村创新创业园区	—	—	—	
7	"一村一品"示范村镇	—	—	—	
	……				
三	农业融合化推进工程				
1	国家农村产业融合发展示范园项目	—	—	—	
2	农产品加工业提升项目	—	—	—	
3	区域性农产品产地仓储冷链物流设施项目	—	—	—	
4	农产品产地冷藏保鲜整县推进试点县	—	—	—	
5	休闲农业与乡村旅游精品工程项目	—	—	—	
6	田园综合体	—	—	—	
7	新型经营主体培育项目	—	—	—	
8	社会化服务项目	—	—	—	
9	高素质农民培训项目	—	—	—	
	……				
四	农业绿色化推进工程				
1	耕地保护项目（含黑土地保护）	—	—	—	
2	渔业或草原等资源保护项目	—	—	—	
3	高效节水灌溉建设项目	—	—	—	
4	全产业链标准化示范基地项目	—	—	—	
5	绿色种养循环农业试点项目	—	—	—	
6	农业生产"三品一标"提升项目	—	—	—	
7	重点流域农业面源污染治理项目	—	—	—	
8	农业废弃物资源化利用项目	—	—	—	
9	畜禽粪污资源化利用整县推进项目	—	—	—	
10	农业绿色发展先行区建设项目	—	—	—	
11	优质农产品认定项目	—	—	—	
12	动植物保护能力提升项目	—	—	—	
13	农产品质量安全保障项目	—	—	—	
	……				
五	农业数字化推进工程				
1	乡村信息基础设施改造项目	—	—	—	
2	农业大数据综合服务中心项目	—	—	—	

(续表)

序号	项目名称	实施主体	建设地点	建设内容	备注
3	数字乡村建设试点项目	—	—	—	
4	电子商务进农村综合示范项目	—	—	—	
5	数字田园/智慧牧场/智慧渔场	—	—	—	
6	"互联网+"农产品出村进城项目	—	—	—	
7	数字农业应用基地（创新中心）	—	—	—	
8	农村电子商务产业园	—	—	—	
……					

12.3.2 项目建设内容

一旦项目名称确定后，下一步还要明确具体建设内容与规模。建设规模一般由市场需求、加工能力、投资大小和水电保证等方面决定，畜牧养殖还需考虑环境承载能力等。相关建设内容除从规划专栏、项目库中获取外，还可从建筑工程、田间工程、公用工程和仪器设备配置等方面来确定。

建筑工程。建筑工程一般分为生产建筑和配套建筑。其中生产建筑主要包括实验室、检测室、挂藏室、考种室、种子加工车间、各类仓库、温室大棚与各类养殖畜舍等；配套建筑主要包括晒场、晾晒棚、网室、围栏、机房、配电房和锅炉房等。建筑专业还应说明建筑物的高度、层数、建筑面积、容积率和防火间距等；结构专业说明建筑结构、使用年限和抗震等级等。一般建筑面积依据设计生产能力、建筑类别、布局方案、工艺路线、仪器设备尺寸等生产要求来计算，配套建筑依据使用人员数量、生产负荷、人流组织等管理要求计算其规模。

田间工程。主要是指粮食等重要农产品、果蔬等园艺作物的生产基地，着重围绕土地平整、土壤改良、田间道路、灌排设施、防护林网和农用电等方面建设。土地平整依据平整范围、坡度大小等确定土方量；土壤改良按照改良面积、措施等确定用肥量；田间道路依据道路级别、路况、尺寸和具体做法等确定工程量；田间灌溉按照控制面积、水源条件、渠系管道布置、断面尺寸和具体做法等确定工程量；排水依据布置方式、防洪标准、排涝模数、断面尺寸和具体做法等确定；防护林网按照种植面积、布置形式与角度等确定用树量；农用电依据用电负荷、变压器位置、敷设方式等确定工程量。

公用工程。主要针对加工厂房、管理服务用房等场区配套给水排水、供电、通信、供热等相关工程。给水工程根据用水量、水源条件、引水方式、水质要求和布置形式等确定工程量；排水工程主要根据排水方案确定工程量；供电工程根据负荷等级、供电方式和用电负荷等确定工程量；通信工根据通信设施终端和覆盖范围、智慧农业配置方案等确定工程量；供热工程依据热负荷、热源位置和供热方案确定工程量。

仪器设施设备。主要依据产品类别、建设规模和技术方案等，选择相应的仪器、设备、农机具和农业设施等。重点阐述其选择原则，并从生产规模的满足度、机械设备的匹配度、产品质量与生产工艺的保证度、使用寿命和投资额度等方面进行比较分析，一些大型的科研仪器、育种仪器、检测仪器、农机具、灌溉设备、种子加工生产线、农产品精深加工设备、仓储物流设施和信息化设施等，应按用途说明其名称、型号、技术参数、购买数量和单价等。

12.3.3 项目投资估算

（1）示范区建设总投资

示范区建设投资总额是按一定的方法与程序，在创建阶段对重点工程项目从提出到建成后交付使用所需的全部投资。为了尽快实现农业现代化目标，积极推进创建任务加快实施，重点建设现代农业基础支撑工程、现代农业园区载体打造工程、农业产业融合推进工程、农业绿色转型工程、农业数字引领工程和其他示范工程等，以及重点项目的申报与实施。在明确各级财政重点支持领域和投资方向的基础上，首先估算单个项目的投资，然后加总成大类工程投资，最后汇总示范区建设总投资。由表12-11可知建设示范区所需的总投资、各大类工程投资、单个项目投资和各大工程投资比例。

表12-11 示范区建设投资估算

序号	工程名称	单项投资（万元）	项目数（个）	总投资（万元）	投资结构（%）
1	农业设施化推进工程	—	—	—	—
2	农业园区化推进工程	—	—	—	—
3	农业融合化推进工程	—	—	—	—
4	农业绿色化推进工程	—	—	—	—
5	农业数字化推进工程	—	—	—	—
6	其他示范工程	—	—	—	—
	合计				

（2）单个项目投资

单个项目的投资是项目表的重要组成部分，是在对项目的建设规模、技术方案和工程内容基本确定后开展的投资估算。单项投资估算根据项目具体情况和资料掌握程度，可以采用不同的估算方法，推荐采用简单估算法、扩大指标估算法和分类估算法这三种比较常用的方法。

简单估算法。即单位生产能力估算法，主要根据已建成的、性质类似的建设项目的单位生产能力投资乘以拟建项目的生产能力来估算拟建项目的投资额。如已知建设10万吨的稻米初级加工生产线投资为500万元，拟建同类项目就可根据建设规模进行简单的算术计算得出投资额度。

扩大指标估算法。以单项工程或单位工程为对象，综合建设中各类成本与费用算出投资额度，如建设5万亩制种基地，可根据亩均投资2 000元估算出高标准农田项目投资总额为10 000万元。为保障高标准农田建设投资的科学性，应首先了解与收集当地的单位投资标准，明确所在区域新建或改建高标准农田、节水灌溉农田等类型，结合当地实际，厘清农田建设的重点内容和具体工程量，科学合理地进行投资估算。

分类估算法。是对构成建设投资的各类投资，即工程费用、工程建设其他费用和预备费分类进行估算。其中，工程费用一般是指建造永久性建筑物和构筑物所需的费用，一般采用单位建筑工程投资估算法，用单位工程量投资乘以总工程量即可获得；仪器设备购置费，一般国内由设备原价和运杂费构成；进口还需考虑关税、保险等从属费用，安装费按设备原价乘以费率计算。工程建设其他费用主要包括建设工程管理费、工程勘察设计费、招投标代理费、工程监理费、环境影响评价费等。各项费用估算按照部门或行业的规定执行，或以有关规定作为指导价，实行市场调节价。预备费包括基本预备费和涨价预备费。其中，基本预备费是指在项目实施中可能发生、但目前难以预料到的支出，以工程费用和工程建设其他费用之和为基数，按行业部门规定的基本预备费费率估算；涨价预备费由于价格上涨引起投资增加而事先预备的费用。

12.4 项目资金筹措方案

资金筹措方案是在已完成投资估算的基础上，结合项目实施内容和建设进度，明确资金来源渠道，形成合理的融资方案，确保项目资金投入，保障项目实施。"十三五"期间我国第一产业固定资产投资快速增长，2020年达到1.33万亿元，比2015年增加5 207亿元，增幅达64%，是全部固定资产投资增幅的1倍。随着乡村振兴战略的全面推进，逐渐形成了政府财政资金引导、金融机构大力支持、社会资本广泛参与的多元投资格局。所以，从资金来源来看，主要包括财政投资、金融机构贷款和社会投资三个方面。

12.4.1 财政资金

财政投资按照事权划分，包括中央财政和地方财政。

12.4.1.1 中央财政

随着我国投融资体制改革的加快推进，中央有关部门按照中共中央、国务院决策部署，出台了一系列财政资金投资政策，如表12-12所示。

表12-12 财政资金投资政策一览表

序号	文件名称	具体文号
一	涉农资金投资政策	
1	关于探索建立涉农资金统筹整合长效机制的意见	国发〔2017〕54号
2	关于完善农业相关转移支付"大专项+任务清单"管理方式的通知	农办计财〔2020〕10号
3	关于印发农业农村部农业投资管理工作程序（试行）的通知	农计财发〔2019〕10号

(续表)

序号	文件名称	具体文号
4	关于扩大农业农村有效投资加快补上"三农"领域突出短板的意见	中农办发〔2020〕10号
5	关于做好"三农"领域补短板项目库建设工作的通知	农办计财〔2020〕1号
6	关于继续支持脱贫县统筹整合使用财政涉农资金工作的通知	财农〔2021〕22号
	……	
二	中央预算内资金政策	
1	关于印发重大水利工程等10个中央预算内涉农投资专项管理办法通知	发改农经规〔2019〕2028号
2	关于扩大农业农村有效投资的通知	农办计财〔2022〕12号
3	关于做好2022—2025年中央预算内投资农业建设项目储备工作的通知	农计财便函〔2021〕271号
4	关于做好2024—2025年中央预算内投资农业建设项目储备工作的通知	农计财便函〔2023〕227号
5	关于印发产粮（油）大县奖励资金管理暂行办法的通知	财建〔2018〕413号
6	关于优化调整实施制种大县奖励政策的通知	农办种〔2021〕2号
7	关于印发粮食等重要农产品仓储设施中央预算内投资专项管理办法的通知	发改经贸规〔2021〕568号
8	关于规范中央预算内投资资金安排方式及项目管理的通知	发改投资规〔2020〕518号
9	关于下达草原防火等农业基础设施专项和重大水利项目等前期工作中央预算内投资计划的通知	发改投资〔2019〕1048号
	……	
三	中央财政转移支付资金政策	
1	关于修订印发农业相关转移支付管理资金办法的通知	财农〔2022〕25号
2	关于印发2021—2023年农机购置补贴实施指导意见的通知	农办计财〔2021〕8号
3	中央财政衔接推进乡村振兴补助资金管理办法	财农〔2021〕19号
4	关于做好2022年农业生产发展等项目实施工作的通知	农计财发〔2022〕13号
	……	

  2017年以前，按照我国投资管理相关要求，项目资金必须专款专用、不能挪用，否则属于违规操作，结果导致多头管理、交叉重复、使用分散等现象。多年来，财政部门在国家重点帮扶的贫困县、黑龙江两江平原、东部江浙一带、西南地区等地开展涉农资金统筹整合试点工作，取得一定成效后，财政部印发了《关于探索建立涉农资金统筹整合长效机制的意见》（国发〔2017〕54号）。由此财政支农投入发生了重要变化：一是投资体制改革，实现了"放改服"投资改革，将项目审批权下放到了地方；二是问题导向，资金向短板弱项加大投入；三是实现分类管理，将中央财政资金划分为中央预算内资金（基建投资）和中央财政转移支付资金两大块；四是提出"大专项+任务清单"管理模式，即性质相同、用途相近的项目整合成大专项，根据各地需要确定各省的任务清单；五是建立涉农资金项目库，按照"谋划一批、论证一批、储备一批和实施一批"的思路谋划重点项目，例如2020年，农业农村部印发了《关于做好"三农"领域补短板项目库建设工作的通知》。

  随着中央投资体制的改革，资金管理方式实现"大专项+任务清单"以来，从源头上解决了支农资金投入交叉重复、使用分散等问题。在此基础上，将中央涉农资金划分为中央预算内资金和中央财政转移支付资金两大块，其中中央预算内资金按照"农业生产发展、农业可持续发展和现代农业支撑体系"等大专项；中央转移支付资金确立中央财政衔接推进乡村振兴补助资金、农业生产发展、农业资源及生态保护、动物防疫、渔业发展、产粮（油）大县、生猪（牛羊）调出大县等大专项。每年还印发各大专项详细的专项管理办法，明确所实施的重点任务项目，如中央转移支付项目下发到各省任务清单见表12-13。

表12-13 中央涉农财政资金整合"大专项+任务清单"管理一览表

类别	大专项	任务清单
涉农中央转移支付资金	中央财政衔接推进乡村振兴补助资金	1.支持巩固拓展脱贫攻坚成果 2.培育和壮大欠发达地区特色优势产业 3.实施兴边富民行动、人口较少民族发展、少数民族特色产业和民族村寨发展等
	农业生产发展资金（约束性和指导性）	1.耕地地力保护支出 2.农机购置与应用补贴支出（粮棉油蔗菜果约束性） 3.农业绿色发展与技术服务支出（良种良法良技、农技推广、绿色高质高效） 4.发展壮大乡村产业（产业园集群强镇、奶业振兴、畜禽健康养殖、种业等） 5.新型经营主体培育（合作社、家庭农场、联合社、社会组织、农产品产地冷藏保鲜设施、高素质农民、担保）
	农业资源及生态保护补助资金	1.耕地资源保护（黑土地、保护性耕作、地超治理） 2.渔业资源保护（增长放流、水生生物保护） 3.草原生态保护（草原禁牧、草畜平衡面积） 4.农业废弃物资源化利用（秸秆、地膜、种养循环试点）
	动物防疫补助经费	1.强制免疫补助（打疫苗） 2.强制扑杀和销毁补助（病畜） 3.养殖环节无害化处理补助（死畜、处理场）
	渔业发展补助资金	1.建设国家级海洋牧场 2.建设国家级沿海渔港经济区 3.建设远洋渔业基地 4.支持改善渔业设施设备 5.推进渔业绿色循环发展
	产粮（油）大县奖励资金	1.产粮大县 2.产油大县 3.商品粮大县 4.制种大县 5.优质粮食工程
	生猪（牛羊）调出大县奖励资金	—
	其他部门领域专项	财政部、发改委、自然资源部、生态环境部、水利部
涉农中央预算内资金（基建投资）	农业生产发展专项（藏粮于地藏粮于技专项）	1.高标准农田新建项目 2.高标准农田改造提升项目 3.高效节水灌溉项目 4.东北黑土地保护建设项目 5.大豆油料生产基地 6.盐碱地等后备资源改造项目 7.农产品产地冷藏保鲜设施建设项目 8.农业产业融合发展项目 ……

(续表)

类别	大专项	任务清单
涉农中央预算内资金（基建投资）	农业可持续发展（农业绿色发展）	1.畜禽粪污资源化利用整县推进项目 2.重点流域农业面源污染综合治理项目 3.渔业高质量发展项目 4.长江生物多样性保护工程项目 ……
	现代农业支撑体系	1.现代种业提升工程 2.农业科技创新条件建设工程 3.动植物保护能力提升工程 4.数字农业农村建设项目 5.天然橡胶和直属垦区公用基础设施 ……
	其他部门领域专项	财政部、国家发改委、国家林草局

综上所述，重点项目涉及中央财政资金投入时，应结合相关专项规划、财政投资政策和财政部门资金下达通知精神，以及各地实际资金下达数量和支持方向，明确各项目财政资金支持的重点领域、资金规模和使用方式等。

12.4.1.2 地方财政资金

（1）整合涉农资金

各地除按上述涉农资金整合相关文件、用好示范区中的产业园、产业集群和产业强镇等项目资金外，部分中央财政预算内投资项目明确要求地方财政按一定比例进行配套，因此加强资金整合尤显重要。如以广东省"十三五"期间，统筹整合省级财政资金10亿元，实施现代农业"十大工程、五大体系"，重点支持12个国家或省级现代农业示范区；自2017年启动现代农业产业园建设以来，每年投入省级财政资金25亿元，共创建一批国家级、省级、市级现代农业产业园，主要农业县实现省级现代农业产业园全覆盖，形成国家级、省级、市级现代农业产业园梯次发展格局。

（2）拓展地方财政资金渠道

2018年初，国家印发了乡村振兴规划，其中投入保障机制一章提到，支持地方发行债券和提高土地出让收益用于支持乡村振兴战略以后，随后各项涉农重大规划和相关政策文件保障措施章节都提到这两方面内容，并要求不断提高土地出让收益用于农业农村的比例，大幅增加地方债券用于现代农业设施和乡村建设行动的规模。因此，各地应结合农业发展实际，加大地方财政支农投入力度。

①土地出让收益用于农业农村发展

2020年，国家印发了《关于调整完善土地出让收入使用范围优先支持乡村振兴的意见》，提出到"十四五"期末，土地出让收益用于农业农村比例达到50%以上，主要支持地方建设高标准农田、农田水利、现代种业提升、耕地及永久基本农田保护和农村人居环境整治等领域和范围。如河北省为了落实土地出让收入支农政策，推动扩大农业农村有效投资，2021年全省土地出让收入用于农业农村达410多亿元，占土地出让收益比例达40%以上，为实施乡村振兴战略提供了有力的资金支撑。

②发行地方债券支持乡村振兴战略

2019年以来，国家出台了一系列支持地方发行政府债券和加大债券发行规模的相关文件，尤其是地方专项债券要求资金跟着项目走，要求项目建设能形成固定资产，且具有一定的收益能力。专项债券主要支持"高标准农田建设、农产品仓储保鲜冷链物流设施、农业产业园区基础设施、沿海现代渔港建设、智慧农业设施、农村人居环境整治和农林水利"等领域与项目。例如，广东省多措并举，用好用活乡村振兴专项债券资金，一是重点围绕高标准农田、撂荒耕地整治、乡村旅游与民宿服务、农产品仓储保鲜冷链物流、智慧农业和数字乡村等领域，确立"谋划一批、发行一批、建设一批、接续一批"专项债谋划工作思路，2021年发行涉农专项债资金达370多亿元，有力推进了农业农村现代化进程；二是涉农领域专项债券项目数量与规模逐年增多，如2022年上报国家450多个，申请债券资金1 200多亿元，超上一年投入规模的3倍多。另外，各县、各产业园也根据文件有针对性地发行专项债券，为推进项目顺利实施提供了一定的资金支持。

12.4.2　金融支农资金

金融是农业农村现代化的活水来源。拓宽农业现代化示范区融资渠道，要围绕农业现代化发展的重点领域，创新产品、创新服务、创新机制，不断加大金融机构支持力度。

（1）金融机构积极投入"三农"领域，支持乡村产业发展

加快现代农业建设，必须加大现代金融支持力度。中共中央、国务院高度重视乡村金融工作，陆续印发了《金融服务"三农"发展的若干意见》《关于金融支持巩固拓展脱贫攻坚成果　全面推进乡村振兴的意见》《关于金融支撑农业产业化联合体发展的意见》《关于金融支持乡村休闲旅游业发展的通知》等政策文件。各部门各机构贯彻落实中央决策部署，将金融支农作为重点工作，采取了积极有力举措。2021年初，农业农村部组织召开了金融服务全面推进乡村振兴座谈会，19家金融机构前来参会，并先后与中国农业银行、中国工商银行、中国农业发展银行、中国建设银行、中国银行、邮政储蓄银行、交通银行等金融机构签订了战略合作协议（表12-14），三方围绕巩固拓展脱贫攻坚成果同乡村振兴有效衔接、推进农业现代化和乡村建设行动等重点领域，发挥各自的职能作用，密切合作，形成合力，并带动各地农业农村部门与金融机构签订合作协议、成立金融支农联盟、建立农村金融协会，竭力推进金融服务乡村振兴。一是中国人民银行于2019年牵头印发《关于金融服务乡村振兴的指导意见》《农民住房财产权抵押贷款试点暂行办法》《农村承包土地的经营权抵押贷款试点暂行办法》等文件，要求各试点地区稳妥有序开展"两权"抵押贷款业务，推动金融机构开展厂房和大型农机具抵押、圈舍和活体畜禽、动产质押、仓单和应收账款质押、农业保单融资等信贷业务，缓解农业企业、经营主体融资难问题。二是2021年4月，农业农村部和国家乡村振兴局与中国银行签订了战略合作协议，围绕粮食生产、大豆油料、乡村产业、农业绿色发展、城乡融合、农业国际合作和巩固拓展脱贫攻坚成果等方面开展合作；三是2021年5月，农业农村部和国家乡村振兴局与中国农业银行签署战略合作协议，明确聚焦粮食和重要农产品稳产保供、农业基础设施建设、乡村产业发展、农业科技装备、宜居宜业和美乡村建设和巩固拓展脱贫攻坚成果等重点方面开展合作，合力推动金融服务"三农"高质量发展。四是2021年6月，农业农村部和国家乡村振兴局与中国工商银行签署了战略合作协议，重点围绕粮食和重要农产品供给保障、现代乡村产业体系、乡村建设行动、智慧农业建设和巩固拓展脱贫攻坚成果同乡村振兴有效衔接等方面展开合作，大力推动金融服务乡村振兴战略实施。五是2022年3月，农业农村部和国家乡村振兴局与中国建设银行签订了战略合作协议，提出围绕关键领域支持重点帮扶县、农户生产经营发展、农产品产地冷藏保鲜设施建设和乡村治理等方面开展合作，共同引金融活水精准滴灌"三农"，如此等等。又如，浙江省组织省内26家金融机构成立浙江金融服务农业农村联合体，与国开行分行等11家银行签订战略合作协议，合力推进乡村振兴战略实施。

（2）金融机构支持乡村产业发展成效显著

近年来，为了促进乡村产业发展，各金融机构下沉到农村，不断创新金融服务产品，总结形成了一套好的经验做法与典型案例。一是自2019年以来，国家开发银行与湖北潜江县政府签订框架协议，支持小龙虾产业园建设，累计贷款50多亿元，还款期10年、20年、50年不等，支持建成了20多万亩虾稻共作高标准农田，通过有效延伸产业链，壮大做活二三产业，搭建供销平台，不断提高产业附加值，促进小龙虾产业提档升级。二是为了贯彻落实习近平总书记"两山"理论，不断加强全省生态环境综合治理，2020年浙江省政府引入中国农业发展银行支持该省建设全域土地综合整治与生态修复项目，首批投放资金10多亿元，约定连续放贷3年、还款20年，以时间换空间，力争降低贷款压力。通过整合当地优势资源，搭建融资平台，促进区域高质量发展。

（3）金融机构下沉为地方站台

2021年9月，农业农村部联合中国工商银行，组织开展了农业产业融合发展项目"兴农撮合"活动，主要依托当年批复的50个产业园、50个产业集群和298个强镇等及区域内

第12章 重点工程项目谋划专项研究

表12-14 与主要金融机构合作一览表

序号	金融机构	合作领域	实施方案
1	中国农业银行	围绕国家粮食安全战略、支持乡村产业发展壮大、加大乡村建设行动支持力度、深入推进农村改革、加快智慧农业和大数据建设、巩固拓展脱贫攻坚成果、开展农村金融前沿研究7个方面开展合作	明确强化高标准农田建设、开展现代种业金融服务、支持乡村产业发展壮大、支持农业农村绿色发展、支持农产品仓储保鲜冷链物流设施建设、支持乡村建设行动和县域城乡融合发展、支持农村集体经济组织发展壮大、做好深化农村改革金融服务、巩固拓展脱贫攻坚成果、集中支持国家乡村振兴重点帮扶县等16项具体合作任务
2	中国工商银行	围绕巩固拓展脱贫攻坚成果同乡村振兴有效衔接、粮食和重要农产品供给保障、现代乡村产业体系、乡村建设行动、智慧农业建设、农村改革6个方面开展合作	明确了巩固拓展脱贫攻坚成果、做好定点帮扶工作、加大粮食安全和重要农产品供给的金融支持力度、支持农业产业融合发展、创新金融产品和服务支持农业供应链发展、支持新型农业经营主体发展壮大、支持实施乡村建设行动、支持智慧农业和智慧农村发展、支持建立完善农村产权确权登记和流转交易等配套机制、支持新型农业经营主体信用评价体系建设、加快县域渠道布局下沉服务农村金融、开展金融服务乡村振兴重大问题研究12项具体合作实施方案
3	中国建设银行	围绕服务国家粮食安全战略、巩固拓展脱贫攻坚成果、助力农民增收致富、支持乡村产业发展壮大、推进绿色农业发展、推动乡村建设行动6个方面开展合作	支持国家乡村振兴重点帮扶县、支持农户生产经营发展、支持农产品产地冷藏保鲜设施建设、助力乡村治理水平提升等具体合作任务
4	中国农业发展银行	围绕巩固拓展脱贫攻坚成果同乡村振兴有效衔接、推进农业现代化和乡村建设行动等重点领域开展合作	明确了保障粮食和生猪等重要农产品有效供给、研究制定支持乡村振兴重点帮扶县的专门政策和举措、探索和推广高标准农田建设投融资模式、打好种业翻身仗、加大金融创新推动乡村产业发展、研究制定推进乡村建设行动的金融支持方案、推动供应链金融支持农业经营主体发展等11项具体任务
5	中国银行	围绕抓好粮食生产、扩种大豆油料、保障重要农产品供给、支持农业国际合作、持续巩固拓展脱贫攻坚成果、合力推动乡村发展、大力支持乡村建设、加快促进乡村治理等方面开展合作	提出加快推进现代乡村产业体系建设、助力农业对外开放、支持国家乡村振兴重点帮扶县发展、做好定点帮扶工作、服务城乡融合及农村消费升级、积极推进农业农村绿色发展、完善金融支农支小服务渠道布局等13项具体合作任务
6	交通银行	围绕持续巩固拓展脱贫攻坚成果、扎实推动定点帮扶工作、提升粮食和重要农产品供给保障能力、推动构建现代乡村产业体系、大力支持乡村建设行动方面开展合作	提出了抓住种子和耕地两个要害、服务新型农业经营主体、推进一二三产业融合、支持农业特色场景金融服务等具体合作任务
7	中国邮政集团	围绕农产品流通、农村消费、农村公共服务供给、智慧农业建设、新型农业经营主体发展壮大、农村金融服务体系建设6个方面重点领域展开合作	明确了扩大农产品销售规模、稳定增加涉农信贷投放、健全县乡村三级物流体系、助力新型农业经营主体高质量发展、加大农村基础设施建设投入、健全农村公共服务平台、推动农业农村大数据对接应用、做好"中国农民丰收节"等节庆活动和支持新疆开展村级农业技术综合服务站建设9项具体合作实施方案
8	中国人保集团	围绕农业保险高质量发展、巩固拓展脱贫攻坚成果、助力农村数字化建设和积极服务国家"双循环"战略4个方面开展合作	提出了支持高标准农田建设和制(繁)种发展、促进生猪牛羊等畜禽生产平稳发展、探索开展农业全产业链保险等具体合作任务
9	中国太保集团	围绕新型农业经营主体也服务小农户,落实好农业大灾保险、三大粮食作物完全成本保险和收入保险等方面开展合作	开展保险各方面服务
10	中华联合保险集团	聚焦保险服务乡村振兴重点领域和薄弱环节开展合作	开展保险产品创新、技术与服务模式创新
	……		

各涉农经营主体，以产品展示推广、供需诉求、金融支持等为主要内容，以"平台+撮合+金融"为模式，政、银、农等多主体参与，结合产业融合发展项目平台与工行平台进行系统对接和数据共享，通过工行农业产业链客户资源、服务网络及"兴农撮合"服务平台，帮助经营主体拓展产品、项目、技术、资金等合作渠道，为项目顺利推进、取得实效提供支撑。该活动共撮合项目300多项，融资500多亿元，较好地解决了经营主体融资难问题。

（4）加快促进经营主体与金融机构有效对接

为贯彻落实农业农村部党组"我为群众办实事"实践活动部署安排，2021年5月，农业农村部启动新型农业经营主体信贷直通车活动（以下简称"信贷直通车"），帮助解决经营主体的难事、烦心事。信贷直通车服务大致分为四步。第一步，主体申请。经营主体扫描二维码，填报信贷需求；第二步，核验推荐。农业农村部依托新农直报系统、家庭农场名录系统和国家企业信用信息公示系统，核验申报信息真实性并推荐给金融机构；第三步，信贷服务。农担和银行办理授信；第四步，反馈结果。金融机构向直通车反馈服务结果。信贷直通车得到了中国政府网、国务院客户端等的支持，将其活动纳入全国政务服务内容。经营主体在家动一动手指，扫一扫二维码就有人联系沟通金融服务需求，大幅提升了融资便捷性，得到了经营主体和金融机构的积极响应和好评。截至2021年底，共有67 927个经营主体提出申请，并获得授信18 870笔，授信金额达130多亿元。同时，还先后开展了系列专项信贷活动，为灾后农业复产、高素质农民培育、农产品产地仓储冷藏保鲜设施建设等开辟了专属信贷绿色通道，加大了信贷支持。

（5）积极探索金融支农服务模式

近年来，各地探索形成了一批符合农业农村特点的金融服务模式，对促进解决农业贷款难、贷款贵、风险高等问题发挥了重要作用。为了更好地总结农村金融创新经验，本着覆盖区域广、信贷投放量大、风险防控机制合理等方面，推选出"政银担""政银保"等10个金融支农创新十大模式（表12-15）；另外还建立了"银税互动""银信互动"贷款机制，推行了小额信用贷款、保单质押贷款、农机具和大棚设施抵押贷款等。着力发挥了融资担保的作用，强化担保融资增信功能。各地应结合示范区实际选择适宜模式，确定金融资金的投入规模。

此外，浙江还启动了"惠农补贴、惠农保险、惠农信贷、惠农担保、惠农基金"+农业农村项目库的"5+1"信贷模式，协同推进"政银担险基"一体化金融惠农直通车建设，便于支持乡村振兴战略实施。

第12章 重点工程项目谋划专项研究

表12-15 金融支农创新十大模式

序号	创新模式	运作方式	典型案例
1	"政银担"模式	是指政府、银行、担保机构充分发挥各自优势,密切分工协作,政府扶持或直接出资设立担保公司,对符合条件的农业信贷项目予以担保,银行再发放贷款	国家农业信贷担保联盟有限责任公司已挂牌成立,33个省(自治区、直辖市、计划单列市)农业信贷担保公司已组建并开始向县市延伸,一个多层次、广覆盖的全国农业信贷担保体系初见雏形
2	"银行贷款+风险补偿金"模式	是指由财政资金建立风险补偿金,合作银行向新型农业经营主体提供无担保、无抵押、低成本、简便快捷的贷款,当出现不良贷款时,按约定程序和比例从财政风险补偿金中予以补偿	江西的"财政惠农信贷通"是此类模式的典型代表。2014年,江西省、市、县三级财政筹集引导资金15亿元存入合作银行作为风险补偿金,合作银行按不低于财政风险补偿金的8倍发放贷款。在风险补偿上,按照银行实际放贷规模核定财政风险补偿比例,放贷规模越大补偿比例越高
3	"政银保"模式	是指保险公司为贷款主体提供保证保险,银行提供贷款,政府提供保费补贴、贴息补贴和风险补偿支持,通过财政、信贷、保险三轮驱动,共同扶持新型农业经营主体发展	广东佛山市三水区于2008年最先提出"政银保"模式。上海、山东、河北、福建等多个省份都出台了相关政策文件,推广"政银保"模式
4	"两权抵押贷款"模式	是指农村承包土地的经营权抵押贷款和农民住房财产权抵押贷款。其中,农村承包土地的经营权抵押贷款,是以承包土地的经营权作抵押,由银行向农户或农业经营主体发放贷款。农民住房财产权抵押贷款,是在不改变宅基地所有权性质的前提下,以农民住房所有权及所占宅基地使用权作为抵押、由银行向住房所有人发放贷款	2016年,经全国人大常委会授权,人民银行会同相关部委确定了232个农地抵押贷款试点县(市、区)和59个农房抵押贷款试点县(市、区)。中国农业银行、中国邮储银行等金融机构创新推出了"两权+第三方担保"、农村多产权组合抵押、农房小额保证保险贷款等多种信贷产品,900余家地方金融机构建立了专项信贷管理制度
5	"农村信用社小额信贷"模式	是指农村信用社以农户的信誉为基础,在核定的额度和期限内向农户发放的无需抵押、担保的贷款	海南省农信社联社推出的"一小通"小额信贷是此类模式的典型代表。该模式经验也被其他小额贷款公司、村镇银行等微型金融机构广泛借鉴应用
6	"农产品价格指数保险"模式	是对农业生产经营者因市场价格大幅波动,农产品价格低于目标价格造成的损失给予经济赔偿的一种产品模式创新	截至2016年末,农产品价格保险试点地区已扩展至31个省份,试点品种包括生猪、蔬菜、粮食作物和地方特色农产品共4大类50种。部分地区在农产品价格指数保险的基础上创新推出"保险+期货"模式,利用期货市场分散价格波动的系统性风险
7	"农机融资租赁"模式	是指融资(金融)租赁公司以租赁综合服务商的角色将承租人、银行、经销商以及政府的各种资源实施链接和整合,承租人(农机大户、农机合作社)交纳一定的首付金(一般为总金额的30%)就可独立使用机械设备,剩余租金与利息分期偿付,全款付清后农机具所有权再转移到承租人	2015年在新疆棉花主产区开展了融资租赁试点,有力促进了大型采棉机的推广,提升了新疆棉花机采率。实践中,各地正积极探索将融资(金融)租赁模式推广应用到中小型农机具采购和设施大棚建设中
8	"双基联动合作贷款"模式	是指基层银行业机构与农牧社区基层党组织发挥各自优势,加强合作,共同完成对农牧户和城镇居民的信用评级、贷款发放及贷款管理	2015年4月,青海省出台《青海银行业"双基联动"合作贷款试点方案》,截至2016年12月末,青海开展"双基联动"合作贷款业务的网点达到390个,建立信贷工作室2 952个,贷款余额47亿元,惠及61万农牧民群众
9	"互联网+农村金融"模式	是指金融机构、产业资本等以互联网为载体,利用大数据、云计算、物联网等新技术,打破传统金融模式的时间、空间与成本约束,提升农户信贷可得性	以蚂蚁金服和京东金融为代表的电商背景的互联网企业,以新希望、大北农为代表的农业供应链服务商,以海尔产业金融为代表的产业资本,纷纷进入农村金融领域
10	"农业领域PPP"模式	是指通过政府与社会资本合作,发挥财政杠杆作用,引导社会资本积极参与农业农村公共服务项目的投资、建设、运营	2017年,财政部和农业部联合下发了《关于深入推进农业领域政府和社会资本合作的实施意见》,引导和鼓励社会资本参与农业绿色发展、高标准农田建设、现代农业产业园、田园综合体、农产品物流与交易平台、"互联网+"现代农业六领域

12.4.3 社会资本投入

推动示范区农业现代化，应根据各地农业发展实际，因地制宜探索投融资模式，可通过独资、合资、合作、联营、租赁等多种途径，也可采取特许经营、公建民营、民办公助等多种方式，激发社会资本参与示范区建设的积极性，支持乡村产业发展。下面推荐几种典型模式。

全产业链开发投入模式。支持农业产业化龙头企业围绕示范区主导产业进行全产业链开发，加强科技研发、规模化种养、加工流通、品牌营销等环节投入，聚焦比较优势突出的产业链条，补齐产业链条中的发展短板。支持龙头企业下乡进村，建分支机构、生产基地、加工厂等，发挥龙头企业的示范带动作用。

区域整体开发投入模式。支持有实力的社会资本，在符合法律法规和相关规划，以及尊重农民意愿的前提下，因地制宜探索区域整体开发模式，统筹围绕乡村基础设施与公共服务建设、高标准农田建设、产业融合发展等方面，进行整体化投资开发。

政府和社会资本合作模式。按照政府和社会资本合作相关文件要求，当地农业农村部门应加强对本地区农业投资项目进行系统梳理，筛选出适于采取PPP模式的重点项目，优先支持农业农村基础设施建设等有一定收益的公益性、稳定性项目，推广政府和社会资本合作（PPP）模式的实施路径，促进示范区重大项目顺利实施。

地方政府投资基金带动模式。结合当地发展实际，推动设立财政资金引导、金融机构大力支持、社会资本广泛参与、市场化运作的产业发展基金。鼓励有实力的社会资本结合地方农业产业发展和投资情况规范有序设立产业投资基金，充分发挥其在产业发展、基础设施建设等方面的引导和资金撬动作用。如浙江省2021年利用省级乡村振兴投资基金约16亿元，完成了7个项目的建设，并带动社会资本投资40多亿元。

紧密合作利益共赢模式。鼓励农民以土地经营权、水域滩涂、劳动、技术等入股，支持农村集体经济组织通过股份合作、租赁等形式，参与标准化生产基地、农业产业融合发展和休闲观光等项目建设。鼓励社会资本采用"龙头企业+合作社+农民""农民入股+保底收益+按股分红"等利益联结方式，与农民建立稳定利益共同体，让社会资本和农民共享发展成果。

12.4.4 项目库形成

综上所述，依据相关规划与支持政策，结合财政资金、金融机构和社会资本投入领域，最终形成示范区重点工程项目库，见表12-16，并以黄淮海平原某示范区为例进行说明。

表12-16 农业现代化示范区重点工程项目库谋划表

序号	项目名称	实施主体	建设地点、规模和内容	投融资方案
一	农业设施化推进工程			
1	高标准农田建设项目	地方政府	涉农基建农业生产发展专项，依据相关建设规划和资金申报书确定	政府直接投资
2	国家黑土地保护项目	地方政府		政府直接投资
3	现代种业提升项目	地方政府、育种企业		政府直接投资
4	大豆玉米带复合种植项目	经营主体		政府直接投资
5	油糖棉胶等保护区产能提升项目	地方政府		政府直接投资
6	制种大县补助项目	地方政府	转移支付产粮（油）大县专项方案确定	社会资本为主
7	畜禽养殖标准化示范场建设项目	经营主体	转移支付发展壮大乡村产业专项方案确定	社会资本为主
8	奶业振兴项目	经营主体	转移支付发展壮大乡村产业专项方案确定	社会资本为主
9	水产健康养殖示范区建设项目	经营主体	转移支付渔业发展专项方案确定	社会资本为主
10	优粮工程项目	经营主体	转移支付产粮（油）大县专项方案确定	社会资本为主
11	农业科技创新能力条件建设项目	科研单位	涉农基建农业科技创新条件建设项目储备	政府直接投资
12	农业机械化提升及农机装备研发项目	农机单位	转移支付农业生产发展专项实施方案确定	社会资本为主
13	田头冷藏保鲜设施建设项目	产地批发市场、企业等	转移支付培育新型经营主体专项中农产品产地冷藏保鲜冷链设施建设实施方案确定	社会资本为主，中央投资补助不超过50%
14	粮棉糖等储备仓储设施项目	储备库主体	涉农基建农业生产发展专项	政府直接投资为主，社会资本为辅
15	退化及污染耕地综合治理项目	地方政府	涉农基建农业生产发展专项	政府直接投资，社会资本为辅
16	农机购置补贴项目	合作社、家庭农场、农户等	涉农转移支付农业生产发展资金，依据《2021—2023年农机购置补贴实施指导意见》确定	社会资本为主，补贴不超过30%或35%
17	基层农技推广体系建设项目	地方政府	涉农转移支付农业生产发展—农业绿色发展专项实施方案确定	政府直接投资
18	沿海渔港建设项目	地方政府	涉农转移支付渔业发展专项实施方案确定	社会资本、金融资本为主，财政给予一定补助
19	海洋牧场示范区建设项目	地方政府		
	……			
二	农业园区化推进工程			
1	现代农业产业园	地方政府、企业、合作社等	涉农专项转移支付农业生产发展资金，地方政府债、产业发展基金、创业投资基金，按照申报通知文件确定	社会资本、金融资本为主，财政给予一定补助
2	优势特色产业集群			
3	农业产业强镇			
4	农业科技园区			

(续表)

序号		项目名称	实施主体	建设地点、规模和内容	投融资方案
5		农产品精深加工园	地方政府、企业、合作社等	地方财政资金、金融资金、社会资金，以实施主体申报方案为依据确定	社会资本、金融资本为主，财政给予一定补助
6		农村创新创业园区	科技创新团队	地方财政、金融资本	社会资本、金融资本为主，财政给予一定补助
7		"一村一品"示范村镇 ……	地方政府	地方财政、金融资本和社会资本	社会资本、金融资本为主，财政给予一定补助
三		农业融合化推进工程			
	1	国家农村产业融合发展示范园项目	地方政府、企业、合作社等	涉农基建农业生产发展专项，依据相关建设规划和资金申报书确定	
	2	农产品加工业提升项目	企业、合作社等	涉农专项转移支付农业产业发展资金，地方财政资金、企业自筹，以地方重大项目库实施主体申报方案为依据	社会资本、金融资本为主，地方财政给予一定补助
	3	区域性农产品产地仓储冷链物流设施建设项目	农产品批发市场、企业等	涉农基建农业生产发展专项、涉农专项转移支付农业产业发展资金，依据相关建设规划和资金申报书确定	
	4	农产品产地冷藏保鲜整县推进试点县	地方政府		
	5	田园综合体项目	企业为主	地方财政资金、金融资本、企业自筹，以项目申报方案为依据	社会资本、金融资本为主，地方财政给予一定补助
	6	乡村休闲旅游精品工程建设项目	企业为主	地方政府债、产业发展基金、创业投资基金，企业自筹资金，以实施主体申报方案为主	社会资本、金融资本为主
	7	农业生产社会化服务项目	地方专业化组织	涉农专项转移支付农业经营方案专项，实施主体申报方案为依据	社会资本、金融资本为主，地方财政给予一定补助
	8	新型经营主体培育项目	地方政府		
	9	高素质农民培训项目 ……	地方政府		
四		农业绿色化推进工程			
	1	耕地地力保护项目	地方政府		
	2	渔业资源或草场资源保护项目	地方政府		
	3	高效节水灌溉建设项目	地方政府	涉农专项转移支付农业资源及生态保护补助资金，按照资金使用办法编制	社会资本为主，财政给予一定补助
	4	绿色种养循环农业试点项目	地方政府、经营主体		
	5	农业生产"三品一标"提升项目	地方政府、经营主体		
	6	重点流域农业面源污染治理项目	地方政府、企业	涉农基建农业可持续发展（农业绿色发展）专项，依据相关建设规划和资金申报书确定	中央补助比例不超总投资的50%
	7	农业废弃物资源化利用项目	地方政府、经营主体	涉农转移支付农业资源及生态保护专项金，按照资金使用办法编制	社会资本为主，财政给予一定补助
	8	畜禽粪污资源化利用整县推进项目	地方政府、经营主体	涉农基建农业可持续发展（农业绿色发展）专项，依据相关建设规划和资金申报书确定	社会资本为主，财政给予一定补助

（续表）

序号	项目名称	实施主体	建设地点、规模和内容	投融资方案
9	"二品一标"优质农产品认定项目	经营主体	涉农转移支付农业产业发展专项，按照资金使用办法编制	社会资本为主，财政给予一定补助
10	动植物保护能力提升项目	地方政府	涉农基建农业可持续发展（农业绿色发展）专项，依据相关建设规划和申报指南确定	财政资金为主
11	农业绿色发展先行区建设项目	地方政府	涉农转移支付农业资源及生态保护专项金，按照资金使用办法编制	社会资本为主，财政给予一定补助
12	农产品质量安全保障项目	地方政府	相关工程建设规划为依据	财政资金为主
13	全产业链标准示范基地项目	地方政府		
14	重点作物绿色高质高效行动	地方政府、经营主体	涉农转移支付农业生产发展—农业绿色发展专项，按照资金使用办法编制	社会资本为主，财政给予一定补助
15	长江生物多样性保护项目	地方政府	涉农基建农业可持续发展（农业绿色发展）专项，依据相关建设规划和申报指南确定	财政资金为主
	……			
五	**农业数字化推进工程**			
1	全国、全省数字乡村建设试点项目	地方政府、企业	地方政府整合财政资金，金融资本、企业自筹资金，以申报方案为依据	社会资本为主，财政给予一定补助
2	"互联网+"农产品出村进城项目	企业、合作社等		
3	农业数字田园（智慧农场牧场渔场）	农民合作社、家庭农场、农业产业化龙头企业	涉农专项转移支付资金，地方财政资金、企业自筹，以项目申报指南为依据	总投资2 000万元以上，中央补助不超总投资50%，金额不超2 000万元
4	电子商务进农村综合示范项目	农民合作社、家庭农场、农业产业化龙头企业		社会资本为主，财政给予一定补助
5	农业大数据综合应用服务中心项目			
6	乡村信息基础设施升级项目	经营主体	涉农专项转移支付资金	社会资本为主，财政给予一定补助
7	数字农业创新中心（应用基地）	经营主体	涉农基建—数字乡村行动方案	财政资金为主
8	农村电子商务产业园	地方政府、经营主体	涉农专项转移支付资金	给予一定补助
	……			

12.5 研究结论

工程项目谋划是编制示范区方案的核心内容，也是大家感到比较头疼、棘手的方面。本研究结合创建任务相关方面，首先凝炼出各重点工程，再结合当地相关规划、投融资政策涉及的相关领域与方向，谋划每一工程下的相关项目，提出投资估算方法和融资渠道设想，并通过举例进行了具体阐述。由此可见，通过该项专题研究，对于加快实施示范区创建任务、顺利完成创建目标和厘清重点工程项目等方面，无疑具有重要的指导意义。其研究成果不仅适用农业示范区，同样适用于所有涉农规划相关方面内容的编制。

第四部分　案例分析篇

为了更好地理解、掌握和使用前面介绍的基础理论和编制方法，拓深拓宽方案编制思路，促进各地方案编制质量大幅度提高，本篇从第13章至第17章共5章，收集了20多个案例并从中挑选出7个有代表性的典型案例。其中，第13章主要结合粮食主产区分布特征，涉及东北、黄淮海和长江中下游三大平原，选择的是黑龙江、河南、江苏等相关市县三个粮食产业类案例；第14章主要结合南方丘陵山区地貌特征，选择的是江西省某县优势特色产业类案例；第15章主要结合大中城市郊区特征，选择的是北京市某区都市农业类案例；第16章主要结合发达地区发展条件，选择的是湖南省某市智慧农业类案例；第17章主要结合生态脆弱地区环境条件，选择的是青海省某县旱作农业类案例。这些案例都是以示范区发展实际为基础，根据案例分析的相关要求进行重点阐述，有时为体现规划的编制思路和流程，对相关资料进行了加工取舍，对部分数据进行了技术处理。因此，评价与分析结论不适于任何特定的案例，仅供从事示范区方案编制工作者参考。

第13章 平原地区的粮食产业类案例

主要围绕东北平原、黄淮海平原、长江中下游等平原粮食主产区，以典型市县为例阐述示范区创建方案编制的相关内容。

13.1 东北平原——以黑龙江省某市农业现代化示范区为例

13.1.1 编制背景

黑龙江省某市位于黑龙江省东北部，三大黑土平原之一——三江平原的腹地，是黑龙江粮食生产第一大县（市），也是黑龙江省耕地面积最大、粮食商品化率最高的县级地区，粮食产量连续5年位居黑龙江省县级地区第一位，连续17年获得"全国粮食生产先进市"称号。该市在推进以优质粮油产业为主导产业的农业现代化方面取得了卓越的成绩，目前已成功创建国家现代农业示范区、全国现代农业产业园、全国农业标准化示范县、全国生态农业示范县、国家农业机械化示范区、国家绿色农业示范区等。先后被有关部门评为"中国大豆之乡""中国东北大米之乡""中国玉米淀粉城"，被誉为"北国粮都"。该市农业现代化示范区以优质粮油为重点，探索和实现具有东北平原区域特点、符合粮食主产区实际需求、代表粮油产业高质量发展方向的国家级农业现代化示范区，并委托农业农村部规划设计研究院编制了《黑龙江省某市农业现代化示范区创建方案》（以下简称《方案》），该市为第一批创建成功的农业现代化示范区。

13.1.2 编制特点

（1）突出全省产粮第一县的贡献与优势

在创建优势部分重点强调该地区黑龙江省产粮第一大县地位，通过耕地总面积（920万亩）、占全国耕地面积的比重（1/200）、全省耕地面积比重（黑龙江省的1/20）等定量数据比对，突出该地区是全省耕地面积最大、粮食商品化率最高的产粮大市。强调该地农机总动力、田间综合机械化水平、"互联网+"高标准示范基地、粮食转化率等核心指标位于全省和全国前列。梳理了该市在粮食生产方面获得的荣誉，例如全国五个粮食生产功能区划定工作试点县之一，全国率先完成粮食生产功能区和重要农产品生产保护区划定工作获得省部表彰，以及全国粮食生产先进县、中国大豆之乡、中国东北大米之乡等称号。从多角度、通过不同类型数据指标、佐证材料，论证了该市在粮食安全方面的代表性、突出贡献和示范意义。

（2）全文聚焦"两个要害"

针对粮食类型示范区的发展建设需求，创建方案全文聚焦"两个要害"，把提高农业综合生产能力放在更加突出的位置。在创建思路方面和战略导向上强调切实打牢种子耕地基础，深入实施种业振兴行动，加强黑土地保护，示范推广"黑土地·绿农业"模式。在创建任务方面，落实积极推广应用新品种，加强种源技术攻关能力，开展智能育种，持续推进高标准农田建设，改善农田设施条件等。围绕"两个要害"谋划了高标准农田建设项目、东北黑土地保护项目、高标准农田核心示范区配套工程、寒地三大作物制种基地等工程项目，总投资超过15亿元，占示范区总投资的1/3以上，保障了示范区粮食产能目标的实现。

（3）设计基于全产业高质量发展的"五化"发展模式

创建方案在统筹考虑该市自然资源禀赋、农业基础条件和产业特点的前提下，围绕农业现代化发展的关键节点和薄弱环节制定重点任务，配套落地性好、引领性强的重点工程，进一步完善要素集聚、组织方式、工作机制，创建具有东北平原区特点、符合粮食主产区实际、代表粮油产业高质量发展方向的农业现代化道路，形成可复制、可推广的路径模式。创建方案按照"提档升级，效率为先"的思路，设计了"大基地大设施大加工"模式，引领农业设施化发展；按照"集聚要素，集群发展"思路，设计了"园区汇企业、企业强产业"模式，引领农业园区化发展；按照"强链为主，紧密联结"思路，设计了"种—加—转—销—游"三产融合模式，引领农业融合化发展；按照"产业发展，绿色先行"思路，设计了"黑土地·绿农业"模式，引领农业绿色化发展；按照"生产智能化、营销网络化"的思路，设计了"数字基地+数字园区"模式，引领农业数字化发展。

（4）千方百计破解粮食主产区农民增收难题

针对粮食生产比较效益低、种粮户增收难度大等问题，从延长产业链、提高规模化水平、创新粮经循环模式等方面入手，千方百计提高种粮农户收入，打造和示范粮食主产区农民增收新模式。例如，"向机制要效益"模式，即粮油加工企业与种粮户建立合作型、股份型、订单型利益联结机制，推广"土地流转+优先雇用+社会保障""农民入股+保底收益+按股分红""订单收购+分红"等多种利益联结方式；"向规模要效益"模式，即建设农业生产性服务示范中心和农业生产托管服务站，实施小农户生产托管服务，促进工程推广农业生产托管服务，打造全程托管示范镇、示范村；"向加工要效益"模式，即依托区域充足的玉米、大豆和稻米资源和国家级龙头企业资源，提高玉米淀粉、饲料、制药及以腐竹、豆腐、豆干、人造肉为主的大豆休闲食品、专用米、速食米饭、米汉堡等产品加工能力，开展发展变性淀粉生产，开发葡萄糖浆、麦芽糖浆、蛋白肽、植酸钙等食品类精深加工产品，拉动产业链整体增值，让农户分享更多二三产业收益。

13.1.3 精选章节

黑龙江省××市农业现代化示范区创建方案

（创建期：2021—2023年）

☑ 粮食产业　　□ 优势特色产业
□ 都市农业　　□ 智慧农业
□ 旱作农业　　□ 其他_____

第一章　发展现状

……

第二章　创建条件

（一）基础条件

1. 农业生产结构不断优化

农业种植方面，在保稳产、保增产的同时，瞄准市场需求，帮助农户比较分析各类作物成本效益，调整粮食作物种植品种，重点发展高适口性水稻品种、玉米专用品种、高油高蛋白大豆品种种植。全市粮食作物播种面积557万亩，其中水稻播种面积191万亩……。畜牧养殖方面，结合全市畜牧业发展实际，着力调优畜牧养殖结构，积极恢复生猪产能，推进牛、羊标准化养殖……。水产养殖方面，以提高水产品质量为重点，发展质量效益型渔业……。全市现已形成粮经饲统筹、种养加一体、农牧渔结合的生产结构。

2. 设施装备水平区域领先

高标准农田建设提标扩面，以粮食生产功能区和重要农产品生产保护区为重点，以土地平整、土壤改良、灌溉排水与节水设施、田间道路等为建设内容，累计建成高标准农田160万亩。……农田基础设施扎实，大力实施防洪、除涝、灌溉工程，累计建设堤防150千米。……机械化水平进一步提升，全市拥有农机总动力151.83万千瓦……是黑龙江省农机装备和运用水平较高的市（县）之一，被农业农村部列为全国农业机械化示范区、全国平安农机示范市。科技支撑强劲有力，先后与黑龙江省农业科学院水稻研究所、某市分院、玉米研究所、园艺研究所等科技团队开展科技共建、院市共建，建成农业科技服务中心（专家大院）、农科院××农业科技创新中心。农业技术推广服务体系健全，建设完善市、镇、村三级推广服务中心，建成多个农业技术示范基地。……

3.产业链条建设健全完善

种植业标准化生产水平高，积极推广"龙头企业+新型农业经营主体+基地"发展模式，引导和支持农户、新型农业经营主体与龙头企业通过合作经营、订单种植等方式，按照龙头企业技术规程和原料标准进行专用品种种植，全市90%以上的耕地已成为龙头企业的原料生产基地，保证了农产品品质。……

4.农业经营体系不断完备

新型经营主体发展壮大，该市大力培育新型经营主体，采取网上培训和现场指导的方式对合作社和家庭农场在账务管理、经营等方面进行指导。全市共有农民专业合作社275家，家庭农场15 219家，千亩以上种植大户207户，累计共有省级示范社9个、市级22个、县级39个，省级示范家庭农场14家、市级8家，带动全市土地流转面积达到289万亩，规模经营面积超过420万亩，分别占市属570万亩总耕地面积的50.7%和73.68%。……

5.农业绿色发展成效突出

黑土耕地保护体系健全完善，该市建立黑土耕地保护示范区20.52万亩，以整村或连片种植规模经营为核心，根据不同区域土壤和生产条件，因地制宜制定示范区技术方案，完善机制、突出模式、多措并举实施黑土耕地保护，有效提升土壤有机质含量，形成具有该市特色的黑土保护技术体系。……

（二）创建优势

1.黑龙江省产粮第一大县地位稳固

该市总耕地面积920万亩（其中市属耕地570万亩），占全国耕地面积的1/200、黑龙江省的1/20，是全省耕地面积最大、粮食商品化率最高的产粮大市。"十三五"期间，该市被确定为全国五个粮食生产功能区划定工作试点县之一，率先完成粮食生产功能区和重要农产品生产保护区划定工作。该市作为全国粮食生产先进县，"中国大豆之乡""中国东北大米之乡"，坚决扛起维护国家粮食安全的重大责任。

2.粮食生产机械化数字化水平全国领先

全市农机总动力达151.83万千瓦，亩均动力0.27千瓦，田间综合机械化水平99.1%。建设34个、总面积达到6.4万亩的"互联网+"高标准示范基地，配套田间物联网设备，实现基地农产品质量可追溯。依托现代农业综合信息服务中心，将示范基地与终端信息平台相连接，实现以信息化手段指导全市水稻生产。2018年完成自建平台"绿谷粮都"搭建，实现本地优质产品均线上销售，年电子商务交易额1亿余元。建成电商产业园，入驻企业达51家，2020年电子商务交易额近亿万元。

3.东北地区粮食加工仓储集散中心功能完备

全市粮食转化率为77.10%，分品种来看，水稻转化率为65.12%、玉米147.19%、大豆8.38%，已成为中国粮食加工转化中心。依托该市经开区500万吨铁路运输线和"铁海联运"运输服务体系，以及象屿农产、万里利达等企业的粮食仓储规模优势，全市及周边地区丰富的粮食资源迅速集聚，该市逐渐成为区域内粮食加工中心和中国北方粮油集散枢纽。

4.三大产业集群引领农业发展势头强劲

玉米精深加工重点聚焦玉米淀粉糖、氨基酸、生物制药等产业链延伸产品，积极创建省级玉米食品医药生化产业园区。大豆精深加工充分利用该市非转基因大豆资源优势，着力推进油脂、大豆调味食品、腐竹、大豆分离蛋白等大豆下游精深加工产业链条提质增效，形成东北地区乃至全国最大的玉米和大豆加工转化产业集群。以该市高新农业科技骨干企业为依托，支持华锦农机、朋伟农机、大宇农机等企业实施扩产改造、做大做强，逐渐形成产业集聚、门类齐全、功能完备的农机装备制造产业集群。

5.黑土地上的绿色农业发展模式特色鲜明

该市整合资源、形成合力，积极开展黑土耕地保护三年行动计划工作，建立黑土耕地保护示范区20.52万亩，开展多种农艺、农机措施增加土壤有机质、提高耕地质量，累计测土配方施肥面积达769万亩。全市570万亩耕地已全面积通过无公害农产品产地认定，建成有机食品原料生产基地3 750亩（大豆750亩、水稻3 000亩）、绿色食品原料生产基地400万亩（水稻150万亩、大豆100万亩、玉米150万亩）。

6.农业作为地方经济支柱产业，政府高度重视。……

（三）短板弱项

一是基础设施有待加强，该市依靠地方财政开展基础设施建设，由于财力资金有限，农田水利、村组道路、生活垃圾和污水处理等基础设施建设滞后；二是产业发展内生动力不足，由于土地流转和农资价格上涨，种植业综合成本上涨超30%，而农产品特别是粮食产品价格涨幅却落后于成本涨幅，农户种粮积极性降低；三是品牌竞争优势较弱，农产品物流特别是现代营销网络建设滞后，品牌小、散、杂，品牌影响力弱，在国内外具有较高知名度和市场占有率的领军品牌不多，实际市场竞争力较弱。

第三章　思路目标

（一）指导思想

以习近平新时代中国特色社会主义思想为指导，全面贯彻党的十九届和历届全会精神，深入贯彻落实习近平总书记在深入推进东北振兴座谈会上的重要讲话和考察黑龙江的重要指示精神。牢固树立新发展理念，落实高质量发展要求，以率先实现农业现代化为目标，以保障国家粮食安全和促进农民持续增收为核心，聚焦玉米、大豆等优势粮油产业，以健全现代农业产业体系、生产体系、经营体系为重点，以提高粮油产业质量效益和竞争力为主线,开展农业现代化示范区创建工作。探索和实现一条具有东北平原区域特点、符合粮食主产区实际需求、代表粮油产业高质量发展方向的农业现代化发展道路,领航东北地区农业现代化发展方向,为推进乡村振兴、加快中国特色农业农村现代化建设提供有力支撑。

(二)创建思路与创建模式

创建思路。在统筹考虑该市自然资源、农业基础和产业特点的前提下,围绕农业现代化发展的关键节点和薄弱环节制定重点任务,配套落地性好、引领性强的重点工程,进一步完善要素集聚、组织方式、工作机制,创建具有东北平原区特点、符合粮食主产区实际、代表粮油产业高质量发展方向的农业现代化道路,形成可复制、可推广的路径模式,推动该市率先实现农业现代化。

发展模式。依托该市耕地资源丰富、地势平坦、土地规模化和机械化水平高等基础优势,按照"提档升级,效率为先"的思路,聚焦标准化基地建设与管护、农机配套与升级、园区与仓储物流基础设施建设等关系生产效率提升的关键环节,示范推广"大基地大设施大加工"模式,引领农业设施化发展。

实施路径。一是依托该市经开区(即示范区核心区)基础设施完备、入园龙头企业多、加工仓储物流营销功能全等优势,按照"集聚要素,集群发展"的思路,聚焦优化布局、构建联动机制、加强商贸流通服务等吸引现代农业要素的关键环节,示范推广"园区汇企业、企业强产业"模式,引领农业园区化发展。二是依托该市玉米、大豆等主导产业链发育较为完善的基础优势,按照"强链为主,紧密联结"的思路,聚焦培育融合主体、丰富融合业态、联农带农等关键环节,示范推广"种—加—转—销—游"三产融合模式,引领农业融合化发展。三是依托该市气候、自然环境和黑土地优势条件,按照"产业发展,绿色先行"的思路,聚焦黑土地保护、农业废弃物资源化利用、种养循环等关键环节,示范推广"黑土地·绿农业"模式,引领农业绿色化发展。四是依托该市已建30余个万亩"互联网+农业"高标准示范基地和电子商务园区等基础条件,按照"生产智能化、营销网络化"的思路,聚焦信息化基础设施升级改造、生产经营数字化改造、大数据应用等关键环节,示范推广"数字基地+数字园区"模式,引领农业数字化发展。

(三)发展定位

立足东北全面振兴战略要求,坚决扛稳国家粮食安全重任,聚焦玉米、大豆等产业,强化基础设施建设,突出科技引领支撑,加快绿色发展转型,探索三江平原农业高质高效发展农业现代化路子。

中国粮都·绿色食都。依托黑龙江粮食生产第一大县(市)的优势,以推进粮食产业经济发展为主线，以培养创新龙头企业为重点，形成和示范适应东北平原特点和粮情的粮食产业经济发展模式，打造以优质粮油产业为支柱的县域经济体系。培育壮大粮食产业主体，创新粮食产业发展方式，推动"产购储加销"全产业链一体化发展，打造现代粮食产业经济发展高地，保障国家粮食安全。立足省委、省政府"把食品和农副产品精深加工产业做成全省第一支柱产业"的战略目标，发挥示范区玉米、水稻、大豆的绿色、有机和非转基因主产区优势，坚持"深加工建在粮仓里"的发展理念，着力发展壮大粮食精深加工全产业链，构建起百亿级绿色食品产业集群，做强绿色食品品牌，倾力打造"绿色食品之都"。

中国玉米大豆加工转化中心。按照"粮头食尾""农头工尾"的思路，依托"大豆"地理标志产品及"中国玉米淀粉城"的品牌效应，以象屿生化、金正油脂、福慧食品等大型龙头企业为引领，做精做深粮油产品加工转化。玉米精深加工重点聚焦玉米淀粉糖、氨基酸、生物制药等产业链延伸产品，积极创建省级玉米食品医药生化产业园区。大豆精深加工充分利用该市非转基因大豆资源优势，着力推进油脂、大豆调味食品、腐竹、大豆分离蛋白等大豆下游精深加工产业链条提质增效，打造东北乃至全国最大的玉米和大豆加工转化产业集群。

中国北方粮油集散枢纽。依托该市经开区500万吨铁路运输线，和"铁海联运"运输服务体系，将示范区建设成为粮油等大宗农产品集散基地和物流中心。同时，依托该市及周边地区丰富的粮食资源和现代化大农业优势，进一步放大以象屿农产、万里利达等企业为代表的粮食仓储规模优势，通过创新粮食收购方式、健全收购加工协作机制、建设粮食期货交割库等途径，着力完善粮食供应链，做大示范区粮食储备聚集区的地位，建立健全线下粮食交易市场和线上粮食交易平台，聚力打造区域粮食交易中心。

东北地区农机装备制造中心。……

现代农业全产业链数字化发展先行区。……

（四）发展目标

总体目标。到创建期末，以优质粮油产业为主导产业的现代农业产业体系健全高效，粮食总产量达到63亿斤（1斤=0.5千克，全书同），玉米产量60.35万吨，大豆产量40.7万吨，农产品加工业产值超过130亿元。现代农业生产体系实现全程机械化、规模化、绿色化，高标准农田建设面积超过310万亩，标准化粮油种植基地比重达到100%。现代农业经营体系基本完备，家庭农场和农民合作社等新型经营主体发展质量、专业化和集约化水平进一步提高，社会化服务体系实现全覆盖。

具体目标。该市应在农业现代化进程中发挥先进带头作用。根据示范区发展基础条件，对标全国先进水平和率先实现农业现代化的目标要求，制定创建目标。……

第四章 规划布局

（一）总体布局

综合考虑自然条件、经济发展水平、市场需求等因素，以农业资源环境承载力为基准，衔接国民经济规划和国土空间规划，构建优势区域布局和专业生产格局，提高农业生产与资源环境匹配度。以400万亩国家级绿色食品原料标准化生产基地为基础，以国家现代农业产业园为核心引领，整体系统整市推进农业现代化，打造"一核三区一带多点"的总体布局。"一核"即科研及加工物流核心区，"三区"即西部玉米标准化生产示范区、东部大豆标准化生产示范区和中部农文旅融合示范区，"一带"即哈同、三江高速沿线农业现代化示范引领带，"多点"即布局在示范区的农业科技园、农文旅融合示范点、黑土地保护示范点、数字农业示范点等多个农业现代化示范点（图13-1）。

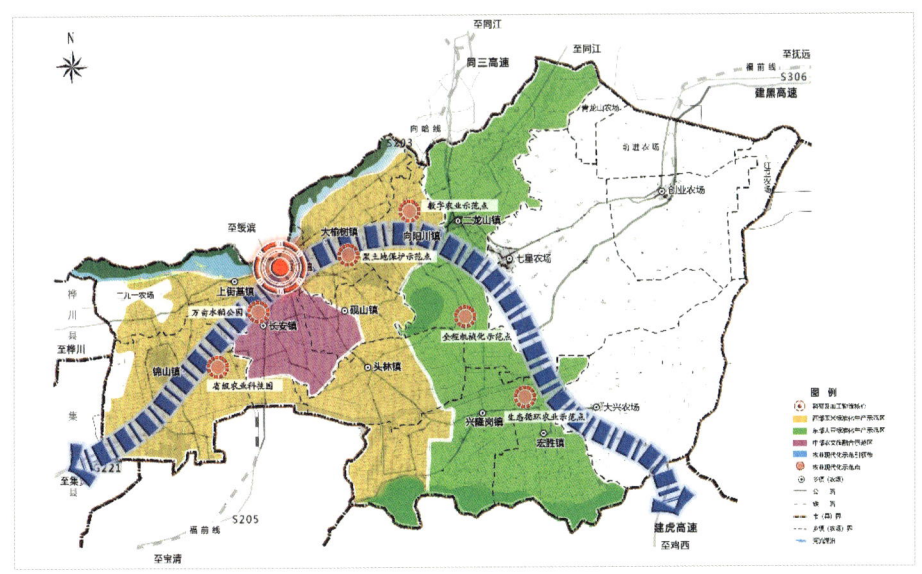

图13-1 空间分布示意图

（二）功能分区

1.科研及加工物流核心区。区域面积约68平方千米。（1）目标定位，以科技研发、粮油流通、原粮集散、商贸物流、农业服务、创业创新、电商交易为主导功能，促进要素集合、产业集聚、科技集成、服务集中，打造中国玉米大豆加工转化中心和物流集散中心。（2）发展方向，开展现代农业科技成果研发示范和推广应用，完善农业综合信息、金融、人才等服务体系，推动互联网、大数据、人工智能和实体经济深度融合，加快提升粮油精深加工水平，促进产城一体化发展。（3）建设重点……

2.西部玉米标准化生产示范区。区域面积约1 890平方千米。（1）目标定位，以玉米生产优质高效、新品种推广、新技术试验示范及推广应用为主要功能，促进玉米新品种、新技术、新模式的推广，调节种植结构，建成三江平原优质高效玉米标准化生产区。（2）发展方向，加快高淀粉、高赖氨酸、脱水快玉米品种和加工专用型玉米品种的推广，发展专用品种玉米标准化种植；开展绿色增产模式攻关，大力发展循环农业，推动规模化种植基地全程机械化作业及田间管理数字化。（3）建设重点……

3.东部大豆标准化生产示范区。区域面积约2352平方千米。（1）目标定位，以优质专业大豆规模化生产、大豆新品种推广、大豆种植生产新技术试验示范、绿色农业新模式推广为主要功能，促进大豆新品种、新技术、新模式的推广应用，建成优质高效大豆标准化生产区。（2）发展方向，推广种植高产、高蛋白食用和高油大豆品种，完善大豆标准化基地建设，推广全程机械化和绿色生态农业种植管理，提升基地农业现代化水平。（3）建设重点……

4.中部农文旅融合示范区。……

5.多个农业现代化示范点。……

第五章　创建任务

依据示范区创建目标，对标对表、挂图作战，聚焦设施化、园区化、融合化、绿色化、数字化，找差距、补短板、强弱项，明确创建任务，结合重点工程，将示范区创建工作抓紧抓实。

（一）加快基础设施提档升级，引领农业设施化

该市拥有耕地570万亩，已划定两区面积388.69万亩，但部分农田建设标准不高，配套设施不足。中低产田面积近300万亩，占耕地总面积的一半以上；全市建成高标准农田160万亩，仅占耕地总面积的30%，耕地灌溉面积占耕地面积的56.69%。农机装备和应用水平全国领先，田间综合机械化水平99.1%，大马力、智能化、农机与农机融合的装备有待提升。产业链条完善，产业园区基础设施有待进一步完善，粮食区域物流集散能力仍需提高。通过示范区创建，争取高标准农田面积覆盖"两区"60%以上，劳动生产率、土地产出率、资源利用率全面提高；粮食作物实现全程机械化，农机装备结构全面优化；产业链条延伸，粮油精深加工、仓储流通能力全面提升。

1.持续改善农田设施条件，建设标准化原料基地

以"两区"为重点，建设集中连片、旱涝保收、稳产高产、生态友好的高标准农田101.41万亩，建立形成"明确事权、改革产权、多元投入、建管结合"高标准农田建管机制。完善上街基镇7万亩高标准农田核心示范区配套设施，争取承办全国高标准农田建设现场会。及时将建成的高标准农田划为永久基本农田，实行特殊保护，防止高标准农田

"非农化""非粮化",稳定粮食生产能力。大力实施黑土地保护工程,完成"三减"面积超过130万亩。推进大中型灌区续建配套与节水改造、旱田高效节水灌溉工程建设。完成锦西灌区建设任务,改善灌溉面积52万亩,新增水稻58万亩。加强水稻育秧大棚、旱地节水灌溉等大田设施建设,提高大田种植设施装备水平。

2.大力推进农机装备转型升级,全面提升机械化水平

深入实施主要农作物生产全程机械化行动。鼓励现代农机合作社推广高性能、大马力、节能环保农业机械,不断优化农机装备结构,重点推广大马力拖拉机、免耕播种机、多功能联合整地机、玉米和水稻秸秆还田机械,率先在秸秆机械化处理、深耕深松、免耕播种、有机肥施用、作物精准施肥、高效低残留植保、谷物烘干等薄弱环节实现突破。推进机械化与农艺技术深度融合。推广适于生态、高产农艺技术的农业机械,探索和示范推广玉米、水稻、大豆等主要农作物生产全程机械化技术路线和模式,促进良种、良法、良地、良机集成配套。鼓励提升农机装备智能化水平,推广应用农机作业监测、远程调度等信息化服务平台,推进智能农机与智慧农业、云农场建设等融合发展,积极发展农用航空,规范和促进植保无人机推广应用,推动农业机械化的全程全面高质高效发展。

3.加快完善加工园区基础设施,提升园区承载能力

依托该市绿色食品加工业优势,以粮食加工、食品制造、生化医药、仓储物流、对俄罗斯进出口加工等为重点,做优该市经开区食品工业园;以粮食仓储及粮食深加工为特色,做强二龙山镇工业园;以秸秆综合利用为重点,培育长安镇工业园。着力补齐园区工业污水、垃圾集中处理设施等相关基础设施短板,加快推进经开区引松花江水入园、园区热电联产、公共管廊以及水电路网等基础设施建设,持续释放水、热、电、汽、物流等生产要素共享优势,全面增强园区承载能力和项目吸引力。

4.充分发挥粮食仓储规模优势,健全体系化物流网络

充分利用现有收储设施,积极引导粮食产后服务中心为种粮农民提供清理、干燥、储存、加工、销售等服务;依托象屿农产、万里利达等龙头企业,立足本地,辐射周边,做大做强粮食收储供应链,积极对接大连商品交易所,争取玉米指定交割仓库落地,尽快推进园区大豆交易中心、杂粮交易中心、农资交易市场、农机交易市场、废弃物资交易中心建设,打造区域粮食交易中心,增强在玉米等大宗粮食作物的市场定价话语权,培育价格形成中心功能。优化区域粮食运输线路的服务能力,提升佳抚公路建三江支线道路等级,支持万达工业园区投资发展有限公司建设铁路专用线扩建工程项目,支持香稻生物科技有限公司建设粮食物流产业园,围绕畜牧屠宰加工、对俄罗斯果蔬出口发展需求,加快建设功能完善的大型冷链物流中心,提升跨区域现代化配送能力,推进粮食生产加工仓储运销一体化。

（二）"一区多园"集聚要素，引领农业园区化

1.推动园区差异化发展，优化产业布局。……

2.创新联动发展机制，推进要素聚集、主体集中。……

3.深入实施产业兴村强县示范行动，推进产村融合。……

4.发挥粮食仓储规模优势，构建三江平原区域性粮食交易中心和价格形成中心。……

（三）打造优质粮油全产业链，引领农业融合化

1.壮大新型经营主体实力，培育多元融合主体。……

2.做强粮油精深加工，拓展关联产业。……

依托区域充足的玉米、大豆和稻米资源，稳定传统产品加工，依托象屿集团、万里利达、金正油脂、福慧食品等龙头企业，稳定玉米淀粉、饲料、制药及以腐竹、豆腐、豆干、人造肉为主的大豆休闲食品、专用米、速食米饭、米汉堡等传统产品加工能力，支持食品生产企业推进清洁生产，淘汰落后产能，稳步提升产品加工量及销售量。支持企业与科研单位开展联合攻关，重点开发燃料酒精、氨基酸和以蛋白肽、食品添加剂为主的大豆蛋白系列产品等延链补链产品，力争每年增加2~3个精深加工新产品。积极拓展工业、医药类等精深加工，改造提升淀粉生产线，适当发展变性淀粉生产，开发葡萄糖浆、麦芽糖浆、蛋白肽、植酸钙等食品类精深加工产品，柠檬酸、抗生素、米糠蛋白、肌醇、谷维素等医药类精深加工产品，以及大豆异黄酮、大豆卵磷脂、大豆膳食纤维等功能性保健品。

3.跨界配置农业和现代产业要素，发展多类型融合业态。……

4.大力发展合作制、股份制、订单制，创新利益融合方式。……

5.全面推广农业生产托管服务，引领小农户对接现代农业。……

（四）坚决保护黑土地，引领农业绿色化

1.强化资源环境保护

大力实施黑土地保护，持续提升耕地质量。全面贯彻落实《东北黑土地保护规划纲要（2017—2030年）》《东北黑土地保护性耕作行动计划（2020—2025年）》和《黑龙江省黑土地保护性耕作行动方案（2020—2025年）》，制定实施《××市黑土地保护耕作实施方案》，守住耕地红线，遏制耕地"非农化"、防止"非粮化"。扩大黑土地保护利用试点范围和规模，依托秸秆还田机械和免耕播种机械等大型机械，推动玉米、大豆等秸秆覆盖还田免耕和秸秆覆盖还田少耕。保护区内每个乡镇因地制宜建设1个5 000亩以上的黑土地保护利用示范区和创新示范区，展示黑土地保护新技术、新成果、新产

品。开展秸秆还田、有机肥施用、轮作休耕、深松耕地、测土配方施肥、高标准农田等多种农艺、农机措施,科学指导种植作物品种,增加土壤有机质,分类推广成熟的黑土地保护模式,构建黑土耕地保护长效机制。建立黑土地保护利用监测评价体系,完善耕地质量长期定位监测点建设,加快推进耕地质量检测评价数据信息系统建设,为科学评估试点成效提供技术支撑。

落实耕地轮作休耕任务。按照黑龙江省每年耕地轮作和耕地休耕的面积任务要求,水稻休耕试点以灌区田间配套工程建设项目区、地下水超采区、井灌稻区主,兼顾其他缺水及低洼易涝稻田地区,加强地力保护和管理;轮作试点继续推广"一主多辅"种植方式,以玉米与大豆轮作为主,与小麦、杂粮等轮作为辅,推广"三三轮作"制度和"一翻两免"为核心的保护性耕作制度,建立科学的耕作栽培制度,促进生态环境改善和资源永续利用。

积极发展节水灌溉。强化水资源消耗总量和强度双控行动,实行最严格的水资源管理制度,以水资源承载能力为基本前提,以水定需、量水而行,从严控制地下水开采,合理确定农业发展目标和农业生产布局。在水资源超载区,退减不合理灌溉面积。不同部门投入的取用地下水建设项目,必须申请办理取水许可。严格控制井灌稻发展并逐步减少面积,推广水稻节水控灌技术,增加有效灌溉面积。调整种植结构,减少旱地耗水作物种植,推广旱作节水技术发展喷灌、滴灌、坐水种等节水灌溉技术,转变用水方式,解决旱作区农田季节性干旱问题。

2.加强农业面源污染防治。……

3.推进低碳循环发展。……

4.加强质量安全监管。……

（五）加快推进信息技术应用,引领农业数字化

1.以提档升级为重点,加强农业信息化基础设施建设。……

2.以生产和经营智能化为重点,加快数字化改造。……

3.以管理高效和服务便捷为方向,推进大数据应用。……

4.以全产业链数字化为目的,打造"数字基地"+"数字园区"新模式。……

……

第六章　重点工程项目

……

第七章　支持政策

（一）资金支持政策……

（二）用地保障政策……

（三）金融扶持政策……

（四）科技支撑政策……

（五）人才激励政策

依据《××市支持人才创新创业新政》《××市引进急需紧缺人才暂行办法》等相关政策文件，落实人才培养与引进的优惠政策，以人才引领支撑产业转型升级，最大限度激发和释放人才创新创业活力，为农业现代化示范区发展建设提供人才支撑。对入驻园区的人才创业项目，及回乡创业（科技推广类、生产加工类项目）投资50万元以上的优秀人才，给予用房补贴、税费减免、创业贷款等政策扶持。继续实施创新强市、品牌强市、人才强市"三大举措"，借助近几年该市实施创新创业人才"支持工程"、优秀人才"兴富工程"、企业经营管理人才"提升工程"的经验成绩，继续营造良好的创业创新环境。设立高层次人才引进专项资金，纳入市财政预算，专款专用，用于高层次人才的引进、补贴和补助等，开辟服务绿色通道，发放"人才绿卡"，为引进人才落实待遇提供"一站式"服务，对贡献突出的优秀人才给予表彰和奖励。

（六）农村改革政策

……

（本案例由朱晓禧、王能波和魏蔷郦等编制团队提供）

13.2 黄淮海平原——以河南省某县农业现代化示范区为例

13.2.1 编制背景

河南某县是国家粮食生产大县，黄淮海地区优质小麦主产区、全国重要的辣椒产销基地。该县先后被评为全国粮食生产先进县、全国农业标准化示范县、国家粮食核心区产粮大县、国家新增粮食生产能力千亿斤规划重点县、河南省基本农田保护示范县、全国生猪调出大县、河南省乡村振兴示范引领县、河南省县域治理"三起来"示范县和全国休闲食品之都。近年来，该县坚决扛牢保障粮食安全的重任，在探索农业现代化路径、创新发展模式、引领发展方向上责无旁贷。为了能够在国家粮食安全和重要农产品供应方面发挥更加坚实的保障作用，探索和实现具有黄淮海平原区域特点、符合粮食主产区实际需求、代表高质量发展方向的农业现代化发展道路，该县县委县政府决定举全县之力，积极申创国家农业现代化示范区，引领河南省及黄淮海平原地区农业现代化发展方向。并委托农业农村部规划设计研究院编制了《河南省××县农业现代化示范区创建方案》（以下简称《方案》），该县成功创建为第二批全国农业现代化示范区。

13.2.2 编制特点

（1）以国家级龙头企业为"引擎"，量身设计发展模式

该县汇聚有4家国家级龙头企业，对于县级地区而言，在全国也是很少见的。其中，河南××集团公司是全国知名的农产品加工和食品生产大型企业，对当地农业的引领作用十分显著。全县各类农产品加工企业达到1 229家，其中规模以上农产品加工企业120家，年实现销售收入200多亿元，农产品就地加工转化率达90%以上。因此，该县紧紧抓住这一优势，以国家级龙头企业为引领，开展示范区创建工作，拉动粮食全产业链高质量发展和价值链快速增值。《方案》为该县量身打造了在国家级龙头企业引领下的"小麦辣椒全产业链高效发展'2335'雁阵模式"，为示范区建设设计了高效能"引擎"

（2）以三链同构为"框架"，制定"聚二构三推五"发展路径

《方案》依托国家强筋小麦产业集群、省级辣椒现代农业产业园和"互联网+平台"等优势，探索出一条具有黄淮海区域特点、符合粮食主产区实际需求的农业现代化发展道路，谋划具体建设路径。方案聚焦小麦、辣椒"两大"主导产业，以多家国家级龙头企业为带动，着力延伸产业链、提升价值链、打造供应链，实现"三链同构"，进而以培育壮大新型农业经营主体、推进农村农业产业融合为重点，以农业科技为支撑，健全现代农业产业、生产、经营"三大体系"，并围绕基地建设、农机配套、数字化改造等关键环节，推进农业设施化、园区化、融合化、绿色化和数字化"五化"发展。《方案》打造了一整条围绕两大产业-主抓三链同构和三大体系建设-推动现代农业"五化""聚二构三推五"

发展的路径，为示范区建设制定了明确的时间表、任务图。

（3）立足大食物观，推动主导产业向精深加工发展

借助河南强筋小麦产业集群创建契机，按照"粮头食尾，农头工尾"的思路，在稳定小麦、辣椒种植面积的基础上，做宽小麦加工，支持金龙面业、南街村面业等企业，围绕烘焙、膨化类产业需求，进一步扩大优质粉、专用粉加工规模；推进面粉等主食制品工业化生产、社会化供应，增加多元化、定制化、个性化产品供给；积极发展速冻水饺、方便面快捷食品，开发高档及多维营养馒头、挂面、鲜湿面等主食加工产品，为发展预制食品基础。做精辣椒加工，充分发挥中大天然、南德等企业主体作用，积极引进海底捞、老干妈等一批有实力的辣椒深加工企业，重点开发辣椒精、辣椒素等深加工产品，迅速提高辣椒精深加工能力。

（4）立足现状分布，推动示范区空间结构不断优化

统筹考虑自然资源条件、社会经济条件、产业发展等因素，以农业资源环境承载能力为基准，衔接相关上位规划，构建优势产业区域布局和专业生产功能区，提高农业生产与资源环境的匹配度。以小麦、辣椒产业为基础，以河南强筋小麦优势特色产业集群、国家及省市县四级现代农业产业园体系、国家兴村强镇项目、国家循环种养业试点、国家数字乡村试点县建设为引领，重点打造"一核两轴四区多园"的总体布局。其中"一核"即科技创新与加工物流发展核；"两轴"即农业产业功能拓展轴、颍河生态农业示范轴；"四区"即东部的麦椒全产业链发展区、西部的颍河现代生态农业协同发展区、北部的绿色高效农产品保供区和南部的农文旅融合发展先行区。"多园"包括伟宸生态农业园、顺琪现代农业精品园、盛田生态农业园、辽城实业有限公司、佳卓农业示范园等各类农业园区。

（5）以复合种植模式为"钥匙"，破解种粮增收难题

该县作为黄淮地区粮食主产县，相较于东北地区粮食主产区而言，从自然资源条件和规模效益上都相对较差，若想破解粮食产区增收难题必须从模式和机制上下功夫。除前文提到的推进粮食精深加工、加快一二三产业融合发展外，在一产环节大力推广复合种植模式，可以让种粮农民直接增加生产经营性收入，是破解增收难题的最直接、最快速的手段。该县依托"中国供销·豫中"辣椒电商物流产业园——集辣椒交易、批发、物流、仓储、加工、配送于一体的专业化产业园区，并且是全国具有较大影响力的辣椒产业基地、贸易中心和定价中心这一优势，大力推行"麦椒套作"模式，有效提高了种粮农户的收益。目前全县已建成标准化麦椒套作种植区40万亩，麦椒套种占到麦播面积的60%以上，比传统纯麦种植亩均增收2 000元以上。

13.2.3 精选章节

河南省××县农业现代化示范区创建方案

（创建期：2022—2024年）

☑ 粮食产业　　□ 优势特色产业
□ 都市农业　　□ 智慧农业
□ 旱作农业　　□ 其他_____

第一章　发展现状

……

第二章　创建条件

（一）基础条件

1.农业生产基础扎实

……

2.设施装备区域领先

……

3.产业链条健全完善

农产品加工业地位突出。该县是全国休闲食品之都、中国好粮油示范县，食品产业被列入全省"百千万"亿级优势产业集群培育计划，县产业集聚区入围河南百亿产业集群30强。全县各类农产品加工企业达到1 229家，其中规模以上农产品加工企业120家，年实现销售收入204亿元，农产品就地加工转化率达到90%。全县年加工粮食能力达240万吨，是全县粮食总产量的4倍；休闲食品日产量7 800多吨，在全国县区中达到"5个领先"。该县已形成以南街村集团为龙头的粮食加工、以北徐集团为龙头的生猪肉食品加工、以龙云集团为龙头的蔬菜加工、以杜南木业为龙头的木材加工、以中大生物为龙头的小辣椒深加工、以联泰为龙头的休闲食品加工六大省级农业产业化集群。

……

（二）创建优势

农业全产业链发展"××模式"独树一帜。该县扎实推进农业产业化经营主体高质量发展，成效显著，已培育了4个国家级龙头企业、11个省级龙头企业，优势主体数量和综合实力在全国区县位居第一。以龙头企业为引领培育了6个农业产业化联合体，不断推进小麦、辣椒产业集群化发展，现已形成以南街村集团为龙头的粮食加工、以龙云集团为龙头的蔬菜加工、以中大生物为龙头的小辣椒深加工的产业集群，成功招引中澳物流等大型冷贮加工企业入驻，实现了主导产业的全方位优化升级。2021年5月，全国农业全产业链建设现场推进会在该县召开，农业农村副部长刘焕鑫和河南省副省长武国定出席会议并讲话，对河南省开展"三链同构、农食融合"，打造农业全产业链的相关工作进行了肯定，并认为"漯河是河南打造农业全产业链的典型，在破解稳粮保供与促进乡村产业难以两全、保护耕地与乡村产业用地难以两全、农民种粮与农民增收难以两全等乡村产业发展难题方面树立了样板、作出了示范"。

小麦生产加工能力全国领先。该县坚持"粮头食尾、农头工尾"的发展思路，以小麦原料基地为基础，着力构建小麦从田间地头到厨房餐桌的全产业链，年加工小麦130万吨，加工转化能力达90%，在全国县区中达到了领先水平。积极拓展产业融合互动，依托南街村集团、金源工贸公司、金龙面业等龙头企业丰富加工产品类型，先后开发了保鲜湿面、速冻饺子及面包专用粉等产品；加大休闲食品加工力度，生产的休闲零食占国内零食市场份额的30%，被誉为全国唯一的"中国休闲食品之都"。

辣椒交易物流中心地位稳固。该县作为特色农产品"小辣椒"的主产地，年交易辣椒近12万吨，是豫中南地区最大的小辣椒产销基地。近年来不断转变传统交易模式，致力于打造全国辣椒中转站、批发站和流转站，搭建了辣椒开放式物流电子线上交易中心，为辣椒期货交易、智能化仓储物流等提供平台场所。通过电商、期货等现代化的手段有效扩大了辣椒市场的辐射范围，成为老干妈、阿香婆等企业的原材料供应地，不断形成在规模和现代化水平都具有领先地位的"标杆型"辣椒交易中心。

麦椒套种模式稳粮增收保生态。该县依托小麦、辣椒两大主导产业，坚持"夏保粮食、秋促增收"，发展麦椒套种种植模式，麦椒套种占麦播的60%以上，探索出了平原农区保障粮食安全和促进产业效益双结合的发展之路，具有良好的经济效益、生态效益和社会效益。一是提高了土地利用率，夯实粮食安全和重要农产品保障基础；二是有效解决了粮食生产比较效益低的问题，比传统纯麦种植亩均增收2 000元以上；三是通过降低病毒病、疫情发病指数等有效减少了农药的施用，提升了农业绿色发展水平，发挥良好的生态功能。

数字农业发展成为全国"领跑者"。该县作为首批国家数字乡村试点县，不断探索数字农业发展新模式，农业产前、产中、产后信息化服务水平领跑全国。现已建成"一云、两中心、三平台、N个系统"为重点的智慧农业"互联网+平台"，全县农业科技进步贡献率达80%以上，远超全国平均水平。示范推广5G智慧辣椒种植模式，通过"5G+

智慧耕种""5G+智慧管理""5G+智慧运营"的发展路径,联农带农富农效果明显。随着"数字大脑"的谋划实施,农业产业数字化进程进一步加快,对全国智慧农业示范带动作用将有质的提升。

(三)短板弱项

该县农业现代化建设虽然已经取得了非常突出的成效,但仍然存在一些问题。

一是设施装备还有待进一步提升。 虽然高标准农田建设比重较高,但是较早建设的一批高标准农田建设标准较低,设施年久失修问题也陆续开始出现,需要加强管护和改造。

二是亟须推进要素向园区集中。 该县虽然已建有数量众多、功能各异的各类园区,但是园区的专业化程度和现代化水平还不高,现代生产要素集中度还不够,需要进一步提升园区配套基础设施水平,制定吸引企业和人才的相关政策。

三是亟须创新产业融合发展模式。 该县一二三产业融合发展初具成效,但是农旅融合、文旅融合的融合度较低,区域内农业博览园、休闲采摘、科普教育、农事体验等项目建设有待加强完善,产业融合发展的平台和机制还需要进一步完善和提升。

第三章 思路目标

(一)创建思路

……

(二)功能定位

中国休闲食品之都。 按照"粮头食尾,农头工尾"的思路,充分发挥该县小麦、辣椒、农产品加工等产业规模大、实力强的优势,依托县内国家级和省级农业产业化龙头企业,以及60余个知名品牌、中国驰名商标、著名商标和名牌产品,做大、做强、做精休闲食品产业。……

中国小麦产业链第一强县。 借助河南强筋小麦产业集群创建契机,发挥产业集群领头羊的示范带动作用,在稳定小麦种植面积的基础上,坚持市场导向、适应性种植、比较优势的原则和布局区域化、经营规模化、生产标准化、发展产业化的基本思路,突出品种改良、品牌培育、品质提升,重点发展优质专用强筋小麦,并形成专种、专收、专储、专用和经营规模化、产销加一体化的产业格局,推动小麦产业高质量发展,力争成为中国小麦生产加工第一县。

中原地区数字农业样板。 依托该县"一云两中心三平台N系统"建设基础,推广该县创建国家数字乡村试点县的先进经验成果。继续坚持数字赋能、共享共通,构建数字乡村服务平台,加快该县数字乡村中心建设。继续推进"5G+智慧农业"、农村电商、基层数字化治理等工作。并在此基础上不断提档升级,大力发展数字农业、智慧农业,不断拓展延伸智慧农业功能,打造小麦、辣椒智能化全产业链,引领中原地区数字农业发展。

中国辣椒价格形成中心。继续建设完善中国供销·河南××县辣椒市场，打造全国最大的辣椒全产业链市场。支持经营主体从事辣椒初加工、商品化处理、烘干保鲜，以及辣椒半成品、辅料、包装及衍生产品加工，打造全国最大的辣椒加工产业集群。加快建设"中国供销·豫中辣椒"电商物流产业园和"颍山红"辣椒开放式物流电子线上交易中心，构建以辣椒为主的农产品线上电子交易平台，建设期货交易大厅、大连商品交易所辣椒期货交割仓，配套建设智能化仓储、流转库、物流等设施。打造全国最有影响力的辣椒交易集散中心和加工中心、最大的辣椒单品交易市场、最权威的定价中心，带动提升全国辣椒交易现代化水平。……

（三）模式路径

模式要义。该县为全国粮食生产先进县、国家粮食核心区产粮大县和首批国家数字乡村试点县等，通过打造"麦椒套种"种植模式，走出了一条平原农区保障粮食安全和促进产业效益双结合的发展之路。示范区依托国家强筋小麦产业集群、省级辣椒现代农业产业园和"互联网+平台"等优势，探索出一条具有黄淮海区域特点、符合粮食主产区实际需求的农业现代化发展道路，即在国家级龙头企业引领下的"小麦辣椒全产业链高效发展'2335'雁阵模式"（图13-2），引领中原地区农业现代化发展。

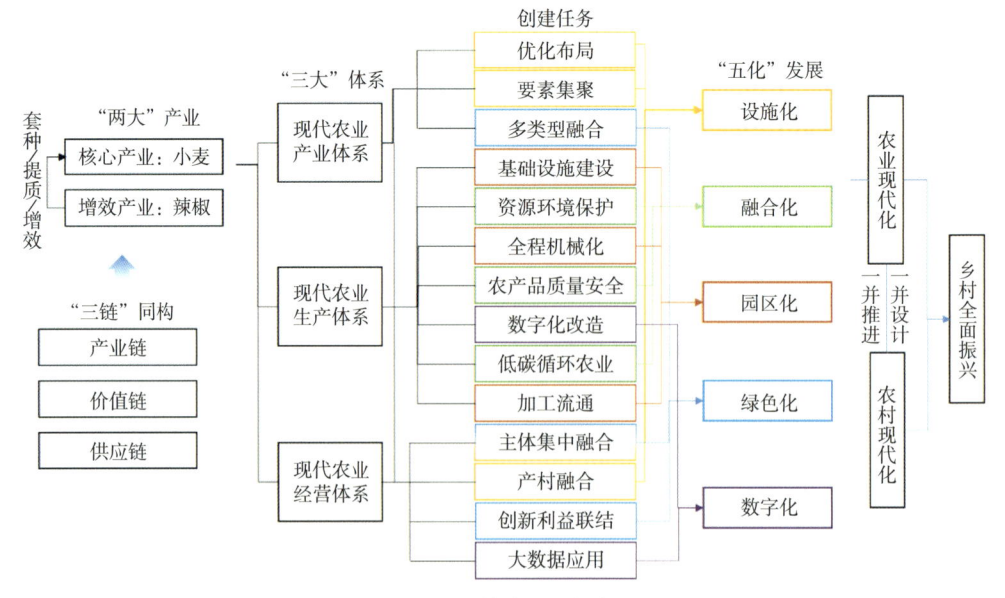

图13-2 模式路径框架

实施路径。一是聚焦"两大"主导产业。即为小麦、辣椒两大产业。二是实现"三链同构"。以多家国家级龙头企业为带动，着力延伸产业链、提升价值链、打造供应链，推动农业转型提质、产业融合发展，实现"三链同构"。三是健全"三大体系"。

主要以培育壮大新型农业经营主体、推进农村一二三产业融合为重点,以标准化、规模化小麦辣椒种植基地为依托,以农业科技为支撑,健全现代农业产业、生产、经营"三大体系"。四是推动农业"五化"发展。围绕标准化基地建设、农机配套升级、农业数字化改造等关键环节,推进农业设施化、园区化、融合化、绿色化和数字化"五化"发展。五是创新体制机制。将农业现代化纳入乡村振兴战略中统筹考虑,建立政府推动、上下联动、社会支持的农业现代化工作体系,做好领导机制、推进机制和考核机制的衔接;并以建设农业现代化示范区为载体,把农业现代化和农村现代化作为一个整体一同谋划、一体设计、一并推进,通过提高村集体收入促进村集体经济发展。

(四)创建目标

……

第四章 规划布局

(一)总体布局

统筹考虑自然资源条件、社会经济条件、产业发展等因素,以农业资源环境承载能力为基准,衔接国家和省市县级国民经济和社会发展第十四个五年规划和2035年远景目标纲要、农业农村现代化规划、乡村振兴战略规划、国土空间规划等上位规划,构建优势产业区域布局和专业生产功能区,提高农业生产与资源环境的匹配度。以小麦、辣椒产业为基础,以国家优势特色产业集群(河南强筋小麦)、国家及省市县四级现代农业产业园体系、国家兴村强镇项目、国家循环种养业试点、国家数字乡村试点县建设为引领,加强组织领导,强化要素保障,紧盯一流水平,整体、系统推进全县农业现代化,打造"一核两轴四区多园"的总体布局(图13-3)。"一核"即科技创新与加工物流发展核;"两轴"即农业产业功能拓展轴、滨河生态农业示范轴;"四区"即东部的麦椒全产业链发展区、西部的现代生态农业协同发展区、北部的绿色高效农产品保供区和南部的农文旅融合发展先行区。"多园"包括生态农业园、现代农业精品园和农业示范园等各类农业园区。

(二)功能分区

1.一核。位于城关镇。(1)目标定位。以科技研发、集成创新、现代物流、电商交易、商贸服务、产品展销为主要功能,促进产业集聚、科技集成、服务集中、要素集合,打造中国小麦加工流通中心和辣椒电子商务服务中心。(2)发展方向。加强农业科技创新平台服务功能,着力开展现代农业科技成果研发示范和推广应用;夯实农业现代化发展基础,完善农业综合信息、金融、人才等服务体系;推进农业发展科技赋能,促进互联网、大数据、人工智能等现代信息技术与农业产业深度融合;加快提升小麦、辣椒精深加工水平。(3)建设重点。……

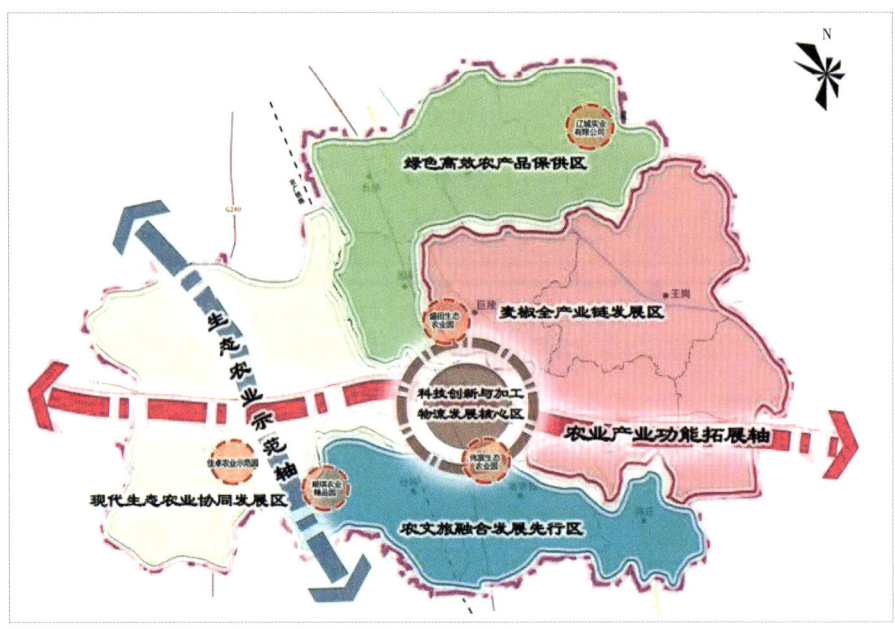

图13-3 示范区总体布局示意图

2.两轴。具体包括农业产业功能拓展轴和滨河生态农业示范轴。……

3.四区

（1）**麦椒全产业链发展区**。区域范围区域面积约为133.33平方千米。①目标定位。以推进物质条件和技术的现代化为重点，整合麦椒全产业链优势资源，用先进的科学技术和生产要素装备农业从良种繁育到加工流通全过程。创新产业链运行模式，搭建服务小农户的市场化体系，实现农业全产业链资源要素畅通、利益联结紧密的发展要求。②发展方向。打造育繁推一体、产加销一体的麦椒生产、加工、销售"一条龙"的全产业链发展区，是展示小麦、辣椒良种新品种、先进生产技术、全产业链发展模式的窗口，黄淮海地区乃至全国麦椒间作套种的样板区。③建设重点。……

（2）**滨河现代生态农业协同发展区**。区域面积约为66.67平方千米。①目标定位。以绿色循环农业为核心发展方向，以优质专用小麦生产为主导产业。……②发展方向。推广种植优质高产高效小麦品种，完善小麦标准化基地、规模化畜禽养殖场、畜禽粪污资源化利用项目建设，构建生态循环种养模式。③建设重点。……

（3）**绿色高效农产品保供区**。区域面积约为180.49平方千米。①目标定位。该区是小麦以及辣椒等"菜篮子"产品的供给保障区，依靠较为成熟的现代农业生产技术、绿色农业发展模式，生产高品质、有市场竞争力的优质特色农产品。②发展方向。以绿色化、适度规模化、标准化为方向，推进集约化、优质化发展，实行数量质量并重，提高组织化程度，全面提升小麦、以辣椒为主的蔬菜产业发展质量和市场竞争力，促进农业高质高效和产销对接。③建设重点。……

（4）农文旅融合发展先行区。……

4.多园

结合该县现有农业资源，规划布局现代农业生产、农文旅融合示范、生态农业保护等多类型、多业态农业现代化示范点，深化农业产业化龙头企业、农业专业合作社、家庭农场与种养大户的联结机制……

第五章 创建任务

（一）加强设施装备建设，示范引领农业设施化

全县耕地88万亩，其中已建成高标准农田面积82.58万亩，高标准农田覆盖率达93.84%，示范区创建期间继续改善农田基础设施，实现高标准农田全覆盖，打造全国万亩方高标准粮田样板基地。推进现代农机装备示范应用，实现主要农作物全程机械化。完善加工仓储流通体系，农产品流通效率显著提高，到创建期末农产品加工产值与农业总产值比达到4.7∶1，农产品加工转化率达到94%以上，食品工业产值突破475亿元。健全科技支撑体系，建设省级以上工程技术研究中心20个以上，打造农业现代化科技研发和应用高地，全县农业科技进步贡献率达到75%以上。

1.提升农田设施条件，打造全国高标准粮田样板区

实施新一轮高标准农田建设。 响应国家藏粮于地战略，加快土地整治和中低产田改造。到创建期末，支持相应乡镇新建和改造提升集中连片、旱涝保收、高产稳产、生态友好的高标准农田10.24万亩，在瓦店镇建设万亩高标准粮田示范方1个。

深入开展耕地质量提升行动。 实施新增千亿斤粮食田间工程，完善农田水利、节水灌溉、防护林网、气象监测、防灾减灾等基础设施。探索开展"耕地轮作休耕试点"，提升耕地地力，提高土地产出率和产品优质率，夯实粮食稳产基础。开展耕地轮作休耕制度试点2万亩，推广种地养地和综合治理相结合的生产技术模式。

加快建设绿色食品原料基地。 打造绿色食品加工"第一车间"，支持相应乡镇，打造高产高效粮食基地和特色农业基地，全县发展小麦、玉米绿色高质高效原料基地50万亩，建成标准化麦椒套作种植区30万亩，订单种植专用优质小麦40万亩。

2.加快农业领域"机器换人"，全面提升机械化水平

实施农业生产全程机械化整县推进行动，推动粮食等主要农作物生产全程机械化，争创全国主要农作物全程机械化示范县。针对粮食和特色农业规模化经营、标准化生产需求，推广大型拖拉机及复式作业机具、大型高效联合收割机等高端智能农机装备。联合洛阳一拖集团共同研发5G无人驾驶拖拉机、直播机、施肥机、收获机，实施5G智慧农机作业。鼓励发展无人植保飞机、秸秆粉碎利用、粮食烘干及耕作施肥一体机等新型农

机装备,促进主要农作物耕种收综合机械化水平超过94.5%。

3.完善加工仓储流通体系,提高农产品流通效率

提升加工设施装备水平。……

大力推进冷链物流体系建设。……

打造大型农产品交易集散基地。……

4.强化现代农业科技支撑,集成示范先进技术装备

强化农业科技创新平台建设。围绕粮食、小辣椒、食品加工等特色优势产业,重点依托行业龙头企业,加强院士工作站、重点实验室、工程技术中心、博士后科研流动(工作)站、良种产业化基地等各类农业科技创新平台建设,构建具有全县特色的农业科技创新体系。到创建期末,建成国家级工程技术研究中心1个、省级工程技术研究中心20个。

推进农业科技协同创新应用。加强与中国科学院、中国农业科学院、中国食品添加剂和配料协会、中国食品工业协会、河南省农业科学院、中国农业大学、北京大学现代农学院、江南大学等省内外农业高等院校、科研院所、食品协会等合作力度,围绕休闲食品、小辣椒等特色优势产业发展关键领域和薄弱环节,加强协同创新和联合攻关。充分发挥河南省休闲食品协同创新中心作用,努力建设全国休闲食品研发基地,打造食品企业布局中原的首选之地。探索建设全县科技成果转化服务平台,推动实现跨机构、跨区域的农业技术交易信息共享与协同合作。

创新农技推广体制机制。以农技推广站为依托,大力开展农技推广服务,探索采取"专家+农技指导+基地+农户""产业+团队+项目+基地"等方式,积极开展技术创新与推广应用。建立完善乡镇农技站综合管理服务平台、农技推广信息交流平台等基层农技推广管理信息系统。大力推广测土配方施肥、病虫害绿色防控等先进实用技术应用,开展全过程生产服务。

(二)推进产业集聚发展,示范引领农业园区化

通过示范区创建,还需大力实施园区"二次创业",以科技示范、产业融合、产业开发等为重点,着力打造产业园和特色镇,将该县打造成为小麦、辣椒产业中心和乡村产业兴旺引领区,为农业现代化建设提供有力支撑。……

(三)着力打造产业链,示范引领农业融合化

1.做强农产品加工业,打造全国知名产业集群

做宽小麦加工,支持龙头加工企业,围绕烘焙、膨化类产业需求,进一步扩大优质粉、专用粉加工规模。推进面粉等主食制品工业化生产、社会化供应,增加多元化、定制化、个性化产品供给。积极发展速冻水饺、方便面快捷食品,开发多档次、多品种的高档及多维营养馒头、挂面、鲜湿面等主食加工产品,加快主食产业化生产和商品化供应的步伐。做精辣椒加工，以"延链、补链"为重点，充分发挥加工企业主体作用，积极引进海底捞、老干妈等一批有实力的辣椒深加工企业，重点开发辣椒精、辣椒素等深加工产品，迅速提高辣椒精深加工能力，提高产品附加值。支持各类新型农业经营主体从事小辣椒初加工、烘干保鲜，涵盖辣椒半成品、辅料、包装及衍生产品加工的辣椒加工产业集群。鼓励企业开拓"中央厨房"新模式，高水平建设"国人厨房"。适应功能化、营养化、便捷化消费趋势，积极推进主食制品工业化生产，建设大型主食生产加工配送中心，发展直接面向厨房、餐桌的速冻米面食品、常温面制食品、菜肴式食品、营养快餐等。积推广"生产基地+中央厨房+餐饮门店""生产基地+加工企业+商超销售""作坊置换+联合发展"等新模式，发展农产品生产、保鲜加工、直销配送、餐饮服务等一体化经营。以北徐、双汇、雨润等龙头企业为引领，以专业化、规模化、集约化畜禽养殖基地为依托，大力发展香肠、火腿肠、冷鲜肉、风味休闲食品等肉制品加工业，打造肉制品加工产业集群。

2.提升农产品现代流通业，打造中国辣椒交易中心

积极构建"生产基地+批发市场+零售市场+物流配送+电子商务"农产品流通新模式，加快农产品批发交易市场、产地直销配送市场等建设，重点推进辣椒市场、大蒜批发市场建设，在特色优势农产品领域培育一批区域性、全国性的大型农产品交易集散基地。……

3.优化乡村休闲旅游业，推进农文旅深度融合

充分挖掘该县文化旅游资源、生态资源优势，突出农耕文化、乡土文化和民俗文化特色，创新发展"农业+旅游""生态+旅游"等产业体系，打造红色、绿色品牌形象，全面提升该县旅游产业的影响力、辐射力和带动力。……

（四）发展生态循环农业，示范引领农业绿色化

强化绿色导向、标准引领和质量安全监管，坚持绿色兴农，品牌强农，提升绿色发展和生态资源保护机制，实现农业生态环境良性循环。……

（五）加快发展智慧农业，示范引领农业数字化

聚焦小麦、辣椒产业链和供应链，以产业数字化、数字产业化为发展主线，以数字技术与农业农村经济深度融合为主攻方向，以数据为关键生产要素，着力建设基础数据资源体系，加强数字生产能力建设，加快农业生产经营、管理服务数字化改造，以联泰数字农业为主积极推广大田数字农业发展，实现数字技术与农业产业体系、生产体系、经营体系融合。……

……

（本案例由本院的朱晓禧、王能波和魏蔷郦等主要编制人员提供）

13.3 长江中下游平原——以江苏省某市农业现代化示范区为例

13.3.1 编制背景

习近平总书记在江苏调研时指出，江苏农业发展要力争在全国率先实现农业现代化。江苏某市是著名的"鱼米之乡"，连续12年被评为全国粮食生产标兵县（市），是全国十大产粮县之一、中国河蟹养殖第一县（市）、中国果蔬脱水加工第一市，入选"全国农村一二三产业融合发展先导区""国家级田园综合体"。其"××县垛田传统农业系统"是江苏省唯一的全球重要农业文化遗产，经中国科学院地理研究所评估价值687亿元。该市农业现代化水平全省领先，有条件在全国率先实现农业现代化。该市市委、市政府高度重视"三农"工作，根据农业农村部、财政部、国家发展改革委联合印发的《关于开展农业现代化示范区创建工作的通知》（农规发〔2022〕17号）要求，积极创建农业现代化示范区。为了保障农业现代化示范区申报和创建工作的顺利进行，该市政府委托农业农村部规划设计研究院编制了《江苏省××市农业现代化示范区创建方案》（以下简称《方案》），该市成功获得第二批全国农业现代化示范区。

13.3.2 编制特点

（1）优势分析精准到位

《方案》是国家农业现代化示范区创建的重要依据，《方案》精准贴合对示范区创建条件的具体要求，从该市农业生产结构优化、全产业链建设水平区域领先、科技装备区域领先、经营体系较为完备、绿色发展成效突出、政策支持保障有力、城乡融合度较高和载体建设成效明显八方面准确的分析了示范区优势，突出了该市在链条强融合化方面农产品加工能力全省一流、在数字强智慧化方面农业科技先行全国第一、在质量强标准化方面粮食食品安全成效显著的特点，证明该市在有农业现代化发展上具有代表性和引领性。

（2）思路目标科学合理

综合考虑该市资源禀赋、区位条件、农业农村发展基础等因素，《方案》研究提出将该市着力打造成江苏粮仓、区域优质水产品供应基地和全国农业高质高效示范样板，具体为"两地（江苏粮食安全保供基地、区域优质水产品供应基地）、一城（国健康食品产业名城）、两区（国家农文旅融合发展先行区、江苏城乡融合发展先行区）"。并且《方案》立足本地发展实际，从农业产出水平、产业结构、技术装备、绿色发展、经验管理、支持保护6个方面26个小类科学设置了创建期的创建指标和目标值，做到可量化、可考核、可实现。

（3）模式路径代表性强

农业现代化示范区申报和建设工作，是为了通过探索不同类型的农业现代化发展模式积累经验，探索路径，示范引领同类地区农业农村现代化加快发展。《方案》重点总结了该市农业现代化示范区发展路径，即搭建产学研合作机制、施标准化生产、推动三产融合发展、畅通区域协调机制发展。并且，提炼了该市"内外源双轮驱动"发展模式，即依托该市区位条件、资源禀赋和产业基础，以农业科技现代化为手段，通过内源性要素挖潜和外源性要素集聚，协调共促、有效联动，推动该市农业发展提档升级，实现高质高效。该模式主要适用于粮食主产区、国家粮食安全产业带，通过科技引领，有效提升和巩固粮食产能，保障粮食和重要副食品供应安全；通过集聚农产品加工物流业，有效促进延伸产业链、提升价值链、打造供应链，实现粮食安全与农业增效协调发展，为破解我国"高产穷县""粮财倒挂"问题提供解决方案。

13.3.3　精选章节

江苏省××市农业现代化示范区创建方案

（创建期：2022—2024年）

☑ 粮食产业　　□ 优势特色产业
□ 都市农业　　□ 智慧农业
□ 旱作农业　　□ 其他＿＿＿＿

第一章　发展现状

……

第二章　创建条件

（一）优势条件

1. 主导产业优势明显

粮食单产和总产名列前茅。 该市粮食种植以稻麦两熟为主，常年水稻种植面积120万亩以上、小麦种植面积105万亩以上，粮食单产、总产一直位居江苏省前两名。2016年某镇百亩攻关方平均亩产982.3千克，其中最高产田块亩产达1 051千克，创造稻麦两熟条件下机插水稻百亩方单产全国纪录。

特色渔业规模全国领先。该市拥有全国规模最大的"中国河蟹第一市场",成立了全国唯一中国河蟹互联网产业联盟。通过设施渔业、生态修复、健康养殖、科技创新的有机融合,大力发展多元化综合养殖,生态立体种养结合,建设鱼稻共作和蟹鳜混养、鱼虾混养、青虾高效生态养殖、生态河蟹5个全国农业标准化示范区,有些重点乡镇成为"中国河蟹之乡",建成国内首家"中国河蟹博物馆"、全国休闲渔业示范基地。

2.农产品加工流通水平全国领先

农产品加工业形成集群发展态势。全市拥有农产品加工龙头企业108家,其中国家级3家、省级24家、市级81家。农产品加工业与农业总产值比达到3.1∶1,形成了粮食、果蔬、调味品三大农产品加工集中区。

粮食加工流通方面。拥有全国最大的粮食交易市场之一的某市粮食交易市场,具有国内先进水平的大米加工企业54家,其中,国家级龙头企业2家、省级龙头企业6家、泰州市级龙头企业13家,企业资产投入近8亿元,其中固定资产6.6亿元,年加工能力700多万吨。2021年实现销售75亿元,农产品加工转化率达到85%。稻米交易量达486.68万吨,交易额达80.16亿元。全市国有企业粮食仓容110万吨、民营企业粮食仓容40万吨,80%的仓库配备了温湿度调控系统,已形成稻谷订单种植、仓储、烘干、加工、销售为一体的产业链条,有效优化了粮食加工链条。

水产品加工流通方面。拥有"中国河蟹第一市场",已建成13个具有一定规模和影响的水产品批发市场,该市河蟹市场成为"全国最大的河蟹交易中心和最具影响力的价格形成中心",编制发布中国唯一的河蟹价格指数。水产品交易市场年交易量达10多万吨、年交易额达100多亿元。水产品加工增值成效显著,拥有水产品深加工企业和电商销售企业100多家。全市水产养殖类冷库共有283座,冷库面积达23 404.5平方米。

食品调味品加工方面。拥有江苏省唯一的省级农副产品精深加工区,2011年被农业部认定为第一批国家农业产业化示范基地,2016年获批"省级特色产业集群"。2017年与中国食品工业协会建立战略性合作,获得"中国食品工业强市"国字号招牌,2018年与中国食品工业协会合作共建"中国健康食品产业创新基地";与中国农业大学签订战略合作协议,在该市建成"中国农业大学健康食品产业研究院"。建设"中国唯一、世界第一"调味品产业集聚区,叫响中国调味品之乡品牌。现已成功招引调味品企业273家。

果蔬加工方面。拥有全国乃至亚洲最大的脱水果蔬加工基地,被认定为"首批省级农产品加工集中区"、江苏省"十佳农产品加工集中区",成为"中国果蔬脱水加工第一县",年加工脱水蔬菜干制品15万多吨,建成出口蔬菜备案基地5 668亩,脱水蔬菜出口65个国家和地区,覆盖了整个东南亚地区,开拓了欧盟、美国、韩国、日本、俄罗斯等五大销售市场。……

3.休闲农业世界知名

该市是中国十大乡村旅游目的地、国家生态示范区、全国休闲农业与乡村旅游示范市。培植了千垛菜花、水上森林、徐马荒原生态、沙沟古镇等特色休闲农业品牌,从事观光农业的经营主体160家,其中农业主题公园5家、观光采摘园38个、休闲农庄20个、星级农家乐70多个。该市"垛田传统农业系统"被原农业部认定为第一批中国重要农业文化遗产,被联合国粮农组织列为"全球重要农业文化遗产",是江苏省唯一的全球重要农业文化遗产。该市成功举办千垛菜花旅游推广活动和品蟹美食节。与央视等权威媒体合作,先后制作了《太空蔬菜上餐桌》《种出来的风景》《垛田垛出财富来》《农田餐桌——垛田边上蟹味浓》等专题节目在央视播放,扩大了该市休闲农业的知名度、影响力。

4.科技装备区域领先

高标准农田比例较高。 该市是国家农业产业化示范基地、全国绿色食品原料(水稻、小麦)标准化生产基地,2011—2021年,全市累计投入资金25.76亿元,建成高标准农田134.59万亩,占全市耕地面积的71.18%,高标准农田粮食产能均提高20%。农田水利设施建设力度大,累计投入资金10亿元,推进以闸站配套、圩堤加修、小农桥改造、河道疏浚、节水灌溉等为重点的农田水利建设,重点建设了粮食生产功能区和现代高效农业生产基地,全市节水灌溉面积占比15.63%。

农机化水平全省领先。 该市是省级粮食生产全程机械化整体推进示范县、全国主要农作物生产全程机械化示范县。2021年全市农机总动力达到131万千瓦,农作物耕种收综合机械化水平83.07%,其中,粮食作物耕种收综合机械化率更是达到98.33%。绿色农机比重加大,乘坐式插秧机、大中型拖拉机、粮食烘干机械保有量分别达到2 156台、1 945台和1 566台。

智慧农业发展亮点纷呈。 该市建立"互联网+农户+龙头企业+合作组织+基地"联结机制,全市物联网应用基地62个。区内规模设施栽培总面积达5万亩、规模设施畜禽养殖总量达600万头(只)、规模设施水产养殖总面积达28万亩,拥有江苏省智能农业示范园区。数字化管理水平迈上新台阶,全市130家物联网应用主体接入江苏省物联网应用平台,全产业链监管监测等方面采用数字化管理达到80%。该市与阿里巴巴集团签署了数字农业建设战略合作协议,发挥信息化对农业经济的引领作用。与南京农业大学共建了智能农作应用示范基地,与全国车联共建了车载信息无人农机试验示范基地。

农业科技创新与转化水平较高。 该市稻麦机械化、轻简化栽培方式与精确定量栽培技术、农产品精深加工与综合利用技术、虾蟹混养生态共作技术等方面的科技成果处于全省领先水平。与中国科学院地理科学与资源研究所、中国农业科学院、江苏省农业科学院、中国农业大学、南京农业大学、上海海洋大学、扬州大学等科研院所签订长期合作协议，在该市成立了中国农业大学健康食品产业研究院、中国健康食品产业创新基地、扬州大学乡村振兴研究院以及中国科学院李文华研究员、扬州大学张洪程教授等院士工作站，常年有科研和技术团队驻扎该市，为该市水稻品种培育、大米品牌推广、农产品加工以及综合生产能力提升提供指导和服务。

5.经营体系较为完备

龙头企业实力强劲。全市108家农业龙头企业中，主板上市企业1家，12家龙头企业在江苏股权交易中心"农业版"成功挂牌。多数企业担任"链主"，牵头构建农业产业化联合体，共创建市级以上示范联合体14家、省级示范联合体5家。全市农业龙头企业实现销售收入370亿元、利税24亿元，同比增长11.8%、6.8%，全年农产品出口额超1亿美元。……

土地流转规模比重大。全市农村土地流转面积119.16万亩，占农户承包耕地比重79.1%，农业规模经营比重达90%以上。其中18个乡镇（街道）土地流转面积达3万亩以上，12个乡镇（街道）承包地流转占比达80%以上。土地流转以出租（转包）为主，面积达115.35万亩，占96.8%。

农业社会化服务程度高。建立了以植保机防、农机服务、种苗繁育等为主农业社会化服务组织。全市共计培育农业社会化服务类组织324个，其中农机类服务组织205家、植保类服务组织119家，共有从业人员8 825人，社会化服务面积达356.44万亩次，服务营业收入达3.96亿元。

6.绿色发展成效突出

……

第三章　思路目标

……

（三）功能定位

1.总体功能

综合考虑该市资源禀赋、区位条件、农业农村发展基础等因素，遵循上位规划定位，围绕粮食等食物资源稳产保供，将该市打造成江淮经济带中"鱼米之乡"特色鲜明、农耕文明传承名片亮丽的江苏率先实现农业现代化先行区、全国领先的农业现代化示范区。

2.具体功能

着力打造成江苏粮仓、优质水产品供应基地和农业高质高效示范样板，具体为"两地、一城、两区"。

江苏粮食安全保供基地。深入实施粮食等重要农产品保障战略，稳定水稻、小麦等粮食作物种植面积和总产量,实施优质粮食工程,突出良种良法配套、农机农艺融合、产地设施完备、产业链条拓展、服务体系健全,打造江苏重要粮食生产储备库和高质高效农业示范样板。

区域优质水产品供应基地。 瞄准长三角等区域中高端优质农产品市场需求,通过品牌质量提升、品种技术改良、加工链条延伸等措施,培强河蟹、青虾、小龙虾、名特鱼类等优势主导水产品,打造以上海、杭州和苏锡常等地为主的长三角区域优质水产品供应基地。

中国健康食品产业名城。 依托该市在农产品深加工方面的特色优势,顺应消费观念、健康观念变化趋势,创建以健康食品为特色的国家级经济开发区,建设中国健康食品产业创新基地、中国健康食品产业名城,打造以调味品为支撑的千亿级健康食品产业集群。

国家农文旅融合发展先行区。 充分挖掘兴化深厚的文化底蕴和悠久的农业文明,发挥全国休闲农业与乡村旅游示范县优势,放大千垛景区等极具水乡特色现代休闲观光农业品牌影响力和知名度,拓展康养、休闲等服务功能,推动水乡特色农业休闲、康养旅游胜地走向全国。

江苏城乡融合发展先行区。 把城乡融合发展作为示范区建设重要内容,坚持农业现代化与农村现代化一体设计、一并推进,以戴南特色小镇建设为示范引领,持续推动产业布局优化、基础设施连通、公共服务配套,坚持以工补农、以城带乡,为推动形成工农互促、城乡互补、全面融合、共同繁荣的新型工农城乡关系提供有益借鉴。

(四)模式探索

模式内涵。 依托区位条件、资源禀赋和产业基础,以农业科技现代化为手段,通过内源性要素挖潜和外源性要素集聚,推动该市农业发展提档升级,实现高质高效。一方面,结合本地水土资源条件,依托主导产业、休闲观光产业和粮食加工聚集区三方面基础,以农业生产、加工、农旅融合为特色,依靠当地内在条件增值的内源性现代化农业,推进全产业链建设,全环节增值;另一方面,结合长三角区位优势,依托健康食品加工基地、果蔬加工基地和粮食流通基地三方面基础,发展加工原料和销售"两头在外"外源性现代化农业,推进农产品加工业向食品业发展(图13-4)。

推进路径。 一是搭建产学研合作机制。建立"产学研用"长效创新机制,与南京农业大学等联合共建乡村振兴研究机构,组建由行业龙头骨干企业牵头、产业链上下游共同参与、产学研深度合作的创新联合体,解决制约全省产业发展的关键核心技术,促进技术创新、产品创新、模式创新和管理创新。二是实施标准化生产。坚持以标准化引领农业高质量发展,聚焦"三品一标"打造,推动农业生产品种培优、品质提升、品牌打造和标准化生产,建立标准化生产基地,引领农业绿色发展,提升农业质量效益和竞争力。

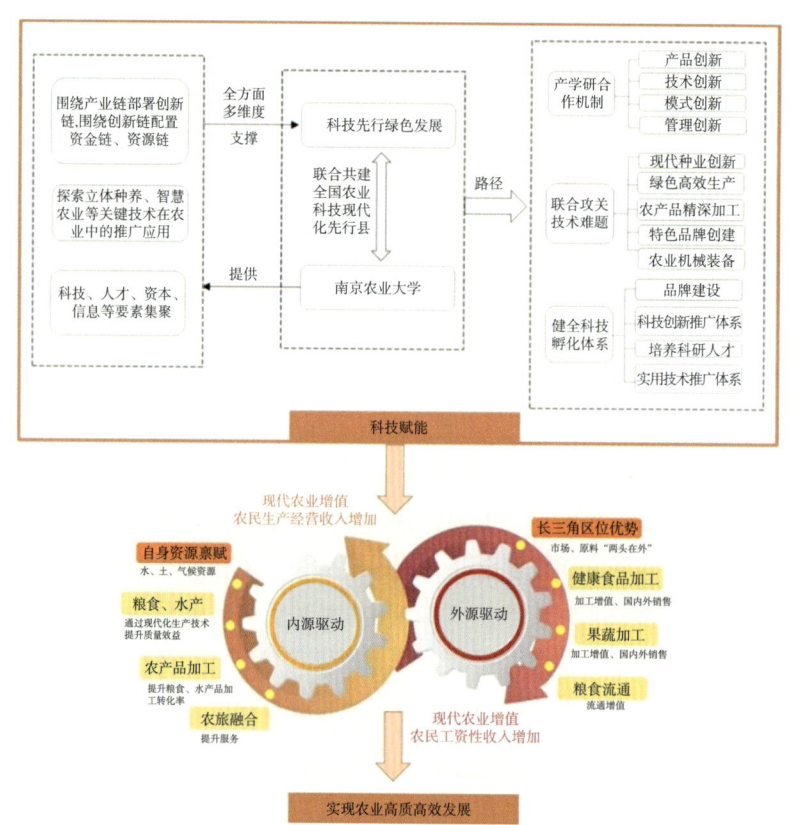

图13-4 江苏省××市农业现代化模式探索示意图

三是推动三产融合发展。立足特色资源,关注市场需求,发展优势产业,聚焦产业基础高级化、产业链现代化,推动一产往后延、二产两头连、三产走高端,补齐产业链短板,锻造产业链长板,促进全环节提升、全链条增值、全产业融合,引领产业做大做强做优。四是畅通区域协调机制。紧抓建设全国统一大市场机遇,充分发挥中国健康食品产业名城、粮食加工物流基础,进一步畅通与兴化之外的相关地区协调发展,优化区域间、城乡间的市场机制、合作机制、共建机制、补偿机制等,促进产业链、价值链、供应链优化整合,为促进国内农业跨区域协调发展探索经验。

(五)创建目标

1.总体目标

到2025年,将该市建成:产品安全高质、生产绿色生态、技术装备先进、数字农业智能便捷、主体集中活跃、全产业链融合的区域农业现代化标杆,形成可借鉴、可复制、可推广的发展模式,达到江苏和全国率先实现农业现代化指标水平,省内领先、国内先进。

2.具体目标

农业产出水平稳步提高。 农林牧渔业总产值达到285亿元，粮食总产量稳定在125亿斤，水产品总产量稳定在30万吨，农产品优质优价效果明显。

农业产业结构更加优化。 产业融合水平进一步提升，农业产业链进一步延长、优化，农产品加工业产值与农业总产值之比达到3.5∶1，主导产业加工转化率76%，农林牧渔服务业产值达到18亿元，农产品网络零售额占农产品总交易额比重达到45%。

技术装备水平再上台阶。 高标准农田建设持续推进，基本实现农业生产全程全面机械化，大数据、物联网等信息技术普遍应用，科技创新应用全国领先。良种覆盖率99%，农作物耕种收综合机械化率达到91%，高标准农田面积比重达到75%，农业信息化率60%。

绿色发展效果持续有力。 农业生态环境明显改善，绿色种养技术得到普及。亩均农药施用强度减少到0.24千克/亩，亩均化肥使用强度减少到20千克/亩，农作物秸秆综合利用率达到95%，畜禽粪污资源化利用率达到99%，农产品质量安全监测合格率达到99.95%。

经营管理水平显著提升。 新型农业经营体系更加健全，农业社会化服务体系更加完善。土地流转面积占比80%，服务规模经营比重95%，示范区新型农业经营主体数量达到8 000个，其中：省级以上龙头企业数量30个，农民合作社数量1 000个，家庭农场数量7 200个，农户参加农民合作社比重达到30%。

……

第四章 规划布局

遵循《××市国民经济和社会发展第十四个五年规划和二〇三五年远景目标纲要》《××市国土空间总体规划（2020—2035年）》等上位规划的要求，衔接交通、水利、环保、农业、旅游等专项规划，根据示范区的区位条件、环境容量和资源承载力，结合示范区的功能定位和总体目标，统筹生产、加工、流通、科技、研发、示范、宣传、销售、综合服务、休闲等功能的空间分布，总体形成"两核—三区—五园"的空间格局（图13-5）。

两核引领。 "两核"是指现代农业产业园科技引领核、农产品精深加工集聚核。……

三区协同。 根据农业产业现状和发展趋势，将核心区以外的区域划分为高效粮食生产示范区、立体种养示范区和生态农文旅融合示范区，实现三个区域协同发展、相互促进。……

五园支撑。 按照园区化发展思路，突出提升组织化程度、聚集现代生产要素，重点打造现代农业产业园、粮食加工仓储物流园、脱水果蔬产业示范园、健康食品产业园、城乡融合发展示范园，通过园区之间协调合作，实现多园成群、多园成区。……

图13-5　示范区农业规划总体布局

第五章　创建任务

（一）聚焦"三品一标"打造，示范引领农业标准化

聚焦粮食、水产等主导产业，找准产业发展定位，着力打造标准先行、科技引领、品质优良、品牌高端的现代产业体系。……

（二）聚焦生态农业建设，示范引领农业绿色化

农业绿色发展是农业现代化的必然选择。坚守粮食安全底线、耕地红线和水资源红线，加快农业绿色发展技术研发应用，从资源、产业、健康、环境多重目标协同推进农业绿色发展。……

（三）聚焦设施装备提升，示范引领农业设施化

设施装备是农业现代化最鲜明的特征。根据该市农业发展基础，补短板、强弱项，加快机耕路，水工建筑等为重点的高标准农田建设，完善水产品生产设施条件，提高重要农产品生产设施化水平。……

（四）聚焦数字技术应用，示范引领农业智慧化

依托科技先行县建设，借助南京农业大学国家信息农业工程技术中心平台优势，发挥南京农业大学农学院、渔业学院、动科学院、工学院、人工智能学院等学科优势，重点围绕"智慧农场大数据技术平台开发""智能农机研发""先进智慧技术在农业上的应用"三个方向，重点打造粮食产业智慧农场、无人农场、智慧渔业示范基地等，加快农业农村生产经营、管理服务数字化改造，全面提升农业农村智能化、经营网络化、管理高效化、服务便捷化水平。……

（五）聚焦产业集聚发展，示范引领农业园区化

积极开展农业园区"双创联创、四级同创"工作，夯实国家现代农业产业园创建基础，稳步推进省级农业园区建设，聚焦市级农业园区培优升级，形成多园梯队发展、协同发展的良好格局。……

（六）聚焦全产业链集成，示范引领农业融合化

通过产业链构建，建设标准化原料供应基地，提升农产品加工业、优化乡村休闲旅游业，延长乡村产业链，建立利益联结机制，带动农业增效、农民增收，让农民更多分享产业增值收益。

……

（本案例由本院的李纪岳、李旖和龚倡等主要编制人员提供）

第14章　南方丘陵地区的优势特色产业类案例
——以江西省某县农业现代化示范区为例

14.1　编制背景

该县素有"赣粤闽三省通地"之称，是对接融入粤港澳大湾区的前沿阵地。该县属于南方丘陵地区，县境周边峻岭起伏，重峦叠嶂，中部展布低丘岗埠，缓坡宽谷，阡陌农田。桃江纵贯南北，支流汇集，正在建设的赣粤运河主要连接了长江与珠江两大水系，是中部地区与粤港澳大湾区紧密联系的黄金水道。该县经过多年发展，形成了脐橙、蔬菜、生猪三大主导产业。该县是赣南脐橙的发源地，入选了中国脐橙之乡、全国柑橘产业二十强县（市）、全国首个脐橙标准化示范区、全国出口农产品（脐橙）质量安全示范区。蔬菜产业势头强劲，建成了目前南方地区唯一的全国蔬菜质量标准中心（赣州）分中心，成功获批粤港澳大湾区"菜篮子"生产基地。该县生猪养殖规模连续几年全省第一，是全国生猪调出大县、江西省生猪优势主产区、全国畜牧业绿色发展示范县、整县推进畜禽粪污资源化利用项目县。该县主导产业优势特色明显，农业现代化水平全省领先，有条件在全国率先实现农业现代化。该县县委、县政府高度重视"三农"工作，根据农业农村部、财政部、国家发展改革委联合印发的《关于开展农业现代化示范区创建工作的通知》相关要求，积极创建农业现代化示范区。为了保障农业现代化示范区申报和创建工作的顺利进行，该县政府委托农业农村部规划设计研究院编制了《江西某县农业现代化示范区创建方案》（以下简称《方案》），该县为第三批创建成功的全国农业现代化示范区。

14.2　编制特点

（1）立足脐橙产业基础，推动全产业链提档升级

该县是赣南脐橙的发源地，经过50多年的发展，脐橙产业发展具备了坚实基础，被评为中国脐橙之乡，基本形成了涵盖上下游各环节的脐橙全产业链，脐橙品牌价值位列全国区域品牌水果类第一名。与此同时，与农业现代化示范区的要求相比，依然存在加工产品多样化程度不高，设施装备短板较多等问题。针对脐橙产业特点，该县创建方案聚焦脐橙全产业链，提出了提档升级的路径。在一产环节，以优化区域布局和品种结构重点，以高标准生态果园建设为抓手，打造世界级脐橙最优产区。在二产环节，大力发展脐橙采后分选和仓储冷链等采后处理，推动脐橙深加工产品多样化、高值化和副产物资源化。在三产环节，以赣南脐橙交易市场建设为重点，打造脐橙产业的物流集散中心、交易中心、价格

形成中心和会展交流中心,增强辐射带动能力。

(2)立足丘陵山地特点,推进产业绿色生态低碳发展

该县属典型的南方丘陵山区地形地貌,生态环境良好。一段时间以来,受高效益的驱动,脐橙种植盲目扩大,部分果园长期过量使用化肥农药,不仅影响脐橙品质,也导致了土壤肥力退化等问题。针对这些问题,创建方案提出了坚持生态优先、绿色发展的原则,重点采取三个方面措施,推进脐橙产业绿色生态低碳转型。一是优化区域布局,推动脐橙种植向优势区域集中,加快退出坡度25°以上的不适宜区,对适宜区则建设果园水平等高反坡梯带、横山排蓄水沟、梯带内壁竹节沟、山脚泥沙拦截沟等"一带三沟"水土保持系统。二是推进生态立体开发,推广"山顶戴帽、山腰种果、山脚穿裙"生态立体开发模式。三是持续推进化肥农药减量增效,推广"有机肥+果园生草""猪—沼—果"等生态循环模式,推进测土配方施肥全覆盖,促进区域农业可持续发展。

(3)立足区位交通优势,打造大湾区"菜篮子"基地

该县区位交通条件优越,素有"赣粤闽三省通衢"之称,是对接融入粤港澳大湾区的前沿阵地。该县立足毗邻大湾区的区位优势,在持续推进脐橙产业提档升级的同时,瞄准大湾区目标市场需求,以4条蔬菜产业廊带和种养循环农业组团为重点,打造粤港澳大湾区"菜篮子"基地。一是做强蔬菜富民产业。以设施蔬菜为主,兼顾发展露天蔬菜,持续扩大蔬菜生产规模。建设蔬菜种苗繁育基地、标准化种植基地、蔬菜产后处理基地和冷链物流体系,打造蔬菜全产业链。依托全国蔬菜质量标准中心(赣州)分中心,提升蔬菜产业科技支撑能力。二是优化发展生猪产业。优化生猪产业布局,提高生猪养殖规模化水平,建设生态养猪小区,打造赣州生猪优势区和粤港澳重要商品猪供应基地。三是打造中央厨房。依托温氏、正邦等龙头骨干企业,配套现代物流技术和系统管控服务,建设集约式中央厨房,打造"养殖基地+中央厨房+配送中心+集约化供餐"四位一体的服务体系,助推农产品变食品。四是打造"菜篮子"产品物流配送体系。建设粤港澳大湾区"菜篮子"产品赣州配送分中心,加强与大湾区农超、农校、农企对接,推进农产品出村进城。

(4)立足红色资源优势,开发乡村产业多种功能

该县是赣粤边三年游击战争核心区、新四军摇篮、中央苏区21个全红县之一。毛泽东、周恩来、朱德、彭德怀、项英、陈毅等老一辈无产阶级革命家在这里浴血奋战,走出了5位开国将军,具有丰富的红色资源。此外,该县还拥有优美的山水风光、多样的民俗风情。示范区方案编制时,将红色文化等旅游资源开发作为重要内容,统筹推动优势特色产业发展与乡村休闲旅游产业培育,促进新业态培育、新功能拓展。一是挖掘革命历史文化资源,推进长征第一仗核心展示园、赣南游击词主题园等项目建设,培育红色旅游经典线路,打造全国著名的红色旅游目的地。二是挖掘客家文化、农耕文化、民俗文化等文化内涵，开展畲族乌饭节、大桥艾米果文化节、新田客家豆腐节、万隆杨梅节、谢冬节等乡村文化旅游活动，发展特色民俗游。三是开发国家森林公园、水域资源、煤矿遗址遗迹等自然与人文景观，发展以森林康养生态旅游、历史文化体验游等为特色的生态文化旅游，推动生态优势转化为经济效益。

14.3 精选章节

江西省××县农业现代化示范区创建方案

（创建期：2022—2024年）

□ 粮食产业　　☑ 优势特色产业
□ 都市农业　　□ 智慧农业
□ 旱作农业　　□ 其他_____

第一章　发展现状

……

第二章　创建条件

（一）优势条件

1. 产业发展基础扎实

经过多年发展，该县农业产业结构科学合理，形成了"1+3+N"农业产业体系。"1"是粮食基础产业，"3"是脐橙、蔬菜、生猪三大主导产业，"N"是具有地方特色的甜玉米、萝卜、红瓜子、中药材等N个特色产业。2022年，脐橙、蔬菜、生猪产值合计66.65亿元，占全县农林牧渔业总产值的85.59%。

脐橙产业引领全国。该县是赣南脐橙的发源地、中国脐橙之乡、全国柑橘产业二十强县（市）、国家现代农业示范区、全国首个脐橙标准化示范区、全国出口农产品（脐橙）质量安全示范区。全县把脐橙作为第一品牌、首位农业产业来抓着力打造全国一流的信息化管理、机械化种植、科技推广、加工销售、品牌保护体系，让"世界橙乡"闪亮名片走向世界，享誉全球。自然条件最优，该县是《全国优势农产品区域布局规划》确定的优质鲜食脐橙重点县，也是赣南脐橙中国特色农产品优势区的核心区。1980年，中国科学院南方山区综合考察队来到该县实地勘察，认定"该县具有种植脐橙得天独厚的优越条件，是发展脐橙生产的特优区"。该县富硒土壤资源丰富，Ⅰ类土壤分布广泛，优质土壤占比极高，富硒、足硒土壤区面积达2 849平方千米，占全县总面积的98.99%，具有富硒土壤富集、土壤清洁度高、养分丰等优势，其中富硒国土面积达780.95平方千米，是典型的富硒土壤富集县。种植历史最长，该县是赣南最早引种脐橙的地区，早在1971年即在安西园艺场引种华盛顿脐橙，经历了引种培育阶段、规划发展阶段、规模发展阶段、产业化建设阶段、高质量发展阶段五个阶段，代表了赣南脐橙产业的发展历程。脐橙品质最好，该县脐橙素有"华夏第一橙""橙中之王"之美誉，连续三届夺得"赣南脐橙王"桂冠，荣获"国优""部优"绿色食品、"江西名牌产品"等称号。品牌影响力最大，中国脐橙看赣南，赣南脐橙看该县，赣南脐橙品牌价值686.37亿元，连续八年位列全国区域品牌水果类第一，列入全国首批中欧地理标志协定保护名录。

蔬菜产业势头强劲。全县共建成设施蔬菜基地22个，总面积3.89万亩，蔬菜种植面积达21.5万亩，年产量63万吨，总产值19亿元。该县蔬菜产业形成了平台高位引领、装备技术支撑、职业菜农为主体的态势，发展潜力巨大。围绕蔬菜全产业链一体化发展，该县充分借助国企优势深度参与，针对种苗、技术、物资、销售等短板，规划建设了"一园三中心"产业平台。建成了全国蔬菜质量标准中心（赣州）分中心，该平台是目前南方地区唯一的蔬菜质量标准方面的国家级平台，在南方地区品种引进筛选、技术集成示范、标准制定推广、质量安全保障、品牌培育认证、产学研融合六大领域发挥引领作用。建成了粤港澳大湾区"菜篮子"产品赣州配送分中心暨冷链物流中心，是江西省唯一、全国17个配送中心（分中心）之一，是赣州优质农产品集散地，是江西农产品对接融入粤港澳大湾区"买全球、卖全球"的主平台。建成了赣南蔬菜配套产业园，可保障蔬菜产业发展所需的建材、物资、农资供应以及仓储配送。建设了现代化蔬菜育苗中心，具备一次性600万株、全年3 000万株以上育苗能力。建设了高标准设施大棚蔬菜基地，先后经历五次设施升级，全面推广顶部竖式通风双膜连栋大棚，棚型先进适用，几个典型蔬菜基地成功获批粤港澳大湾区"菜篮子"生产基地。

生猪产业高质量发展。该县是全国生猪调出大县、江西省生猪优势主产区、全国畜牧业绿色发展示范县、整县推进畜禽粪污资源化利用项目县。养殖规模全省第一，全县生猪存栏44.21万头，出栏86.46万头，生猪出栏量连续三年全省第一。龙头企业引领能力强。引进了7家国内领先的生猪养殖龙头企业，通过"公司+农户"模式，带动农户发展生猪养殖。生猪全产业链初步构建。形成了由5家种猪场、582家规模化养殖场、6家饲料生产厂家、2家屠宰加工厂构成的生猪产业集群，建成了温氏100万头生猪屠宰项目。全县能繁母猪存栏数达4.32万头，供种能力可达1.6万头，饲料总产达40万吨，生猪屠宰能力达150万头。生态养猪初显成效。开展标准化示范场建设工作，全县拥有部级标准化示范场6个，标准化示范场数位居全市第一，大力推广"猪—沼—果"等生态种养模式，粪污无害化综合处理率达到95.78%。

……

3.产业链条健全完整

全县构建起"前端有规模化种植基地，中间有精深加工龙头，后端有技术服务、营销平台，配套有冷链物流、农机制造，外延有农旅综合体"的全产业链发展体系。

脐橙采后处理能力全国领先。建成村级脐橙分选分级服务站24个，拥有脐橙采后处理生产线25条，采后处理能力达每小时350吨以上，全县机械分选率达80%以上。采后处理线包括清洗、分选、称重、贴标、套袋、装箱等环节，其中光照分选系统和红外光糖酸快速检测能力全国领先。此外，全县脐橙贮藏库204个，1 000吨以上贮藏库22个，贮藏能力达9.7万吨以上，好果率达95%以上。

脐橙精深加工能力水平领先。依托赣南脐橙产业科技园，引进一批知名农业加工企业入驻，大幅度提高农产品加工能力。仅农夫山泉工厂就实现了脐橙深加工"两个之最"：一是规模最大。该工厂单体厂房面积13.8万平方米，年处理脐橙鲜果20万吨，年产无菌灌装果汁2亿听以上，是亚洲最大的脐橙加工企业。二是设备最先进。引进了世界上最先进的脐橙加工设备，如法国迈夫鲜果分选线、美国JBT榨汁生产线、德国克朗斯无菌灌装生产线，建成了智能化、规模化、标准化的集分选、榨汁、灌装、贮藏等功能于一体的现代脐橙加工企业。

装备农资产业集群初步形成。果蔬采后处理装备水平高。该县有世界举足轻重的果蔬领域采后装备，研发出新一代"INFRUSCAN内部品质无损检测"、FRUSCAN4.2新一代视觉分选系统，重量、颜色、密度、直径、瑕疵、内部品质等分选系统，八通道每小时处理50吨的果蔬无损光电分选机，填补国内空白，达到国际领先水平。目前，该企业产品已应用于全国22个省、服务400多家用户，占国内80%以上的市场份额，并出口到澳大利亚、西班牙、以色列、智利等20多个国家地区。蔬菜产业配套保障能力强。该县建设了占地面积100亩的赣南蔬菜配套产业园，包括大棚钢材加工厂、薄膜厂、滴灌带厂、冰瓶厂、泡沫箱厂，以及农资仓储配送、农机展销、冷库等，涉及建材、物资、农资供应等，覆盖蔬菜产前、产中、产后各环节的配套服务需求。产业园立足赣南、服务全省、辐射中国南方地区。产品主要销往南昌等地以及广东、湖北、贵州等省份。

……

第三章 思路目标

（一）创建思路

全面贯彻党的二十大全会精神，深入贯彻习近平总书记视察江西和赣州重要讲话精神，聚焦"作示范、勇争先"目标定位和"五个推进"重要要求，继承发扬井冈山精神、苏区精神、长征精神、老区精神，立足新发展阶段，贯彻新发展理念，构建新发展格局，坚持农业现代化和农村现代化一体规划、一并推进，以推动高质量发展为主题，以农业供给侧结构性改革为主线，以创新为动力，以健全现代农业产业体系、生产体系、经营体系为重点，以园区建设为抓手，围绕"1+3+N"产业，突出设施装备完善、农业科技自立自强、产业链条健全高端、资源利用集约高效，持续推进全县农业设施化、园区化、融合化、绿色化、数字化发展，奋力趟出赣南苏区农业农村现代化的典型发展模式，力争走在全国革命老区农业现代化前列，为全国革命老区乡村振兴发展探索路径、作出贡献。

（二）创建定位

综合分析该县区位交通、社会经济、产业基础和上级要求等因素，对标农业现代化示范区创建要求，将该县定位为全国脐橙产业高质量发展引领区、粤港澳大湾区"菜篮子"基地、革命老区乡村振兴样板区。

——**全国脐橙产业高质量发展引领区**。进一步优化脐橙产业空间布局和品种结构，强化标准化基地建设，推动产业链强链补链。强化良种和科技支撑，加快产业绿色发展，构建生态循环果业体系，发展多种形式适度规模经营，强化精深加工及脐橙文化挖掘利用，持续唱响"赣南脐橙"华夏第一橙金字招牌，全面提升该县脐橙产业质量效益和竞争力，打造引领全国脐橙产业发展的"世界橙乡"。

——**粤港澳大湾区"菜篮子"供应基地**。发挥粤港澳大湾区直接腹地的区位交通优势，瞄准大湾区目标市场需求，以蔬菜和生猪为重点，进一步优化农业产业结构，对接大湾区农产品标准，提升产品品质，完善冷链物流体系，打造富硒品牌，提升优质农产品和乡村旅游产品的供给能力、结构及质量，打造粤港澳大湾区"菜篮子"供应基地。

——**革命老区乡村振兴样板区**。牢牢把握国家建立健全支持革命老区振兴发展的"1+N+X"政策体系以及支持赣州建设革命老区高质量发展示范区的契机，融入纵深推进新时代赣南苏区振兴发展大局，在农业产业高质量发展的同时，推动产业布局优化、基础设施联通、公共服务配套，力争走在全省乡村振兴前列，为全国革命老区乡村振兴提供经验。

第四章　规划布局

……

第五章　创建任务

（一）调整优化产业结构

……

（二）加强现代农业基础支撑

……

（三）做优乡村特色产业

……

（四）打造现代农业园区载体

……

推进产村融合园村一体建设。 依托国家现代农业产业园、全国"一村一品"示范村等平台，以高铁、脐橙和蔬菜特色产业、红色文化、畲族文化、客家特色美食等为依托，发展康养生态旅游、自驾旅游、民俗节庆旅游、历史文化体验旅游、红色旅游、研学旅游、水文化特色游等，以文旅赋能农业农村，实现农产品和乡村文旅、休闲、康养服务的在地化销售。围绕"一体两翼"旅游总体布局，以"一花多叶"为思路，以新田坪地山村为样板，结合正平仙济岩、安西窑岗、大塘埠万星七彩庄园、小河五村公园、大阿川风公园、大桥公园、虎山乡振兴公园等乡村振兴示范点，打造一批有影响力的乡村旅游点。以高铁旅游为核心，抢抓"高铁时代"机遇，深入推进全域旅游发展，以旅游景区、乡村旅游、旅游后备箱工程，带动现代服务业集群发展。重视生态环境保护，合理开发金盆山国家森林公园、桃江水资源、香山煤矿遗址遗迹等自然与人文景观，发展以森林康养生态旅游、历史文化体验游等为特色的生态文化旅游，推动生态优势转化为发展优势，生态效益转化为经济效益。深入挖掘革命历史文化资源，加快推进长征第一仗核心展示园、赣南游击词主题园等项目建设，培育红色旅游经典线路，打造全国著名的红色旅游目的地。挖掘客家文化、农耕文化、民俗文化等文化内涵，加强文物古迹、传统村落保护和赣州乡村特色风貌保护与传承，开展好畲族乌饭节、大桥艾米果文化节、新田客家豆腐节、万隆杨梅节、谢冬节等乡村文化旅游活动，打造一批有影响力的乡村旅游点，推出一批精品旅游线路，打响"守信之地、世界橙乡"旅游名片。

（五）推动农业全面绿色转型升级

……

加强生态果园建设。 制定完善《××县果园土地开发建设指导意见》《××县脐橙标准化生态示范园创建标准》，明确全县生态果园建设要求和标准。在果园建设中，严格按照"山顶戴帽、主干道绿化、果园与果园之间种植防护篱"的生态建园原则，坡度15°以上的果园实行"山顶戴帽"，连片100亩以上的果园，每50亩左右保留或种植一定规模的隔离带。建立果园水平等高反坡梯带、横山排蓄水沟、梯带内壁竹节沟、山脚泥沙拦截沟等"一带三沟"水土保持系统。集成运用"套种绿肥、深翻改土、矮化密植、大苗上山、病虫害综合防治、太阳能杀虫灯、简约修剪"等先进适用技术，大力推广"山顶松杉戴帽，山腰脐橙成园，山脚畜禽成群"的果业立体开发模式及"猪—沼—果"生态管理模式，加快建成绿色生态、高产高效、安全规范的高标准生态果园。

持续推进化肥农药负增长。推进有机肥替代化肥，推广秸秆还田、绿肥种植等技术，基本实现主要农作物测土配方施肥全覆盖，提高化肥利用率。推进"测土配方+新型肥料"技术模式，优化化肥使用结构。推广"水肥一体化+配方肥"技术模式，满足不同生长时期对不同养分的需求，减少肥料损失，提高水肥利用率。推广"有机肥+果园生草"技术模式，通过增施有机肥、套种绿肥等措施，提升果园基础地力，保护和改善脐橙产地环境。构建现代化病虫监测预警和应急防控体系，形成全县病虫监测网络，精准预警、科学指导农民开展病虫防控。鼓励和支持使用高效低毒低残留农药和高效植保机械，全面推广高效低毒低残留农药，着力推进农作物病虫害专业化统防统治与绿色防控融合，提高病虫害防治效果，降低化学农药使用量。

……

（本案例由本院的张忠明、李纪岳和符莉等主要编制人员提供）

第15章 大中城市郊区的都市农业类案例
——以北京市某区农业现代化示范区为例

15.1 编制背景

该区位于北京市东北部,是北京市农业大区,属于都市农业类型。近年来,随着乡村振兴战略的全面实施,该区都市农业服务城市能力稳步提升,各种新产业新业态新模式不断涌现,初步构建了融生产、生活、生态等多功能为一体的都市农业产业体系,符合都市农业类农业现代化示范区的申报条件要求。该区区委、区政府为了保障国家农业现代化示范区申报和创建工作的顺利开展,找准该区都市农业现代化发展方向,委托我院编制了《北京市××区农业现代化示范区创建方案(2021—2023年)》(以下简称《方案》),该区为第一批创建成功的农业现代化示范区。

15.2 编制特点

(1)突出资源特色,基础优势分析准确到位

《方案》从产业发展、城乡融合、科技创新等方面总结过去一段时期发展成就,梳理分析了该区发展都市农业类农业现代化示范区创建基础和优势。一是该区大桃和畜禽种业优势突出,拥有22万亩世界最大的桃园,集聚了一批国家级畜禽种业创新平台,畜禽养殖机械化率超85%,果蔬冷链配送率超过35%,全区农业科技进步贡献率75%,处于全国领先水平。二是城乡融合之路越走越实,2020年城乡居民收入比为1.74∶1,低于全国平均水平,2021年召开了以"休闲提升生活品质"为主题的第十六届世界休闲大会,城乡公共基础设施全面统筹协调建设,实现城乡融合新突破。三是"农科创"引领,探索创新"政府+科研院所高等学校+企业"金三角模式,瞄准发展"农业高精尖",建设"农业中关村",打造"农业中国芯"。

(2)突出平台搭建,加速促进科技要素资源集聚发展

该区虽在科研创新平台建设上取得了一定成效,但与建设具有全国引领力和全球影响力的农业科技创新中心还有一定差距。《方案》提出打造创新载体、引进创新机构,打造面向全国乃至世界的高端农业科技创新平台。一是稳步推进该区中关村农业科技园区和知名农业高校科研机构集聚区联体共建,提升园区科研人才、专业技术人才集聚培养能力。二是加快以北京·京瓦农业科技创新中心为核心的开放性创新载体建设,推动该区中国农业大学校区、中国农业科学院园区落地建设,积极吸引国内科研院校共建一批学科交叉创新研究院;三是重点围绕现代种业、智慧农业、农业智能装备、生物技术、营养健康和食品安全等领域,引进一批基于学科交叉的创新平台和农业头部企业的研发总部、活力创新机构入驻示范区。

(3) 突出示范引领,推介的模式路径都市农业特征明显

《方案》依据示范区资源禀赋、产业基础和科技支撑等优势,从该区建设一流的"农业中关村"创建定位出发,提出以农业科技创新示范区为引擎、产业创新联盟为抓手、多元主体协同共建共享的"1+4+N"科技引领型发展模式。打造"1个引擎",以农业科技创新示范区建设为引擎,加快推进农业中关村建设,引领高水平农业科技自立自强;建立"4个联盟",以打造畜禽种业、果品、乡村休闲旅游业、蔬菜四大产业创新联盟为主抓手,加快推进产业集聚发展、着力构建全产业链;激发"多元主体",以"党建+"为统领,不断创新体制机制,激发科研机构、高校、企业、社会组织、农户等主体参与,协同推进示范区创建工作。

(4) 突出休闲旅游,助力推进世界休闲谷建设

该区是首都生态涵养发展区,是北京首个国家森林城市,荣获"全国休闲农业与乡村旅游示范县""国家全域旅游示范区"等荣誉称号,拥有万亩桃花海、千亩油菜花、百里梨花大道、百家精品民宿、碧波金海湖等众多休闲旅游项目。《方案》聚焦"现代、生态、休闲"特色,树立"京东桃花源,世界休闲谷"旅游IP新形象。一是全力推进"两河"休闲农业经济带建设。全线打通两岸生态休闲绿道,推进重点区域和节点的规划建设,打造滨河休闲农业经济带。二是打造"十大"农旅节庆活动。依托全区丰富的农业资源、林果资源,打造具有镇域特色的桃花节、香椿文化节、红杏采摘节、菊花美食文化节等"十大"农旅节庆活动。三是积极打造"农业+"特色小镇。立足资源禀赋,着力推进农业科技创新小城镇、康养小镇、农旅科技与休闲水乡小城镇、农田休闲小城镇、生态宜居森林小镇等特色小镇的建设。

(5) 突出都市特色,促进城乡一体化发展

《方案》围绕该区典型都市农业特色,提出主动融入首都都市圈和京津冀协调区建设,突出都市农业发展定位与目标任务,打造全国都市农业发展引领区。并围绕国家城乡融合发展试验区创建机遇,加快城乡要素流动,有序推进农村土地制度改革;创新城乡产业联动模式,搭建城乡产业协同发展平台,不断拓展农业多种功能,构建服务大城市、一二三产业融合发展的现代农业产业体系,促进田园景观化、产业园区化、功能多元化和发展绿色化;强化与环首都经济圈合作互动和京津冀协调发展,推动城乡基础设施和公共服务设施共建共享,不断缩小城乡差距,推动区域生产要素合理流动、质量协调和一体化发展。

（6）突出绿色发展，打造低碳循环农业

《方案》坚持产业生态化、生态产业化原则，重点采取四项措施，推进低碳循环农业发展。一是探索创新"生态桥"多模式共同发展，创新"基料化"循环利用、积极探索"燃料化"运营模式、构建"基质化"产业链条，实现农业废弃物变废为宝；二是集成推广绿色先进实用技术，全面推广农业、生物、物理病虫害防治技术，大力推广高效轮作模式水肥精准管理、病虫害轻简化绿色防控等技术，构建以绿色为导向的标准化生产技术体系；三是推广"种—养—沼—加"生态循环模式，以种植业桩、枝、杈、叶、秸、秆、草、果、菜"九废"，养殖业废弃物和沼渣、沼液为核心原料，实现废弃物资源化循环利用；四是推广"两结合+双驱动"模式。探索总分结合，强化疏堵结合，采用经济与行政双驱动模式，推动农业低碳循环发展。

15.3 精选章节

北京市××区农业现代化示范区创建方案

（创建期：2021—2023年）

☐ 粮食产业　　☐ 优势特色产业

☑ 都市农业　　☐ 智慧农业

☐ 旱作农业　　☐ 其他_____

第一章　发展现状

……

第二章　创建条件

（一）基础条件

（1）大桃全产链高质量发展全国领先

该区是全国闻名的"大桃之乡"，拥有22万亩世界最大的桃园，建有大桃种质研究中心，种质圃、国桃示范园等；该区大桃入选国家"商标富农和运用地理标志精准扶贫"十大典型案例，被授予"百强农产品区域公用品牌"称号，荣获"生态原产地产品保护证书""中国名牌农产品"、中国驰名商标和中欧地理标志互认产品，品牌价值突破百亿；建立了区、镇、村三级立体化销售网络，初步形成平台直采、新媒体推介等新

型电商企业组织模式，2020年电商售桃4 250万斤，促农增收1.5亿元。

（2）畜禽种业建设和创新能力引领全国

该区现有22个畜禽种质基地，涵盖蛋鸡、肉鸡、肉鸭、奶牛和生猪五大畜禽产业，收集、保护国内外畜禽品种7个、育成新品种7个；该区禽业公司是世界三大蛋鸡育种公司之一，育种规模达到原种7万只（占全国70%）、祖代38万套（占全国60%以上）、父母代80万套（占全国6%以上），使蛋鸡成为目前国内第一个不受国外控制的畜禽品种；北京奶牛中心拥有近300头与世界顶级种公牛比肩的种公牛群，全国市场占有率30%左右；依托首农食品集团一流的种质资源和强大科技研发实力，成功培育5个自主知识产权的蛋鸡新品种（配套系），种猪"中育"配套系，拥有北京黑猪、北京油鸡等地方品种；该区集聚了一批国家级畜禽种业创新平台，包括国家奶牛胚胎工程技术中心、农业农村部牛冷冻精液质量监督检验测试中心（北京）、农业农村部乳品质量监督检验测试中心（北京）、农业农村部奶牛遗传育种与繁殖专业重点实验室、北京市奶牛遗传育种与繁殖重点实验室、北京市蛋鸡工程技术研究中心、禽蛋品质改良与安全技术北京市工程实验室、禽业蛋鸡研究院、SPF中心等科技创新和研发平台。

（3）龙头企业带动作用显著增强

以"政府引导、企业运作、社会参与、科技支撑、农民受益"为原则，引进了4家国际一流种业企业和5家国内头部种业企业，畜禽规模化养殖比重达92%，形成了蛋业"四位一体""农民+合作社+企业+科研机构+政府"五位一体等发展模式，在更高的层次上探索农民分享全产业链带来的红利，农民合理分享了二三产业发展的持续收益。

……

5.绿色发展理念入心落地，"生态桥"成为全国典范

（1）创新开展"生态桥"综合治理模式

大力推进"生态桥"治理模式，系统破解面源污染、土壤改良等治理难题，通过粉碎果树枝条、蔬菜残体和粪污，生产有机肥和食用菌棒，完善农业废弃物循环利用链条，年生产有机肥12.83万吨，改善农业生态环境。获首届首都治理最佳实践奖，入选国家发展改革委生态文明建设典型案例。

（2）大力推进"健康土壤"工程

大力推广应用减肥减药增效技术，提高化肥农药利用率，减少化肥农药使用量，亩均农药施用强度0.182千克、亩均化肥施用强度24.48千克，化肥农药利用率位居北京市前列；累计改良土壤23万亩，占全区"两田一园"面积60%左右，耕地土壤有机质平均含量21.69克/千克，较2005年提升了26%，耕地质地力水平得到较大提升，提高了土地综合生产能力。

（3）加快推进农业废弃物资源化

推进农药包装废弃物回收与处理。在全区共设立空包装、果袋回收示范点91个，累计回收农药包装废弃物237.8万件，已全部无害化处理；大力推进"种养结合、生态循环"现代化畜禽养殖场建设，加快实现粪污处理生态化，全区畜禽粪污资源化利用率达95.2%。

（4）农产品质量安全领先全市

以全市第一的成绩荣获全国首批"国家农产品质量安全县""北京市农产品质量安全监管示范区"称号，创建了全市首个"国家级出口食品农产品质量安全示范区""国家级生态原产地产品保护示范区"，获批全市首批食用农产品合格证制度试行试点区，三个重点乡镇荣获"北京市农产品质量安全示范乡镇"称号；该区农产品质量安全管理信息系统综合监管平台全面建成，实现农产品质量安全监管全覆盖；全区"三品"认证覆盖率达91.7%，农业标准化基地236家、覆盖率83.3%；全年共检测各类农产品和投入品样品共3.2万个，样品检测合格率100%，农产品质量安全监测合格率100%。

……

6.支农政策精准高效，政策红利持续释放

……

（二）创建优势

（1）上下凝心聚力，有利于创建工作顺利开展

农业农村部部长唐仁健莅临调研时强调，畜禽良种是畜牧业发展的基础，要开展关键核心技术联合攻关，不断提高国产品种的市场占有率。时任北京市委书记蔡奇到该区调研时强调，该区优势在农业，要全力推进农业科技创新示范区建设，打造一流的"农业中关村"，努力在农业农村现代化方面走在全市前列。北京市与农业农村部签订共建农业中关村协议，领导高度关注和重视，为创建国家农业现代化示范区提供可靠保障；区、乡（镇）两级同向发力。该区成立了"国家农业现代化示范区建设领导小组"和"国家农业现代化示范区建设工作办公室"，全区上下统一思想、凝聚合力，把创建示范区机遇变成责任、任务和项目，扎实推进各项工作顺利开展。

（2）"农科创"引领，有利于示范区高质高效创建

2021年，北京市委、市政府明确提出"打造'农业中关村'，大力推进该区农业科技创新示范区建设"。"农科创"建设工作开展以来，探索创新"政府+科研院所高等学校+企业"金三角模式，在市、区两级政府大力支持下，与荷兰瓦赫宁根大学及研究中心、中国农业大学、中国农业科学院、北京市农林科学院等10余家国内外一流农业高校和科研机构形成战略合作关系，与30余家一流企业开展项目合作，各项工作取得了积极

成效。当前，瞄准发展"农业高精尖"，建设"农业中关村"，打造"农业中国芯"，推进"农业科技园区"高水平建设，有利于打造高质高效的国家农业现代化示范区。

（3）生态种养循环，有利于推进农业绿色高效可持续发展

该区坚持生态立区，把推动农业绿色发展作为第一要务，推进"产业生态化、生态产业化"，大力发展"种养结合、生态循环"农业，走出了一条具有该区特色，绿色可持续发展道路。针对大桃每年产生15万吨桃枝废弃物带来的环境治理难题，成功推广了"生态桥"农业生态循环园工程，实现废弃物资源化循环利用，获首届首都治理最佳实践奖。全面推行"猪（禽）—肥—粮菜桃"农牧循环生态保护模式，有效破解了畜禽环境污染问题，提升农业绿色发展的质量效益和竞争力。

（4）政策支持有力，有利于创建任务落地落实

该区创新发展模式和工作机制，不断加大政策扶持力度，持续加大支农投入，强化项目统筹整合，加快推进农业农村现代化。区政府发布的14项支农惠农政策，其中仅奖励补贴资金共计约2.27亿元，有力支持了农业产业发展。当前，该区相继出台产业升级、用地政策、人才保障、科技支撑、绿色发展、金融支持等多方面惠农强农政策，为推进乡村振兴、加快农业现代化营造了良好环境，吸引了国内外大量的资金、人才、技术等资源要素集聚该区，为创建国家农业现代化示范区提供了强大支撑。

……

第三章　思路目标

（一）创建思路

以习近平新时代中国特色社会主义思想为指导，深入贯彻党的十九大和十九届历次全会精神，立足首都城市战略定位和"大城市小农业""大京郊小城区"市情农情，深入实施人文北京、科技北京、绿色北京战略，紧紧围绕"三区一口岸"功能定位，立足现代种业发展高地、数字农业先行区和农业科技创新示范区建设，以科技创新为根本动力，以推动农业高质量发展为主题，以健全都市农业产业体系、生产体系、经营体系为重点，通过搭平台、强科技、探模式、创政策，抓牢重要农产品稳产保供，着力发展大桃、畜禽种业等优势特色产业，全面提升设施化、园区化、融合化、绿色化、数字化建设水平，集中优势资源和要素，强化体制机制创新，把该区建成具有"区域带动能力、全国引领能力"的国家级都市农业现代化示范区。

……

（二）创建定位

1.总体定位

聚集全球顶尖农业科技创新资源，围绕现代种业、智慧农业、农业智能装备、生物技术、营养健康和食品安全等"高精尖"关键核心技术领域开展一系列技术攻关；探索创新政府+企业+科研机构"金三角"模式，深化农业科技创新体制机制改革，吸引重大项目和龙头企业落地，建设"农业中关村"打造"农业中国芯"，服务好北京国际科技创新中心建设，力争将示范区建成全国农业科技创新先行示范区。

2.产业定位

全国桃产业全链条现代化样板区。按照"全产业链"发展思路，聚焦一二三产业融合发展、现代农业物质技术装备建设、新型经营主体培育壮大，加快补齐桃产业现代化发展短板，强化"京东桃花源、世界休闲谷"的品牌形象，推动桃产业休闲产品从大众观光主导向个性化、精品化和特色化转型，加快休闲农业提质升级，全面提升产业融合化、布局园区化、生产设施化、全程数字化、环境绿色化发展水平，打造具有全国影响力桃产业现代化样板区。

全国畜禽种业高地。聚焦科技研发、良种选育、双创孵化、核心辐射等主体功能，以农业科技合作平台为基础，搭建公共研发平台，吸引、培育顶尖级人才和创新团队，聚焦畜禽自主品种培育创新，广泛开展种质资源、育种技术、人才培养、种畜禽贸易等方面的合作与交流，充分发挥畜禽种业对下游产业的引领撬动作用，做长做深种业关联产业，促进畜禽种业关联产业集群发展，全力打造全国畜禽种业高地。

……

（三）创建模式与推进路径

依托示范区资源禀赋、产业基础和科技支撑等优势，学习借鉴国内外先进理念和实践经验，从该区建设一流的"农业中关村"创建定位出发，探索创建以农业科技创新示范区为引擎、产业创新联盟为抓手、多元主体协同共建共享的"1+4+N"科技引领型发展模式，全面提升"五化"水平，加快推进该区科技型都市农业现代化。

"1个引擎"。以农业科技创新示范区建设为契机，加快推进基础设施装备建设，大力发展生态循环农业和智慧农业建设，示范引领都市农业设施化、绿色化、智慧化发展。

"4个产业创新联盟"。以打造畜禽种业、果品、休闲旅游、蔬菜四大产业创新联盟为主抓手，加快推进产业集聚发展、着力构建全产业链，示范引领都市农业园区化、融合化发展。

"多元产业发展主体"。以"党建+"为统领，不断创新体制机制，激活科研机构、高校、企业、社会组织、农户等参与主体发展动力，凝聚共识、形成合力，全力推进示范区创建工作。

……

第五章 创建任务

（一）加强设施装备建设，示范引领都市农业设施化

1.思路目标

重点开展农田基础设施与园艺设施建设，加快提升大桃、蔬菜机械化水平，提高果蔬储运保鲜能力，全面提升现代设施装备水平，为提高首都生活必需品的自给率和应急保障能力提供支撑，成为都市农业设施化引领者。到创建期末，全区高标准农田面积比重超65%（含高标准果园面积）、良种覆盖率100%、农作物耕种收综合机械化率达85%。

2.建设重点

（1）开展农田基础设施与园艺设施建设

推进耕地复耕复种。落实好中央、市级下达的5.68万亩复耕复种建设任务，重点在平原乡镇，围绕田网、路网、灌排网和耕地质量提升建设，抓好"米袋子""菜篮子"生产，保障重要农产品供给安全。种植品种着重考虑耐旱易种或增加耕地地力自然循环恢复能力的农作物，蔬菜品种为韭菜、小白菜、小油菜、散叶生菜和樱桃萝卜等，粮食作物为春玉米、鲜食玉米、春小麦等，油料作物为春油菜等，饲料作物为紫花苜蓿等，药用作物为板蓝根、射干等。

加大园艺设施建设。加快补齐蔬菜集约化育苗、生产设施等短板，推动设施蔬菜稳面积、提产能、增效益。在蔬菜生产集中区建设集约化育苗中心，提高生产效率和育苗水平；新建设宜机化、智能化新型日光温室和高效设施，着力推进高标准园艺设施建设；基于安全性、生产功能需求，对现有建设10年以上的老旧日光温室逐步进行升级改造，提升日光温室生产能力和机械化、智能化水平。

（2）全面提升农作物机械化水平

推进粮食生产全程机械化。全面提高秸秆覆盖还田保护性耕作、深松整地、免耕播种、机械化收获和秸秆处理等环节机械化水平，实现耕整地、种植、植保、收获、烘干、秸秆处理全程机械化。

提升大桃机械化水平。加快水肥一体化、高效植保、多功能操作平台等农机装备和技术推广，加强果园智能化管理系统的研发推广；对拖拉机、割草机、搬运机、粉碎机等机器的引进与试验，开展桃机械化生产技术的示范工作，探索出能在实际生产应用的桃机械化生产技术路线，减轻劳动强度、降低生产成本、提高桃品质、促进桃生产向规范化、标准化方向发展。

推进蔬菜生产"机械换人"。立足全程全面机械化，结合生产实际需求，及时配备配齐相关机械设备，推广园艺场易于接受的机械化播种、移栽及采收机具和模式，推进

标准化生产；优化种植品种，种植机械化技术相对成熟的蔬菜类品种，市民喜食的叶菜类品种。

（3）提高果蔬储运保鲜与营销能力

提升大桃储运能力。 采取市场化手段，整合区内现有冷库、冷藏车、分拣等设施，资源共享，合理布局，调节全区大桃市场供应、延长货架期；在已有电商揽收点基础上，进一步织密大桃揽收点，力争111个大桃专业村揽收覆盖率达90%。并适当延长快递揽收点服务时间，便利果农寄送大桃。

加大蔬菜仓储保鲜冷链设施建设。 加强蔬菜仓储保鲜冷链设施建设和物流体系建设，并拓展电子商务平台，在相关镇区建设冷藏库、气调库等，完善冷链运输配送设施，提升蔬菜仓储物流基地环境；在各蔬菜生产基地，鼓励按照菜地面积和商品化处理需求，逐步配置相应的预冷设施和整理分级车间，改善蔬菜商品质量、减少损耗，提高产品档次和附加值，增强市场竞争能力。

加快推广"互联网+果蔬"电商营销模式。 与本来生活网、每日优鲜、盒马鲜生等30家电商平台深入合作，力争开通本区果蔬京东自营通道，带动本区果蔬线上销售。加强与顺丰、京东、EMS、德邦等物流公司的合作，完善电商基础设施建设，增加物流运送能力。开展大规模、分层级、系统性电商人才培训，加大对果农、菜农线上销售培训力度和覆盖面，培养更多果农、菜农成为自电商，力争到创建期末电商达到7 000人以上。

......

（二）发展生态循环农业，示范引领都市农业绿色化

1. 思路目标

统筹考虑农产品产量、绿色发展、农业效益和农民收益，突出提升耕地质量与水资源利用效率、推进化肥减量增效、推动农药施用负增长、探索创新"生态桥"多模式共同发展、推广"种—养—沼—加"生态循环与"两结合+双驱动"模式、加强质量安全监管等，加快推动形成绿色发展的产业链、价值链，增加绿色优质农产品供给。到创建期，全区节水灌溉面积比重75%、亩均农药施用强度0.18千克、亩均化肥施用强度20千克、畜禽粪污资源化利用率100%，农产品质量安全监测合格率100%。

2. 建设重点

......

（3）推进低碳循环发展

探索创新"生态桥"多模式共同发展。 创新"基料化"循环利用，以相关重点村为试点，采用垄间粉碎枝条，自然发酵、灭菌后翻抛入地，增加土壤有机质，提高土壤保墒能力；积极探索"燃料化"运营模式，聘请第三方公司实施燃料化利用，将农林废弃物粉碎后作为燃料销售给电厂，减轻生态治理和环境治理的资金压力；构建"基质化"产业链条，发展食用菌菌棒产业，建立食用菌菌棒生产试点，在田间地头将枝条粉碎后直接铺放在垄间，加入菌源生产食用菌，降低枝条离田处理成本、提高农民收入。

集成推广绿色先进实用技术。全面推广大桃挂性诱芯、迷向丝，释放天敌等农业、生物、物理病虫害防治技术；大力推广高效轮作模式水肥精准管理、病虫害轻简化绿色防控等技术，示范应用宜机化安全设施、生物培肥、物联网智能化环境监测与调控等生产技术和太阳能储放热、光伏一体化等技术。在蔬菜生产集中区，推广尾菜沤肥、生物发酵堆肥，蔬菜茎蔓添加益生快腐菌打碎直接还田，加快尾菜综合利用，构建以绿色为导向的标准化生产技术体系。

推广"种—养—沼—加"生态循环模式。以种植业桩、枝、杈、叶、秸、秆、草、果、菜"九废"，养殖业废弃物和沼渣、沼液为核心原料，通过生态环保技术，加工制成有机肥还田，形成良性循环系统，实现废弃物资源化循环利用。

推广"两结合+双驱动"模式。探索总分结合，强化疏堵结合，通过经济与行政双驱动。经济驱动采取"1:1"模式，农户用1吨果园废弃物置换1吨有机肥加其他。行政驱动采取"3×3"模式，第一个"三"是坚持党建统领、支部引领和党员带头，第二个"三"是把政府管制、村级自治和企业控制有机结合，形成三家共治局面，第三个"三"是采取阵地试、运动式、地毯式综合推进。推广使用"生态桥"App，创建推行生态文明积分。

……

（本案例精选章节由本院的张秋玲、吴政文和张学军等主要方案编写人员提供）

第16章 发达地区的智慧农业类案例

——以湖南省某市农业现代化示范区为例

16.1 编制背景

近年来,该市市委、市政府高度重视农业农村发展,围绕农业结构战略性调整和农产品提档升级,致力打造现代农业体系和优势产业集群,走出了一条独具特色的农业发展道路,逐步实现了由"农业大市"向"农业强市"的迈进,先后获批"国家农业绿色发展先行区"、全国农产品加工示范基地、国家农机示范县、国家农产品质量安全试点县、省级农业科技园区、省特色食品产业园等。为进一步加快该市农业现代化发展步伐,顺利开展示范区申报和创建工作,找准该市农业现代化发展方向,该市市委、市政府组织编制了《湖南省××市农业现代化示范区创建方案(2021—2023年)》(以下简称《方案》),该市为第一批创建成功的全国农业现代化示范区。

16.2 编制特点

(1)基础设施不断完善,智慧类农业示范区创建条件具备

全市建成移动通信基站9 000多个,所有行政村和自然村实现4G全覆盖,已初步实现园区和主要景区5G网络覆盖,正加快向集镇推进;所有行政村及自然村基本实现光纤通达,互联网宽带改造加快推进;大数据、互联网、物联网等数字技术及基础设施推进速度加快。市政务信息数据共享交换平台项目已建成使用,行业级、企业级互联网基础设施加快建设,智慧党建、智能电网和智慧旅游等一批数字创新基础设施全面迸发推进。

(2)思路目标明确,以数字化助推农业现代化

示范区按照"找准支点、突出特色、以点带面、全域创建"的构想,以农业农村大数据平台为操作平台,以"底数清、情况明、问题准、措施实、效果好"为逻辑主线,紧紧围绕农业现代化示范区创建这一总任务,推进农业生产、经营管理、市场服务的数字化和智慧化进程,探索出具有区域特色的农业现代化示范创建路径,为全省乃至全国提供可复制、可推广的"××市经验"。

(3)总体框架基本形成,推动农业信息化水平整体提升

结合示范区粮食、蔬菜、水果、油菜、烤烟、茶叶、药材、禽畜等优势特色产业,聚焦在农业数字化、设施化、园区化、融合化和绿色化,加快推进大数据、物联网、人工智能、区块链、5G等现代信息技术与农业产业深度融合,搭建起基础设施层、数据资源层、平台层、决策分析层、业务应用层和用户服务层等天空地一体化监测系统，整合汇聚农业发展全过程、全系统、全要素等数据资源，开展智慧农业优秀成果展示和经验交流活动，推动全市农业信息化应用水平提升。

（4）建设重点明确，全力打造智慧农业示范样板

示范区融合利用现代信息技术，打造"数据+平台+应用"建设运营模式，重点建设"一套基础支撑体系、一朵农业农村云、一个大数据资源中心、一张数据资源地图、一个应用服务支撑平台、一个数字化决策分析和N个数字化专项应用"（6+N），实现农业农村信息化基础设施集约化共建，各类数据资源集中统一管理，促进"三农"数据互联互通、资源共享，成为农业生产的"定位仪"、农业市场的"导航灯"、农业管理的"指挥棒"和智慧农业的"神经系统"，示范引领农业数字化的发展，为加快实施乡村振兴战略提供信息技术支撑。

（5）建设重要抓手，打造智慧农业示范工程

示范区立足发展基础，坚持问题导向，开展重点工程建设，重点聚焦关键区域、重点领域和重要农产品，加强智能感知、智能控制、模型模拟等智慧农业创新应用，健全5G引领的智慧农业技术体系，实现原始创新、集成创新、引进吸收再创新的有机结合，开展智慧种植、智慧畜牧、智慧渔业、智慧种业的示范应用，不断拓展数字支撑应用场景，探索智慧农业发展模式，以点带面，示范引领区域农业现代化，实现乡村全面振兴、全域振兴。

16.3 精选章节

湖南省××市农业现代化示范区创建方案

（创建期：2022—2024年）

☐ 粮食产业　　☐ 优势特色产业
☐ 都市农业　　☑ 智慧农业
☐ 旱作农业　　☐ 其他_____

第一章　发展现状

（一）建设背景

……

该市基础设施不断完善，建设智慧农业示范区具有良好的基础条件。近年来，全市移动通信网络加快升级迭代。截至2021年6月底，该市建成移动通信基站9 010个，所有行政村和99.4%自然村实现4G全覆盖，发展手机用户数134.92万，其中4G用户101.04万。5G新基建加快推进，累计开通5G基站2 500个，已初步实现城区、园区和主要景区5G网络广覆盖，正加快向集镇推进，累计发展5G网络用户42万，5G终端连接数达36.8万；光纤宽带网络加快优化升级。所有行政村及自然村基本实现光纤通达，互联网协议第6版（IPv6）改造加快推进，全市总宽带数达2 000Gbps，城区宽带接入能力达1 000Mbps，农村宽带接入能力达100Mbps，互联网宽带用户达30.64万户，固定电话用户达7.62万户；大数据、工业互联网、物联网等数字技术及融合基础设施推进速度加快。该市政务信息数据共享交换平台项目已建成使用，湘赣边区域大数据中心暨该市新型智慧城市云底座（一期）项目已完成方案设计正进入招标建设阶段，行业级和企业级工业互联网基础设施加快建设，智慧党建、智能电网、智慧医疗、智慧教育、智慧旅游等一批数字创新融合基础设施全面迸发推进。

（二）区位优势

……

（三）自然条件

……

（四）社会经济

……

（五）农业概况

……

（六）智慧农业发展

该市在智慧农业建设中，主动将物联网技术应用于农业龙头企业和市域蔬菜、水果、畜牧等主导产业，涵盖农业生产、经营、流通、服务各方面。在全市大数据平台建设的总体框架下，构建了上下互通、部门互联、运行高效、便捷通畅的智慧农业农村综合信息服务平台，同时，打造了农产品品牌运营中心，通过线上线下一体化相结合的方式来大力推进智慧农业发展，描绘了该市"大数据+农业"的发展蓝图。在全省率先启动了智慧农业管理平台的建设，以信息化助推乡村振兴。管理平台的建设让用户既可了解该市农业生产情况，又可以学习农业生产技术，还能实时掌握农产品的市场价格，并对每一种农产品的生产过程实施质量监管。此外，用户还可远程感受该市幸福屋场、休闲农庄、生态田园等美景，体验乡村振兴的丰硕成果。在一些智慧农业典型示范村，实现了通过LED电子屏将每个村、每个合作社大棚内的蔬菜种植情况尽收眼底，同时还能通过智慧农业管理平台的远程监控系统实时监测土壤及蔬菜大棚墒情,了解棚中温度、湿度数据,只需鼠标轻轻一点,就能联动农用基地内水肥一体机进行作业,通过系统实现自动施肥灌溉。

通过智慧农业的建设,给农业生产者带来了前所未有的便捷。农民不需要亲自下地,打开智慧农业平台的移动端口,在手机上就可实现远程操控。即使农民在家,也可通过手机远程操控施肥、灌溉、控温控湿。传统农业发展中的天气、病虫害等不可控因素,在数字技术的助力下,已不再是困扰农民的"老大难"问题。

第二章 创建条件

1.农业基础扎实。该市已形成粮食、蔬菜、烤烟、禽畜等主导产业。全年粮食种植面积118.06万亩,总产量55.7万吨,比上年增长7%;蔬菜种植面积64.7万亩,产量140.2万吨,增长5.4%;烤烟种植面积4.88万亩,产量0.67万吨,增长18.01%;出栏肉猪103.9万头,家禽1 039.8万羽。农业各业规模持续壮大。

2.地理区位优势明显。该市位于长江中游城市群的枢纽位置和湘赣边区域的核心位置,承载着省会副中心城市和湘赣边区域性中心城市要素传输的功能。近年来,通过深入实施"交通融城"战略,"对外大开放,对内大循环"的县域交通格局基本形成,强力推动了该市全面融入"省会半小时经济圈",已发展成为省内和邻近省份节假日短途旅游的最佳选择。发展智慧农业有明显的地理区位优势。

3.全产业链建设基本完善。配套了覆盖种苗繁育、基地生产、加工转化、分级包装、冷藏保鲜、产品销售等全产业链各环节设施。建立了农产品加工园,引进龙头企业和知名品牌,由龙头公司引领加工企业共同发展,推进农村物流、仓储服务业发展。大力发展都市农业、休闲农业、旅游农业,初步形成"春赏花、夏摘果、秋度假、冬观景"的良好格局,打造了"桂园国际""原乡花海""华盛山庄""梅田湖农耕文化""杨阁湾"等一批国家和省级休闲农业示范基地和研学旅行示范基地,年接待游客50余万人次,创造价值10亿元以上,促进了一二三产融合发展。

4.现代设施装备水平较高。……

5.打造了智慧农业示范样板。……

6.政策支撑力度不断加大。……

第三章 思路目标

(一)创建思路

紧密围绕统筹推进"五位一体"总体布局和协调推进"四个全面"战略布局,深入推进农业供给侧结构性改革,按照"找准支点、突出特色、以点带面、全域创建"的构想,以农业农村大数据平台为底层操作系统,推进物联网、人工智能、大数据、区块链、5G等现代信息技术在农业农村领域的智慧化应用，大力推进"互联网+"现代农业创新发展，加速农业产业数字化进程，全域推进农业现代化示范创建，致力打造现代农业产业体系、生产体系、经营体系，深入推进农业绿色化、优质化、特色化、品牌化，调整优化农业生产力布局；加快实现农村生产生活生态"三生同步"、一二三产业"三产融合"、农业文化旅游"三位一体"，积极探索推进农村经济社会全面发展的新模式、新业态、新路径，逐步建成以农村集体经济、农民合作社为主要载体，让农民充分参与和受益的农村经济新模式。通过科学规划，统筹布局，全面推动，多措并举，大力实施科技助农、质量兴农、品牌强农战略，逐步走出一条独具当地特色的农业发展道路，逐步实现由"农业大市"向"农业强市"的迈进，为全面推进乡村振兴、加快中国特色农业农村现代化提供有力支撑。

（二）创建定位

……

（三）创建目标

以"底数清、情况明、问题准、措施实、效果好"为主线，着眼农业增效、农村振兴和农民增收，坚持"立足农业、服务农民、繁荣农村"，紧紧围绕农业现代化示范区创建这一总任务，综合运用大数据、物联网、区块链、云计算等信息化技术，通过整合汇聚"三农"发展全过程、全系统、全要素数据资源，构建较为完善的市级农业农村大数据平台，推进农业生产经营管理服务的数字化和智慧化进程。通过该平台的广泛应用，全域农业现代化示范创建取得重大成果，农业农村现代化进程走在前列，城乡融合发展格局全面形成，农业农村综合改革取得深层进展，现代农业产业体系、生产体系、经营体系建立健全，农村生产、生活、生态环境持续改善，人民群众获得感、幸福感、安全感不断提高，探索出具有区域特色的农业现代化示范创建路径，为全省乃至全国提供可复制、可推广的"××市经验"。

建设智慧农业的数字化基础方面。 规模化设施种植、畜禽和水产养殖智能化应用比例达到60%以上，生产效率明显提高；打造形成40个规模化、网络化、智能化、精细化的现代"种养加"生态农业展示、创新、应用示范区，国家和省级现代农业园区智能化应用率达到100%，实现产业融合发展、数据互联互通、服务高效便捷的智慧农业发展目标。

建设智慧农业应用示范方面。 大力发挥该市特色产业的优势，建立全面感知、高效服务、安全可溯、高产高效的智慧农业示范应用。重点建设三个智慧蔬菜产业示范区，开展工厂化育苗和新品种试验示范栽培，展示和应用国内外农业及其相关学科高新科技和创意农业的新成果、新品种、新技术，开展无土栽培、工厂化育苗试验，加强蔬菜新技术、新品种、新设备装备的集成开发。推行蔬菜标准化实施通过物联网进行智能控制,连接传感器采集土壤温度、湿度、养分含量、pH值、降水量、温湿度、气压、光照强度等来获得作物生长的适宜条件,并根据参数变化实时调控或自动控制温控系统、灌溉系统等,示范现代农业的新技术、新品种和新成果。

……

第四章 规划布局

农业数字化规划内容包括基础设施层、数据资源层、平台层、决策分析层、业务应用层、用户服务层六层(图16-1)。基础设施层包括所需配置的硬件、软件、云虚拟化资源,多源卫星、无人机和地面物联网等感知手段,农业遥感、农业物联网、农业视频监控三类感知网络建设,智慧种养(大棚、养殖场)、智能化养殖控制监测物联传感设备,气象信息采集、温室环境信息监测、蔬菜生理生态信息监测、智能化养殖控制等物联感知网络等;平台层包括数据中台、服务中台、业务中台,以及共享交换和时空"一张图"的建设;决策分析层包括农业农村行业的数据画像、数据图谱、数据模型,建立对农业、农村、农民、农企、农园下,每一个基地、每一个产品、每一个园区、每一个小镇、每一个产业的基于数据模型的智能化;业务应用层从农业"五化"业务场景下,规划建设农业农村大数据平台、(智慧大田、智慧蔬菜、智慧畜牧、智慧水产、智慧种业、智慧业态、智慧监管等)基础感知设施、产业集聚、现代农业产业园、绿色农业发展示范等场景;用户和服务层包括整体规划涵盖的政府管理部门、农业龙头企业、经营主体、社会公众等的统一门户和统一App建设。

1.基础设施层

基础设施层是实现数据采集、集成共享应用,多级互通的基础,包括基础支撑环境、农业物联网、其他信息化设备三大类内容。

——**基础支撑环境**。包括硬件、软件、云虚拟化资源,其中云资源包括云存储、云服务器、虚拟化容器、负载均衡设备、安全防护设备、安全认证网关、数字证书以及政务外网和互联网设施等。在政务网建立混合云,明确数据存储的公有和私有部分,按照用户并发量,弹性部署。

——**农业遥感**。将遥感技术应用于农业资源调查、土地利用现状分析、农业病虫害监测和农作物估产等,可通过获取农作物影像数据,包括其农作物生长情况、预报预测农作物病虫害等。基于航天卫星、航空无人机、地面移动基站等捕获影像数据资源,建立农业遥感观测的基础设施支撑。

——**农业物联网**。集成高清摄像头地面观测、物联网基础设施控制等实时感知数据,对农业生产环境、生产设施状态、动植物本体感知数据进行在线监测,采用物联网技术,利用各类采集感知设备,包括气象、环境、作物长势、果蔬生理等各类传感器设备、

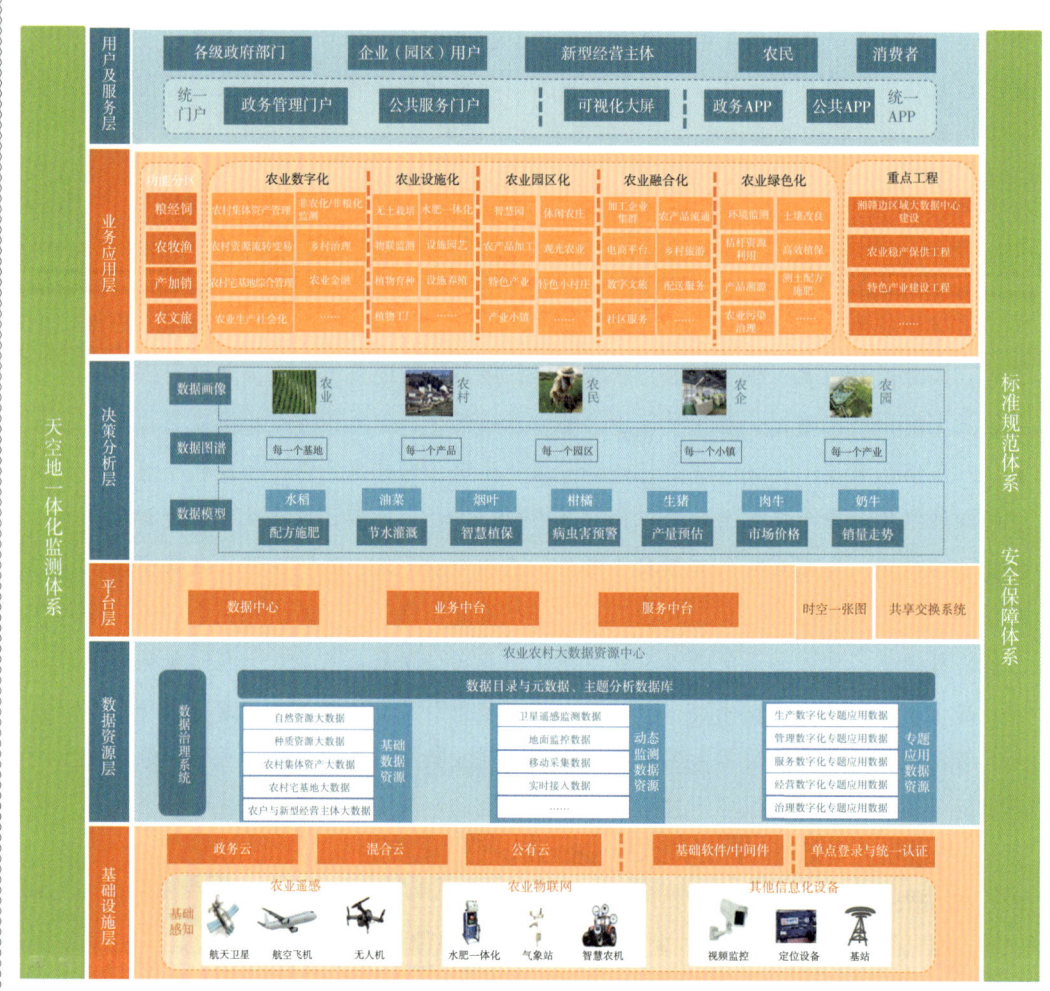

图16-1 农业数字化总体规划框架图

视频采集摄像头、图像采集设备等,自动采集作物生长环境信息及图像、视频等信息,通过环境和作物信息对调控设备进行决策控制,实现多参数信息耦合的作物环境智能化调控。

——**其他信息化设备**。借助电脑端、智能手机端,实现对智慧农业生产现场气象、土壤、水源、生产、管理的实时监测,例如灌溉、通风、降温、增温等农业设施实现远程自动化控制。结合视频、智能预警等功能,随时随地掌握农作物生长状况及环境变化趋势。管理区域内放置360°全方位红外球形摄像机,可清晰直观的实时查看种植区域作物生长情况、设备远程控制执行情况、工人生产情况等。

2.数据资源层

数据资源层基于基础的标准规范体系、天空地一体化体系和安全保障体系等,实现从数据汇集、存储、汇交、更新、分析、共享的全流程管理，构建基础数据资源、动态监测数据资源、专题应用数据资源、主体分析数据资源，保证数据的完整性、可用性和安全性，为示范区开展应用提供全方位的数据支撑。数据资源层要以数据集成共享为原则，结合"块数据"理念和农业农村整个行业的需求，充分分析已有数据类型和来源，依托数字资源目录和元数据，建设农业农村大数据仓库，实现数据的汇集、治理、管理、服务与共享交换。

……

3.平台层

建设农业农村大数据平台，为打破数据隔阂、解决政府和企业面临的数据孤岛问题，实现快速搭建快速应用的目标，在大数据资源中心的基础上搭建了数据中台、业务中台和服务中台。通过数据中台实现前台、后台、业务中台所产生的数据进行抽取利用；通过业务中台实现核心能力和标准化中间件的输出；通过服务中台实现数据服务和功能服务的共享、管理、监控。基于该平台架构可以最大限度上满足业务规则的灵活性和高性能，以及系统操作的便捷性，同时确保农业农村大数据平台在未来数年内保持技术的先进性。

……

4.决策分析层

基于统一标准的农业农村数据资源，一方面，面向业务管理人员，对不同区域农业农村数据进行统计、分析、挖掘，构建预警和预测模型，为决策提供辅助支撑，提高决策的准确性、时效性，提升农业生产效率和农业资源利用率；另一方面，推进农业农村公共数据资源向社会、企业主体和农户开放共享，不断盘活政府数据资源，让农业资源数据更好的服务农户。

……

5.业务应用层

业务应用层包括功能分区规划、业务任务规划和重点工程规划三大内容。

……

第五章 创建任务

（一）建立统一的农业农村大数据平台，示范引领农业数字化发展

重点建设"一套基础支撑体系、一朵农业农村云、一个大数据资源中心、一张数据资源地图、一个应用服务支撑平台、一个数字化决策分析和N个数字化专项应用"（6+N）内容（图16-2）。

图16-2 天空地一体化监测体系

1. 建立"一套基础支撑体系"

一是建立农业农村大数据的标准规范体系。 主要包括信息资源目录体系标准、基础数据元和代码集规范、数据共享交换标准、数据分析指标体系标准、大数据产品制作与发布标准等,支撑和保障各业务系统之间协同工作、高效运转。

二是按照国家信息安全等级保护要求建立数字化安全保障体系。 依托政务云、混合云、公有云等大数据平台,建立安全、稳定的基础运行环境保障体系,包括网络安全、物理安全、主机安全、数据安全和应用安全、管理安全等内容。

三是建立"天空地"一体化动态监测体系。 基于航天卫星、航空无人机、地面移动基站、农业物联网、视频摄像头、农机IOT设备等,建设天空地一体化的农业农村观测网络基础设施和应用体系,实现对农业生产和农村环境等全领域、全过程、全覆盖的实时动态观测。

2. 建立"一朵农业农村云"

不断完善信息网络、服务器等设施设备,搭建"××市农业云",为大数据平台提供基础运行环境。根据管理和服务需要,分别建设政务云和公有云,政务云面向农业农村部门提供政务管理和应用服务;公有云面向新型经营主体、公众等涉农主体开放,提供便民信息服务。

3. 建设"一个大数据资源中心"

大数据资源中心包括数据资源目录与元数据、数据资源采集与建库、主题分析数据库建设、数据治理系统建设,以统筹整合汇聚内外部涉农数据、数据共享为目的,全面梳理现有数据资源,依据统一资源目录,充分利用数据治理系统,实现数据的标准化、统一化、集约化处理，构建全面、权威/鲜活的数据资源库以及为业务应用提供数据支撑的主体分析数据库，实现从数据汇集、存储、汇交、更新、分析、共享的全流程管理，为上层平台及应用提供全方位的数据支撑。

一是建设农业农村大数据资源体系。建立统一的数据资源目录体系和元数据，明确各类数据的组织存储方式，形成区级大数据资源中心，实现跨层级、跨地域、跨系统、跨部门、跨业务的数据资源应用服务。……

二是进行数据资源采集与建库处理。针对不同来源、不同类型、不同业务的数据，进行分类采集、处理、建库，实现自然资源、农业生产、业务管理、宏观经济等数据的整合，形成逻辑统一、按需调度的资源池，满足海量数据"采、存、管、用、享"和未来业务增长的需求。……

三是进行主题分析数据库建设。结合基础数据资源、动态监测数据资源、专题应用数据资源基础，面向不同部门、不同场景的专题应用、分析决策需求，进行数据抽取、转换、加载，形成明细主数据、区域统计数据、时空一张图数据，最终构成面向主题的、集成的、相对稳定的、反映历史变化的主体分析数据库，便于访问分析、快速查询、管理决策。

四是进行数据治理系统建设。实现从元数据管理、主数据管理至全面质量管理与安全管控数据治理体系，梳理信息资源目录体系，对数据采集平台、数据交换平台汇聚的大数据资源进行清洗和时空化处理，建立主数据标准库，为建立面向主题分析的数据仓库提供技术支持和数据基础。……

4.建设"一张数据资源地图"

基于时空化技术，对各类数据进行统一基准化、统一时空化、统一服务化等处理，实现多类空间化数据资源的一张图集成展示，并根据不同专项应用场景，提供专项应用一张图。

一是建设全市智慧种植业管理一张图。实现全市种植资源、作物生长等细分专题的空间分布展示，统计分析、综合查询、空间分析等功能。通过遥感影像获取全市种植资源数据，对种植业数据进行空间化及统计分析，形成全市种植资源一张图，摸清全市种植业资源底数和时空分布，准确监测种植结构，更好地利用优势资源，发展优势特色产业。包括种植资源监测、种业资源监测、土壤水肥监测、农药监管、农作物病虫害监测等功能。……

二是建设全市智慧畜牧业管理一张图。基于GIS技术，主要提供全市畜牧资源、养殖产能、规模养殖、饲料加工、动卫防疫以及屠宰监管等细分专题的空间分布展示，统计分析、综合查询、空间分析等功能，并针对疫情疫病防控预警提供数据依据，通过畜牧业一张图实时对该市畜牧业产前、产中、产后各链条、各环节进行动态监测。包括兽医监管、兽药追溯、养殖场监管、饲料加工监管等。……

三是建设产业发展一张图。基于该市的"一园双带三区四基地"的产业发展格局，搭建该市特色产业一张图，通过特色农产品一张图、特色产业园区一张图，分析市产业发展布局，充分发挥特色产业优势，培育市域经济发展新动能。休闲农业一张图通过展示田园综合体、农家乐等位置分布，分析全市农业与旅游业融合发展现状，盘活乡村全域旅游资源；农业产业化龙头企业已经成为农业产业化经营的一种基本形式，产业化龙头企业一张图通过分析全市产业化龙头企业发展规模与水平，为推进各区域的农业产业化龙头企业的发展，提供产业发展地图支撑；产业发展一张图包括特色产品监管、特色产业监管、农业园区监测、休闲农业监测、产业化龙头企业监管等内容。

四是建设农田建设一张图。实现农田建设数据的上图展示，结合卫星遥感数据实现农田建设进度和成果的监管。具体包括高标准农田建设面积分布、建设进度，农田整治及农田水利建设情况、节水农业灌溉建设情况、农田建设监督评价及建后管护情况、绩效评价情况等，叠加基本农田/确权数据/两区划定数据，进行高标准农田的建设验证和地块级溯源管理，建立高标准农田的地图数字档案，实现高标准农田从建设、管护、生产、监管的全流程数字化管理。……

5.建设"一个应用服务支撑平台"

一是建设数据中台成为数据资源管理和应用系统之间的枢纽。解决数据多级接入、多级调用能力。以场景化业务为中心，通过数据中台、业务中台和服务中台的建设，实现数据的"存""通""用"，用户权限和流程统一管理，数据及功能服务的封装共享，支持后台管理、前台应用和应用接入。

二是实现农业农村海量数据的关联和共享交换。基于不同用户的角色和权限管理，以及不同用户对服务、数据及产品的需求，合理制定数据共享资源目录、元数据和服务策略，实现数据及产品的一站式传送，实现平台数据、信息、应用服务等的对外发布与交换。

三是建立各级用户使用农业信息化系统的统一门户。包括政务版统一门户（Web、App、大屏）和公众版统一门户（Web、App、小程序）两大部分的内容，为各级涉农管理部门、涉农企业、新型经营主体、个人用户等用户提供政务服务和公众服务统一窗口。有了统一门户，用户就可以从以往几十个应用系统、门户需要使用的困境中脱离出来，不断提升各类应用的一个关注度和应用效率。

6.建设"一个数字化分析决策"系统

数字化决策分析是指通过农业农村大数据的分析来反映出建设成果、应用成果，服务于政府管理、效率提升、建设评估等。通过大数据平台沉淀的涉农基础数据,结合空间地理数据,构建农业农村管理决策支持系统,为"三农"数据画像、产业布局规划评价、农业数字经济指数评价、乡村振兴指标提供数据支撑,实现评价"可视化",决策"智能化"。

一是建设农业农村行业知识图谱。……

二是建设农业农村全景数据画像。统筹考虑该市建设需求,为管理者提供农业农村的"全景画像",通过画像一览全市农业产业全貌,并提供面向业务场景的相关决策指挥图,内容涵盖种植业画像、畜牧业画像、渔业画像、农村画像、新型经营主体画像、农户画像等,实现对农业农村运行全貌和特征的直观呈现,为管理者提供"一站式"决策支撑。……

三是建立农业农村的智能化决策应用。智能决策统筹考虑该市及各乡镇总体需求,通过建设农业农村业务决策指标体系,针对农业农村的重要业务领域,进行专题数据分析、业务模型构建,利用可视化引擎直观展示数据分析结果,为农业农村工作提供大数据决策支持,满足不同管理角色、不同业务场景下的可视化分析、动态展示和辅助决策需求,能够为农业农村工作各级领导动态掌握全局、及时发现问题、科学分析决策提供全方位支持。平台可根据业务决策的需求变化,利用多源涉农数据资源,通过大数据分析及可视化工具,拓展业务专题应用,全面提升农业农村业务管理的精细化、可视化。……

7. 建设"N个数字化专项应用"

在大数据平台下,各类农业农村数字化应用场景可以实现重新、快速搭建和已有内容的关联接入,降低时间和重复建设成本。

一是农业农村数据价值汇集和挖掘应用。……

二是农业农村政府数字化管理专项应用。……

三是服务于农村金融高质量发展的专项应用。……

四是面向新型经营主体高质量发展设计数字化专项应用。……

五是重点打造智慧农业示范应用样板。依托该市建立的农业农村大数据平台,搭建能够全面感知、高效服务、安全可溯、高产高效的智慧农业示范应用,将村庄、田园、果园、菜园、牧场、渔场等场景数字化的成果进行更大范围的推广和应用,使之能够完成提升产品品质、提高产品质量、优化资源投入、减少农资污染、促进产业发展的目标。

——**智慧村庄**。应用数字化、信息化技术,将现代信息技术融入村情村貌、村庄事务、乡村生活、乡村旅游、乡村党建等农村各个方面。在线上以二维、三维、甚至实景模拟的形式展示村庄的基本情况、特色风光等数字化、智慧化成果。同时,通过移动端开放给农户进行使用，不断提升广大农民群体的参与感和幸福感。

——**智慧田园**。依托农业农村大数据平台统一的大数据资源中心，打造"农业+文旅+田园社区"的示范样本，既能够通过摄像头、土壤监测仪等物联网设备对田园管理实现实时数据化、控制化的智能管理，不断提升管理效率。同时规划建设开心菜园、共享菜园、迷你庄园等智慧场景，打造"生产+生活+生态+生意"四生同步的智慧应用。

——**智慧果园**。应用北斗定位、地面机具、环境监测、智能灌溉、智慧植保、农机大数据等装备与技术共同构成"天空地一体化"智慧果园物联网，突破传统气象站、摄像头等设备定点监测的局限性，实现多点、动态、非规律性监测，极大地丰富数据来源渠道、提高数据价值密度，触发AI人工智能应用落地。包括机械化——机器换人，实现降低劳动强度，发展规模化种植；信息化——知天而作，提高决策水平，发展精细化种植；智慧化——高度智慧化作业，提质增效，实现最优投入产出比；AI人工智能+病虫害识别，轻松识别病虫害；VR农业360°全景体验模式，实现人不在现场、更像置身现场的智慧化体验。

——**智慧菜园**。依托物联网、云计算等技术能力，让用户可以便捷、安全地实现没有虫害、杜绝农药，同时又能满足健康美味需求的放心蔬菜生产。采用水肥一体化节水节肥，智能控制大棚内植物的光照、温度、二氧化碳含量等高科技种植技术，提升菜园的管理水平，同时，依托"菜篮子"工程，可以通过平台完成智能支付、农药残留快检、农产品安全溯源。后台向农业等相关部门指导农产品种植养殖传递精准数据，让"智慧菜园"真正走上百姓餐桌。

——**智慧牧场**。运用现代物联网技术管理牧场，智慧牧场里的牛/羊，从出生开始就会被全程记录，形成一个档案，实现食品安全的跟踪与追溯。一方面，可以从养殖开始，跟踪屠宰、加工、销售等各个环节的食品安全情况，保证产品质量。另一方面，如果消费者发现了质量问题，可以通过记录进行追溯，确定问题所在。同时，充分运用现代云计算技术，以数据为导向，可优化每头牛/羊的生产力。随时提供牧场所需的发情、健康、营养等方面的信息。

——**智慧渔场**。采用智慧渔业相关的设施设备改造和武装养殖场，实现水质自动调节、饵料智能投喂、病害自动侦测、产能自动评估、设备自动运行、投放捕捞自动作业、环境自动监测和数据自动分析的现代化的智慧型水产养殖场景。

……

（二）发展设施农业，示范引领农业设施化发展

……

（三）推进产业集聚发展，示范引领农业园区化

……

第六章 重点工程项目

......

智慧农业示范工程。聚焦重点地区、重点领域和重要农产品,加强智能感知、智能控制、模型模拟等智慧农业科技创新应用,建立健全5G引领的智慧农业技术体系,实现原始创新、集成创新、引进吸收再创新的有机结合,开展智慧种植、智慧畜牧、智慧渔业、智慧种业的示范应用。

(1)**智慧种植**。推动智能感知、分析、控制等技术和装备在大田种植和设施园艺领域集成应用,在智慧大田、智慧菜园等引进、消化、创新水肥一体化、自动喷滴灌、自动采摘等自动化、智能化系统和数字设备,开展工厂化、智能化和标准化生产。加快建设农业病虫害监测网络和数字植保防疫体系,实现重大病虫害智能化识别和数字化防控。利用遥感、地理信息和物联网等手段,动态监测重要农作物的种植面积、土壤墒情、作物长势和灾情虫情,及时发布预警信息,提升种植业生产管理信息化水平。

(2)**智慧畜牧**。推动二维码、RFID等技术和装备在畜禽养殖基地和场区集成应用,积极引进通风温控、环境感知、精准上料、粪污处理等数字化系统和装备,实现畜禽养殖环境智能监控和精准饲喂。加快普及NB-IOT、体征智能检测等畜禽个体监测应用,实现对动物疫病疫情精准诊断、预警、防控。利用电子追溯码、直连直报系统等手段,强化畜禽、饲料、兽药生产、流通等各环节信息互联互通。

(3)**智慧渔业**。推动人工智能、物联网等技术和装备在水产养殖基地集成应用,积极引进水体环境实时监控、自动精准投喂、网箱自动控制等智能化系统和装备,实现水产养殖监控精准化和管理智能化。升级完善卫星通信、导航定位等通信和数字化装备,实现渔船智能化航行、作业和控制。利用水产品病害监测预警、质量安全追溯等系统手段,加强水产品重大疫情疫病的监测、预警和联防联控。

(4)**智慧种业**。推动智能育种技术和装备在制种基地、种畜禽场、水产苗种场的集成应用,提高育种效率。开展农作物品种脱氧核糖核酸(DNA)身份鉴定,形成以品种身份证数据为核心的种子质量监管体系。统筹利用生产经营许可、生产备案和天空地一体化监测手段,提升种业智慧化监管水平。加快"经验育种"向"精确育种"转变,逐步实现定制设计育种。

......

(本案例由本院的康永兴、郭新宇和严昌宇等主要编制人员提供)

第17章　生态脆弱地区的旱作农业类案例

——以青海省某县农业现代化示范区为例

17.1　编制背景

农业现代化是国家现代化的基础和支撑，建设农业现代化示范区是推进农业现代化的重要抓手。习近平总书记指出"中国现代化离不开农业农村现代化""要加快推进现代农业建设，在一些地区率先实现农业现代化"。党的十九届五中全会、中央农村工作会议和2021年中央一号文件都对建设农业现代化示范区作出重要部署。该县地处黄土高原向青藏高原过渡镶嵌地带，自然条件高寒、干旱，形成了以油菜、小麦、马铃薯为主的旱作农业产业格局。随着农业现代化的快速发展，独特的生态、技术优势为该县发展高原特色现代农业奠定了良好基础，现已成为北方最大的春油菜杂交油菜制种基地、青海省最大的脱毒马铃薯种薯繁育基地、青海省重要的粮食生产及"菜篮子"基地，是国家农产品质量安全县、全国粮食生产先进县、全国农村创业创新典型县。该县县委、县政府立足县情农情，决定以高效旱作农业为方向申报农业现代化示范区。为了保障农业现代化示范区申报和创建工作的顺利进行，该县委托农业农村部规划设计研究院编制了《青海省××县农业现代化示范区创建方案》（以下简称《方案》），该县为第一批创建成功的全国农业现代化示范区。

17.2　编制特点

（1）发挥青海农区优势，打造绿色有机农畜产品输出地

《方案》详细分析了该县创建农业现代化示范区的农业发展基础、创建优势、短板弱项，抓住了该县是青海省农业大县，耕地面积占青海省全省耕地面积的1/8的耕地资源优势，贯彻落实习近平总书记在青海视察时的重要讲话精神，以打造绿色有机农畜产品输出地为契机，充分彰显寒旱区域立地条件、资源禀赋，加快农牧业发展方式转变，紧紧围绕油菜、小麦、马铃薯、高原夏菜、特色畜禽等高原特色产业，着力抓好品种培优、品质提升、品牌打造和标准化生产，打造青海高原农业高质量发展示范区，实现绿色有机农畜产品出省出国。并抓住该县是北方最大的春油菜杂交油菜制种基地、全省马铃薯种薯繁育基地、全国最大的八眉猪保种繁育基地等种业优势，将种业作为示范区发展的重要产业支撑，打造高原特色现代种业引领区，带动特色产业发展。以产业振兴带动农民富裕，创新利益联结机制，让农民在一产中有收入、在二产中有作为、在三产中有创业，实现持续增收，为西部地区农民增收探索新路径。

（2）突出区域发展特色，提出"一核、四区、六园五镇"的空间格局

规划注重与产业基础、资源环境、国土空间规划等结合，重点打造"一核、四区、六园五镇"。"一核"以位于该县国家现代农业科技示范园和绿色产业园为核心；"四区"为粮食作物生产示范区、油料作物生产示范区、蔬菜高效节水示范区和草原畜牧业可持续发展区；"六园五镇"为马铃薯产业园和马铃薯产业强镇、高原蔬菜产业园和蔬菜产业强镇、蚕豆产业园和蚕豆产业强镇、中藏药材产业园和中藏药材产业强镇、八眉猪产业园和八眉猪产业强镇、青稞产业园。有利于形成因地制宜、各具特色、优势互补的区域协调发展格局，为探索川水地区旱作农业发展模式、丘陵山地旱作农业发展模式、草原生态旱作农业发展模式，推进该县农业转型升级明确了路径。

（3）运用绿色发展理念破解资源环境约束难题，实现经济与生态效益共赢

针对农业发展与资源环境约束的矛盾，规划强调以"减量化、再利用、资源化"的循环经济理念为指导，通过加强耕地保护与质量提升、加强水资源保护与治理，保护乡村水资源和环境；通过集成推广节肥节药节水绿色技术模式，如水肥一体化、全膜覆盖、秸秆还田、精准施肥、前氮后移、机械深施等，发展"草—畜—肥—果蔬""青稞—青稞酒—酒糟—生猪—有机肥—果蔬"等生态循环种养，推进低碳循环发展；针对地膜污染问题，大力实施农膜回收行动，开展地膜覆盖技术指导，建立健全县级回收加工企业、乡镇回收站、村（基地）级回收网点的三级回收利用加工网络，开展地膜回收和残留治理试点，探索建立废旧农膜以旧换新激励机制，多途径提高废旧农膜回收利用。上述举措体现了循环经济理念，契合了解决资源环境约束难题的发展方向，为推动同类型地区经济效益和生态效益双赢提供了较大的参考价值。

17.3 精选章节

青海省××县农业现代化示范区创建方案

（创建期：2022—2024年）

☐ 粮食产业　　☐ 优势特色产业
☐ 都市农业　　☐ 智慧农业
☑ 旱作农业　　☐ 其他_____

第一章　发展现状

……

第二章　创建条件

（一）农业生产基础较好

1. 种业发展能力强劲

该县是北方最大的春油菜杂交油菜制种基地、全省马铃薯种薯繁育基地、全国最大的八眉猪保种繁育基地，被农业农村部认定为"第一批马铃薯和油菜区域性良种繁育基地"。良种培育成效显著，加强与中国农业大学、西北农林科技大学等科研院所的合作，成功引进和培育杂交油菜、小麦、马铃薯、蚕豆等农作物新品种30余个、蔬菜新品种20余个，"青杂"系列杂交油菜在蒙古国、俄罗斯等国推广种植，是全国第一个在国外大面积推广的杂交油菜品牌。全县良种覆盖率达98%以上，其中油菜杂交化率达100%，马铃薯脱毒化率达100%。制繁种稳步发展，建成特色制繁种基地20万亩，其中油菜制繁种基地4万亩、优质脱毒马铃薯种薯基地8万亩、小麦良种繁育基地5万亩，生产各类良种9.6万吨，优质种子销往全国各地。其中脱毒马铃薯良种繁育技术全省领先，年生产脱毒苗65万株、微型薯110万粒，被认定为首批国家区域性马铃薯良种繁育基地。

2. 生产结构不断优化

该县依托自然资源条件，大力发展油菜、马铃薯、小麦、青稞等旱作农业。全县各类农作物种植面积109.4万亩，其中油菜32万亩、马铃薯30万亩、小麦19.3万亩、青稞1.5万亩，粮食总产量达31.5万吨。油菜产业高质量发展，年播种面积稳定在30万亩以上，总产量超6万吨，油菜已成为全县农业第一大作物和农民增收的主要经济来源之一。马铃薯供给能力不断增强，年播种面积超30万亩，总产量达7.8万吨，占全省马铃薯总播种面积的20%以上。小麦产业稳步发展，年播种面积在20万亩左右，产量达4.3万吨，划定粮食生产功能区15万亩，其中14万亩为小麦生产。

3.特色优势产业发展壮大

在保稳产、保增产的同时，瞄准市场需求，调整种植结构，发展设施蔬菜、中藏药材等特色农业。大力发展设施蔬菜产业，因地制宜推广日光温室、塑料大棚和露地蔬菜种植，建成设施蔬菜基地13个，设施温棚总量达2 805栋，年产量达16.5万吨，高原夏菜品牌知名度和市场竞争力不断提升，多个蔬菜品种以订单形式远销上海、广东、香港等地，已成为全省重要的"供港"蔬菜基地。加快推动中藏药材产业发展，全县种植中藏药材6万亩，建立当归千亩示范基地1个、百亩示范基地28个，其他药材百亩示范基地7个，产量达10万吨以上。

（二）设施装备区域领先

1.全力打造高标准农田样板

……

2.高效节水农业成绩显著

该县持续推进大中型灌区节水改造和小型农田水利建设，实施高效节水灌溉工程、节水改造工程、中低产田改造工程等重点工程25项，新增高效节水灌溉面积3万亩，有效提高灌溉水利用系数和灌溉水利用率。推广全膜双垄栽培技术、选育抗旱品种、"水肥一体化"等旱作节水新技术，完成全膜覆盖栽培技术27万亩、推广旱作节水农业技术23万亩，实现灌溉、节水、增产、增收共赢。继续推行最严格的水资源管理制度，全面推进区域用水总量控制、用水效率控制、水功能区限制纳污"三条红线"。

3.主导产业全程机械化进程加快

……

（三）产业链条健全完整

1.农产品加工集群发展

该县共培育农畜产品加工龙头企业10家，大力发展油菜籽加工，全县现有大规模油菜籽加工企业2家，年产能达3万吨。聚焦牦牛产业发展三年行动，扎实推进牦牛标准化全产业链生产项目，年加工量达6.5万吨，着力打造高原农畜产品加工中心。做优做强青稞加工，深入实施青稞酒产业振兴计划，创建青稞产业园，提升青稞酒品牌集中度，青稞酒加工企业入选中国酒业百强和中国农业企业500强。

2.商贸流通发展快速

该县具有外贸进出口资质的企业共计8家，累计实现外贸进出口总额1.5亿美元；培育限额以上商贸流通企业3家，建成县级农产品批发交易市场1个、农产品产地市场6个、农产品收购网点50处以上,组建农畜产品直销门店60家。累计建成百吨以上马铃薯贮藏窖109座,年贮藏能力超19万吨,蔬菜保鲜库84座,贮藏能力达1.45万吨以上。

……

第三章 思路目标

(一)创建思路

以习近平新时代中国特色社会主义思想为指导,深入贯彻党的二十大全会精神,贯彻落实习近平总书记在青海视察时的重要讲话精神,立足新发展阶段,贯彻新发展理念,构建新发展格局,践行"一优两高"战略,以打造绿色有机农畜产品输出地为契机,以农业农村现代化为总目标,以农业供给侧结构性改革为主线,以健全现代农业产业体系、生产体系、经营体系为重点,以"设施化、园区化、融合化、绿色化、数字化"为推进路径,聚焦旱作产业,调整产业结构、优化区域布局、聚集资源要素、延长产业链条、强化设施装备、加强政策支持、完善服务体系,探索农业现代化有效推进机制,将示范区打造成为青海高原农业高质量发展示范区、高原特色现代种业引领区、青海高原乡村振兴样板区,示范引领青海高原农业现代化。

(二)创建定位

青海高原农业高质量发展示范区。充分彰显寒旱区域立地条件、资源禀赋,加快农牧业发展方式转变,紧紧围绕油菜、小麦、马铃薯、高原夏菜、特色畜禽等高原特色产业,着力抓好品种培优、品质提升、品牌打造和标准化生产,贯通产加销、融合农文旅,推进种业、生产、加工、储运、销售、品牌、休闲、服务、金融等各个环节有效衔接、协同发展,做优做强绿色有机农牧产业,示范引领青海高原农业高质量发展。

高原特色现代种业引领区。将种业作为示范区发展的重要产业支撑和辐射功能,充分发挥科研平台作用,创新合作机制模式,建立开放共享、互利互惠、合作共赢的种业开发平台,推进种业育繁推一体化,巩固提升全国最大的八眉猪保种繁育基地、北方最大的春油菜杂交油菜制种基地、全省最大的脱毒马铃薯繁育基地地位。

青海高原乡村振兴样板区。坚定不移走好生态互助、绿色发展道路,聚焦高质高效,深入推进农村一二三产融合发展,以美丽乡村建设促进农业园区化,以科技创新促进农业数字化,以社会化服务促进产业融合化,加快农业现代化。聚焦宜居宜业,综合整治农村人居环境,有序有力推进城乡融合发展,打造具有互助特色的现代化农业农村强县。聚焦富裕富足,创新利益联结机制,让农民在一产中有收入、在二产中有作为、在三产中有创业,实现持续增收,为西部地区农民增收探索新路径。

(三)发展模式

综合考虑该县资源禀赋、产业基础和区位条件等因素,以油菜、小麦、马铃薯、高原蔬菜、八眉猪、青稞等优势特色产业为重点，示范推广高寒旱作农业绿色高效发展模式。建设四大旱作农业示范区，以现代种业和粮食产业为重点建设浅山粮食作物生产示范区，改造提升农田基础设施、发展生态循环农业；以油料产业为重点建设脑山油料作物生产示范区，加强标准化生产基地建设、推广高产高效栽培技术；以高原蔬菜为重点建设川水蔬菜高效节水示范区，打造设施果蔬生产基地和陆地蔬菜标准化基地，开展技术集成与示范推广；以特色养殖业为重点建设草原畜牧业可持续发展区，加强标准化繁育场建设、扩大优质牧草种植面积，发展源头生态型乡村旅游新业态。……

（四）创建目标

……

第四章　规划布局

……

充分对接该县乡村振兴战略规划、国民经济和社会发展第十四个五年规划和"十四五"特色现代农牧业科技创新发展规划，做好"三区三线"有效衔接，按照突出重点、突出特色、相对集中连片的原则，在上述四大旱作示范区的基础上，围绕马铃薯、高原蔬菜、蚕豆、中藏药材、八眉猪、青稞等优势特色产业，着力打造高原特色产业"六园五镇"，引领全县农业农村发展的"一核、四区、六园五镇"旱作农业现代化示范区（图17-1）。

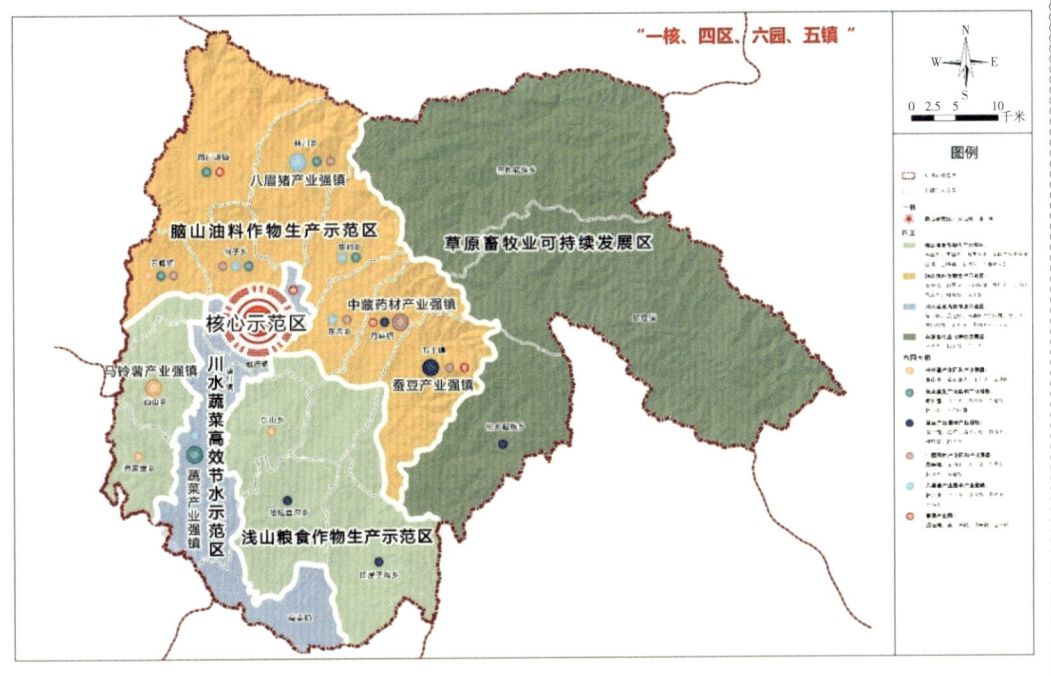

图17-1　某县旱作农业示范区规划布局示意图

……

(二)功能分区

1. 一核

以国家现代农业科技示范园和绿色产业园为核心,发挥资金、人才、科技、土地等要素聚集优势,强化农业科技创新平台建设和主体培育,加强新品种、新技术、新装备、新模式的研发,推进技术集成与示范推广。提升加工物流园区的容量能级,做强做特做优高原特色农畜产品加工流通,提升精深加工能力和产地集散分销能力。

现代农业科技园。规划面积2 800亩,主要功能科研创新,目标定位为青藏高原农业高新技术研发基地、成果转化基地、种苗繁育基地和科普基地,创建国家农业高新技术产业示范区。建设重点为智能温室、育苗中心、研发中心、试验基地建设以及水、电、气、通信等基础设施配套。针对旱作农业发展的技术难点和需求,加强与国家蔬菜工程技术研究中心和北京市农林科学院、西北农林科技大学、青海省农林科学院等科研院所合作,建立旱作农业技术支撑体系,包括提升杂交油菜、脱毒马铃薯、蚕豆、中药材等现代育种水平,选育抗旱新品种;开展机械翻地及深松技术、秸秆及根茬机械粉碎还田技术、机械化地膜覆盖技术、机械化精少量播种技术、机械药剂除草技术等现代物质装备和技术研发、示范和推广。主要建设绿色产业园。区域面积20平方千米。主要功能农产品加工物流,目标定位以园区绿色产业加工区和塘川物流集散区为重点,建设高原农畜产品加工中心、青稞产品加工中心、物流配送中心,创建国家级经济技术开发区。具体建设高原农畜产品加工中心、青稞产品加工中心和物流配送中心。

2. 四区

(1) 浅山粮食作物生产示范区

区域特点。……区域耕地面积34.83万亩,浅山地23.67万亩,该区域干旱少雨,不具备灌溉条件,是小麦、油菜、马铃薯、青稞、蚕豆粮食作物生产的重要地区。

发展方向。重点发展以小麦、马铃薯为主的现代种业和粮食产业,积极发展以八眉猪、葱花土鸡为主的畜禽养殖产业,促进农牧结合。

建设重点。建设麦类、蚕豆、马铃薯等重要作物良种繁殖基地、展示示范基地,优质脱毒马铃薯种薯基地8万亩、小麦良种繁育基地5万亩,开展马铃薯新品种选育及节本增效、小麦抗逆节水新品种创制与应用。推进农田基础设施改造提升,加强农田配套蓄水设施建设,推广高效节水灌溉技术,增强农田抗旱能力。建设化肥农药减量增效示范田,春季全膜覆盖栽培技术示范田,耕地轮作倒茬示范田,农业生产托管机耕、机播示范田,开展机械翻地及深松技术、秸秆及根茬机械粉碎还田技术、机械化地膜覆盖技术、马铃薯全膜覆盖栽培技术等装备和技术应用示范。实施农牧结合的生态种养模式,集成生态循环农业模式和技术，形成现代生态循环农业技术模式集中展示区。引进推广多花色马铃薯新品种，打造马铃薯花海观光旅游基地，探索发展功能型、效益型、生态型产业融合发展模式。

（2）脑山油料作物生产示范区

区域特点。……区域耕地面积54.76万亩，山地37.77万亩，该区域降雨量多，相对湿度大，作物生长期短，可发展油菜、青稞等农作物，并且可以大力发展畜牧业。

发展方向。重点发展以杂交油菜为主的优质油料产业，积极发展以中药材为主的经济作物产业，适度发展设施蔬菜、花卉苗木、优质畜禽等农业。

建设重点。加快推进国家杂交油菜制种基地建设，油菜制繁种基地4万亩，开展油菜杂交种创制及高效生产示范。加强标准化生产基地建设，扩大双低优质杂交油菜生产规模；推广油菜免耕节本、高产高效栽培等技术，全膜油菜缓释肥技术、全膜油菜有机肥替代部分无机肥技术；引进和推广油菜生产专用机械，综合机械化水平达到75%。在重点区域建立标准化油菜生产基地30万亩。引进培育菜籽油高效制备技术、优质菜薹品种和多花色油菜品种，打造菜籽油升级版、菜用升级版、油菜花旅游升级版三个高原油菜产业升级版。中药材产业着力解决品种繁杂、效益不高的问题，探索建立制定具有青海特色、互助特点的育苗、栽培、加工等技术规程，建设青藏高原绿色精准药材试验站和种质资源圃，精准药材种苗繁育示范基地，建成当归、黄芪、大黄中药材标准化示范基地3个，中药材育苗面积达到3 000亩以上，全县种植面积稳定在6万亩以上。

（3）川水蔬菜高效节水示范区

区域特点。……涉及区域耕地面积40.07万亩，该区域热量条件相对较好，又多有灌溉条件，是蔬菜、小麦、马铃薯重要种植区域。

发展方向。重点培育壮大蔬菜优势产业，开发菜药两用蔬菜消费市场，建设全省重要的"高原夏菜"基地和反季节蔬菜供应中心。积极发展优质粮食、绿色果蔬、健康畜禽、种子种苗、花卉园艺等产业。

建设重点。进一步做大高原夏菜产业，依托园区工厂化育苗技术设施优势，集中开展有机蔬菜示范、生产，生物肥料推广使用，土壤连作障碍和修复示范，开展高原夏菜种苗繁育技术示范应用，强种苗供应能力。加强以温室大棚为主的设施果蔬生产基地建设，打造蔬菜无土栽培示范基地，提高设施自动化、智能化水平，打造数字农业、精准农业示范样板。优化蔬菜产业布局，进一步扩大基地规模和种植范围，因地制宜建设露地蔬菜标准化基地，在重点区域建设水肥一体化示范基地，以及净菜处理车间、蔬菜保鲜库等设施。做精草莓产业，建成青藏高原首个草莓种苗繁育中心，集中打造草莓种苗繁育基地和采摘基地，制定优质种苗繁育技术、周年清洁化栽培技术等技术规程和标准体系，开展技术集成与示范推广，建成高原种苗繁育基地和栽培基地3个，年实现高原草莓种苗繁育能力达到1 000万株以上，打造草莓小镇和田园综合体，承办青藏高原草莓采摘节和高峰论坛。

（4）草原畜牧业可持续发展区

区域特点。……涉及区域耕地面积4.5万亩，以浅山地为主，面积3.2万亩。该区域林草资源丰富，是重点的生态保护区域。

发展方向。重点发展白牦牛、藏羊、葱花土鸡等特色养殖业。积极发展以全膜玉米青贮、良种燕麦为主的饲草料产业。

建设重点。建成标准化的青海白牦牛繁育场1个和肉羊种羊繁育场2个，提高供种能力。以纯牧业村及乡镇为主打造青海白牦牛生产基地。以3个葱花土鸡"一村一品"基地村为主建设葱花土鸡生产基地，白牦牛养殖规模达到1万头以上，葱花土鸡饲养量达到10万只。构建粮经饲协调发展的三元种植结构，扩大饲用玉米、苜蓿等优质牧草种植面积，稳定人工饲草生产面积。落实草原生态保护补助奖励机制政策，采取封育、围栏、补播、复壮等措施保护草地生态平衡，严防草场退化，全县年饲草种植面积稳定在15万亩，年饲草产量达到40万吨以上，封育（围栏）天然草场8万亩。立足北山景区、省级森林公园等生态优势，结合草场和牧场建设，做大户外探险、自驾游等源头生态型乡村旅游新业态。

（5）五镇一园

主要建设马铃薯产业园和马铃薯产业强镇、高原蔬菜产业园和蔬菜产业强镇、蚕豆产业园和蚕豆产业强镇、中藏药材产业园和中藏药材产业强镇、八眉猪产业园和八眉猪产业强镇等五镇和一个青稞产业园。……

第五章 创建任务

（一）加强设施装备建设，示范引领农业设施化

根据农业转型升级需要，改善农田基础设施，提高高标准农田覆盖率；推进现代农机装备示范应用，实现主要农作物全程机械化；完善仓储流通体系，农产品流通效率显著提高。

1.改善基础设施条件

持续开展高标准农田建设。深入实施高标准农田质量提升工程，大规模改造中低产田，集中开展以土地平整、农田水利、土壤改良、机耕道路、农田林网、配套电网等为主要内容的高标准农田建设，不断提高综合生产能力和防灾抗灾能力。加快高标准农田上图入库，加快建立"明确事权、改革产权、多元投入、建管结合"高标准农田建管机制。到创建期末，新建集中连片设施配套高产稳定、生态良好、抗灾能力强的高标准农田8.5万亩。

大力推进农田水利设施建设。全面加强农牧区水利设施建设，强化灌区续建配套及节水改造，重点推进灌区节水改造配套工程、西渠改造工程和东渠维修工程，以及农渠改造工程和渠道节水改造工程。大力开展小型农田水利设施建设，因地制宜在田间地头建设集雨旱井，在作物需水关键期进行补充灌溉，增加雨水利用率。

完善标准化种养设施设备。支持各类经营主体因地制宜发展钢架大棚、玻璃温室等生产设施，及配套的防虫网、遮阳网、喷微灌和水肥自动控制系统、远程监控系统等智能装备，加大旧棚改造力度，到创建期末，新建节地型温室300栋、拱棚1 800栋，改造旧棚600栋。配置立体栽植、多层养殖、控温控湿、物联网等装备，提高水肥一体化的利用率，实现设施农业多茬生产，推进农业"设施增地"。进一步加大畜禽养殖场、小区、家庭农牧场标准化改造力度，促进畜禽养殖设施提档升级，推广饲草料加工、散装饲料贮存塔、饲料自动饲喂系统、畜舍环境控制设施、粪污收集及无害化处理设施等，提高设施养殖水平。

2.提升农业领域机械化水平

深入实施农机购置补贴政策，加大对新机具、新产品及专用型农机具的研发、引进和示范推广。建立健全老旧、高能耗农机报废及更新制度，加快农机产品升级换代，扩大中高端农机产品配比。组织开展农业机械化示范乡镇建设，加快良机良种良法良制配套，提高机械化作业适应性，促进农机装备加快向自动化、智能化、智慧型方向发展。加快发展高性能大功率拖拉机和联合收割机，推进小麦、马铃薯、油菜、中药材等主要作物生产全程机械化。着力扩大农机装备规模，优化农机装备结构，大力推行资源节约型机械化生产方式，扩大保护性耕作面积，努力提高农机装备水平和作业水平。到创建期末，新增农机装备超过3 000台（套），农作物耕种收综合机械化率达到70%以上。大力培育一批具有农机作业、销售、维修、培训等多种功能的农机专业化合作组织及服务主体。进一步深化"平安农机"建设，防范农机事故发生，确保农机安全生产。

3.完善农产品仓储流通设施

加快仓储保鲜冷链物流设施建设，提升粮食、油菜、中药材等农产品烘干能力，实现农产品减损、提质、增效。加强农产品市场流通服务体系建设，支持农民专业合作社、农产品加工企业等新型经营主体建设粮食常温仓库、马铃薯保鲜贮藏窖、蔬菜保鲜库等仓储设施，到创建期末，新增马铃薯贮藏能力10万吨、蔬菜贮藏能力2万吨。鼓励仓储设施配套安装粮情监测系统和视频监测系统，提高仓储设施现代化水平，促进仓储流通环节与收购运输环节的对接。购置清选、烘干、分级、包装、冷藏等商品化处理设备，提高产品档次和附加值。加大农村流通基础设施建设，提高村镇配送末端网点密度，进一步推进快递配送服务下沉到村（社）。

（二）推进产业集聚发展，示范引领农业园区化

立足壮大优势特色产业，优化产业布局，着力打造多个示范园和特色镇，聚力建设规模化种养基地为依托、产业化龙头企业带动、现代生产要素集聚的现代农业产业园区，将该县打造成为旱作农业发展中心和乡村产业兴旺引领区，为农业现代化建设提供有力支撑。

1.优化产业布局

……

2.创新运营模式

推进现要素集聚。……

建设旱作农业科技研发平台。整合农业科技要素和资源，依托国家农业科技园区建设，充分发挥"九三学社院士工作站"功能作用，加强与国家蔬菜工程技术研究中心、西北农林科技大学、青海省农林科学院园艺研究所等科研院所的合作，建成高原旱作农业重点实验室，完善高原旱作农业信息中心，共建科研创新基地，开展新品种新技术的引进、试验、示范、研发和农产品精深加工的研究，打造全省最具规模的"六个中心"和高原旱作农业高科技研发基地。加快科研成果转化，提升科研创新能力及产业带动能力。

3.完善配套服务

……

4.推进产村融合

培育一批农业产业强镇。以建制镇（乡）为范围，依托产业叠加文化、旅游、休闲养生等功能，按照生产、生态、生活和宜业、宜居、宜游"三生三宜"融合发展要求，科学布局农业生产、休闲旅游、公共服务等功能区块，突出生态保护和环境治理，农业产品、农事景观和乡土文化等的创意设计。着力打造马铃薯产业强镇、蔬菜产业强镇、蚕豆产业强镇、中藏药材产业强镇、八眉猪产业强镇等当地特色农业产业强镇，实现主导产业强、基础设施全、生态环境美、农旅结合深。

打造"一村一品"示范村。以产业兴、农村美、生态优为导向，将产业发展与村庄空间布局、基础设施配套、公共服务配置、美丽新村建设同步规划，培育一批"一村一品"示范村镇，形成产业围绕新村转、新村围绕产业建的乡村建设布局。围绕油菜花观光旅游等特色产业，打造示范村，通过优化景观布局、推广花期延长技术，推动油菜产业向功能型、效益型、融合型方向发展。建设管理先进、经营科学、效益明显、辐射带动能力强的2座10万头生猪养殖基地等产业实体，打造升级版生猪"一村一品"示范村和葱花土鸡"一村一品"示范村。

（三）着力打造全产业链，示范引领农业融合化

坚持用工业化理念、产业化思路和全产业链模式谋划产业发展。培育多元融合主体，发展多类型融合业态，创新利益融合方式，构建种养结合、产加销一体的农业全产业链，拓展农业增值增效空间。……

1.培育多元融合主体。……

2.发展多类型融合业态

引导各类经营主体以加工流通带动业态融合，发展中央厨房等业态。以功能拓展带动业态融合，推进农业与文化旅游、科学素质教育、康养等产业融合，发展创意农业、功能农业等。

做强农产品加工业。 建设完善高原特色农畜产品加工园，统筹推进农产品初加工、精深加工和综合利用加工协调发展，打造绿色食品加工产业集群，实现"粮头食尾""农头工尾"，促进农产品加工就地就近转化增值。鼓励开发生产儿童系列、老年系列、低糖系列、低脂高蛋白系列等个性化、功能性特色加工产品，满足消费者的多元化需求。大力开发青稞系列功能食品，扶持油料加工企业利用现有的油菜等资源生产高档特色油。以设施农业生产基地为依托，不断推进果蔬精深加工生产线建设及设备配套，开发腌制蔬菜、即食食品、菜脯、菜酱、蔬果饮料等精深加工产品。加强对乳品、肉制品加工企业的扶持，重点建设八眉猪肉联厂、牦牛屠宰精深加工企业，加快中高端产品的开发。

发展农产品现代流通业。 进一步完善农产品市场流通体系，完善以大型农产品交易中心为引领，县域专业批发市场为重点，乡镇农产品产地交易市场和田头市场为补充的农产品市场流通网络。重点建设完善农畜产品物流园，汇集各类优质农产品，建设马铃薯、粉条、菜籽油、八眉猪、中藏药材等特色农产品专业市场，完善展示交易、仓储包装、冷链物流、电子商务、金融信息等服务平台，引进第三方冷链物流企业，拓宽优质农产品外销渠道，提高农业产业的市场化水平。

拓展农业多种功能。 结合国家级高原旅游休闲度假区和土族民俗文化传承基地，以农事体验、农展节庆等为载体，推动"农业+旅游、教育、文化、健康"等深度融合，大力发展休闲农业与乡村旅游。依托当地特色农业、民族手工业，开发设计一批酩馏酒、盘绣、土族福娃、香包等具有民族特色的乡村旅游产品。以花海农庄、原生态景区、采摘基地等乡村旅游点建设为引领，创建一批休闲农业与旅游度假示范村、示范镇，加快兴建乡村旅游特色餐饮、住宿、购物、娱乐等设施，完善乡村旅游基础设施及配套服务体系，逐步探索出一条从"农家乐"到"乡村旅游"再到"乡村度假"并向"乡村生活"转型的乡村旅游发展之路，提高"中国土族·醉美互助"旅游品牌知名度。

3.创新利益融合方式。……

（四）发展生态循环农业，示范引领农业绿色化

强化绿色导向、标准引领和质量安全监管，普遍推行绿色生产方式，促进示范区产业绿色转型，创建农业绿色发展先行区。

1.强化资源环境保护。……

2.加强农业面源污染防治。……

3.推进低碳循环发展

集成推广节肥节药节水等绿色技术模式。集成推广化肥减量增效技术模式，推广秸秆还田、种肥同播、前氮后移、机械深施、精准施肥和水肥一体化等节肥新技术。推行精准科学施药，推广应用现代植保机械，促进植保机械与农艺配套。建设现代绿色植保防控体系，推广生态调控、生物防治、理化诱控等农业生产全程绿色防控技术，扩大生物农药及新技术应用。大力发展节水农业，加强工程节水，建设集雨旱井、输水管道等节水设施；推进农艺节水，采用抗旱节水农作物品种，推广应用全膜覆盖、秸秆覆盖等旱作节水栽培技术，推广喷灌、滴灌、水肥一体化等节水灌溉技术。加强管理节水，落实最严格水资源管理制度，探索建立量水而行、以水定种的节水制度，提高用水效率。到创建期末，节水灌溉面积比重达到50%，明显高于全省平均水平。

发展生态循环种养。围绕农业废弃物资源化利用，突出种养结合、生态循环，重点推广"粮草—畜禽—有机肥—果蔬""青稞—青稞酒—酒糟—生猪—有机肥—果蔬"等生态循环农业模式，畅通种养循环路径，破除种养分离壁垒，畅通农业内部的资源循环，促进农业生产零排放、全消纳。培育饲草秸秆收储运、粪污收集处理、粪肥还田利用等社会化服务组织，密切种养双方的利益联结机制，畅通粪肥还田利用渠道，实现就地就近消纳。建立全链条管理体系，推动建立符合该县实际的粪污养分平衡管理制度，指导种植户建立粪肥施用台账，健全覆盖各环节的全链条管理体系，科学指导粪污资源化利用。建设循环农业示范园，探索农业种养循环发展模式，争创全国生态循环农业示范县。

4.实施农业生产"三品一标"提升行动

推进品种培优。围绕全国区域性良种繁育基地和制繁种强县建设，以青海种业企业为重点，加大科技研发力度，与中国农业大学、青海省农林科学院等科研机构合作建设育种创新中心，开展抗旱耐旱品种选育、油菜杂交种创制、小麦抗逆节水新品种创制、马铃薯主粮化新品种选育等。……

推进品质提升。加强优良品种推广，推广一批优质抗旱小麦品种、双低油菜品种、加工型马铃薯品种等，落实主推品种推荐制度，做到单一优质高产品种集中连片种植，

第17章 生态脆弱地区的旱作农业类案例

推进"专种、专收、专储、专用"。大力推广绿色食品标准化生产和全过程质量控制,争创国家绿色食品原料标准化生产基地。

推进品牌建设。……

推进标准化生产。……

5.加强质量安全监管。……

(五)加快发展智慧农业,示范引领农业数字化

推进数字化作为促进该县经济发展方式转变的重要举措,以数字化与农业现代化融合发展为方向,推动物联网、大数据等信息技术与农业深度融合,全面提升农业生产智能化、经营网络化、管理高效化、服务便捷化水平。……

1.完善乡村数字基础设施

加强乡村"新基建"建设。……

发展"互联网+"旱作农业。加强"互联网+"与农业大数据、农业生产、农业经营、农业监管、农业服务等功能深入融合,推动5G、北斗卫星导航、农业遥感技术和物联网等在旱作农业上的应用,完善自然资源遥感监测"一张图"和综合监管平台,对永久基本农田实行动态监测,大力推进北斗卫星导航系统、高分辨率对地观测系统在旱作农业生产中的应用,开发智能农机开发应用。建立健全农业气象综合监测网络,提升农业气象灾害防范能力。

2.加速生产经营数字化转型

建设数字旱作田园。加快推广云计算、大数据、物联网、人工智能在旱作农业生产经营管理中的运用,加强农业耕地、劳动力、自然资源、集体资产、经营主体等基础数据采集整理,构建完善基础数据资源体系。建设新一代信息技术与农艺有机结合的精准农业示范基地,动态监测油菜、马铃薯、青稞、小麦等作物的种植类型、种植面积、土壤墒情、作物长势、灾情虫情,及时发布预警信息,提升旱作农业生产管理信息化水平。加快建设农业病虫害测报监测网络和数字植保防御体系,实现重大病虫害智能化识别和数字化防控。推动智能感知、智能分析、智能控制技术与装备在旱作农业生产经营上的集成应用,建设水肥药精准施用、精准种植、农机智能作业与调度监控、智能分等分级决策系统,发展智能"车间农业",推进种植业生产经营智能管理。

发展农产品电子商务。……

3.加快农业大数据开发与应用

……

(本案例由本院的毛翔飞、王能波和曹亦兵等主要编制人员提供)

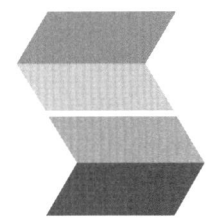

第五部分　附录篇

附录篇提供了附录A、附录B、附录C、附录D和附录E 5类多个信息表单。其中，附录A为编制依据，附录B为基础资料调查（包含附录B1基础资料收集清单表、附录B2示范区创建基本情况表、附录B3龙头企业情况统计表、附录B4获得的荣誉称号参考表、附录B5重大规划与政策文件制定出台统计表和附录B6入户调查情况参考表），附录C为创建方案成果表（包含附录C1创建目标指标参考表、附录C2-1重点工程项目建设内容与投资参考表、附录C2-2分年度投资安排参考表和附录C2-3分资金筹措参考表），附录D为创建方案附图，附录E为创建方案相关附件。通过提供参考资料，便于读者进行基础资料分析和成果表图的框架设计。

附录A 编制依据

1. 法律法规

中华人民共和国乡村振兴促进法
中华人民共和国土地管理法
中华人民共和国城乡规划法
中华人民共和国环境保护法
中华人民共和国土地管理法实施条例
基本农田保护条例
其他相关法律法规文件

2. 政策性文件

——综合性指导政策性文件

党的二十大报告
习近平论"三农"工作
习近平在中央农村工作会议上的讲话
近几年中央一号文件
关于实现巩固拓展脱贫攻坚成果同乡村振兴有效衔接意见（中发〔2020〕30号）
其他相关综合性政策文件

——产业发展相关政策性文件

关于印发开展农业现代化示范区创建工作的通知（农规发〔2022〕17号）
关于印发建设国家农业绿色发展先行区 促进农业现代化示范区全面绿色转型实施方案的通知（农办规〔2022〕15号）
关于印发农业现代化示范区数字化建设指南的通知（农办市〔2022〕12号）
关于印发统筹做好农业产业化融合发展项目申报工作的通知（农办计发〔2022〕6号）
关于开展农业现代化示范区监测评估的意见（农办规〔2022〕4号）
关于印发开展农业现代化示范区创建工作的预通知（农规发〔2021〕9号）
关于拓展农业多种功能 促进乡村产业高质量发展的指导意见（农产发〔2021〕7号）
关于加快农业全产业链培育发展的指导意见（农产发〔2021〕2号）
关于加快发展农业社会化服务的指导意见（农经发〔2021〕2号）
关于加快农产品仓储保鲜冷链设施建设的实施意见（农市发〔2020〕2号）
关于建立国土空间规划体系并监督实施的若干意见（中发〔2019〕18号）
关于切实加强高标准农田建设 提升国家粮食安全保障能力的意见（国办发〔2019〕50号）
关于印发农村产业融合发展示范园创建工作方案的通知（发改农经〔2017〕1451号）
其他相关产业发展政策文件

——农业投融资相关政策性文件

关于印发《乡村建设项目库建设指引（试行）》《乡村建设任务清单管理指引（试行）》的通知（国乡振发〔2022〕19号）
关于修订印发农业相关转移支付管理资金办法的通知（财农〔2022〕25号）
关于扩大农业农村有效投资的通知（农办计财〔2022〕12号）
关于继续支持脱贫县统筹整合使用财政涉农资金工作的通知（财农〔2021〕22号）
关于印发中央财政衔接推进乡村振兴补助资金管理办法的通知（财农〔2021〕19号）
关于做好2022—2025年中央预算内投资建设项目储备工作的通知（农计财〔2021〕271号）
关于印发2021—2023年农机购置补贴实施指导意见的通知（农办计财〔2021〕8号）
关于做好农业生产发展等项目实施工作的通知（农计财发〔2021〕8号）
关于优化调整实施制种大县奖励政策的通知（农办种〔2021〕2号）

关于完善农业相关转移支付"大专项+任务清单"管理方式的通知（农办计财〔2020〕10号）
关于扩大农业农村有效投资加快补上"三农"领域突出短板的意见（中农办发〔2020〕10号）
关于做好"三农"领域补短板项目库建设工作的通知（农办计财〔2020〕1号）
关于加快地方政府专项债券发行使用有关工作的通知（财预〔2020〕94号）
关于调整完善土地出让收入使用范围优先支持乡村振兴的意见（中办发〔2020〕32号）
关于做好地方政府专项债券发行及项目配套融资工作的通知（中办发〔2019〕33号）
关于探索建立涉农资金统筹整合长效机制的意见（国发〔2017〕54号）
其他相关投融资方面政策文件

3. "十四五"重大涉农规划

——**总体规划**

国民经济和社会发展第十四个五年规划和2035年远景目标纲要
乡村振兴战略规划（2018—2022年）
"十四五"推进农业农村现代化规划

——**专项规划**

"十四五"全国种植业发展规划
"十四五"全国畜牧兽医行业发展规划
"十四五"全国渔业发展规划
全国乡村产业发展规划（2020—2025年）
"十四五"全国农业农村科技发展规划
"十四五"全国现代种业发展规划
"十四五"全国农产品产地市场体系发展规划
"十四五"全国农业绿色发展规划
"十四五"全国农业机械化发展规划
"十四五"全国农业农村信息化发展规划
"十四五"全国农产品质量安全提升规划
"十四五"冷链物流发展规划
其他相关专项规划

——**建设规划**

"十四五"农业农村现代化重大工程建设总体规划
全国高标准农田建设规划（2021—2030年）
全国现代设施农业建设规划（2023—2030年）
"十四五"现代种业提升工程建设规划
全国粮食生产能力提升建设规划（2021—2025年）
全国油料、糖料蔗生产基地建设规划（2021—2025年）
天然橡胶生产能力建设规划（2021—2025年）
"十四五"全国农产品仓储保鲜冷链物流设施建设规划
全国动植物保护能力提升工程建设规划（2017—2025年）
全国农业科技创新能力条件建设规划修订稿
"十四五"全国畜禽粪肥利用种养结合建设规划
"十四五"重点流域农业面源污染综合治理建设规划
南方丘陵山地带生态保护和修复重大工程建设规划（2021—2035年）
"十四五"全国农产品质量保障工程建设规划
全国沿海渔港建设规划（2018—2025年）
国家级海洋牧场示范区建设规划（2017—2025年）
其他相关建设规划

附录B 基础资料调查

附录B1 基础资料收集清单表

序号	资料清单	文件格式	部门
1	近三年统计年鉴与农业统计资料,包括该县国内生产总值、农林牧渔业产值、农林牧渔服务业产值、总人口、农业劳动力和农民收入水平等资料	doc、excel格式	统计部门
2	行政区划图、县域乡镇范围与基本情况等资料	dwg、Shp格式	民政部门
3	国民经济社会发展规划纲要、乡村振兴规划、政府工作报告、重大项目库等资料	doc、excel格式	发改部门
4	"十四五"农业农村发展规划、种植业/畜牧业/林果业/渔业等专项规划、各级农业产业园/产业集群/产业强镇等、两区划定、高标准农田建设、新型经营主体培育、农业科技创新、农产品质量安全、"十四五"农业项目库等资料和近两年领导讲话	doc、excel/Shp格式	农业农村部门
5	第三次全国国土调查成果、市县级国土空间总体规划成果、"三区三线"划定成果、国土综合整治成果和"双评价"成果,以及国土空间"一张图"、数据信息平台等资料	dwg、Shp格式	自然资源部门
6	生态保护红线、国家公园、生态环境保护规划、湿地保护资料等	doc、Shp格式	生态环境部门
7	文化旅游发展规划、历史文化保护规划、历史文化名镇名村和旅游线路设计等资料	doc、Jpg格式	住建与文旅部门
8	当地农田水利工程建设规划、灌溉与节水方式、旱涝保收情况和重大水利工程分布图等资料	doc、Shp格式	水利部门
9	当地道路交通规划,包括对外交通、县内交通和交通规划图件等资料	doc、Jpg格式	交通部门
10	经济林、生态林、防护林和林下经济等资料,以及天然草场和人工草场等资料	doc、Shp格式	林草部门
11	近几年农林水财政投入状况,每年涉农资金规模和主要渠道,财政资金整合相关政策、具体项目和规模,未来三年计划投资规模等	doc、excel格式	财政部门

附录B2 农业现代化示范区创建基本情况表

省级农业农村部门审核盖章　　　　　　　省级财政部门审核盖章　　　　　　　省级发改部门审核盖章
　　　　　　　　　　　　　　□书面审查　　　　　　　　　　　□竞争遴选

一、示范区基本信息					
示范区名称			详细地址		
示范区类型	□粮食产业　□优势特色产业　□都市农业　□智慧农业　□旱作农业　□其他				
是/否已创建国家现代农业示范区、现代农业产业园、优势特色产业集群等（名称：　　）			是/否有国家级产业技术体系或地市级以上科研院所提供科技支撑，是/否签订合作协议		
联系人姓名			联系方式		
二、示范区发展指标					

	指标名称	单位	数值	备注
基本情况	县域国内生产总值	亿元	—	
	县域农林牧渔业产值	亿元	—	
	县域国土面积	亩	—	
	其中：耕地面积	亩	—	
	种植业面积	亩	—	
	畜禽养殖业面积	亩	—	
	水产养殖业面积	亩	—	
	主导产业一（名称：　　）产量	吨	—	
	主导产业二（名称：　　）产量	吨	—	
	农民人均可支配收入	万元	—	
产业结构	粮食产量	吨	—	
	农产品加工业产值与农业总产值比值	—	—	
	主导产业加工转化率	%	—	
	农林牧渔服务业产值	亿元	—	
	农产品网络零售额占农产品总交易额比重	%	—	
技术装备	良种覆盖率	%	—	
	农作物耕种收综合机械化率	%	—	
	新品种新技术新模式试验示范经费	万元	—	
	高标准农田面积比重	%	—	
绿色发展	节水灌溉面积比重	%	—	
	亩均农药施用强度	千克/亩	—	
	亩均化肥施用强度	千克/亩	—	
	畜禽粪污资源化利用率	%	—	
	农产品质量安全监测合格率	%	—	
经营管理	土地流转面积占比	%	—	
	服务规模经营比重	%	—	
	示范区新型农业经营主体数量	个	—	
	其中：省级以上龙头企业数量	个	—	
	农民合作社数量	个	—	
	家庭农场数量	个	—	
	农户参加农民合作社比重	%	—	
支持保护	财政投入	亿元	—	
	金融机构对示范区的贷款余额	亿元	—	
	社会资本投入	亿元	—	

附录B3 荣誉称号获得统计参考表

序号	项目名称	批准部门	年度	等级
一、综合类				
1	国家乡村振兴示范县	农业农村部、乡村振兴局		国家级
2	农村改革试验区	农业农村部		国家级
	……			
二、产业融合类				
1	国家现代农业示范区	原农业部		国家级
2	现代农业产业园	国家三部委/省级三部门		国家级/省级
3	优势特色产业集群	国家三部委		国家级
4	农业产业强镇	国家三部委		国家级
5	农村产业融合发展示范园	发改委		国家级
6	国家级田园综合体	财政部		国家级
7	全国一村一品示范村镇	农业农村部		国家级
	……			
三、科技示范类				
1	全国农业科技现代化先行县	农业农村部		国家级
2	全国农村创业创新园区	原农业部		国家级
	……			
四、绿色发展类				
1	国家农业绿色发展先导区	农业农村部		国家级
2	绿色种养循环农业试点县	农业农村部		国家级
	……			
五、其他专项类				
1	全国"平安农机"示范县	农业农村部、应急管理部		国家级
2	农产品质量安全示范区	国家质检总局		国家级
3	乡村治理示范村镇	农业农村部		国家级
	……			

附录B4 重大规划与政策文件制定出台统计参考表

序号	政策名称	出台部门	年度	简要内容
一	已出台			
（一）	综合指导			
1	"十四五"推进农业农村现代化规划	县市人民政府		"十四五"农业农村现代化发展
2	关于贯彻落实乡村振兴战略的行动方案	县市人民政府		在县市域范围内实施乡村振兴战略
	……			
（二）	财政投入			
1	促进乡村振兴产业发展奖补办法	县市人民政府		促进产业发展奖补项目、奖补程序等
2	支持品牌农业建设奖补办法	县市农业农村部门、财政局		支持品牌农业建设的奖补类型、奖补标准、奖补程序等
	……			
（三）	人才支持			
1	加快人才集聚助推产业发展	县市人社局、财政局		支持鼓励人才干事创业优惠奖补政策
2	就业补助资金管理办法	县市人社局、财政局		促进就业补助条件、补助标准等
	……			
（四）	产业扶持			
1	关于加快推进主导产业出口基地建设的意见	县市人民政府		推进出口备案基地标准化建设
2	关于扶持农业产业化经营龙头企业的若干意见	县市人民政府		重点扶持龙头企业、合作社和家庭农场
	……			
二	拟出台			
（一）	管理办法			
1	财政支农项目管理办法	县市财政局		明确各级财政支农项目申报立项、评审、储备、建设、验收等办法
	……			
（二）	指导意见			
1	畜牧业高质量发展指导意见	县市农业农村部门		提出畜牧业的发展方向、工作目标、重点任务
	……			
（三）	实施方案、办法			
1	数字农业建设工作方案	县市农业农村部门		提出数字农业建设的目标任务、主要工作等
2	畜禽生态健康养殖场创建实施办法	县市农业农村部门		推进畜禽养殖标准化改造提升，加快农牧循环和畜禽粪污资源化利用
	……			
三	奖补政策			
1	农机化发展扶持政策	县市农业农村部门、财政局		对农机实施奖补，提高农业生产全程全面机械化水平
	……			

附录B5 经营主体基本情况调查参考表

序号	主体名称	经营范围	总资产（万元）	经营面积（亩）	营业收入（万元）	带动农户	主体级别	主导产品	品牌商标
一	龙头企业								
1	–	–	–	–	–	–	–	–	–
2	–	–	–	–	–	–	–	–	–
3	–	–	–	–	–	–	–	–	–
……									
二	合作社								
1	–	–	–	–	–	–	–	–	–
2	–	–	–	–	–	–	–	–	–
3	–	–	–	–	–	–	–	–	–
……									
三	家庭农场								
1	–	–	–	–	–	–	–	–	–
2	–	–	–	–	–	–	–	–	–
3	–	–	–	–	–	–	–	–	–
……									
四	专业大户								
1	–	–	–	–	–	–	–	–	–
2	–	–	–	–	–	–	–	–	–
3	–	–	–	–	–	–	–	–	–
……									

附录B6　入户调查情况参考表

一、基本情况

1.家庭人口情况

家庭人口情况调查表

序号	性别	年龄	学历	就业状况	工作地方	家庭关系
1	—	—	—	—	—	—
2	—	—	—	—	—	—
3	—	—	—	—	—	—
……	—	—	—	—	—	—

2.承包土地面积：____亩，宅基地面积：____亩，房屋面积：____平方米　养殖面积：____平方米

3.家庭年收入：年总收入____元，工资性收入____元，经营性收入____元，财产收入____元，转移收入____元

4.目前主要从事什么工作：
①种植；②养殖；③初加工；④在本地打工；⑤在外打工；⑥在本地做买卖；⑦在外经商；⑧带孩子；⑨闲在家中；⑩无劳动能力

二、生产经营情况

1.自家拥有承包地____亩。其中自种____亩，流转____亩，抛荒____亩。流转他人土地面积____亩，流转租金____元/亩

2.种养情况

种植情况调查表

类别	品种	面积（亩）	单产	总产	单价（元/千克）	收入（万元）	成本（万元）
粮油	—	—	—	—	—	—	—
蔬菜	—	—	—	—	—	—	—
林果	—	—	—	—	—	—	—
其他	—	—	—	—	—	—	—

养殖情况调查表

类别	品种	养殖规模	单产	总产	单价（元/千克）	收入（万元）	成本（万元）
猪	—	—	—	—	—	—	—
牛	—	—	—	—	—	—	—
羊	—	—	—	—	—	—	—
禽类	—	—	—	—	—	—	—
水产	—	—	—	—	—	—	—
其他	—	—	—	—	—	—	—

3.产品如何销售：①商贩上门收购；②到集市出售；③网络销售

4.农机具情况：①家中有农机具名称与型号；②还需要购置农机具种类：

5.加工仓储设施情况：①家中已有　□常温库　□冷库　□烘干设施　□分选设施　□其他；②希望增加设施类别：

6.高标准农田建设情况：①承包地已进行高标准农田建设；②如果没有，需要在哪方面改善：□平整土地　□田间道路　□灌排设施　□防护林网　□其他

7.参加农民合作社情况：①已参加，提供的服务包括　□购买农资　□农机服务　□技术指导　□产品销售　□其他；②没参加的原因，□效果不好　□说不好

8.技能培训情况：□有　□没有，如果有每年____次，觉得效果怎样：□没有效果　□有一定效果　□效果较好　□效果很好　□说不好

9.资金筹措情况：需要资金时采取何种方式获得：□向信用社贷款　□向小贷公司贷款　□向亲戚朋友借钱　□其他

10.申请保险情况：□有　□没有，如果有每年保费____元，是否获得赔付：□是　□否

附录C 创建方案成果表

附录C1 创建目标指标参考表

类别	指标	单位	基期年	第2年	第3年	参考值	属性
质量效益	县域国内生产总值	亿元	-	-	-		预期性
	县域农林牧渔业产值	亿元	-	-	-		预期性
	农业劳动生产率	万元/人	-	-	-	5.5	预期性
	农产品质量安全监测合格率	%	-	-	-	98	预期性
	粮食生产稳定度	%	-	-	-	100	约束性
	农民人均可支配收入	万元/人	-	-	-	3	预期性
	……						
产业结构	耕地面积	万亩	-	-	-		约束性
	粮食等农作物播种面积	万亩	-	-	-		预期性
	粮食等农作物产量	万吨	-	-	-		预期性
	养殖业面积	万亩	-	-	-		预期性
	肉蛋奶水产品等养殖产量	万吨	-	-	-		预期性
	农产品加工产值与农业总产值比	:	-	-	-	3.5:1	预期性
	主导产业加工转化率	%	-	-	-	75	预期性
	农产品网络零售额占农产品总交易额比重	%	-	-	-	25	预期性
	休闲农业与乡村旅游接待人数	人次/年	-	-	-		预期性
	农林渔服务业产值	亿元	-	-	-		预期性
	……						
技术装备	良种覆盖率	%	-	-	-	98	预期性
	高标准农田面积比重	%	-	-	-	60	预期性
	农作物耕种收综合机械化率	%	-	-	-	80	预期性
	新品种新技术新模式试验示范经费	万元	-	-	-		预期性
	农业生产信息化率	%	-	-	-	35	预期性
	农产品产地低温处理率	%	-	-	-	90	预期性
	园区种养基地面积占全县比重	%	-	-	-	50	预期性
	……		-	-	-		
绿色发展	高效节水灌溉面积比重	%	-	-	-	75	预期性
	亩均农药施用强度	千克/亩	-	-	-	<0.5	约束性
	亩均化肥施用强度	千克/亩	-	-	-	<20	约束性
	畜禽粪污资源化利用率	%	-	-	-	85	约束性
	农产品质量安全追溯体系覆盖率	%	-	-	-	90	预期性
	……						
经营管理	土地流转面积占比	%	-	-	-	50	预期性
	服务规模经营比重	%	-	-	-	45	预期性
	畜禽养殖规模化率	%	-	-	-	80	预期性
	水产标准化健康养殖比重	%	-	-	-	60	预期性
	新型经营主体（省级以上龙头/合作社/家庭农场）	个	-	-	-		预期性
	农民参加合作社比重	%	-	-	-	60	预期性
	……						

附录C 创建方案成果表

(续表)

类别	指标	单位	基期年	第2年	第3年	参考值	属性
支持保护	财政投入	亿元	—	—	—		预期性
	金融机构对示范区贷款余额	亿元	—	—	—		预期性
	社会资本投入	亿元	—	—	—		预期性
	农业保险深度	%	—	—	—	1.5	预期性
	……						

附录C2-1 重点工程项目建设内容与投资估算一览表

重大工程	重点项目	实施主体	建设地点	建设内容	投资额(万元)	备注
农业设施化推进工程	高标准农田建设	—	—	—	—	
	现代种业提升	—	—	—	—	
	制种大县补助	—	—	—	—	
	畜禽养殖标准化示范场	—	—	—	—	
	农机购置补贴	—	—	—	—	
	产地农产品仓储保鲜与冷链物流设施建设	—	—	—	—	
	……					
农业融合化推进工程	农产品加工业提升	—	—	—	—	
	农村产业融合发展示范园	—	—	—	—	
	田园综合体	—	—	—	—	
	乡村休闲旅游精品工程	—	—	—	—	
	电子商务进农村综合示范	—	—	—	—	
	新型经营主体培育	—	—	—	—	
	……					
农业园区化推进工程	现代农业产业园	—	—	—	—	
	优势特色产业集群	—	—	—	—	
	农业产业强镇	—	—	—	—	
	农业科技园区	—	—	—	—	
	农产品精深加工园	—	—	—	—	
	农业科技创新条件建设	—	—	—	—	
	基层农技推广体系完善	—	—	—	—	
	……					
农业绿色化推进工程	黑土地保护	—	—	—	—	
	高效节水灌溉	—	—	—	—	
	农业生产"三品一标"提升	—	—	—	—	
	农产品质量安全监管	—	—	—	—	
	农业面源污染防治	—	—	—	—	
	畜禽粪污资源化利用整县推进	—	—	—	—	
	全产业链标准化示范基地	—	—	—	—	
	农业绿色发展先行区建设	—	—	—	—	
	……					
农业数字化推进工程	数字乡村建设试点项目	—	—	—	—	
	数字农业创新应用基地	—	—	—	—	
	互联网+农产品出村进城	—	—	—	—	
	全产业链数字化升级改造	—	—	—	—	
	智慧农场(牧场、渔场)	—	—	—	—	
	……					
其他示范工程	……					

附录C2-2　分年度投资安排参考表　　　　　　　　　　　　　　　（单位：万元）

序号	重点工程项目	创建期第1年	创建期第2年	创建期第3年	总计	结构比例
一	农业设施化推进工程	–	–	–	–	–
二	农业融合化推进工程	–	–	–	–	–
三	农业园区化推进工程	–	–	–	–	–
四	农业绿色化推进工程	–	–	–	–	–
五	农业数字化推进工程	–	–	–	–	–
六	其他示范工程	–	–	–	–	–
	总计	–	–	–	–	–
	结构比例	–	–	–	–	–

附录C2-3　资金筹措参考表　　　　　　　　　　　　　　　　　　（单位：万元）

序号	重点工程项目	第一年			第二年			第三年			总计	比例
		财政资金	金融资金	社会资金	财政资金	金融资金	社会资金	财政资金	金融资金	社会资金		
一	农业设施化推进工程	–	–	–	–	–	–	–	–	–	–	–
二	农业融合化推进工程	–	–	–	–	–	–	–	–	–	–	–
三	农业园区化推进工程	–	–	–	–	–	–	–	–	–	–	–
四	农业绿色化推进工程	–	–	–	–	–	–	–	–	–	–	–
五	农业数字化推进工程	–	–	–	–	–	–	–	–	–	–	–
六	其他示范工程	–	–	–	–	–	–	–	–	–	–	–
	总计	–	–	–	–	–	–	–	–	–	–	–
	结构比例	–	–	–	–	–	–	–	–	–	–	–

附录D 创建方案附图

创建方案附图参考表

序号	图纸名称	主要内容
1	区位分析图	主要标明示范区在区域中的位置及与周边经济区、重要交通干线的空间关系
2	国土空间用地现状图	主要标明县域"三区三线",以及自然资源、重要交通、农业资源、历史文化和土地类型等方面的现状要素
3	产业发展现状图	包括现代种养业、农产品加工流通业、乡村服务业、休闲旅游业和乡村信息产业等方面的现状分布情况
4	示范区总体布局规划图	主要体现现代要素"向心核集聚、沿轴带展开、带动片区发展"的空间布局格局
5	功能分区布置图	结合示范区功能定位,划出各功能区的范围,大致确定占地面积
6	拟建项目分布图	主要标明与"五化"相关的重点建设项目分布情况

附录E 申报材料附件

创建方案附件参考表

序号	名称
1	省级农业农村、财政和发改部门的联合推荐文件
2	关于申请创建农业现代化示范区的函或批复
3	关于成立农业现代化示范区创建工作领导小组的通知
4	关于所在县（市、区）政府批准实施的规划
（1）	"十四五"农业农村发展规划
（2）	乡村振兴战略规划
（3）	相关产业专项规划
（4）	其他规划
5	支持政策文件
（1）	财政支持政策
（2）	金融支持政策
（3）	科技支持政策
（4）	用地支持政策
（5）	人才支持政策
（6）	其他支持政策
6	与创建条件相匹配的证明材料
（1）	获得的荣誉称号及相关证书
（2）	取得的科技成果级奖励证书
（3）	参与制定的主导产业地方标准
（4）	发明专利与实用性专利
（5）	优势特色品牌培育与产品商标
（6）	新型农业经营主体培育清单
（7）	其他材料